Daniel Cornelius Danielssen, Thomas M Wilson

Alcyonida

Daniel Cornelius Danielssen, Thomas M Wilson

Alcyonida

ISBN/EAN: 9783337327651

Printed in Europe, USA, Canada, Australia, Japan

Cover: Foto ©Andreas Hilbeck / pixelio.de

More available books at **www.hansebooks.com**

NORWEGIAN NORTH-ATLANTIC EXPEDITION
1876—1878.

ZOOLOGY.

ALCYONIDA.

BY

D. C. DANIELSSEN.

WITH 23 PLATES AND 1 MAP.

CHRISTIANIA.
PRINTED BY GRØNDAHL & SØN.
1887.

Forord.

De paa den norske Nordhavsexpedition indsamlede Alcyonider ere udelukkende Dybvandsformer, bløde Koraldyr, som for Størstedelen leve i det iskolde Vand. De danne 9 nye Slægter, der alle ere henførte til Underfamilien Alcyoninæ, 33 nye Arter, hvoraf 2 tilhøre Slægten Clavularia, 1 Slægten Sympodium og 1 Slægten Nidalia (Gray), samt endelig en ny Underfamilie, Organinæ, med en ny Slægt og Art.

Af Alcyonariernes store Dyregruppe tør vel Alcyoniderne være den, der er mindst udførligt bearbeidet af Nutidens Zoologer, uagtet de baade ved sine elegante Former og skjønne Farver kunne være tiltrækkende nok. Men de ere meget fine, trække sig let sammen, forandre derved sin Form og ere tildels meget vanskelige at holde længere Tid ilive, efterat de have forladt deres naturlige Hjem; især gjælder dette sidste Dybvandsformerne, hvilket Alt gjør, at der til Observationerne knytte sig mange Vanskeligheder, som blive alt større og større, jo længere Dyrene have været opbevarede i Alcohol.

Thvertvel jeg som Medlem af den norske Nordhavsexpedition var den, der indsamlede de nævnte Koraldyr, og saaledes havde Anledning til at observere dem levende, maa jeg dog tilstaa, at de Observationer, jeg ombord kunde anstille med Hensyn til disse Dyr, vare yderst ufuldkomne. Skibets Bevægelse, der ofte var meget stærk, gjorde, at de Dyr, som kunde trække sig sammen, holdt sig indtrukne i mange Dage, saa jeg blev nødsaget til at kaste dem i Alcohol, for at de ikke skulde gaa tilgrunde; selv de Dyr, der ikke vare retraktile, bøiede dog sine Tentakler saa stærkt ind mod Skiven, at denne ganske blev skjult, og da de efter flere Dages Forløb (indtil 10 Dage) ikke længere viste noget Livstegn, maatte ogsaa disse opbevares paa Alcohol uden at være tilfredsstillende observeret.

Den mere indgaaende Undersøgelse af Materialet er saaledes hovedsagelig foretaget paa Spiritusexemplarer, og det

Preface.

The Alcyonids collected during the Norwegian North-Atlantic Expedition are exclusively deep-sea forms; soft coral animals, that principally exist in the ice-cold waters. They form 9 new genera, which are all assigned to the subfamily Alcyoninæ; 33 new species, of which two belong to the genus *Clavularia*, one to the genus *Sympodium*, and one to the genus *Nidalia* (Gray) and, finally, a new subfamilæ *Organinæ*, with a new genus and species.

Of all the extensive animal-groups of the Alcyonaria, that of the Alcyonids is probably the one least minutely treated by modern Zoologists, notwithstanding that, both by their elegant forms and beautiful colours, they are sufficiently attractive. They are however very delicate, quickly shrink together, changing, thus, their form, and are often very difficult to retain any length of time alive after removal from their natural home; this last feature is specially applicable to the deep-sea forms; all this combines to surround the observations with difficulties, which become greater and greater the longer the specimens have been preserved in alcohol.

Although I was the member of the Norwegian North-Atlantic Expedition who collected the coral animals referred to, and had thus the opportunity of observing them alive, yet I must confess that, the observations I could undertake on board ship, in relation to these animals, were highly incomplete. The tossing of the ship, which frequently was very great, caused those animals capable of shrinking together to remain contracted for many days, so that at last I was obliged to place them in alcohol in order that they might not be altogether lost. Those animals, even, that were not retractile still curved their tentacles so greatly in to the disk that it was completely hidden, and as after the lapse of several days (as many as 10 days), they no longer showed signs of life, they also required to be placed in alcohol without having been satisfactorily observed.

The more detailed examination of the material is, therefore, undertaken with the specimens preserved in

tor derfor være tilgiveligt, om Arbeidet i flere Henseender bliver mangelfuldt. Den Hjælp, jeg havde ventet mig af min nu afdøde Ven og Medarbeider, Dr. Johan Koren, svigtede. Allerede for henved 4 Aar siden blev han som Følge af en Hjerneapoplexie lammet i høire Arm og sygnede efterhaanden hen, saa at han intet Arbeide ogentlig kunde udføre fra den Tid.

I systematisk Henseende har jeg væsentligst fulgt H. Milne-Edwards System i „Histoire naturelle de Coralliaires", der i sit Princip forekommer mig at være baade naturligt og hensigtsmæssigt, omendskjønt jeg vel har indseet,[1] at det trænger til en gjennemgaaende Omordning for ret at tilfredsstille Tidens Krav. Men jeg mener, at forend Alcyoniderne have været underkastede en gjennemgribende Revision paa Basis af den nyere Forskning med dens Hjælpemidler, og forend et større og nyere Materiale er tilveiebragt, vil ethvert Forsøg paa at forandre den systematiske Ordning af Alcyonidernes Familie kun være et Lapværk. Ser man blot hen til Slægten Alcyonium, saa kan den i Sandhed betragtes som en Samlekasse, hvori mange, temmelig heterogene Dyr inden Familien ere blevne henkastede, uden at man har holdt sig til de for Slægten opstillede Karakterer.

Jeg har fundet det nødvendigt at benytte de anatomisk-histologiske Fund som Hjælpemidler til Bestemmelsen saavel af Slægter som Arter; udelukkende at lægge dem til Grund for en systematisk Inddeling har jeg ikke trøstet mig til, da Materialet dertil ei har været omfattende nok.

Saavel Spiklernes Form som deres Anordning og Lokaliseren har jeg benyttet ved Diagnoserne; de have afgivet baade for Slægter og Arter, væsentligst for de sidstes Vedkommende, ret gode Karakterer, og de ville fna en endnu større Betydning som karakteristiske Kjendetegn, efterhaanden som Studiet af Alcyonidernes Familie fremmes i den Retning. Undersøgelserne ere jo meget møisommelige, men de lønne sig dog tilsidst.

Saavidt mig bekjendt har der hidtil ikke været paavist noget Nervesystem hos Alcyoniderne, og hvad jeg med Hensyn hertil har fundet, er jo langtfra noget udtømmende, — det er kun Antydninger til et Nervesystem, som fremtidige Undersøgelser paa levende Dyr nok vil komplettere. Kun hos en Slægt og det kun hos en af dens Arter, nemlig Vorringia mirabilis, har det lykkedes mig at paavise paa den øverste Del af Svælgets Bugflade en Gruppe store Gangliceller med en protoplasmarig Udløber, og under disse, særegne mindre, runde, klare Celler, samt yderst fine Fibriller, der alt synes at tilhøre Nerveapparatet, se Side 7.

Paa samtlige de Arter, jeg har undersøgt, har Svælgrøret (Øsophagus) paa dets indvendige Side, langs Bugfladen, en Grube, tapetseret med lange Pidskeceller. Alcyoniderne synes med Hensyn hertil at nærme sig Zoanthiderne, der heller ikke har mere end en Svælggrube, imedens som bekjendt Actinierne have to. Hos en Slægt findes en særegen Differentieren af Svælgrøret, hvor-

alcohol, and it it may therefore be pardoned if the work, in several respects, is faulty. The assistance I had hoped to receive. from my lately deceased friend and collaborateur Dr. Johan Koren, failed me. Already, nearly four years ago, he experienced a shock of paralysis which deprived him of the use of the right arm, and he gradually faded away, so that, from that time, he had not been able to undertake any real work.

In regard to system, I have principally followed that of H. Milne-Edwards in „Histoire naturelle de Coralliaires" which, in its principle, appears, to me, to be both natural and serviceable; although I have been well aware that it requires a thorough rearrangement in order to satisfy modern requirements. But I am of opinion that, until the Alcyonids have undergone a radical revision on the basis of subsequent research, and the assistance it affords; and until a more abundant and newer material has been obtained; every attempt to alter the systematic arrangement of the family of the Alcyonida will only be a patchwork. If we only look at the genus Alcyonium, it may truly be regarded as a repository in which many rather heterogeneous animals of the family have been placed, without the characteristics established for the genus being adhered to.

I have found it necessary to make use of the anatomo-histological discoveries as aids in the determination both of genera and species, but I have not ventured to adopt them, exclusively, as the basis of a systematic arrangement, as the material has not been sufficiently comprehensive.

I have employed in the diagnoses, both, the form of the spicules, as well as their arrangement and localisation; they have given, both for genera and species, but principally in respect of the last-named, particularly good characteristics, and they will obtain a still greater importance as characteristic features, according as the study of the family of the Alcyonida becomes advanced in that direction. The observations are, indeed, very troublesome but they eventually repay themselves.

So far as I am aware, there has not, yet, been shown any nervous system in the Alcyonids, and what I have found in regard to this is, indeed, far from exhaustive; it is only an indication of a nervous system which future examinations of living animals will certainly complete. Only in one genus. and only in one species of that, viz. Vorringia mirabilis, have I been fortunate enough to point out, on the uppermost part of the ventral surface of the gullet, a group of large ganglial cells with a prolongation rich in protoplasm, and under these, peculiar, smaller, round, pellucid cells, and extremely slender fibrils, which all appear to belong to the nerve-apparatus, vide pag. 7.

In all the species I have examined, the gullet-passage (œsophagus) had, on its internal side along the ventral surface, a cavity (groove) coated with long flagelliform-cells. The Alcyonids appear, in regard to this to approach the Zoantids, which also have not more than one gullet-groove whilst as is well known the Actiniæ have two. In one genus, a peculiar differentiation of the gullet-tube is found

ved dettes Hulhed deles efter Længden paa en saadan Maade, at Svælgrenden danner det egentlige Svælg (Øsophagus), imedens den øvrige Del kan betragtes som Tarm, se Side 102.

Svælget er rigt forsynet med encellede Slimkjertler, der forøvrigt findes i stor Mængde paa Polypkroppens udvendige Flade hos alle de undersøgte Arter.

Der har været sagt, at Alcyoniderne fremstille et Ideal for den Kommunisme, hvor ingen Arbeidsdeling finder Sted; men jeg tror ikke, dette forholder sig ganske saa. Hos flere Arter af Slægten Nephthya har jeg fundet en virkelig Arbeidsdeling, idet flere Polyper i Kolonien staa udelukkende i Formerelsens Tjeneste. Saasnart Befrugtningen er foregaaet, boies Tentaklerne ind mod Munden, der lukkes af en seig Slim, og Svælgrøret omdannes til en Uterus, hvori Udviklingen foregaar; i denne Svangerskabsperiode ernæres de befrugtede Polyper af andre i Kolonien, se Side 82.

Det er ogsaa hos Slægten Nephthya, jeg har kunnet anstille nogle Iagttagelser over Udviklingen og derved for en Del konstatere Kowalevsky's & Marion's Undersøgelser over Udviklingen af Sympodium coralloides samt af Clavularia crassa og petricola.

Bergen, i Juni 1886.

D. C. Danielssen.

by which its channel is longitudinally divided, in such a manner that, the gullet-groove forms the real gullet (œsophagus) whilst the remaining part may be regarded as an intestine, vide pag. 102.

The gullet is richly supplied with unicellular mucous glands, which, also, are found in great abundance on the external surface of the polyp, in all the species examined.

It has been said that the Alcyonoids furnish an ideal of Communism, where no division of labour takes place, but I do not think this is quite the case. In the genus Nephthya I have, in several species, found a genuine division of labour, inasmuch that, several polyps of the colony stand exclusively in the reproductive service. As soon as the fructification has taken place the tentacles become curved in towards the oral aperture, which becomes closed by a viscid mucous. The gullet-tube becomes transformed into a uterus where the development proceeds; during this gravid period the fructified polyps are nourished by others of the colony, vide pag. 82.

It is, therefore, in the genus Nephthya that I have been able to make a few observations upon the development and, thereby, to a certain extent, confirm Kownlewskys and Marions observations on the development of Sympodium coralloides and of Clavularia crassa et petricola.

Bergen, June 1886.

D. C. Danielssen.

Zoologiske Stationer.
(Zoological Stations.)

Station No.	Datum. (Date.)	Nordlig Bredde. (North Latitude.)	Længde fra Greenwich. (Longitude.)	Dybde. (Depth) Engl. Favne. (Fathoms.)	Meter. (Metres.)	Bundens Tempe- ratur. (Temperature at Bottom.) C.	Bunden.	Bottom.	Apparat. (Apparatus.) S. Skrabe. (Dredge.) T. Trawl. s. Svabere. (Swabs.)
	1876								
1	Juni 3	61° 13'	6° 36' E.	650	1189	6.°6	Sandler.	Sabulous Clay.	S.
2	(June) 3	61 10	6 32 E.	672	1229	6. 7	Sandler.	Sabulous Clay.	T.
4	„ 8	61 5	5 14 E.	566	1035	6. 6	Sandler, Grus, Singel.	SabulousClay, Pebbles.	T.
8	„ 9	61 0	4 49 E.	200	366	6. 6	Ler, Sand, Sten.	Clay, Sand, Stones.	S.
9	„ 10	61 30	3 37 E.	206	377	5. 9	Ler.	Clay.	T.
10	„ 21	61 41	3 19 E.	220	402	6. 0	Slik, Ler.	Ooze, Clay.	T.
18	„ 21	62 44	1 48 E.	412	753	—1. 0	Ler.	Clay.	S. T.
23	„ 23	62 52	5 30 E.						T.
25	„ 28	63 10	5 25 E.	98	179	6. 9	Sandler.	Sabulous Clay.	T. S.
26	„ 28	63 10	5 16 E.	237	433	7. 1	Sandler.	Sabulous Clay.	S.
31	„ 29	63 10	5 0 E.	417	763	—1. 0	Sandler.	Sabulous Clay.	S. T.
33	„ 30	63 5	3 0 E.	525	960	—1. 1	Ler.	Clay.	T. S.
34	Juli 1	63 5	0 53 E.	587	1073	—1. 0	Ler.	Clay.	T.
35	(July) 5	63 17	1 27 W.	1081	1977	—1. 0	Biloculinler.	Biloculina Clay.	S.
40	„ 18	63 22	5 29 W.	1215	2222	—1. 2	Biloculinler.	Biloculina Clay.	S. T.
48	Aug. 6	64 36	10 22 W.	299	547	—0. 3	Mørkegraat Ler.	Dark-grey Clay.	s.
51	„ 7	65 53	7 18 W.	1163	2127	—1. 1	Biloculinler.	Biloculina Clay.	S.
52	„ 8	65 47	3 7 W.	1861	3403	—1. 2	Biloculinler.	Biloculina Clay.	T.
53	„ 10	65 13	0 33 E.	1539	2814	—1. 3	Biloculinler.	Biloculina Clay.	S & T.
54	„ 12	64 47	4 24 E.	601	1099	—1. 2	Biloculinler.	Biloculina Clay.	S & T.
79	„ 21	64 48	6 32 E.	155	283	6. 9	Sandler.	Sabulous Clay.	S.
87	„ 22	64 2	5 35 E.	498	911	—1. 1	Ler.	Clay.	S.
92	„ 22	64 0	6 42 E.	178	326	7. 2	Sandholdigt Ler.	Sabulous Clay.	T.
93	„ 24	62 41	7 8 E.	158	289	6. 4	Blødt Ler.	Soft Clay.	S.
		(Romsdalsfjord).							
	1877								
96	Juni 16	66 8	3 0 E.	805	1472	—1. 1	Biloculinler.	Biloculina Clay.	S.
101	(June) 17	65 36	8 32 E.	223	408	6. 0	Sandler.	Sabulous Clay.	S.
124	„ 19	66 41	6 59 E.	350	640	—0. 9	Grovkornet Ler.	Coarse Clay.	S. T.
137	„ 21	67 24	8 58 E.	452	827	—1. 0	Ler.	Clay.	S. T.
147	„ 22	66 49	12 8 E.	142	260	6. 2	Graat Ler.	Grey Clay.	S.
149	„ 23	67 52	13 58 E.	135	247	4. 9	Ler.	Clay.	T. S.
		(Vestfjord).							
164	„ 29	68 21	10 40 E.	457	836	—0. 7	Sandler.	Sabulous Clay.	S. T.
175	Juli 2	69 17	14 35 E.	415	759	3. 0	Ler, Smaasten.	Clay, Pebbles.	S.
176	(July) 3	69 18	14 33 E.	536	980	—0. 2	Ler.	Clay.	S.
177	„ 3	69 25	13 49 E.	1443	2639	—1. 2	Biloculinler.	Biloculina Clay.	S & T.
183	„ 5	69 59	6 15 E.	1710	3127	—1. 3	Biloculinler.	Biloculina Clay.	S & T.
190	„ 7	69 41	15 51 E.	870	1591	—1. 2	Sandholdigt Ler.	Sabulous Clay.	T.
192	„ 7	69 46	16 15 E.	649	1187	—0. 7	Sandler.	Sabulous Clay.	S.
195	„ 16	70 55	18 38 E.	107	196	5. 1	Sten, Ler.	Stones, Clay.	S.
200	„ 17	71 25	15 41 E.	620	1134	—1. 0	Ler.	Clay.	S. T.
205	„ 18	70 51	13 3 E.	1287	2354	—1. 2	Biloculinler.	Biloculina Clay.	S.
213	„ 26	70 23	2 30 E.	1760	3219	—1. 2	Biloculinler.	Biloculina Clay.	S.
223	Aug. 1	70 54	8 24 W.	70	128	—0. 6	Graasort Sandler.	Dark-grey sabulousClay	S.
		(Jan Mayen).							
224	„ 1	70 51	8 20 W.	95	174	—0. 6	Graasort Sandler.	Dark-grey sabulousClay	S.
225	„ 2	70 58	8 4 W.	195	357	—0. 3	Graasort Sandler.	Dark-grey sabulousClay	S.
237	„ 3	70 41	10 10 W.	263	481	—0. 3	Brunt Ler, Stene.	Brown Clay, Stones.	S.
240	„ 4	69 2	11 26 W.	1004	1836	—1. 1	Biloculinler.	Biloculina Clay.	S.
248	„ 8	67 56	4 11 E.	778	1423	—1. 4	Biloculinler.	Biloculina Clay.	S.
251	„ 9	68 6	9 44 E.	634	1159	—1. 3	Ler.	Clay.	S.
252	„ 11	Vestfjord.					Ler.	Clay.	S.
253	„ 15	Skjerstadfjord.		263	481	3. 2	Ler.	Clay.	S.

V

Station No.	Datum. (Date.)	Nordlig Bredde. (North Latitude.)	Længde fra Greenwich. (Longitude.)	Dybde. (Depth.) Engl. Favne. (Fathoms.)	Dybde. Meter. (Metres.)	Bundens Temperatur. (Temperature at Bottom.) C.	Bunden.	Bottom.	Apparat. (Apparatus.) S. Skrabe. (Dredge.) T. Trawl. s. Svabere. (Swabs.)
253b	Aug. 17	Saltstrømmen.		90	165		Sten.	Stones.	S.
	1878.								
255	Juni 19	68° 12′	15° 40′ E. (Vestfjord).	341	624	6.°5	Ler.	Clay.	S.
257	(June) 21	70 4	23 2 E. (Altenfjord).	160	293	3.9	Ler.	Clay.	S.
258	„ 21	70 13	23 3 E. (Altenfjord).	230	421	4.0	Ler.	Clay.	T.
260	„ 24	70 55	26 11 E. (Porsangerfjord).	127	232	3.5	Ler.	Clay.	S. T.
261	„ 25	70 47	28 30 E. (Tanafjord).	127	224	2.8	Ler.	Clay.	S. T.
262	„ 27	70 36	32 35 E.	148	271	1.9	Ler.	Clay.	T. S.
267	„ 29	71 42	37 1 E.	148	271	—1.4	Ler, Sten.	Clay, Stones.	S.
270	„ 30	72 27	35 1 E.	136	249	—0.0	Ler.	Clay.	S.
273	Juli 1	73 25	31 30 E.	197	360	2.2	Ler.	Clay.	N.
275	(July) 2	74 8	31 12 E.	147	269	—0.4	Ler.	Clay.	T.
280	„ 4	74 10	18 51 E. (Beeren Eiland).	35	64	1.1	Sten.	Stones.	S.
283	„ 5	73 47	14 21 E.	767	1403	—1.4	Ler.	Clay.	S.
286	„ 6	72 57	14 32 E.	447	817	—0.8	Ler.	Clay.	T.
290	„ 7	72 27	20 51 E.	191	349	3.5	Sandler.	Sabulous Clay.	T.
295	„ 11	71 59	11 40 E.	1110	2030	-1.3	Biloculinler.	Biloculina Clay.	T.
297	„ 16	72 36	5 12 E.	1280	2341	—1.4	Biloculinler.	Biloculina Clay.	T.
303	„ 19	75 12	3 2 E.	1200	2195	—1.6	Biloculinler.	Biloculina Clay.	T.
312	„ 22	74 54	14 53 E.	658	1203	—1.2	Ler.	Clay.	T.
315	„ 22	74 53	15 55 E.	180	329	2.5	Ler, Sand.	Clay, Sand.	T.
322	„ 23	74 57	19 52 E.	21	38	0.2	Haard.	Hard.	S.
323	„ 30	72 53	21 51 E.	223	408	1.5	Ler.	Clay.	T.
326	Aug. 3	75 31	17 50 E.	123	225	1.6	Ler.	Clay.*	T.
333	„ 4	76 6	13 10 E.	748	1368	—1.3	Biloculinler.	Biloculina Clay.	T.
336	„ 5	76 19	15 42 E.	70	128	0.4	Ler, Haard B.	Clay, Hard Bottom.	S.
338	„ 6	76 19	18 1 E.	146	267	-1.1	Haard.	Hard.	S.
343	„ 7	76 34	12 51 E.	743	1359	—1.2	Ler.	Clay.	T.
350	„ 8	76 26	0 29 W.	1686	3083	—1.5	Biloculinler.	Biloculina Clay.	T.
353	„ 10	77 58	5 10 E.	1333	2438	—1.5	Biloculinler.	Biloculina Clay.	T.
357	„ 12	78 3	11 18 E.	125	229	1.9	Ler.	Clay.	S.
359	„ 12	78 2	9 25 E.	416	761	0.8	Ler.	Clay.	S.
362	„ 14	79 59	5 40 E.	459	839	—1.0	Ler.	Clay.	T.
363	„ 14	80 3	8 28 E.	260	475	1.1	Ler.	Clay.	T.
366	„ 17	79 35	11 17 E. (Magdalene Bay).	61	112	-2.1	Ler.	Clay.	T.
				37	68	—0.2			
370	„ 18	78 48	8 37 E.	109	199	1.1	Ler.	Clay.	T.
372	„ 19	78 9	14 7 E. (Isfjord).	129	236	1.2	Ler.	Clay.	T.
374	„ 22	78 16	15 33 E. (Advent Bay).	60	110	0.7	Ler.	Clay.	T.

Indhold
(Index.)

	Pag.
Tabel over de zoologiske Stationer	IV.
(Table of the Zoological stations)	
Væringia mirabilis	1.
Anatomisk-histologisk Bygning	2.
(Anatomo-histological Structure)	
Slægts- og Artskarakter	8.
(Generic and specific characteristics)	
Væringia fruticosa	9.
Artskarakter	10.
(Specific characteristics)	
Væringia abyssicula	10.
Artskarakter	13.
(Specific characteristics)	
Væringia polaris	13.
Artskarakter	16.
(Specific characteristics)	
Væringia pygmæa	17.
Artskarakter	19.
(Specific characteristics)	
Væringia dryopsis	20.
Anatomisk-histologisk Undersøgelse	21.
(Anatomo-histological Examination)	
Artskarakter	24.
(Specific characteristics)	
Væringia Jan-Mayeni	24.
Anatomisk-histologisk Undersøgelse	26.
(Anatomo-histological Examination)	
Artskarakter	28.
(Specific characteristics)	
Væringia clavata	29.
Anatomisk-histologisk Undersøgelse	29.
(Anatomo-histological Examination)	
Artskarakter	32.
(Specific characteristics)	
Væringia capitata	32.
Anatomisk-histologisk Undersøgelse	33.
(Anatomo-histological Examination)	
Artskarakter	35.
(Specific characteristics)	

	Pag.
Duva arborescens	37.
Artskarakter	40.
(Specific characteristics)	
Duva aurantiaca	41.
Artskarakter	43.
(Specific characteristics)	
Duva frigida	43.
Artskarakter	46.
(Specific characteristics)	
Duva glacialis	46.
Artskarakter	49.
(Specific characteristics)	
Duva spitsbergensis	49.
Artskarakter	51.
(Specific characteristics)	
Duva violacea	52.
Artskarakter	53.
(Specific characteristics)	
Duva flava	54.
Artskarakter	56.
(Specific characteristics)	
Duva cinerea	56.
Artskarakter	59.
(Specific characteristics)	
Drifa hyalina	59.
Zoanthodemets Bygning	60.
(The structure of the Zoanthodem)	
Slægts- og Artskarakter	64.
(Generic and Specific characteristics)	
Drifa islandica	65.
Anatomisk-histologisk Bygning	66.
(The anatomo-histological Structure)	
Artskarakter	68.
(Specific characteristics)	
Nannodendron elegans	69.
Zoanthodemets anatomisk-histologiske Bygning	70.
(Anatomo-histological Structure of the Zoanthodem)	
Slægts- og Artskarakter	74.
(Generic and Specific characteristics)	

VIII

	Pag.
Fulla Schiøtzi	74.
Anatomisk-histologisk Bygning	75.
(Anatomo-histological Structure)	
Slægtskarakter	80.
(Generic characteristics)	
Artskarakter	81.
(Specific characteristics)	
Nephthya flavescens	81.
Anatomisk-histologisk Undersøgelse	83.
(Anatomo-histological Examination)	
Artskarakter	86.
(Specific characteristics)	
Nephthya rosea	87.
Anatomisk-histologisk Undersøgelse	88.
(Anatomo-histological Examination)	
Artskarakter	91.
(Specific characteristics)	
Nephthya polaris	92.
Artskarakter	94.
(Specific characteristics)	
Embryologiske Undersøgelser	94.
(Embryological Examination)	
Gersemiopsis arctica	99.
Anatomisk-histologisk Undersøgelse	100.
(Anatomo-histological Examination)	
Slægtskarakter	103.
(Generic characteristics)	
Artskarakter	104.
(Specific characteristics)	
Barathrobius digitatus	104.
Anatomisk-histologisk Undersøgelse	105.
(Anatomo-histological Examination)	
Slægtskarakter	109.
(Generic characteristics)	
Artskarakter	110.
(Specific characteristics)	
Barathrobius palmatus	110.
Artskarakter	113.
(Specific characteristics)	

	Pag.
Sarakka crassa	113.
Anatomisk-histologisk Undersøgelse	114.
(Anatomo-histological Examination)	
Slægtskarakter	118.
(Generic characteristics)	
Artskarakter	119.
(Specific characteristics)	
Nidalia arctica	119.
Anatomisk-histologisk Undersøgelse	120.
(Anatomo-histological Examination)	
Artskarakter	123.
(Specific characteristics)	
Krystallofanes polaris	124.
Anatomisk-histologisk Undersøgelse	125.
(Anatomo-histological Examination)	
Slægtskarakter	129.
(Generic characteristics)	
Artskarakter	129.
(Specific characteristics)	
Organidus Nordenskiöldi	130.
Anatomisk-histologisk Undersøgelse	132.
(Anatomo-histological Examination)	
Slægtskarakter	137.
(Generic characteristics)	
Artskarakter	137.
(Specific characteristics)	
Clavularia frigida	138.
Anatomisk-histologisk Undersøgelse	138.
(Anatomo-histological Examination)	
Artskarakter	140.
(Specific characteristics)	
Sympodium abyssorum	141.
Anatomisk-histologisk Undersøgelse	142.
(Anatomo-histological Examination)	
Artskarakter	144.
(Specific characteristics).	

Familie Alcyonida.
Underfamilie Alcyoninæ.

Væringia mirabilis, n. g. et n. sp.
Tab. I, Fig. 1—40. Tab. II, Fig. 1—2.

Zoanthodemets Stamme er indtil 200ᵐᵐ høi, 30ᵐᵐ bred nede ved Basaldelen og aftager noget i Tykkelse opad, saa at dens øverste Del er omtrent 20ᵐᵐ bred. Den er rund, har et glat Udseende og er dybt riflet efter Længden som Følge af de stærkt udprægede Længdekanaler, Fig. 1. Basaldelen er meget udvidet og omfatter membranøgtigt de Gjenstande, hvortil den er fæstet, Fig. 1. Stammen er rundtom tæt besat med Grene. Nederst ved Basaldelen udspringe enkelte Polyper direkte fra Stammen, Fig. 1.

Grenene have en forskjellig Længde og Tykkelse; de nederste ere meget korte, udelte og for Størstedelen tæt besatte med Polyper, Fig. 1; efterhaanden som de maa længere op paa Stammen tiltage de baade i Længde og Tykkelse, saa at de paa Midten ere længst, indtil 35ᵐᵐ lange og 10—12ᵐᵐ brede ved Grunden, men aftage noget op imod den øverste Del, Fig. 1. Fra disse Grene udskyde overalt, lige fra deres Udspring og til Enden, en stor Mængde tætstaaende Smaagrene, der ere saa tæt besatte med Polyper, at saavel Grenene som Smaagrenene skjules ganske, Fig. 1. 2.

Smaagrenene dannes egentlig af de forlængede Polypkroppe, idet disse samtlige udgaa fra Grenene, Fig. 2. Fra Stammens øverste Ende udspringe 3—4 Grene, tæt besatte med Polyper, Fig. 1. Saavel Stammen som Grenene ere temmelig faste, næsten læderagtige og føles ru.

Den norske Nordhavsexpedition: D. C. Danielssen: Alcyonida.

The Family Alcyonida.
Sub-section Alcyoninæ.

Væringia[1] mirabilis, n. g. et sp.
Pl. I. figs. 1—40. Pl. II, figs. 1—2.

The stem of the Zoanthodem measures up to 200ᵐᵐ in height, whilst it is 30ᵐᵐ broad at the basal portion but diminishes somewhat in thickness upwards, so that the uppermost part is only about 20ᵐᵐ broad. It is cylindrical: has a smooth appearance, and is deeply grooved longitudinally, in consequence of the strongly prominent longitudinal ducts, (Pl. 1, fig. 1). The basal portion is much expanded, and embraces, membranaceously, the objects to which it is attached, (Pl. 1, fig. 1). The stem is it all around it closely beset with branches. Low down, at the basal portion, a few polyps shoot forth direct from the stem, (Pl. 1, fig. 1).

The branches are of various lengths and thicknesses; the inferior ones are very short, non-furcate and, for the greater part, closely beset with polyps, (Pl. 1, fig. 1). Gradually, as they shoot forth further up the stem, they increase both in length and in thickness, so that in the middle portion they become longest, measuring up to 35ᵐᵐ in length, and 10—12ᵐᵐ in thickness at the root, but diminish again, somewhat, up towards the uppermost part, (Pl. I, fig. 1). Quite from the root to the extremity of these branches there, everywhere, shoot out a multitude of closely-set branchlets which are so closely beset with polyps that both, the branches as well as the branchlets, are completely concealed, (Pl. I, figs. 1. 2).

The branchlets are in reality formed by the prolonged bodies of the polyps, as all of these proceed from the branches, (Pl. I, fig. 2). From the uppermost extremity of the stem, 3—4 branches closely beset with polyps proceed, (Pl. I, fig. 1). Both, the stem as well as the branches, are rather hard, almost coriaceous, and they feel rough to the touch.

---
[1] From "Væringen", the name of the Norwegian North-Atlantic Expeditions Steamship.

Polyperne ere retraktile, cylindriske, vandklare, 12ᵐᵐ lange. Kroppen er 8ᵐᵐ lang og har paa sin udvendige Side 8 Linier, der dele den i 8 Længdefelter, hvert forsynet med 2 Rækker tæt paa hinanden liggende Spikler, Fig. 3. Tentaklerne ere 4ᵐᵐ lange og have paa deres aborale Flade, lige til deres Spids, 2 Rækker Spikler, Fig. 3, 4. Den nederste Del af Tentakelen er hyppigt blottet for Pinnuler; hvor disse ere tilstede, staa de meget spredte og ere meget smaa, Fig. 4. Pinnulerne ere uden Kalk.

Munden er aflang med lidt opsvulmede Læber.

The polyps are retractile, cylindrical, and pellucid, and they measure 12ᵐᵐ in length. The body is 8ᵐᵐ long, and has, on its exterior side, 8 lines which divide it into 8 longitudinal areas, each of which is furnished with 2 series of spicules placed close to and upon each other, (Pl. I, fig. 3).

The tentacles measure 4ᵐᵐ in length, and on their aboral surface, right up to their point, have 2 series of spicules, (Pl. I, figs 3. 4). The lowest part of the tentacle is frequently devoid of pinnules; when these are present they are placed much dispersed, and are very minute. (Pl. I, fig. 4). The pinnules are non-calcareous.

The oral aperture is oblong, with slightly tumified labiæ.

Zoanthodemets anatomisk-histologiske Bygning.

The Anatomo-histological structure of the Zoanthodem.

Stammen er omgiven af et tykt Ectoderm, bestaaende af mange Lag Celler, der ere af lidt forskjellig Størrelse og Form. De yderstliggende ere polyædriske, 0.011ᵐᵐ brede, have en tynd Membran, som indeslutter en rund Kjerne, 0.002ᵐᵐ stor, forsynet med et Kjernelegeme og omgiven af en yderst sparsom Protoplasmamasse, saa at de have et næsten vandklart Udseende, Fig. 5. De indenfor liggende Celler ere mindre kantede, antage dels en rund, dels en aflang Form, ere fra 0.011—0.013ᵐᵐ lange med en rund Kjerne, 0.002ᵐᵐ, og Kjernelegeme, omgiven af et tættere, finkornet Protoplasma, Fig. 6. Disse Celler ere ikke saa klare som de, der findes i det ydre Lag.

The stem is encompassed by a thick ectoderm consisting of many layers of cells, which are of somewhat variable size and form. Those lying on the extreme exterior are polyhedrical, and measure 0.011ᵐᵐ in breadth, and they have a thin membrane which encloses a round nucleus measuring 0.002ᵐᵐ in diameter, furnished also with a nucleus body surrounded by an extremely sparing protoplasmic mass, so that they acquire an almost translucent appearance, (Pl. I, fig. 5). The cells, which lie inside, are not so polygonal, and they take, partly, a cylindrical, partly, an oblong form, and measure from 0.011—0.013ᵐᵐ in length; they have a round nucleus measuring 0.002ᵐᵐ in diameter, and a nucleus body surrounded by a dense, minutely-granular protoplasm, (Pl. I, fig. 6). These cells are not so translucent as those which are found in the exterior layer.

Indenfor Ectodermet er et bredt, hyalint Bindevævslag, hvori sees en Mængde større og mindre Ernæringskanaler, der korrespondere med hverandre og ere beklædte med et Epithel, hvis Celler ere lidt aflange, have en rund Kjerne, indhyllet i Protoplasmaindholdet, Tab. II, Fig. 1, a. I de mindste af disse Saftkanaler er Lumenet ganske udfyldt af dette Epithel, Tab. II, Fig. 1, b, hvorom jeg i tidligere Afhandlinger over Pennatulider og Alcyonider har udtalt mig udførligt[1].

Inside of the ectoderm there is a broad, hyaline, connective-tissue layer, in which a multitude of larger and smaller nutritory ducts are visible; these correspond with each other, and are coated with an epithelium whose cells are slightly oblong, and contain a round nucleus enclosed in the protoplasmic substance, (Pl. II, fig. 1, a). In the smallest of these nutritory-ducts, the channel is quite filled out by this epithelium, (Pl. II, fig. 1, b), regarding which I have spoken, at length, in my previous treatises concerning Pennatulidæ and Alcyonidæ[1].

Imellem Saftkanalerne ligge spredte Bindevævslegemer, der ere dels aflange, dels kantede med en lidt aflang Kjerne og dens Kjernelegeme samt mange Udløbere, Fig. 7, som korrespondere med de tilgrændsende Celler. Disse Bindevævsceller staa med enkelte af sine Udløbere i direkte

Between the nutritory ducts there lie dispersed, connective-tissue corpuscles, which are, partly, oblong, partly, angular, and have a slightly oblong nucleus and its nucleus body, as well as numerous prolongations, (Pl. I, fig. 7) which correspond with the adjoining-cells. These connec-

---

[1] Fauna littoralis Norvegiæ; 3die Hefte. Nye Alcyonider, Gorgonider og Pennatulider, tilhørende Norges Kyst, ved J. Koren og D. Danielssen. Pag. 2. Bergen 1883.

[1] Fauna littoralis Norvegiæ 3die Hefte. Nye Alcyonider, Gorgonider og Pennatulider, tilhørende Norges Kyst, ved J. Koren og D. Danielssen. Pag. 2. Bergen 1883.

Forbindelse med de fine Saftkanaler, Tab. II, Fig. 1, d, saa at der i selve Grundmassen for den hele Dyrekoloni er et rigt Saftomløb.

Paa den ydre Flade af Bindevævslaget, indenfor Ectodermet, er leiret en stor Mængde Spikler, der ligge tæt til hverandre og danne væsentligt tornede Dobbeltkugler med et noget indknebet Midtparti Tab. I, Fig. 8. 9: de ere 0.160^{mm} lange, Enderne 0.100^{mm} brede og Midtbeltet 0.032^{mm} bredt. Kun enkeltvis træffes flerdobbelt sammensatte Stjerner, 0.180^{mm} lange, 0.120^{mm} brede fra Straalespids til modsat Straalespids, Fig. 10. Paa den membranagtige Udbredning af Basaldelen, hvori findes en stor Mængde saavel Længde- som Tværkanaler, dannende et sammenhængende Net med store Masker, er Bindevævet udfyldt af simple, smaa Dobbeltstjerner, 0.048^{mm} lange, 0.040^{mm} brede i Enderne, Fig. 11. 12. Spiklerne ligge her hobevis paa hverandre.

Fra den indre Flade af Stammens brede, hyaline Bindevævslag udløbe Forlængelser, som ere temmelig smale og forbinde sig med hverandre, hvorved Længdekanalerne opstaa og det egentlige Coenenchym dannes. Disse Længdekanaler ere temmelig vide, især gjælder dette de ydre, der løbe igjennem Stammens hele Længde, og paa hver Kanals Vægge er der 8 Septula, som følge hele Kanalens Længde til dens Bund. Til to af disse Septulers frie Rand er ved et tyndt Bindevæv fæstet de to dorsale Gastralfilamenter. Kanalernes Vægge, der man betragtes som de indre, frie Flader af det hyaline Bindevæv og dets Forlængelser, ere forsynede med Længde- og Tværmuskler, hvilke gaa over paa Septula saaledes, at Tværmusklerne beklæde den ene Flade og Længdemusklerne den anden af hvert Septulum. Muskellaget har et Epithelovertræk (Entoderm), bestaaende af runde Celler, 0.011^{mm}, der ligge i flere Lag paa hverandre, ere temmelig fyldte med et finkornet Protoplasma, som stundom skjuler den runde, 0.004^{mm} store Kjerne med sit Kjernelegeme. Paa Længdekanalernes Vægge sees imellem Septula større og mindre Aabninger, just paa de Steder, hvor Grenene gaa over i Stammen. Længdekanalernes Antal er kun ringe, — saaledes er der i det her beskrevne Exemplar, hvis Stamme er 200^{mm} høi og omtrent 80^{mm} i Omkreds, høist 20 Kanaler, der alle tage sin Begyndelse paa Stammens øverste Del, hvor de udgaa fra enkelte Polyper og man betragtes som en Fortsættelse af sammes Mavehulhed.

Grenene have et lignende Epithelovertræk som Stammen; men det hyaline Bindevæv er forholdsvis noget bredere,

tive-tissue cells are, by means of a few of their prolongations placed in direct communication with the minute nutritory-ducts, (Pl. II, fig 1, d), so that, even, in the fundamental mass itself, which serves for the entire animal-colony, there is a rich circulation of sap.

On the exterior surface of the connective-tissue layer inside of the ectoderm, there lies entrenched, a great multitude of spicules placed closely together, and forming, principally, aculeated double-spheres having a somewhat constricted middle part, (Pl. I, figs. 8. 9). They measure, 0.160^{mm} in length; the extremities, 0.100 in breadth; and the mesial belt 0.032^{mm} in breadth. Only occasionally, are manifold complex stellates met with, measuring 0.180^{mm} in length, and 0.120^{mm} broad from the point of one ray to the point of the opposite ray, (Pl. 1, fig. 10). Upon the membranaceous dilation of the basal part, in which there is found a multitude of longitudinal, as well as transversal, ducts forming a continuous reticulation with large meshes; the connective-tissue is quite filled with plain, minute, bistellates measuring 0.048^{mm} in length, and 0.040^{mm} in breadth at the extremities, (Pl. I, figs. 11. 12). The spicules, in this situation, lie crowded upon each other.

From the inner surface of the broad hyaline connective-tissue layer of the stem, prolongations proceed: these are rather narrow, and connect with each other, by which longitudinal ducts are produced and the Sarcosoma-proper is formed. These longitudinal ducts are rather wide, and this is specially the case with the exterior ones which permeate through the whole length of the stem; upon the walls of each duct there are 8 septula, which follow the entire length of the duct to its bottom. To the free margin of two of these septula, the two dorsal gastral filaments are attached by a thin connective-tissue. The walls of the ducts, which must be considered as the inner free surfaces of the hyaline connective-tissue and its prolongations, are furnished with longitudinal and transversal muscles, which are produced into the septula in such manner, that the transversal muscles clothe the one surface and the longitudinal muscles the other surface of each septulum. The muscular layer has an epithelial covering (Entoderm), consisting of round cells measuring 0.011^{mm} in diameter, placed in several layers upon each other, and pretty well filled with a minute granular protoplasm that occasionally conceals the round nucleus, measuring 0.004^{mm} in diameter, and its nucleus body. On the walls of the longitudinal ducts, between the septula, larger and smaller apertures are seen, exactly in the situations where the branches are produced into the stem. The number of the longitudinal ducts is only small; there are for instance, in the specimen here described, whose stem measures 200^{mm} in height and about 80^{mm} in circumference, 20 ducts, at most, which all have their origin in the uppermost part of the stem, where they proceed from a few polyps, and must be considered as being a continuation of the ventral-cavity of these.

The branches have a similar epithelial covering as the stem, but the hyaline connective-tissue is, relatively,

1*

hvilket ogsaa er Tilfældet med dets Forlængelse. Fig. 13, saa at Grenenes Coenenchym er noget fastere end Stammens, især i deres centrale Del, hvor Polypernes Mavehulhed smalner betydeligt af og danner en fin, med Epithel udfyldt Kanal, som gaar over i Stammen.

I Grenenes periphere Del er Polypernes Mavehulhed videre og forlænger sig hen imod Stammen, hvor den gaar over i en af dennes Længdekanaler. Paa Grenene iagttagos lignende Spikler som paa Stammen, kun ere Dobbeltstjernerne og de mere sammensatte Stjerner hyppigere, ligesom en og anden stjerneformig, stærkt tornet Firling findes ind imellem, Fig. 14.

Af de mange Tusinde Polyper, hvoraf Kolonien bestaar, er der saaledes kun omkring 20, der staa i umiddelbar Forbindelse med Stammens Hovedlængdekanaler; de øvrige korrespondere mere eller mindre indirekte med samme, idet enhver Polyp egentlig begrændses ved Grenenes Overgang i Stammen og kun ved de fine Kanaler, hvori Polypernes Mavehulhed omformer sig, kommer til at staa i Rapport med Længdekanalerne.

Polypkroppens ydre Flade er beklædt med et Epithel, bestaaende af et dobbelt Lag lignende Celler, Fig 15, a, som de, der beklæde Stammen og Grenene. Indenfor dette Ectodermlag er et temmelig bredt, fibrillært Bindevæv, Fig 15, b, hvori findes en Mængde større og mindre Saftkanaler, beklædte med Epithelceller, der ere elliptiske og forsynede med en stor, lidt aflang Kjerne, omgiven af Protoplasmakurn. I dette Bindevæv, nærmest Ectodermet, ere Spiklerne indleirede saaledes, at paa Kroppens øverste Del ved Tentakelranden ligge de paatvers, forøvrigt danne de to Længderækker i hvert Felt imellem Insertionslinierne for Septa, Fig. 3.

De paatversliggende Spikler danne lange, takkede Spindler, der ere dels spidse i begge Ender, dels kun i den ene, dels ganske lige, dels krumme, sjeldent S formige, fra 0.400—0.536ᵐᵐ lange og 0.027ᵐᵐ brede paa Midten, Fig. 16. 17. 18.

Lidt længere nede paa Kroppen, hvor Spiklerne ligge i Rækker, ere Spindlerne kortere, lidt bredere, med afstumpede Ender, Fig. 19. 20, og paa Bagkroppen findes sammensatte Stjernespikler og takkede Valser, Fig. 21. 22, men hyppigere takkede Dobbeltkugler af Størrelse som de paa Stammen, — og endelig sees eiendommelige Firlinger i Form af Kors, af hvilke den ene Form har en Længdestok 0.104ᵐᵐ og en Tværstok 0.060ᵐᵐ, Fig. 23, medens den anden er fladere og bredere, Fig. 24; begge ere meget takkede.

somewhat broader, and this is, also, the case with its prolongations, (Pl. 1, fig. 13), so that the sarcosoma of the branches is somewhat firmer than on the stem, especially in their central portion where the ventral-cavity of the polyps diminishes, considerably, and forms a minute duct filled with epithelium, which is produced into the stem.

In the peripherical part of the branches, the ventral-cavity of the polyps is wider, and is prolonged towards the stem, and, there, is produced into one of its longitudinal ducts. Similar spicules to those of the stem are observed upon the branches, only, the bistellates and the more complex stellates, are more frequent, whilst, also, an occasional stelli-form, strongly-aculeated quadruplet is observed amongst them, (Pl. 1, fig. 14).

Of the many thousands of polyps of which the colony is composed there are, thus, only about 20 which are placed in immediate connection with the main longitudinal ducts of the stem; the others correspond, more or less indirectly, because each polyp is really confined by the production of the branches into the stem, and is only placed in connection with the longitudinal ducts, by the minute ducts into which the ventral cavity of the polyps transforms itself

The exterior surface of the body of the polyp is clad with an epithelium, consisting of a double layer of similar cells to those that clothe the stem and the branches, (Pl. 1, fig. 15, a). Inside of this ectoderm-layer there is a, rather broad, fibrous connective-tissue, (Pl. 1, fig. 15 b), in which a multitude of, larger and smaller, nutritory ducts is found, clad with epithelial cells elliptical in form, and furnished with a large, slightly oblong, nucleus surrounded by protoplasmic granules. In this connective-tissue, nearest to the ectoderm, the spicules lie entrenched in such manner, that at the tentacular margin on the uppermost portion of the body they lie transversally; otherwise, they form two longitudinal series in each area between the lines of the insertions of the septa, (Pl. 1, fig. 3).

The transversal spicules form long apicate fuscos, which, partly, are acuminate in both extremities, partly, only in one extremity, partly, quite straight, partly, bent, but seldom S-formed, and which measure from 0.400ᵐᵐ—0.536ᵐᵐ in length, and 0.027ᵐᵐ in breadth at the middle, (Pl. 1, figs. 16. 17. 18).

A little lower down on the body, at the point where the spicules are situated in series, the fuscos become shorter and a little broader, and have blunted extremities, (Pl. 1, figs. 19. 20), and on the posterior body, complex stellate-spicules, and spicate rollers are found, (Pl. 1, figs. 21. 22), but more frequently, spicate double-spheres of similar size to those upon the stem are found, and finally, peculiar cruciform quadruplots are visible, of which, the one form has a longitudinal arm, measuring 0.104ᵐᵐ in length and a transversal arm, measuring 0.060ᵐᵐ in length, (Pl. 1, fig. 23), whilst, the other form is flatter and broader, (Pl. 1, fig. 24). Both of them are much spicate.

Fra den indre Flade af Bindevævet udgaa de sædvanlige 8 Septa, der fæste sig paa Svælgets ydre Flade. Den indre Bindevævsflade er forsynet med Længde- og Tværmuskler. Fig. 15, c, der gaa over paa Septa saaledes, at de longitudinelle Fibre følge den ene Flade og udbrede sig straaleformigt paa Svælget, og de transversolle følge den modsatte Side af Septum og fæste sig ligeledes paa Svælget. Hele Mavehulheden er beklædt med Epithel, bestaaende i Røglen af to Lag runde Celler lig dem, der findes i Stammens Længdekanaler, Fig. 25, a. 26. I Mavehulheden, ligesom i dens forlængede Kanal, træffes ofte en hel Del isolerede Celler, der have nogen Lighed med Endothelcellerne, men ere noget mindre, have en klarere Membran og en Kjerne, som er omgiven af et rigt Protoplasma. Lignende Celler sees ogsaa i Hovedlængdekanalerne og danne Elementer i det Fluidum, som cirkulerer i disse. De have meget tilfælles med hvide Blodlegemer hos høiere Dyr og fungere sandsynligvis paa samme Maade, som de. Septa forlænge sig ned igjennem Mavehulheden som Septula til det Sted, hvor denne forsnevres og gaar over i en trang Kanal, — kun for de tidligere omtalte 16—20 Polypers Vedkommende følge de Hovedkanalerne lige til Bunden.

Mundaabningen danner en paatvers gaaende Spalte, der er bredere i den ene Mundvinkel end i den anden. Læberne ere næsten lige, men paa hver Side af dem sees henimod den smale Mundvinkel en liden Knude (Gonidialknude?), der synes at strække sig et Stykke ned igjennem Svælget. Dette danner næsten en Cylinder, der paa sin indre Flade er foldet efter Længden, paa sin ydre er glat og har her en Epithelialbeklædning, bestaaende af to Lag runde Celler, fuldkommen lig dem, som tapetserer Mavehulheden. Indenfor dette Endothel er et Bindevævslag med Ernæringskanaler og Bindevævslegemer, Fig. 15, d, paa hvis ydre Flade, mellem denne og Endothelet, er indleiret 8 Længderækker Spikler, Fig. 40, der have furskjellig Form og variere i Størrelse fra 0.050—0.120ᵐᵐ i Længde og fra 0.008—0.010ᵐᵐ Bredde, Fig. 40, a.

Den indre Flade af Svælget er foldet efter Længden, og paa den iagttages langs Bugfladen en Rende (Demicanaux, Hollard[1]; Gonidial grooves, Canales gonidiales, Gosse), der er triangulær, saaledes at den bredere Del af Triun-

---

[1] Gosse, Henry. Actinologia Britannica. A History of the British Sea-Anemones and Corals. 1860, pag. XV—XVII and 4.
Hollard, H. Monographie anatomique du genre Actinia de Linné, considéré comme type du groupe général des Polypes Zoanthaires. Annales des Sciences natur. Zoologie, 3. Ser. Tom. XV, pag 274.
Hertwig, Richard et Oscar. Die Actinien. Jenaische Zeitschrift f. Naturwissenschaften. 13 B., pag 512—13. 1879.

From the inner surface of the connective-tissue, the usual 8 septa proceed, which attach themselves to the exterior surface of the gullet.
The inner connective-tissue surface is furnished with longitudinal and transversal muscles, (Pl. I, fig. 15 c), which are produced into the septa in such manner, that the longitudinal fibres follow the one surface and spread radially on the gullet, and the transversal fibres follow the opposite side of the septum and, also, attach themselves to the gullet. The entire ventral-cavity is clad with epithelium, consisting, as a rule, of two layers of round cells like those found in the longitudinal ducts of the stem, (Pl. I, 25, a, 26). In the ventral-cavity, as well as in its prolonged duct, a large number of isolated cells are frequently met with; these have some resemblance to the endothelial cells, but are somewhat smaller, and have a more translucent membrane, and a nucleus surrounded by a rich protoplasm. Similar cells are, also, observed in the chief longitudinal ducts, and form an element of the fluid circulating in them. They have much in common with the white blood-corpuscles of the higher animals and, presumably, perform a similar function to what they do. The septa prolong themselves down through the ventral cavity as septula, until they attain the situation where it becomes constricted and is produced as a straitened duct. Only in regard to the 16—20 polyps previously spoken of, do the septa follow the chief ducts right down to their bottom.

The oral aperture forms a transversal fissure, which is broader in the one labial angle than in the other. The labia are almost straight, but on each of them, towards the narrower labial angle, a small knot is visible (Gonidial knot?) which appears to extend itself a little down through the gullet. This forms a cylinder, nearly, which on it inner surface is folded longitudinally, and on its outer surface is smooth and has, here, an epithelial covering consisting of two layers of round cells, exactly like those that line the ventral cavity. Inside of this endothelium, there is a layer of connective-tissue, containing nutritory ducts and connective-tissue corpuscles, (Pl. I, fig. 15 d); on whose exterior surface, between it and the endothelium, 8 longitudinal series of spiculæ are entrenched, (Pl. I, fig. 40), which have different forms, and vary in size from 0.050—0.120ᵐᵐ in length, and from 0.008—0.010ᵐᵐ in breadth, (Pl. I, fig. 40 a).

The inner surface of the gullet is folded longitudinally and, on it, there is observed along the ventral surface, a channel (Demi-canaux, Hollard[1] — gonidial grooves, — Canales gonidiales, Gosse) which is triangular, in such manner, that

---

[1] Gosse, Henry. Actinologia Britannica. A History of the British Sea-Anemones and Corals. 1860, pag XV—XVII and 4.
Hollard, H. Monographie anatomique du genre Actinie de Linné considéré comme type du groupe général des Polypes Zoanthaires. Annales des Sciences natur. Zoologie 3. Ser. Tom. XV, pag 274.
Hertwig, Richard et Oscar. Die Actinien. Jenaische Zeitschrift f. Naturwissenschaften. 13 B., pag. 512—13. 1879.

gelen danner Bunden, Fig. 15, e. Tab. II, Fig. 2, a. Denne Rende strækker sig opad fra Svælgfladens nederste Parti til lidt over Treljerdedelen af samme og er bredest nedad, Tab. II, Fig. 2, a Den adskiller sig fra den øvrige Del af Svælgvæggen væsentlig ved sin særegne Epithelbeklædning, der dannes af meget lange, næsten traadformige Pidskeceller (Geisselcellen), som have en yderst tynd Membran, ere 0.060ᵐᵐ lange, 0.020ᵐᵐ brede, og en aflang Kjerne, 0.004ᵐᵐ lang, 0.002ᵐᵐ bred, der er placeret snart nedimod den nederste Ende, snart paa Midten og snart høiere oppe, Fig. 27. Cellcindholdet er meget klart, og idet hver Celles fri Ende, der synes at være rig paa Protoplasmaindhold, støder tæt til Nabocellens, fremkommer en skarp Rand, der har Udseende af en Cuticula, Tab. II, Fig. 2 b, hvorfra udgaa en Række lange, ved Grunden tykke Flimmerhaar (Cilier), som rage langt ind i Svælghulheden, Fig. 28. Tab. II, Fig. 2; enhver Celle bærer kun et saadant Haar, der er 0.040ᵐᵐ langt, Fig. 29.

Ved Tværsnit af Svælget paa Alcoholpræparater faar man et eiendommeligt Billede af denne Svælgrendes Epithel, — det ser ud, som om det bestaar af mange Lag næsten elliptiske Celler, hvoraf de inderste, nærmest Hulheden, antage Cylinderformen og bære paa deres frie Ender Flimmerhaar, Tab. II, Fig. 2 c. Kun ved Maceration fremkom disse Cellers sande Form[1].

Udenfor Renden og saa langt, den naar op, er Svælget beklædt med Cylinderepithel, forsynet med sædvanlige Cilier; men ovenfor Svælgrenden dannes Epithelbeklædningen af Polypens Ectodermceller, der dog langs Rygsiden strækker sig langt nedover Svælget. Imellem Svælgets Cylinderepithel findes en stor Mængde kolbeformige Legemer, der ligge dels spredte, dels i regelmæssige Rækker omkring Længdefolderne, sjeldnere i Grupper, Tab. II, Fig. 2, d.

De ere fra 0.020—0.040ᵐᵐ lange og fra 0.010—0.015ᵐᵐ brede, som oftest vandklare og se ud som Vacuoler, have en langstrakt Hals med en Aabning paa Enden, Fig. 30, Tab. II, Fig. 2, e. Ved Farvning fremkommer i den nedre, brede Del en næsten rund Kjerne, 0.004ᵐᵐ i Gjennemsnit, med Kjernelegeme, omgiven af en seig Masse, der hyppig var trykket ud igjennem den før omtalte fine Aab-

the broad part of the triangle forms the bottom, (Pl. I, fig. 15, e, Pl. II, fig. 2, a). This channel extends itself upwards, from the lowest part of the surface of the gullet, till a little above the three-fourths part of it, and it is broadest below, (Pl. 2, fig. 2 a). It is distinguished from the rest of the wall of the gullet principally, by its peculiar epithelial covering, formed of very long, flagellated, almost filiform, cells (geissel-cells) having an extremely thin membrane, and measuring 0.060ᵐᵐ in length, and 0.020ᵐᵐ in breadth, and containing an oblong nucleus measuring 0.004ᵐᵐ in length and 0.002ᵐᵐ in breadth, placed sometimes, down towards the lowest extremity, sometimes, in the middle and, sometimes, higher up, (Pl. I, fig. 27). The cellular substance is very translucent and, as each cell's free extremity, which appears to be rich in protoplasmic substance, approaches close to that of the neighbouring cell, a distinctly marked margin is produced, which has the appearance of a cuticulum, (Pl. II fig. 2, b), from which a series of long cilia, thick at the root, proceed, extending far into the gullet-cavity, (Pl. I, fig. 28, Pl. II, fig. 2). Each cell carries only one such cilium measuring 0.040ᵐᵐ in length, (Pl. I, fig. 29).

On making a transverse section of the gullet, in preparations preserved in alcohol, we obtain a characteristic representation of this gullet-grooves epithelium; it appears, as if it consists of many layers of almost elliptical cells, of which the innermost, next to the cavity, take the cylinder-form, and carry cilia on their free extremities, (Pl. II, fig. 2, c). Only after, maceration, did the true form of these cells appear[1].

Outside the channel, and as far up as it reaches, the gullet is lealed with cylinder-epithelium furnished with the usual cilia, but above the gullet-channel the epithelial covering is formed by the ectoderm-cells of the polyps, which extend however along the dorsal side far down the gullet. In the gullets cylinder-epithelium, a great multitude of claviform corpuscles are found, which are placed, partly dispersed and, partly, in regular series about the longitudinal folds, more rarely in groups, (Pl. II, fig. 2 d).

They measure, from 0.020—0.040ᵐᵐ in length, and from 0.010—0.015ᵐᵐ in breadth, and are most frequently translucent, appearing like vacuoli; they have an elongated neck with an aperture on the extremity, (Pl. I, fig. 30, Pl. II, fig. 2, e). On staining, an almost spherical nucleus appears in the lower, broad part; it measures 0.004ᵐᵐ in diameter, and has its nucleus body surrounded by a tough substance, which was frequently exuded from the minute aperture previously spoken of. These corpuscles are not

---

[1] Dr. Blochman fra Heidelberg, der i længere Tid har arbeidet i Bergens Museum, viste mig Præparater fra den indre Tarmvæg hos Brachiopoderne, hvor det samme Forhold fandt Sted. Af hans Macerationspræparater fremgik det tydelig nok, at Epithelbeklædningen bestod af lange, traadformige Celler, forsynede med lange Cilier, imedens den paa Alcoholpræparater viste sig som ovenfor omtalt, nemlig ligesom bestaaende af flere Cellelag.

[1] Dr. Blochman, from Heidelberg, who studied for a considerable time in Bergens Museum, showed me preparations from the inner intestinal wall of the Brachiopods where the same relations existed. From his macerated preparations it appeared, distinctly enough, that the epithelial covering consisted of long filamentous cells furnished with long cilia, whilst in preparations preserved in alcohol it appeared as above described, viz. as if consisting of several cellular layers.

ning. Disse Legemer findes ikke i Svælggruben og ere upaatvivlelig encellede Slimkjertler.

Øverst paa den indre Svælgflade, strax forend Renden tager sin Begyndelse, findes paa Bugsiden under eller udenfor Epithellaget, imellem dette og Bindevævslaget og ligesom bundet til det første, en Gruppe store, aflange Celler med en overordentlig stor Kjerne med Kjernelegeme og omgiven af en rig Protoplasmamasse, Fig. 25, b. 31. Fra den forlængede Del, der vender til Epithelet, udspringer en Udløber, Fig. 25. 31, som forsvinder imellem Epithelcellerne. Den anden, indre, afrundede Ende af Cellen synes ikke at udsende nogen Forlængelse. Jeg maa betragte disse store Celler som tilhørende Nerveapparatet og for at være unipolære Gangliecellen Imellem og under dem sees enkelte smaa, runde, temmelig klare Celler med en rund Kjerne omgiven af Protoplasma, Fig. 25, c, hvilke ikke kunne henføres til Epithelceller, men som muligens staa i Forbindelse med disse og kunne være Epithelnerveceller. At de tilhøre Nervesystemet forekommer mig meget sandsynligt, især da længere nede paa Svælget fignende Celler træffes imellem Epithel- og Bindevævslaget og her hviler paa yderst fine Fibriller (Nervestrænge?), som ikke synes at henhøre til Bindevævet. Jeg har ikke kunnet forfølge Nervesystemet videre; thi Materialet har for Størstedelen været opbevaret i Alcohol, hvorfor der vanskelig lader sig gjøre Macerationspræparater af det.

Musklerne paa Svælget danne et Lag af lidt paaskraas gaaende, cirkulære Fibre, der ligge paa dets udvendige Flade, imellem Entodermlaget og Bindevævet.

Fra Svælgets nederste, fri Ende udgaa de sædvanlige 8 Gastralfilamenter, hvoraf de to længste ere fæstede til de 2 dorsale Septula og følge disse til Mavehulbodens Bund. De øvrige 6 ere kortere og frithængende. Samtlige ere dannede af en temmelig fast, hyalin Bindevævsmembran, der paa begge Sider er beklædt med Epithel, som paa de 6 korte bestaar af Entodermceller, lig dem paa Svælgets ydre Flade, imodens det paa de 2 lange bestaar af langstrakte Celler, lig det indre Lag af Ectodermcellerne, der tidligere ere beskrevne.

Kjønsprodukterne udvikles i den forlængede Mavehulhed, væsentligst paa de ventrale Septula. Kun Æg har jeg seet, og i Regelen kun et i hver Kapsel.

Tentaklerne ere udvendig beklædte med et Ectoderm, bestaaende at to Lag Celler, af hvilke de i det yderste Lag ere polyædriske, imedens de i det indre ere mere aflange og rigere paa Protoplasma, Fig. 32, a.

Cellerne ere af omtrent samme Størrelse som Polypkroppens Ectodermceller. Indenfor Epithelet er et hyalint Bindevævslag paa hvis ydre, aborale Flade sees en Mængde

found in the gullet-cavity, and are, without doubt, unicellular mucous glands.

On the uppermost part of the inner surface of the gullet, just before the channel begins, there is found on the ventral side, below, or outside of, the epithelial layer and between it and the connective tissue layer, adherent, as it were, to the firstnamed, a group of large oblong cells, containing an extremely large nucleus with its nucleus body surrounded by a rich protoplasmic substance, (Pl. I, fig. 25 b, 31). From the prolonged part, that faces the epithelium, a prolongation springs, (Pl. I. figs. 25. 31), which however disappears again between the epithelial cells. The other, more rounded, extremity of the cell does not appear to send out any prolongation. I must consider these large cells as pertaining to the nerve apparatus, and as being unipolar ganglial cells. Between them, and under them, a few minute, cylindrical, rather translucent cells are visible, which contain a round nucleus surrounded by protoplasm, (Pl. I, fig. 25, c), but, which cannot be assigned to the epithelial cells, although they, possibly, are placed in connection with them and may be epithelial nerve-cells. That they pertain to the nerve system appears, to me, very probable, especially, because further down on the gullet, similar cells are met with between the epithelium and the connective-tissue layer resting, here, on extremely minute fibrils (Nerve-cords) which do not appear to belong to the connective-tissue. I have not been able to follow up the nerve system, further, as my material has, for the greater part, been preserved in alchohol and, from this, it is difficult to make macerated preparations.

The muscles of the gullet form a layer of, somewhat diagonally-running, circular fibres, which are placed upon its exterior surface between the entoderm layer and the connective-tissue.

From the lowest free extremity of the gullet, the usual 8 gastral filaments proceed, of which, the two longest ones are adherent to the two dorsal septula and follow them to the bottom of the ventral cavity. The other 6 are shorter, and freely pendulous. All of them are formed of a rather firm, hyaline connective-tissue membrane, which is clad on both sides whith epithelium, which upon the 6 shorter ones consists of entoderm cells like those upon the gullets exterior surface, whilst upon the two long ones, it consists of elongate cells like the inner layer of ectoderm-cells which has previously been described.

The sexual products are developed in the prolonged ventral cavity, principally on the ventral septula. I have only discovered ova, and, generally, only one ovum in each capsule.

The tentacles are, exteriorly, clad with an ectoderm consisting of two layers of cells, of which, those in the exterior layer are polyhedrical, whilst those in the inner layer are more oblong, and richer in protoplasm, (Pl. I, fig. 32, a).

The cells are of about the same size as the ectodermcells of the body of the polyp. Inside the epithelium, there is a layer of hyaline connective-tissue on whose exterior

Spikler, Fig. 32, b, der paa de nederste to Trediedele ligge paaskraans, men næsten paatvers paa den øverste Trediedel. Spiklerne ligge tæt paa hverandre, ere forskjelligt formede, stærkt takkede, dels lige, dels krumme, dels tap- eller kølleformede, Fig. 33. Nogle ere næsten flade, men de fleste ere dog mere eller mindre runde. De flade ere fra 0.080—0.160^{mm} lange, og fra 0.012—0.040^{mm} brede, have stumpe Ender, hvorfra Takker udløbe, Fig. 34. 35. 36. 37. 38. Imellem disse ligge yderst tynde, takkede, snart lige, snart krumme Spindler, 0.060^{mm} lange, og enkelte Køller med en bladformig udvidet, takket øvre Ende, Fig. 37, samt et og andet Kors, Fig. 39, som paa Tentakelens Ende er meget simpelt, Fig. 33, a. Til Bindevævets indre Flade fæster sig Muskellaget, bestaaende af Længde- og Tverfibre, Fig. 32, c, der har et Epitheloverlræk, dannet af et Lag langstrakte Celler, i hvis ydre, bredere Del sees en lidt aflang Kjerne med Kjernelegeme. Disse Celler ere 0.048^{mm} lange og 0.010^{mm} brede, Fig. 32, d.

aboral surthee a multitude of spicules are visible, (Pl. I, fig 32, b), which, upon the lowest two-thirds part are placed, diagonally, but almost transversally upon the uppermost third part. The spicules lie close upon each other and are different in form; they are strongly spicate, partly, straight, partly, bent, partly, coniform or clavi-form, (Pl. I, fig. 33). Some are almost flat, but most of them are more or less cylindrical. The flat ones measure, from 0.080—0.160^{mm} in length, and from 0.012—0.040^{mm} in breadth, and they have blunt extremities from which spikes project, (Pl. I, figs. 34. 35. 36. 37. 38). Between these lie, extremely thin, spicate, sometimes straight, sometimes bent, fusces, measuring 0.060^{mm} in length; also a few clavi-form ones with a foliaceous-formed dilated spicate superior extremity, (Pl. I, fig. 37), besides an occasional cruci-form one, (Pl. I, fig. 39), that upon the extremity of the tentacle, is very plain, (Pl. I. fig. 33, a). To the inner surface of the connective-tissue the muscular layer adheres, and consists of longitudinal and transversal fibres, (Pl. I, fig. 32, c), having an epithelial covering formed of a layer of elongate cells, in whose outer, broadest part. a somewhat oblong nucleus with nucleus body is visible. These cells measure, 0.048^{mm} in length and 0.010^{mm} in breadth. (Pl. I, fig. 32, a).

Farven.

Bleggul.

Colour.

Pale-yellow.

Findested.

Station 338.

Habitat.

Station, Nr. 338.

Slægtskarakter.

Zoanthodomet træformet. Stammen læderagtig, rund med stærkt udprægede, vide Længdekanaler og en membranagtig Basaldel. Grenene ordnede rundt Stammen, tykke, tæt besatte med Smaagrene, der bære en snart større eller mindre Mængde Polyper, som ere retraktile. Stammen og Grenene rige paa Kalkspikler af forskjellig Form. Polyperne ere baade paa Krop og Tentakler forsynede med tætliggende Spikler. I Svælgets Bindevæv, Spikelrækker. Septa uden Kalk.

Generic characteristics.

The Zoanthodem arborescent. The stem coriaceous, cylindrical, with strongly marked, wide longitudinal ducts, and a membranneeous basal part. The branches arranged around the stem, and thick; these again, closely beset with branchlets which carry a greater or smaller multitude of polyps, which are retractile. The stem, and the branches, rich in calcareous spicules of different forms. The polyps, both on the body and on the tentacles. are furnished with closely-set spicules. In the connective-tissue of the gullet, spicular series. Septa non-calcareous.

Artskarakter.

Zoanthodomet indtil 200^{mm} høit, 80^{mm} i Omkreds ned imod Basaldelen. Grenene ordnede rundt Stammen, tykke, tæt besatte med Smaagrene, der bære en snart større Mængde Polyper, at Grenene ere ganske skjulte. Stammen med Grenene rige paa Kalkspikler. Polypernes Krop forsynet med 8 Dobbeltrækker Spikler, der danne paa den forreste

Specific characteristics.

The Zoanthodem measures up to 200^{mm} in height, and 80^{mm} in circumference down towards the basal part. The branches arranged arround the stem, thick, closely beset with branchlets which carry such a large multitude of polyps that the branches are quite concealed by them. The stem, and the branches, rich in calcareous spicules. The body of

Dels lige, dels krumme, takkede Spindler, paa den bagerste Del sammensatte Stjerner, takkede Dobbeltkugler og Kors. Tentaklerne rige paa Spikler; deres basale Del er enten blottet for Pinnuler eller disse ere meget smaa og spredte. Pinnulerne uden Kalk. Svælget har 8 Rækker Spikler. Kuløren bleggul.

the polyps furnished with 8 double series of spicules, which form, on the anterior part, partly straight, partly bent, spicate fusees, and on the posterior part, complex stellates, spicate double-spheres and cruci-forms. The tentacles rich in spicules: their basal part is either devoid of pinnules, or these are very minute and dispersed. The pinnules non-calcareous. The gullet has 8 series of spicules. Colour pale-yellow.

Væringia fruticosa, (Sars) mihi.

Tab. II. Fig. 3—13.

Alcyonium fruticosum. M. Sars. Fauna littoralis Norvegiæ, 3 Hft. pag. 81. Tab. III, Fig. 8—11.

Afdøde Professor M. Sars har i 3die Hefte af Fauna litt. Norv. givet en kort Beskrivelse med Afbildning af denne Alcyonide og henført den til Slægten Alcyonium, en Slægt, der i Anrækker har været benyttet som et Pulterkammer, hvori en hel Del Alcyonider ere blevne puttede ind. Den ovenfor beskrevne Væringia mirabilis har unægtelig flere Berøringspunkter med Alcyou. fruticosum, men ved nærmere Undersøgelse vise de sig dog at være to distinkte Arter, henhørende til samme Slægt. — Jeg har havt god Anledning til at anstille Sammenligninger, saasom jeg sammen med Sars indsamlede i Varangerfjorden flere Exemplarer af Alcyon. fruticosum, der nu findes i Bergens Museum, og som maa betragtes som typiske.

Til Slægten Alcyonium henfører jeg kun de Individer, der bære Slægtens Kjendemærker, givne af Milne-Edwards[1] (tidligere, men ufuldstændigt af Pallas), nemlig: „Polypes complètement rétractiles dans un polypiéroïde massif, à tissu sarcoïde, dont la surface est grenue et rude au toucher, mais n'est pas hérissée de spicules naviculaires et dont la partie supérieure se divise en lobes ou en prolongements digitiformes;" thi kun paa den Maade anser jeg det gjørligt at komme udaf den Konfusion, som i Tidernes Løb er tilveiebragt ved ikke at have taget tilbørligt Hensyn til den oprindelige Slægtskarakter.

Alcyonium fruticosum er efter det her anførte ingen Alcyonium, den mangler dennes væsentligste Kjendemærke, og naar jeg nu henfører den til Slægten Væringia, skal jeg til Sars's Beskrivelse føie nogle Detailler, der ville adskille den fra Væring. mirabilis.

Zoanthodemet opnaar ikke den Størrelse som hos Vær. mirab. Grenene ere ikke saa rigt besatte med Polyper. Stammen og Grenene synes at være mindre rige

[1] Milne-Edwards. Annales des sciences natur. 2. Serie, Tom. IV. pag. 333.
Den norske Nordhavsexpedition: D. C. Danielssen: Alcyonida.

Væringia fruticosa, (Sars) mihi.

Pl. II., fig. 3—13.

Alcyonium fruticosum. M. Sars. Fauna littoralis Norvegiæ, 3. Hft., pag. 81, Tab. III, Fig. 8—11.

The late Prof. M. Sars has given, in the 3rd Part of Fauna litt. Norv. a short description and illustration of this Alcyonoid, and relegated it to the genus Alcyonium, a genus that for many years has been used as a lumberroom in which a whole lot of Alcyonoids have been put away. The "Væringia mirabilis" just previously described has, undeniably, several points in common with Alcyon. fruticosum, but upon closer examination they show themselves, however, to be two distinct species pertaining to the same genus. I have had plenty of opportunity to institute comparisons, from the fact that along with Sars I collected in the Varangerfjord, several specimens of Alcyon. fruticosum, which may now be seen in Bergens Museum, and must be regarded as prototypes.

To the genus Alcyonium I, alone, relegate such individuals as bear the distinguishing characteristics of the genus, as these are stated by Milne-Edwards[1] (previously, but incompletely, by Pallas) namely: "Polypes complètement rétractiles dans un polypiéroïde massif à tissu sarcoïde, dont la surface est grenue et rude au toucher, mais n'est pas hérissée de spicules naviculaires et dont la partie supérieure se divise en lobes ou en prolongements digitiformes", because in that manner, alone, do I consider it practicable to avoid the confusion that has, in the course of time, been brought about, by sufficient attention not having been paid to the original generic character.

Alcyonium fruticosum is, according to what has been, here, stated, no Alcyonium. It is without its chief distinguishing characteristics and, as I now relegate it to the genus Væringia, I will add to Sars' description some details which will distinguish it from Væringia mirabilis.

The Zoanthodem does not attain such a size as in Vær. mirab. The branches are not so richly beset with polyps. The stem and the branches appear to be, not so

[1] Milne-Edwards. Annales des sciences natur. 2. Serie, Tom. IV pag. 333.

paa Kalk. Polyperne ere større, have paa sin Krop 8 Dobbelttrækker Kalkfigurer, der ikke ligge saa tæt som hos V. mirab. og bestaa foruden af krumme og lige, takkede Spindler, af krumme, takkede Køller, Tab. II, Fig. 3. 4, takkede Valser, Fig. 5, flade, dels forgrenede, dels i begge Ender gaffelformigt delte Spikler, Fig. 6. 7, ganske smaa, kroneformede Spikler, Fig. 8, og endelig imellem disse mange Former som enkelte korsformede Firlinger, Fig. 9. 10, forskjellige fra dem, der findes hos Værring. mirabilis. Tentaklerne bære Pinnuler lige fra Grunden; deres aborale Flade er forsynet med Spikler, hvor en stor Del ligne dem, der findes hos Vær. mirab., medens andre ere forskjellige, især er dette Tilfældet med dem, der findes paa Pinnulerne, Fig. 11, hvor Vær. mir. ingen har, Tab. I, Fig. 4. Paa Svælget er der kun 4 Rækker Spikler, der ligge temmelig langt fra hverandre, indtage ofte kun de to øverste Tredjedele, Fig. 12. 13, og ere tildels forskjellige fra dem, der findes paa Svælget af Vær. mirabilis, Tab. I. Fig. 40. Endelig er Værring. fruticosa fra bleg rosenrød til mønjefarvet, medens Værring. mirabilis er bleggul.

rich in calcium. The polyps are larger and, upon their body, have 8 double series of calcareous corpuscles which are not so closely set as in Vær. mirab. and consist of, besides bent and straight spicate fusees, also, of bent spicate subclavates (figs. 3. 4), spicate rollers (fig. 5), flat spicules, partly ramous, partly bifurcated at both extremities (figs. 6. 7); quite minute coroni-form spicules (fig. 8). and finally, amongst these numerous forms, a few cruciform quadruplets are visible (figs. 9. 10) differing from those that are found in Vær. mirab. The tentacles are occupied by pinnules quite from the root; their aboral surface is furnished with spicules, of which a great number resemble those that are found in Vær. mirab. whilst others are different. This is especially the case with those found on the pinnules (fig. 11), in which situation Vær. mirab. has none (Pl. I, fig. 4). On the gullet, there are only 4 series of spicules, placed pretty far apart from and each other and occupying, frequently, only the superior two-third parts (figs. 12. 13) and in a measure differing from those that are observed in the gullet of Vær. mirab. (Pl. I, fig. 40). Finally, the colour of Værring. fruticosa varies, from pale rose-red to red-lead colour, whilst Vær. mirab. is pale-yellow.

Artskarakter.

Zoanthodemet indtil 100mm høit, 30mm i Omkreds ned mod Basaldelen. Stammen rund; Grenene korte, ordnede rundt denne. Smaagrenene, hvorpaa Polyperne sidde spredte, sparsomme; Stammen og Grenene kalkholdige. Polyperne lange, cylindriske; deres Krop forsynet med 8 Dobbelttrækker Spikler, hvilke paa Kroppens forreste Del bestaa af dels krumme, dels lige, takkede Spindler, paa dens bagerste Del af takkede Valser og særegne Kors. Tentaklerne ere lange og forsynede lige til Grunden med Pinnuler. Saavel Tentaklerne som Pinnulerne have paa deres aborale Flade Spikler, hvoraf flere, fornemmelig paa Pinnulerne, ere særegne. Svælget forsynet med 4 Rækker Spikler, liggende langt fra hverandre og daunende dels korte, takkede Spindler med tilspidsede Ender, dels Firlinger som forskjelligt formede Kors.

Farven bleg rosenrød til mønjefarvet.

Specific characteristics.

The Zoanthodem measures up to 100mm in height, and 30mm in circumference down towards the basal portion. The stem is cylindrical. The branches short, and arranged around the stem. The branchlets, upon which polyps are placed dispersedly, not numerous. The stem and the branches calcareous. The polyps long, cylindrical; their body furnished with 8 double series of spicules which, upon the anterior portion of the body, consist of, partly bent, partly straight spicate fusees and, on the posterior portion, of spicate rollers and peculiar cruciforms. The tentacles are long, and are furnished, right to their root, with pinnules. The tentacles, as well as the pinnules, are furnished with spicules on their aboral surface, of which several, especially upon the pinnules, are peculiar. The gullet is furnished with 4 series of spicules, placed far apart from each other, and forming, partly, short spicate fusees with acuminated extremities, partly, quadruplets in variously shaped cruciforms.

The colour pale rose-red to red-lead colour.

Værringia abyssicola, n. sp.

Tab. II, Fig. 14—41.

Zoanthodemets Stamme er omkring 70mm høi, 25mm i Omkreds paa sin nedre Del, men bliver lidt smalere opad. Den er rund, ser glat ud og er stærkt furet efter Længden. Længdekanalerne ere meget fremtrædende og undulerende

Værringia abyssicola, n. sp.

Pl. II, fig. 14—41.

The stem of the Zoanthodem measures about 70mm in height, and 25mm in circumference at its inferior part, but becomes a little narrower upwards. It is cylindrical, has a smooth appearance, and is strongly grooved longi-

paa Spiritusexemplarer paa Grund af Kontraktionen. Basaldelen er nogen, membranagtig udvidet og indtil 40ᵐᵐ i Omkreds. De øverste to Trediedele af Stammen er rundtom forsynet med Grene, imedens den nederste Trediedel er blottet for samme; men her sees enkelte Polyper at udspringe direkte fra Stammen. Grenene staa noget fra hverandre, saa at ikke Stammen dækkes; de ere runde, tykke, riflede paalangs og af forskjellig Længde; i Regelen ere de nederste de længste, enkelte ere udelte og ere da besatte med Polyper; men de fleste ere delte og have en eller flere Smaagrene, hvorfra Polyperne udspringe. Saavel paa Grenene som paa Smaagrenene ere Polyperne stillede uden nogen Regelmæssighed og staa temmelig langt fra hverandre, undtagen paa Enderne, hvor de staa tættere, Fig. 14. 15. Den øverste Ende af Stammen er afrundet, og paa den sidder en Gruppe Polyper, omtrent 12—15 i Antal; men strax nedenfor sees paa et Exemplar et Par meget korte, tykke Grene, der bære nogle faa Polyper, hvis Bagkroppe egentlig danne Grenene, imedens paa et andet Exemplar en lang Gren udspringer fra Stammens øverste Trediedel, og paa dens afrundede Ende sees 7 Polyper. I det Hele taget frembyde de 3 Specimina, som vi have, flere Forskjelligheder med Hensyn til Grenenes Beskaffenhed og Polypernes Antal. Paa et Exemplar, der er det mindste, 25ᵐᵐ høit, staa Grenene tæt sammen og ere rigt besatte med Polyper, saa at baade Stammen og Grenene skjules. Paa de to andre Exemplarer ere Grenene længere fra hverandre og bære færre Polyper, hvorved Zoanthodemet faar et noget forskjelligt Udseende. Saavel Stammen som Grenene ere temmelig faste og ru at føle paa.

Polyperne ere retraktile, cylindriske, noget bredere ved Tentakelranden end ved deres Grund, 10—12ᵐᵐ lange, 3—4ᵐᵐ brede. Kroppen er 6—7ᵐᵐ lang; dens ydre Flade har 8 stærke, Ribber; saavel disse som de mellemliggende Felter ere rigt besatte med Spikler, Fig. 15. 16. der, som vi senere skulle se, ere ordnede paa en egen Maade. De omtalte Ribber forlænge sig over paa Cœnenchymet, eller rettere paa Cellevæggens ydre og øverste Del, saa at, naar Polypen er indtrukken, men Celleaabningen ikke lukket, ser det ud, som om dennes Rand er forsynet med 8 Papiller, og naar Cellen er lukket, har den Udseende af en 8-straalet Stjerne, Fig. 15. Naar jeg nævner Celle, mener jeg Hulheden i Cœnenchymet for Polypen; thi denne Krop er jo egentlig en Fortsættelse af Cœnenchymets ydre Væg. Tentaklerne ere 4—5ᵐᵐ lange og have paa deres aborale Flade en Pantserbeklædning af Spikler. Pinnulerne ere temmelig lange og ere ligeledes paa deres aborale Flade bepantsrede med Spikler, Fig. 16. 17. Mundskiven er lidt hvælvet, og Munden danner en Tverspalte.

tudinally. The longitudinal ducts are very prominent and undulating in specimens preserved in Alchohol. owing to their shrinkage. The basal portion is bare and membraneaously dilated, and it measures about 40ᵐᵐ in circumference. The uppermost two-third parts of the stem is furnished with branches, placed around it, whilst the lowest third part is bare of them, but in this situation a few polyps are seen to spring direct from the stem. The branches are placed somewhat apart from each other, so that the stem is not covered; they are cylindrical, thick, and longitudinally grooved, and variable in length. Usually, the lowest ones are the longest, and a few of them are not ramified, in which case they are beset with polyps; but most of them are ramous, and furnished with one or more branchlets, from which the polyps spring. Both upon the branches and the branchlets, the polyps are placed without any regularity and situated pretty far apart from each other, except upon the extremities, where they are placed closer together (figs. 14. 15). The uppermost extremity of the stem is rounded off and, upon it, there is placed a group of polyps, about 12—15 in number, but immediately underneath there is seen, in one specimen, a couple of very short, thick branches, bearing a few polyps whose posterior body, really, forms the branches; whilst in another specimen, a long branch shoots out from the uppermost third part of the stem and, upon its rounded extremity, 7 polyps are visible. Altogether, the three specimens which I have, present several variations with regard to the character of the branches, and the number of polyps. In one specimen which is the smallest one and measures 25ᵐᵐ in height, the branches are placed close together, and are so richly beset with polyps, that both the stem and the branches are concealed. In the two other specimens, the branches are placed further apart from each other, and carry fewer polyps, which gives the Zoanthodem a somewhat different appearance. Both, the stem and the branches, are pretty firm, and rough to the touch.

The polyps are retractile, cylindrical, and somewhat broader at the tentacular margin than at their root. They measure 10—12ᵐᵐ in length and 3—4ᵐᵐ in breadth. The body measures 6—7ᵐᵐ in length. The exterior surface is furnished with 8 strong ribs and both, these as well as the intermediate areas, are richly beset with spicules (figs. 15—16) which, as we shall by and bye see, are arranged in a peculiar manner. The ribs, just mentioned, prolong themselves into the sarcosoma or, more correctly, into the exterior and uppermost part of the wall of the cell, so that when the polyp is retracted, but with its cellular aperture open, it looks as if the margin was furnished with 8 papillæ, but when the cell is closed it has the appearance of an 8-rayed star (fig. 15). When I say the cell, I mean the cavity for the polyp in the sarcosoma, because its body is, really, a continuation of the outer wall of the sarcosoma. The tentacles measure 4—5ᵐᵐ in length, and upon their aboral surface have a sheathing of spicules. The pinnules are rather long,

2*

Hele Zoanthodemet er meget rigt paa Spikler. Paa Stammen og Grenene findes: bladbedækkede Koller, der stundom ere delte i øverste Ende og ere 0.140^{mm} lange og 0.080^{mm} brede noget over Midten, Fig. 18. 19. 20; Dobbeltstjerner lige brede som lange, 0.060^{mm} i Gjennemsnit, Fig. 21, enkelte Firlinger i Korsform; valseformede Spikler besatte med Vorter, 0.140^{mm} lange, 0.070^{mm} brede paa Midten, Fig. 22. 23, og endelig takkede Spindler, 0.060^{mm} lange, 0.020^{mm} brede, Fig. 24. 25. Paa Polypens Bagkrop, især der, hvor den gaar over i Coenenchymet, ligge Spiklerne paatvers, Fig 16, a, og optræde under forskjellige Former, hvoriblandt gjenkjendes flere af dem fra Stammen og Grenene; men hyppigst træffes dog Valser besatte med Vorter, Fig. 22. 23, og meget sammensatte Stjerner, rigt besatte med Takker, 0.136^{mm} lange, 0.080^{mm} brede paa Midten, Fig 26, hvorimellem hist og her sees korsformede Firlinger besatte med Takker, indtil 0.180^{mm} lange og med en Tværstok indtil 0.100^{mm}, Fig. 27. Paa Forkroppen staa Spiklerne næsten oprette i 8 Dobbeltrækker, Fig. 16, b, og dannes væsentligst af stærkt takkede Spindler, der dels ere lige med næsten tilspidsede Ender, 0.400^{mm} lange, 0.035^{mm} brede, Fig. 28, dels lidt krumme, næsten baandformige, 0.380^{mm} lange. 0.040^{mm} brede, Fig. 29. 30; imellem disse sees enkelte langstrakte, korsformige Firlinger, 0.264^{mm} lange, med en Tværstok 0.072^{mm}, Fig. 31, samt takkede Køller, 0.144^{mm} lange, 0.020^{mm} brede øverst, Fig. 32, og endelig langstrakte, takkede, lige Spikler af Kollens Længde, Fig. 33.

Tentaklerne ere tæt besatte med 2 Rækker paaskraas gaaende Spikler, Fig. 16, c. 17, hvoraf Størstedelen danner takkede, dels lige, dels krumme Spindler, med snart spidse, snart afstumpede Ender og ere 0.220^{mm} lange, 0.016^{mm} brede paa Midten, Fig. 34. 35; imellem disse sees takkede Koller, 0.120^{mm} lange, 0.032^{mm} brede i den brede Ende, Fig 36. Paa Pinnulerne danne Spiklerne dels takkede Koller, Fig. 37, dels takkede Spikler, der ere meget smaa, 0.020^{mm} lange, 0.012^{mm} brede, Fig. 38, hvorimellem iagttages større, noget fladtrykte, lidt takkede Spikler med brede, takkede Ender, 0.024^{mm} brede, Fig. 39, samt nogle korte, tynde, takkede, lige Spindler, 0.060^{mm} lange, 0.008^{mm} brede, Fig 40.

Svælget er forsynet med 8 Dobbeltrækker Spikler, der bestaa af takkede Spindler med tilspidsede Ender, 0.220^{mm} and are, likewise, on their aboral surface, sheathed with spicules (fig. 16. 17). The oral-disk is slightly convex, and the oral aperture forms a transversal fissure.

The entire Zoanthodem is very rich in spicules. On the stem and the branches, foliaceous subclavates are found, which are sometimes ramous in the uppermost extremity. They measure. 0.140^{mm} in length, and 0.080^{mm} in breadth a little above the middle (figs. 18. 19. 20). The bi-stellates are as broad as they are long, and measure, 0.060^{mm} in diameter (fig. 21). There are a few cruciform quadruplets, roller-formed spicules beset with warts, and measuring 0.140^{mm} in length, and 0.070^{mm} in breadth at the middle (figs. 22. 23). and finally, spicate fusees measuring 0.060^{mm} in length, and 0.020^{mm} in breadth (figs. 24. 25). On the posterior body of the polyp, especially at the point where it is produced into the sarcosoma, the spicules are placed transversally (fig. 16, a) and appear in various forms, amongst which may be recognised several like those of the stem and the branches; but most frequently, however, rollers beset with warts are met with (figs. 22. 23) and very complex stellates, richly beset with spikes, and measuring 0.136^{mm} in length, and 0.080^{mm} in breadth at the middle (fig. 26) between which, there are, here and there, seen, cruciform quadruplets beset with spikes, and measuring up to 0.180^{mm} in length, and the transversal arm measuring up to 0.100^{mm} (fig. 27). On the anterior body, the spicules are placed almost erect, in 8 double-series, (fig. 16, b) and are formed, principally, of strongly spicated fusees, which, partly, are straight, with almost acuminated extremities, and measure 0.400^{mm} in length, and 0.035^{mm} in breadth (fig. 28) partly, slightly bent, almost cymbiform fusees, measuring 0.380^{mm} in length, and 0.040^{mm} in breadth (figs. 29. 30). Between these, a few elongate cruciform quadruplets appear, measuring 0.264^{mm} in length, and having a transversal arm, 0.072^{mm} in length (fig. 31) also, spicate subclavates measuring, 0.144^{mm} in length, and 0.020^{mm} in breadth superiorly (fig. 32), and finally, elongate, spicate, straight spicules, of same length as the subclavates (fig. 33).

The tentacles are closely beset with 2 series of diagonally placed spicules (figs. 16 c, 17) of which, the greater number form spicate, partly straight, partly bent fusees, sometimes with acuminate, and sometimes with blunted extremities, and measuring 0.220^{mm} in length, and 0.016^{mm} in breadth at the middle (figs. 34. 35). Amongst these, spicate subclavates are seen, measuring 0.120^{mm} in length, and 0.032^{mm} in breadth at the broad extremity (fig. 36). Upon the pinnules, the spicules form, partly, spicate subclavates (fig. 37) partly, spicate spicules which are very minute, measuring 0.020^{mm} in length, and 0.012 in breadth (fig. 38) between which, there may be observed, largish, somewhat flattened, slightly spicated spicules, with broad spicate extremities, and measuring 0.140^{mm} in length, and 0.024^{mm} in breadth (fig. 39) also, a few short, thin, spicate straight fusees, measuring 0.060^{mm} in length, and 0.008^{mm} in breadth (fig. 40).

The gullet is furnished with 8 double series of spicules, which consist of spicate fusees with acuminated

lange, 0.028mm brede og Koller af omtrent samme Længde, samt stærkt takkede, lidt fladtrykte Stave, med afstumpede, tildels delte Ender, 0.120mm lange, 0.040mm brede paa Midten, Fig. 41.

extremities, and measure 0.220mm in length, and 0.028mm in breadth; also subclavates of about the same length; and, strongly spicate, somewhat flattened, staves, with blunted, partly ramous, extremities, and measuring 0.120mm in length, and 0.140mm in breadth at the middle (fig. 41).

Farven.

Gul, spillende noget i det Brune. Basaldelen brun.

Colour.

The colour is yellow, shading somewhat towards brown. The basal part is brown.

Station.

192. 200. Tre Exemplarer.

Habitat.

Stations, No. 192. 200. Three specimens.

Artskarakter.

Zoanthodemet 70—80mm højt. Basaldelen 25mm i Omkreds; Stammen forøvrigt temmelig smal, stærkt riflet efter Længden, og dens øverste to Trediedele ere rundtom forsynede med Grene, den nederste Trediedel uden saadanne; men her udspringe enkelte Polyper direkte fra Stammen. Grenene noget spredte, i Regelen delte; saavel paa Smaagrenene som paa de udelte Grene sidde Polyperne i Grupper. Stammen, Grenene og Smaagrenene overordentlig rig paa Kalkspikler. Polyperne lange, cylindriske, meget rige paa Spikler og forsynede med 8 fremspringende Ribber. Paa Forkroppen staa Spiklerne næsten opret i 8 tætte Dobbeltrækker og dannes væsentlig af takkede, dels krumme, dels lige Spindler; paa Bagkroppen ligge Spiklerne paatvers og have Form af vortedannede Valser, Dobbeltstjerner, Firlinger og takkede Spindler. Tentaklerne og Pinnulerne fuldstændigt bepantsrede med forskjelligt formede Spikler. Svælget forsynet med 8 tætte Dobbeltrækker, væsentlig takkede, Spindler. Farven gul, spillende lidt i det Brune.

Specific characteristics.

The Zoanthodem measures 70—80mm in height. The basal part is 25mm in circumference. The stem, otherwise, is pretty narrow, strongly grooved longitudinally, and its uppermost two-third parts is, round about it, furnished with branches; the lowest third part has none but, in this situation, a few polyps spring direct from the stem. The branches are somewhat dispersed and, generally, ramous. Both, upon the branchlets and upon the non-ramous branches, the polyps are placed in groups. The stem, the branches, and the branchlets, are extremely rich in calcareous spicules. The polyps are long, and cylindrical, very rich in spicules, and are furnished with 8 projecting ribs. On the anterior body, the spicules are placed, almost erect, in 8 double series, and are formed, principally, of spicate, partly bent, partly straight, fuses. On the posterior body, the spicules are placed transversally, and have the form of protuberated rollers, bi-stellates, quadruplets, and spicate fusces. The tentacles and the pinnules are completely sheathed, with spicules of various forms. The gullet is furnished with 8 closely-set double series of, principally, spicate fusces. The colour is yellow, shading a little towards brown.

Væringia polaris, n. sp.

Tab. IX. Fig. 1—40.

Væringia polaris, n. sp.

Pl. IX. fig. 1—40.

Zoanthodemet varierer meget baade med Hensyn til Form og Størrelse efter de forskjellige Lokaliteter. Det største Exemplar er 110mm højt, og paa dette danner den membranøse Basaldel to cylindriske Rør, hvoraf det ene er 40mm langt og 35mm tykt, det andet er 30mm langt og 28mm tykt, begge ere fyldte med en graasort Lærmasse, Fig. 1. Fra ethvert af disse Basalrørs Midte udgaar en lang Stolon, der bestaar af den samme membranøse Masse

The Zoanthodem varies much, both with respect to its form and its size, according to the different localities. The largest specimen measures, 110mm in height and, in it, the membranaceous basal portion forms two cylindrical tubes, of which, one measures 40mm in length, and 35mm thick; and the other measures, 30mm in length, and 28mm thick; both are occupied by a greyish-black, aluminous mass (fig. 1). From the middle of each of these

som den Del, hvorfra de udgaa; disse Stoloner ere tynde og fæste sig et Stykke fra Basaldelens Grund, Fig. 1, a. Paa nogle mindre Exemplarer danner Basaldelen kun et enkelt, tykt Rør fyldt med Ler; men fra det udgaa flere mere eller mindre tykke Stoloner[1]. Stammen er rund, riflet paalangs, 35^{mm} i Omkreds ved Grunden, men aftager noget i Tykkelse opad imod Toppen, hvor den bliver temmelig smal, og hvorfra udgaa 3 tætstaaende, tykke, korte Grene, Fig. 1. Omtrent 12^{mm} fra Basaldelen sees dels enkelte Polyper, dels korte, tykke Grene at udspringe rundt om Stammen, og fra nu af tiltage Grenene baade i Mængde og Størrelse, saa at Stammen paa dens øverste Del er godt forsynet dermed. Paa Midten af Stammens grenbærende Del ere Grenene længst, indtil 20^{mm} lange, og paa dem iagttages flere Smaagrene, Fig. 1. Saavel disse som Grenene ere rigt besatte med Polyper, der staa saa tæt, at de for en Del skjule Grenene.

Hvad ovenfor er beskrevet, gjælder nu væsentlig det største Exemplar; paa andre Exemplarer er Stammen forholdsvis tyndere: Grenene udspringe rundt Stammen, have ofte Smaagrene, og ere rigt besatte med Polyper. Paa to Exemplarer er Stammen nogen i en temmelig lang Strækning, og dens øverste Ende deler sig i 2—3 Hovedgrene, som ere meget tykke, forholdsvis korte og forsynede med enkelte Smaagrene, der ligesom Grenene bære en Mængde Polyper. Det er disse to Exemplarer, hvis Basaldel er skiveformigt udvidet, Fig. 1, A.

Polyperne ere krukkeformede med bred Tentakelskive og omtrent 8^{mm} lange, Fig. 2. Kroppen er 5^{mm} lang, forsynet med 8 Spikelrækker. Tentaklerne tykke ved Grunden, 3^{mm} lange; Pinnulerne temmelig lange, smale, og snavel disse som Tentaklerne ere rige paa Spikler, Fig. 2.

Hele Zoanthodemet er spikelrigt. Paa Basaldelen med dens Stoloner ligge Spiklerne pakkede paa hverandre og optræde væsentligt under Form af Dobbeltstjerner, hvoraf enkelte nærme sig Dobbeltkuglen med takkede Ender, 0.112^{mm} lange, 0.096^{mm} brede i Enderne og 0.032^{mm} bred paa det glatte Midtparti, Fig. 3. Dobbeltstjernerne have tildels et langt, nogent Midtparti, Fig. 4; men hyppigst er dette kort, imedens der fra begge Ender udgaa Straaler,

[1] Hos Voeringia fruticosa finder man Basaldelen meget forskjellig paa de forskjellige Exemplarer. Almindeligst er den noget hult opsvulmet, dannet af en fast Membran, der former sig snart til et Rør, snart til en hul Kugle, der er fyldt med graasort Ler, og fra hvilke flere Stoloner udgaa.

basal tubes there proceeds a long style, consisting of the same membranous substance as the part from which it proceeds. These styles are thin, and are adherent a little above the basal root (fig. 1, a). In a few of the smaller specimens, the basal portion forms only one thick tube filled with alumina but, from it, several, more or less, thick styles proceed, whilst, a few specimens have a discoidal base[1]. The stem is cylindrical, and longitudinally grooved, and it measures 35^{mm} in circumference at the base, but diminishes, somewhat, in thickness, up towards the summit; it there becomes pretty narrow, and from that point there proceed, 3 closely placed, thick, short branches (fig. 1). About 12^{mm} above the basal part may be observed, partly, a few polyps, partly, a few, short, thick branches, which shoot out from the stem, round about it; above that point, the branches increase, both in number and size, so that the stem, on its uppermost part, is well supplied with them. At the middle of the ramous part of the stem, the branches are longest, and measure, up to 20^{mm} in length, and several branchlets are seen upon them (fig. 1). Both, these and the branches are richly beset with polyps which are placed so closely, that they, in a measure, conceal the branches.

What is stated above refers principally, however, to the largest specimen; in other specimens the stem is, relatively, thinner, and the branches spring from the stem, round about it, quite from the basal portion; they have often branchlets richly beset with polyps. In two specimens, the stem is bare for a rather considerable extent, and its uppermost extremity ramifies into 2—3 chief branches, which are very thick, relatively short, and furnished with a few branchlets, which, like the branches, carry a multitude of polyps. It is in these two specimens that the basal portion is expanded discoidally (fig 1, A).

The polyps are urceolate with broad tentacular disks, and measure about 8^{mm} in length (fig. 2). The body measures 5^{mm} in length, and is furnished with 8 spicular series. The tentacles are thick at the root, and measure 3^{mm} in length. The pinnules are rather long, and narrow, and they, as well as the tentacles, are rich in spicules (fig, 2).

The entire Zoanthodem is rich in spicules. In the basal portion with its styles, the spicules are placed packed upon each other, and appear, principally, in the form of bistellates, of which, a few approach in form to the double-sphere with spicate extremities, and measure 0.112^{mm} in length, and 0.096^{mm} in breadth at the extremities, and 0.032^{mm} in breadth at the smooth mesial part (fig. 3). The bistellates have, partly, a long, bare, mesial

[1] In Voeringia fruticosa, the basal portion is found to be very variable in the different specimens. Most frequently, it is somewhat expanded, and formed of a firm membrane, which, sometimes, takes the form of a hollow tube, and sometimes, the form of a hollow sphere which is filled with greyish-black Alumina, and from which several styles proceed.

som ende i mange Blade; de ere 0.088mm lange, 0.064mm brede i Enderne, paa Midten 0.020mm. Seet ovenfra eller paaskraas have mange af disse Dobbeltstjerner et smukt straalet Udseende, Fig. 5.5. Meget sjeldnere træffes mere sammensatte Stjerner, der ere 0.148mm lange, 0.102mm brede, paa Midten 0.036mm, Fig. 6; men endnu sjeldnere sees Firlinger, dels i Form af Kors, dels som Rosetter. Den korsformede Firling er 0.156mm lang med en 0.124mm bred Tverstok, Fig. 7; Rosetterne ere 0.104mm lange, 0.080mm brede, Fig. 8. Foruden de ovennævnte Spikelformer sees ogsaa enkeltvis forunderlige Spikler med bladede Udvæxter, hvilke synes at være Afændringer af Dobbeltstjernen; de ere 0.116mm lange, 0.008mm brede mod Enderne og 0.028mm bred omtrent paa Midten, Fig. 9.

Paa Stammen findes for en stor Del lignende Dobbeltstjerner som paa Basaldelen, men i Regelen rigere ornamenterede og noget større; de ere fra 0.096—0.128mm lange og fra 0.072—0.080mm brede i Enderne og med et Midtparti fra 0.024—0.036mm bredt, Fig. 10. Imellem disse Spikler sees en og anden Spindel besat med Blade, 0.120mm lang, 0.060mm bred, og som nærmer sig meget til den sammensatte Stjerneform, Fig. 11.

Paa Grenene træffes atter Dobbeltstjerner almindeligst, men som man vil se af Figurerne, ere de her noget forskjellige, idet Enderne ere rigere paa Straaler; de ere fra 0.100—0.120mm lange og fra 0.060—0.076mm brede og fra 0.024—0.032mm brede paa Midten, der i Regelen er nøgen, Fig. 12—17. Ikke saa sjeldent sees imellem de nævnte Dobbeltstjerner store, tilspidsede Spindler, besatte med Blade, der ere 0.168mm lange, 0.064mm brede paa Midten, Fig. 18, og meget sammensatte Stjernespikler, 0.240mm lange, 0.108mm brede paa Midten, Fig. 19; men særdeles sjeldent iagttages Firlinger, der dels nærme sig Timeglasformen og ere 0.142mm lange, 0.096mm brede i Enderne og 0.036mm bred paa Midten, Fig. 20, dels Korsformen og ere fra 0.100—0.128mm lange med en Bredde fra 0.088—0.104mm, Fig. 21. 22.

Paa Polypens Bagkrop ligge Spiklerne paatvers i 8 Længderækker, Fig 2, og bestaa dels af Dobbeltstjerner, 0.140mm lange, 0.076mm brede i Enderne og 0.032mm brede paa Midtpartiet, der som oftest er nøgent, Fig. 23, dels af takkede, lidt fladtrykte Spindler med mere eller mindre tversafskaarne Ender, der ere fra 0.120—0.164mm lange og fra 0.076mm brede, stundom ere de indknebne paa Midten, Fig. 24. 25.

part (fig. 4) but, most frequently, that part is short, whilst from both extremities, rays proceed, terminating in numerous leaves. They measure 0.088mm in length, 0.064mm in breadth at the extremities, and 20mm in the middle. Viewed superiorly or diagonally, many of these bistellates have a beautiful radiated appearance (figs. 5.5). Much more rarely do we meet with more complex stellates, measuring 0.148mm in length, and 0.102mm in breadth, and 0.036mm in the middle (fig. 6) but still more rarely are quadruplets seen, partly cruciform, and partly, rosettiform. The cruciform quadruplet measures 0.156mm in length, and has a 0.124mm broad transversal arm (fig. 7). The rosettes measure 0.104mm in length, and 0.080mm in breadth (fig. 8). Besides the above named spicular forms, there are, also, seen, occasional strange spicules with folinceous excrescences; these seem to be modifications of the bistellate, and measure 0.116mm in length, and 0.068mm in breadth towards the extremities, and 0.028mm broad at the middle (fig. 9).

On the stem, there are, in large measure, found, similar bistellates to those of the basal part but, as a rule, more richly embellished, and somewhat larger; they measure from 0.096—0.128mm in length, and from 0.072—0.080mm in breadth at the extremities, with a mesial portion measuring from 0.024—0.036mm in breadth (fig. 10). Between these spicules, an occasional fusee beset with leaves is seen, measuring 0.120mm in length and 0.060mm in breadth; it much approaches to the complex stellate-form (fig. 11).

Upon the branches, the bistellate is again met with, usually, but, as one can see from the illustrations, they are, here, somewhat different in aspect, in as much that the extremities are richer in rays; they measure from 0.100—0.120mm in length, from 0.060—0.076mm in breadth, and are from 0.024—0.032mm broad at the middle, which, usually, is bare (figs. 12—17). Between the bistellates spoken of, there are seen, not infrequently, large, acuminated fusees beset with leaves, and measuring 0.168mm in length, and 0.064mm in breadth at the middle (fig 18); and also, very complex stellate-spicules, measuring 0.240mm in length, and 0.108mm broad at the middle (fig. 19), but exceptionally rarely are quadruplets observed, which, partly, approach to an hour-glass in form, and measure 0.142mm in length, and 0.096mm in breadth at the extremities, and 0.036mm broad at the middle (fig. 20) and partly, are cruciform, measuring from 0.100—0.128mm in length, with a breadth of from 0.088—0.104mm (figs. 21. 22).

On the posterior body of the polyp, the spicules are placed transversally, in 8 longitudinal series (fig. 2) and consist, partly, of bistellates, measuring 0.140mm in length, and 0.076mm in breadth at the extremities, and 0.032mm in breadth at the middle part, which, most frequently, is bare (fig. 23), and partly, of spicate, slightly flattened, fusees with, more or less, truncated extremities, and measuring from 0.120—0.164mm in length, and from 0.056—0.076mm in breadth; occasionally, they are constricted at the middle (figs. 24. 25).

Paa Forkroppen eller rettere paa Grænsen imellem For- og Bagkrop ligge Spiklerne næsten horizontalt og bestaa væsentligst af lange, takkede Spindler, der dels ere lige, dels krumme saavel i Baand- som i S Form og ere fra 0.300—0.340ᵐᵐ lange og fra 0.024—0.052ᵐᵐ brede. Bredden er imidlertid ikke ens overalt; de lige Spindler ere tykkest paa Midten, de krumme ere som oftest tykkest op imod den ene Ende, Fig. 26. 27. Imellem disse store Spindler sees enkelte meget smaa og tynde, lidt takkede, spindelformige Spikler, der ere 0.072ᵐᵐ lange, 0.008ᵐᵐ brede, Fig. 28. Paa selve Forkroppen antage Spindlerne, der her ere meget mindre, en mere opreist Stilling, og idet de slutte sig sammen, danne de 8 svagt fremstaaende Længderibber, som strække sig et lidet Stykke op paa Tentaldernes aborale Flade. Længere op paa denne blive Spiklerne tyndere, ligge paaskraas og danne to Rækker, saaledes at de indre Ender møde hverandre paa Tentaklernes Midte, og de ydre strække sig lidt udover Pinnulerne. Disse spindelformige Spikler ere enten lige eller krumme, besatte med Takker, have tilspidsede Ender og ere 0.108ᵐᵐ lange, 0.008ᵐᵐ brede. Fig. 29. 30. Foruden Spindlerne sees paa Pinnulerne mere fladtrykte Spikler med indskaarne Rande og takkede, afstumpede Ender; de ere 0.064ᵐᵐ lange og 0.020ᵐᵐ brede, Fig. 31—33.

Paa Svælgets ydre Flade, dækket af Epithelet og omgivet af dette, findes 8 enkelte Længderækker Spikler, der staa noget fra hverandre, Fig. 34. De ere mere eller mindre fladtrykte, takkede og forskjelligt formede, ere fra 0.076—0.124ᵐᵐ lange og fra 0.012—0.036ᵐᵐ brede, Fig. 35—40.

Upon the anterior body or, more correctly, at the margin between the anterior and postérior bodies, the spicules are placed almost horizontally, and consist, principally, of long spicate fusees, which, partly, are straight, and partly, are bent, both, in cymbi-form, as well as in S-form, and measure from 0.300—0.340ᵐᵐ in length, and from 0.024—0.082ᵐᵐ in breadth. The breadth is, however, not uniform throughout. The straight fusees are thickest at the middle, whilst the bent ones are, most frequently, thickest up towards the one extremity (figs. 26. 27). Amongst these large fusees, a few very minute and thin, slightly spicate, fusiform spicules are observed, and these measure, 0.072ᵐᵐ in length, and 0.008ᵐᵐ in breadth, fig. 28. On the anterior body, itself, the fusees, which here are much more minute, assume a more erect position, and as they close together, they form the 8 slightly projecting longitudinal series, which extend a little way up the aboral surface of the tentacles. Further up on this, the spicules become thinner, and are placed diagonally, forming two series, in such manner, that the inner extremities meet each other at the middle of the tentacles, and the outer extremities extend themselves a little out over the pinnules. These fusiform spicules are either straight or bent; they are beset with spikes, have acuminate extremities, and measure, 0.108ᵐᵐ in length, and 0.008ᵐᵐ in breadth (figs. 29. 30). Besides the fusees, there are seen, upon the pinnules, other flattened spicules with indented margins and spicate blunted extremities; they measure 0.064ᵐᵐ in length, and 0.020ᵐᵐ in breadth, figs. 31—33.

On the outer surface of the gullet, covered by epithelium and surrounded by it, 8 single longitudinal series of spicules are observed, which are placed somewhat apart from each other (fig. 34). They are, more or less flattened spicate, and variously formed, and measure from 0.076 —0.124ᵐᵐ in length, and from 0.012—0.036ᵐᵐ in breadth (figs. 35—40).

Farven.

Stammen er svag rødlig med en i det Grønlige spillende Basaldel. Grene og Polyper ere laxerøde.

Colour.

The stem is faint reddish, the basal portion shading to greenish. The branches, and polyps, are salmon-coloured.

Findested.

Station 87: Et Exemplar.
— 270: Et noget mindre Exemplar.
— 295: 2 Exemplarer.
— 312: Et lidet Exemplar.
— 362: Nogle Exemplarer.

Habitat.

Station No. 87. One specimen.
— „ 270. One somewhat smaller specimen.
— . 312. A similar specimen.
— „ 362. A few specimens.

Artskarakter.

Zoanthodemet indtil 110ᵐᵐ høit med en Basaldel, der snart ender cylinderformet, snart skiveformet. Stammen rund, furet paalangs, temmelig haard, forsynet med Grene,

Specific characteristics.

The Zoanthodem measures up to 110ᵐᵐ in height, and has a basal part which, sometimes, terminates in cylinder-form, sometimes, in discoidal-form. The stem is

som tage deres Begyndelse et Stykke ovenfor Basaldelen. Grenene staa temmelig langt fra hverandre, ere tykke med afstumpede Ender og rigt besatte med Polyper, der tildels gruppere sig, hvorved Smaagrene dannes. Polyperne bægerformede, 8ᵐᵐ lange, hvoraf Tentaklerne udgjør omtrent en Trediedel. Stammen, Grene og Polyper ere rige paa Kalkspikler. Spiklerne optræde paa Basaldelen, Stammen, Grenene og tildels paa Polypernes Bagkrop væsentlig under Form af Dobbeltstjerner og paa Forkroppen, Spindler. Artens Form varierer temmelig betydeligt, men Spiklernes Anordning og Form overalt den samme. Svælget forsynet med 8 enkelte Længderækker Spikler. Farven væsentlig laxerød.

cylindrical, and longitudinally grooved, pretty hard, and furnished with branches which begin to spring out a short distance above the basal-part. The branches are placed pretty far apart from each other, and are thick, with blunted extremities; they are richly beset with polyps which, partly, group themselves together and, in that manner, form the branchlets. The polyps are chalice-formed, and measure 8ᵐᵐ in length, of which the tentacles compose about a third part. The stem, branches, and polyps, are rich in calcareous spicules. The spicules appear upon the basal part, the stem, branches and, partly, upon the posterior body of the polyps, principally, in the form of the bistellate and on the anterior body as fusces. The form of the species varies pretty considerably, but the spicular arrangement and form is, everywhere, the same. The gullet is furnished with 8 single, longitudinal, series of spicules. The colour is, principally, salmon-red.

Væringia pygmæa n. sp.

Tab. IX, Fig. 41–90.

Zoanthodemet er indtil 35ᵐᵐ høit. Stammen er rund, riflet, temmelig fast og ved Grunden 35ᵐᵐ i Omfang, men aftager lidt i Tykkelse op imod den afrundede Top, der er tæt besat med Polyper. Basaldelen er noget udridet. Paa et Par meget smaa Exemplarer har Basaldelen membranøst omspundet en tynd Gren af Hornera, samt et Annelidrør. Fra Basaldelen og til Toppen er Stammen omgiven af Grene, som ere tykke, furede og mere eller mindre lange, skaa at de længste, der sidde omtrent midt paa Stammen, ere indtil 20ᵐᵐ, imedens andre ere kun halvt saa lange. De ere i Reglen nøgne ved Udspringet og i nogle Millimeters Udstrækning, men forøvrigt ere de rigt besatte med Polyper, som danne tætte Grupper, der samle sig i en bred Stilk, som gaar over i Grenen. Disse Smaagrene med Polypgrupper omgive Grenen saa tæt, at denne ganske skjules af dem, Fig. 41.

Polyperne ere i udstrakt Tilstand omtrent 10ᵐᵐ lange, næsten cylindriske, dog bredere paa Bagkroppen, der er temmelig lang og forsynet med 8 Længderækker paa tværsliggende Spikler, hvilke gaa over paa Forkroppen, men blive her mere fremspringende, idet Spiklerne ligge paalangs, Fig. 42. Tentaklerne ere 3–4ᵐᵐ lange, og saavel Tentakelstammen som Pinnulerne ere paa deres aborale Flade bepantsrede med Spikler, Fig. 43.

Hele Zoanthodemet er rigt paa Spikler, som optræde under forskjellige Former paa de forskjellige Steder. — Paa Basaldelen ere sammensatte Stjerner almindeligst,

Den norske Nordhavsexpedition: D. C. Danielssen: Alcyonida.

Væringia pygmæa n. sp.

Pl. IX, Figs. 41–90.

The Zoanthodem measures up to 35ᵐᵐ in height. The stem is cylindrical, grooved, rather firm and, at the base, it measures 35ᵐᵐ in circumference, but diminishes a little in thickness up towards the rounded summit, which is closely beset with polyps. The basal portion is somewhat expanded. In a couple of very small specimens, the basal portion is membranaceously girded by a thin branch of Hornera and, also, by an Annalid-tube. From the basal portion and up to the summit, the stem is surrounded by branches; these are thick, and grooved, and are more or less long, so that the longest ones, which are situated about the middle of the stem, measure up to about 20ᵐᵐ, whilst others are only half as long. As a rule, they are bare at the root and for a few millimetres beyond it, but, otherwise, they are richly beset with polyps, which form closelyset groups that collect themselves into a broad stalk produced into the branch. These branchlets with polypgroups surround the branch so closely, that it is quite concealed by them (fig. 41).

The polyps are, when in extended condition, about 10ᵐᵐ long, almost cylindrical, but broadest on the posterior body; this is pretty long, and is furnished with 8 longitudinal series of transversally-situated spicules which are produced into the anterior body but become, here, more protuberant, owing to the spicules being placed longitudinally (fig. 42). The tentacles are 3–4ᵐᵐ in length, and both, the tentacular stem as well as the pinnules, are sheathed with spicules on their aboral surface, (fig. 43).

The entire Zoanthodem is rich in spicules, which appear under different forms in the different situations. In the basal portion, complex stellates are most frequent, whilst,

imedens Dobbeltstjernerne ere meget sjeldnere. De første ere 0.148ᵐᵐ lange, 0.076ᵐᵐ brede, Fig. 44. 45; de sidste variere noget, sandsynligvis efter det forskjellige Udviklingstrin, paa hvilke de befinde sig; de mest udviklede ere 0.120ᵐᵐ lange, 0.080ᵐᵐ brede i Enderne med et 0.028ᵐᵐ bredt, nøgent Midtparti, Fig. 46; de mindre udviklede ere indtil 0.088ᵐᵐ lange, 0.048ᵐᵐ brede i Enderne med et nøgent Midtparti, 0.024ᵐᵐ bredt, . Fig. 47. 48. Hist og her sees en takket Kølle, 0.204ᵐᵐ lang, 0.088ᵐᵐ bred i den tykke Ende, Fig. 49, samt enkelte bladede Klubber, 0.120ᵐᵐ lange, 0.068ᵐᵐ brede i den tykke Ende, Fig. 50. Men foruden de nævnte Spikler findes paa Basaldelen ikke saa ganske sjeldont Firlinger i meget forskjellige Former og Størrelser. De antage som oftest Korsformen, hvor uformelige end disse Kors kunne være; enkelte Kors ere omtrent lige lange som brede, 0.116ᵐᵐ i Længde og Brede, Fig. 51. 52; andre have en Længdestok 0.140ᵐᵐ og en Tverstok, 0.108ᵐᵐ, Fig. 53. Sjeldnere nærme disse Firlinger sig Timeglas- eller Rosetformen, Fig. 54. 56, men alle ere mere eller mindre besatte med Takker, Vorter eller Blade, naar undtages en yderst liden, korsformet Firling, som næsten er glat, og hvis Længdestok er 0.048ᵐᵐ og Tverstok 0.028ᵐᵐ, Fig. 57. Rosetterne kunne være dels meget smaa og simple, indtil 0.060ᵐᵐ i Gjennemsnit, Fig. 55, dels ere de større, 0.116ᵐᵐ lange, 0.104ᵐᵐ brede og rigt ornamenterede, Fig. 56.

Paa Stammen og Grenene er Dobbeltstjernen almindeligst, men varierer adskilligt i Form. Nogle ere temmelig spinkle og have et langstrakt Udseende med forlængede, takkede Ender og tre, næsten nøgne Partier, hvoraf det midterste dog er det længste; disse danne en Overgang til de mere sammensatte Stjerner og ere fra 0.084—0.108ᵐᵐ lange og fra 0.040—0.056ᵐᵐ brede med et nøgent Midtparti fra 0.016—0.020ᵐᵐ bredt, Fig. 58. 59; andre ere brede, massivere, fra 0.088—0.104ᵐᵐ lange, med rigere takkede Ender, der ere fra 0.052—0.076ᵐᵐ brede; Midtpartiet er fra 0.016 —0.032ᵐᵐ bredt, Fig. 60. 61. Imellem Dobbeltstjernerne sees hist og her dels Firlinger, der nærme sig Kors- og Timeglasformen, ere rigt besatte med Takker og fra 0.112—0.120ᵐᵐ lange og omkring 0.080ᵐᵐ brede, Fig. 62 —64, dels store, stærkt takkede Spindler, 0.180ᵐᵐ lange, 0.072ᵐᵐ brede, Fig 65, dels næsten glatte Stave med takkede Ender, 0.124ᵐᵐ lange, 0.040ᵐᵐ brede, Fig. 66, og endelig enkelte bladede Klubber med Firlingens Mærke, Fig. 67.

bistellates are much more rare. The first-named measure 148ᵐᵐ in length, and 0.076ᵐᵐ in breadth (figs. 44—45); the last-named vary much, presumably, according to the stage of development in which they find themselves; the most fully developed measure, 0.120ᵐᵐ in length, and 0.080ᵐᵐ in breadth at the extremities, and have a bare mesial part that measures 0.028ᵐᵐ in breadth (fig. 46); the less developed ones measure, up to 0.088ᵐᵐ in length, and 0.048ᵐᵐ in breadth at the extremities, and have a bare mesial part, 0.024ᵐᵐ in breadth (figs. 47. 48). Here and there, a spicate subclavate is seen, measuring 0.204ᵐᵐ in length, and 0.088ᵐᵐ in breadth at the thick extremity (fig. 49); also, a few foliaceous clavates which measure, 0.120ᵐᵐ in length, and 0.068ᵐᵐ in breadth at the thick extremity (fig. 50). But besides the spicules mentioned there are, not infrequently, found in the basal portion, quadruplets of very variable form and size. These assume, most usually, the cruci-form, however amorphous these cruci-forms may be. A few cruci-forms are about as long as they are broad, measuring 0.116ᵐᵐ in length and breadth (figs. 51, 52). Others have a longitudinal arm, measuring 0.140ᵐᵐ, and a transversal arm measuring 0.108ᵐᵐ, in length (fig. 53). More rarely do these quadruplets approach to the hourglass, or rosetti-form (figs. 54—56), but all of them are, more or less, beset with spikes, warts or leaves, with the exception of an extremely minute cruci-form quadruplet, which is almost smooth, and whose longitudinal arm measures, 0.048ᵐᵐ in length, and its transversal arm 0.028ᵐᵐ, (fig. 57). The rosettes may be, sometimes, very small and plain, measuring up to 0.060ᵐᵐ in diameter (fig. 55), and, sometimes larger, measuring 0.116ᵐᵐ in length, and 0.104ᵐᵐ in breadth, and are also richly embellished, (fig. 56).

On the stem and the branches, the bistellate is the most common spicule but varies considerably in its form. A few are rather slender, and have an elongate appearance, with prolonged, spicate extremities and three almost bare parts, of which the medial one is, however, the longest one. These form a transition to the more complex stellates; they measure from 0.084—0.108ᵐᵐ in length, and from 0.040—0.056ᵐᵐ in breadth, with a bare mesial part measuring from 0.016—0.020ᵐᵐ in breadth (figs. 58. 59); others are broad, and more massive, and these measure from 0.088—0.104ᵐᵐ in length, and have more richly spicated, extremities measuring from 0.052—0.076ᵐᵐ in breadth. The mesial part measures from 0.016—0.032ᵐᵐ in breadth (figs. 60. 61). Between the bistellates there are, here and there, seen quadruplets, which approach to the cruci-form and hour-glass forms, and these are richly beset with spikes, and measure from 0.112—0.120ᵐᵐ in length, and about 0.080ᵐᵐ in breadth, (figs. 62, 64); also, partly, large, strongly spicated fusees, measuring 0.180ᵐᵐ in length, and 0.072ᵐᵐ in breadth (fig. 65), and partly, almost smooth staves, with spicate extremities, and measuring 0.124ᵐᵐ in length, and 0.040ᵐᵐ in breadth, (fig. 66), and, finally, a few foliaceous clavates having the characteristics of the quadruplets (fig. 67).

Paa Overgangen fra Coenenchymet til Polypkroppen findes almindeligst takkede og bladede Spindler med konisk tilspidsede eller mere afstumpede Ender; de have ofte et smalt, nogent Midtbelte og ere fra 0.192—0.284㎜ lange og fra 0.076—0.080㎜ brede, Fig. 68, 69, samt bladede Tapper eller Køller, der ere 0.192㎜ lange, 0.076㎜ brede i den tykke Ende, Fig. 70, og imellem de nævnte Spikler, men sjeldnere, iagttages nogle, der danne Overgangsled imellem Spindel, dobbelt og sammensat Stjerne og ere fra 0.156—0.192㎜ lange og 0.092㎜ brede, Fig. 71. 72.

Paa Polypkroppen, især paa dens bagerste Del, gjenfindes enkelte af de Former, som nys omtaltes, samt almindeligst Dobbeltstjerner med el nogent Midtbelte; disse ere fra 0.096—0.120㎜ lange og fra 0.052—0.056㎜ brede i Enderne; det nøgne Midtparti er fra 0.024—0.028㎜ bredt, Fig. 73. 74; sjeldnere sees mere sammensatte Stjerner, som ere 0.160㎜ lange og 0.076㎜ brede, Fig. 75. Paa Forkroppen ere lange, takkede Spindler hyppigst; de ere fra 0.232—0.260㎜ lange og fra 0.056—0.060㎜ brede, Fig. 76. 77.

Paa Tentaklernes Basaldel findes Spindler, lig dem paa Forkroppen; længere op blive Spiklerne mindre, noget fladere, men mere takkede og ere her fra 0.132—0.180㎜ lange og fra 0.044—0.048㎜ brede, Fig. 78—81; paa den øverste Del ere de ganske smaa og flade, 0.064㎜ lange, 0.036㎜ brede, Fig. 82. 83. Paa Tentaklernes Sider og paa Pinnulerne ere Spiklerne mere tynde, langtstrakte, tildels stærkt takkede og indtil 0.056㎜ lange, 0.008㎜ brede, Fig. 86. 88.

Svælget har paa begge Sider 2 Rækker Spikler, saa at Bug- og Rygsiden er spikelfri, Fig. 89. Spiklerne danne her dels takkede Spindler fra 0.092—0.112㎜ lange og fra 0.024—0.040㎜ brede, Fig. 90, dels forskjelligt formede Rosetter, der ere fra 0.072—0.076㎜ lange og fra 0.032—0.048㎜ brede, Fig 84. 85.

Generationsorganerne ere udviklede i den bagerste Del af Mavehulheden og strække sig tildels ned i dens Forlængelser, hvor en Mængde Æg i forskjellige Udviklingsstadier fandtes.

Artskarakter.

Zoanthodemet er indtil 35㎜ høit med en skiveformig, membranøs Basaldel, der omspænder dels Anneliderør, dels Koralstumper. Stammen er tyk, aftagende lidt i Tykkelse mod Toppen, der er tæt besat med Polyper, og fra dens Grund og til Enden rundtom forsynet med tykke, furede Grene, som ere rigt besatte med Polyper, der stundom

At the junction of the sarcosoma with the body of the polyp, spicate and foliaceous fusees are, most frequently, found, having conically acuminated, or more obtuse, extremities; these frequently have a narrow bare mesial belt, and measure from 0.192—0.284㎜ in length, and from 0.076 —0.080㎜ in breadth (figs. 68, 69), also, foliaceous cones or subclavates, measuring 0.192㎜ in length, and 0.076㎜ in breadth at the thick extremity (fig. 70); and between the spicules mentioned, but less frequently, may be observed, a few others that form the connecting-link between the fusee and the double and complex stellates, and which measure from 0.156—0.192㎜ in length, and 0.092㎜ in breadth (fig. 71. 72).

On the body of the polyp, especially on its posterior part, a few of the forms which have just been spoken of may be recognised, also, most frequently, bistellates with a bare mesial belt. These measure from 0.096—0.120㎜ in length, and from 0.052—0.056㎜ in breadth at the extremities, the bare mesial portion measuring, from 0.024 —0.028㎜ in breadth (figs. 73. 74); more rarely, still more complex stellates may be observed, measuring from 0.160㎜ in length, and 0.076㎜ in breadth, (fig. 75). On the anterior body, long spicate fusees are, most frequently, met with, and these measure, from 0.232—0.260㎜ in length, and from 0.056—0.060㎜ in breadth (figs. 76. 77).

On the basal portion of the tentacles, fusees are found like those upon the anterior body. Further up, the spicules become smaller, and somewhat flatter, but more spicate, and, here, they measure, from 0.132—0.180㎜ in length, and from 0.044—0.048㎜ in breadth (figs. 78—81), whilst on the uppermost part they are quite minute and flat, and measure 0.064㎜ in length, and 0.036㎜ in breadth (figs. 82, 83). On the sides of the tentacles, and on the pinnules, the spicules are thinner, elongate, and sometimes strongly spicate, measuring from 0.056㎜ in length, and 0.008㎜ in breadth, (figs. 86—88).

The gullet has, on both sides, 2 series of spicules, arranged in such manner, that the ventral and the dorsal sides are devoid of spicules (fig. 80). The spicules form, here, partly, spicate fusees measuring from 0.092—0.112㎜ in length, and from 0.024—0.040㎜ in breadth (fig. 90), partly, variously formed rosettes which measure from 0.072—0.076㎜ in length, and from 0.032—0.048㎜ in breadth, (figs. 84—85).

The generative organs are developed in the posterior part of the ventral-cavity, and extend themselves, partly, down into its prolongations, where a mass of ova in different stages of development was found.

Specific characteristics.

The Zoanthodem measures up to 35㎜ in height, and has a discoidally formed, membranaceous basal part, which incloses, partly, annulid-tubes, partly, lumps of coral. The stem is thick, diminishing a little in thickness towards the summit, which, latter, is closely beset with polyps, and from the base up to the summit, it is furnished, round about

3*

staa i Grupper paa tykke, korte Stamgrene. Polyperne ere cylindriske, noget bredere i Forkroppen, indtil 10ᵐᵐ lange og forsynede med 8 Længderibber. Tentaklerne ere 3—4ᵐᵐ lange; Pinnulerne ere temmelig korte, og begge omgives med Spikler paa deres aborale Flade. Svælget har 2 Rækker Spikler paa hver Side; Ryg- og Bugside ere uden Spikler. Hele Zoanthodemet er spikelrigt. Paa Basaldelen er sammensatte Stjerner almindeligst; paa Stamme og Grene er Dobbeltstjernen og paa Polyperne Spindel og Dobbeltstjernen de hyppigste Spikelformer.

it, with thick, grooved branches, richly beset with polyps, which, occasionally, are placed in groups, on thick short branchlets. The polyps are cylindrical, and somewhat broadest in the anterior body; they measure up to 10ᵐᵐ in length, and are furnished with 8 longitudinal ribs. The tentacles measure 3—4ᵐᵐ in length; the pinnules are pretty short; both are surrounded by spicules on their aboral surfaces. The gullet has 2 series of spicules on each side; the dorsal and ventral sides are devoid of spicules. The entire Zoanthodem is rich in spicules. In the basal part, complex stellates are most common; on the stems and branches, the bistellate is most common; whilst, on the polyps the fusce and bistellate are the most frequent spicular forms.

Farven.

Bleg gulrød.

Colour.

Pale yellowish-red.

Findested

Station 124. 3 Exemplarer.

Habitat.

Station No. 124. 3 specimens.

Væringia dryopsis¹, n. sp.

Tab. XVII. Fig. 55—60. Tab. XVIII. Fig. 1—54.

Zoanthodemet er indtil 50ᵐᵐ høit. Stammen er omtrent 30ᵐᵐ høi, næsten lige tyk overalt, 28ᵐᵐ i Omfang ved Grunden, furet paalangs, og fra dens øverste Ende udgaa 4—5 tykke, opretstaaende Grene, der danne ligesom Kronen paa Stammen. Denne er for største Delen nøgen, kun paa dens øverste Del, strax nedenunder Grenenes Udspring, iagttages dels isolerede, dels smaa Grupper af Polyper. Grenene ere indtil 12ᵐᵐ lange, 5ᵐᵐ brede ved deres Udspring, men udvide sig lidt mod Enden og ere overalt tæt besatte med Polyper, naar undtages den nederste Del af deres undre Flade, der som oftest er nøgen, Tab. XVII, Fig. 55. Basaldelen er fast, membranøs, meget udvidet og omspænder stundom ganske de Gjenstande, hvortil den er fæstet, saaledes som Tilfældet er med det afbildede Exemplar, der aldeles omslutter et Stykke Rør af Tubularia imperialis, og paa hvilket tillige sees en ung Koloni, hvor endnu ingen Grene ere fremkomne, Fig. 55, a, samt en liden Polyp, der visselig ganske nylig har sat sig fast, Fig, 55, b.

Væringia dryopsis¹, n. sp.

Pl. XVII, figs. 55—60. Pl. XVIII. figs. 1—54.

The Zoanthodem measures up to 50ᵐᵐ in height. The stem measures about 30ᵐᵐ in height, and is almost uniform in thickness throughout, measuring 28ᵐᵐ in circumference at the base. It is grooved longitudinally, and, from its uppermost extremity, 4 to 5 thick, erect, branches issue, forming, as it were, the corona of the stem. The stem is, for the greater part, bare, and only in its uppermost part, immediately under the roots of the branches, are there observed, partly solitary, partly small, groups of polyps. The branches measure up to 12ᵐᵐ in length, and 5ᵐᵐ in breadth at the root, but they become a little broader towards the extremity, and are, everywhere, beset with polyps, with the exception of the lowest part of their inferior surface, which, most frequently, is bare. (Pl. XVII, fig. 55). The basal part is hard, membranaceous, much dilated, and, occasionally, completely encompasses the objects to which it is attached, as was the case with the specimen illustrated; it completely encompasses a portion of the tube of *Tubularia imperialis* upon which there is, also, seen a young colony in which no branches have yet appeared (Pl. XVII, fig. 55 a), also a small polyp that, evidently, has quite lately attached itself (Pl. XVII fig. 55, b).

---

¹ δρῦς = Egetræ.

¹ δρῦς = the oak.

Polypcellerne ere runde, staa temmelig tæt, uden at være sammenvoxede og have paa deres Rand, naar Polypen enten ikke er fuldt udstrakt eller paa det nærmeste indtrukken, 8 Papiller; er Polypen ganske udstrakt, gaar dennes Bagkrop over i Cellen, uden at Overgangen er synderlig mærkbar, Tab. XVIII, Fig. 1.

Polyperne ere omtrent 8ᵐᵐ lange, cylindriske, med en temmelig udpræget Bagkrop, der er forsynet med 8 Ribber, dannet af paatversliggende Spikler, hvilke fortsættes et Stykke nedad paa Cellen og opad paa Forkroppen, hvor de løbe sammen og forme sig i Guirlander, som gaa over paa Tentaklerne, Tab. XVIII, Fig. 1. Op imod Mundskiven sees imellem Tentaklernes Grunddel triangulære, nogne Rum, i hvis Midte løber en Række Spikler over paa Mundskiven, Tab. XVIII, Fig. 1. Tentaklerne ere omtrent halvt saa lange som Kroppen og have en rig Spikelbeklædning paa deres aborale Flade. Pinnulerne staa temmelig tæt, ere lange og forsynede med Spikler, Tab. XVIII, Fig. 1.

The polyp-cells are cylindrical, and are pretty closely placed to each other without, however, being concreted together; on their margin they have — when the polyp is either not fully extended, or when it is almost entirely retracted — 8 papillæ. When the polyp is quite extended, its posterior body passes over into the cell without the transition being particularly apparent, (Pl. XVIII, fig. 1.)

The polyps measure about 8ᵐᵐ in length; they are cylindrical, and have a rather prominent posterior body furnished with 8 ribs formed of transversally placed spicules which are produced a little way down the cell, and on to the anterior body, upwards, where they unite together, forming themselves into garlands that pass over to the tentacles (Pl. XVIII, fig. 1.) Up towards the oral disk, between the basal parts of the tentacles, triangular bare spaces are seen, in whose middle, a series of spicules passes over to the oral disk (Pl. XVIII, fig. 1.) The tentacles are about half the length of the body, and have a rich spicular covering on their aboral surface. The pinnules are placed pretty closely to each other, and are long and furnished with spicules (Pl. XVIII, fig. 1.)

Anatomisk-histologisk Undersøgelse.

Hele Zoanthodemet er udvendigt beklædt med et Ectoderm, der dannes af flere Lag polyædriske Celler, ikke synderlig afvigende fra dem, der tidligere ere beskrevne; men i dette Ectoderm, ligesom i det indenfor liggende hyaline Bindevævslag, ere Spiklerne leirede. Ogsaa her viser det sig, at hvor Spiklerne ligge i Bindevævet, der ere de omgivne af Ectodermceller. Paa Polyperne er den ydre Epithelialbeklædning noget tyndere end paa Stammen og Grenene, hvilket gjør, at Polyperne ere mere gjennemsigtige end de øvrige Dele.

Svælget er langt, cylindrisk og forsynet med 6 enkle Spikelrækker, hvoraf tre ligge paa hver Side med et bredt, nøgent Rum paa Bug- og Rygsiden, Tab. XVIII, Fig. 2. 3. Svælgrenden er oval og beklædt med lange Pidskeceller, som sædvanligt.

I den bagre Del af Mavehulheden og tildels i dens Forlængelse i Grenen sees Æg i forskjellige Udviklingsstadier. Hos den unge Polyp, omtrent 4ᵐᵐ lang, der nylig havde forladt sit embryonale Liv og sat sig fast paa det omtalte Rør, kan det bedst sees, hvorledes Polypens Bagkrop egentlig danner Polypcellen; thi her er endnu ingen Stamme eller Gren dannet, — det er kun Polypkroppen, som her fremstiller sig, og dennes forreste Del har trukket sig noget ind i dens bagre, der former sig som Celle, Tab. XVII, Fig. 55, b.

Anatomo-histological Examination.

The entire Zoanthodem is, externally, covered with an ectoderm formed of several layers of polyhedral cells not materially differing from those which have, previously, been described, but in this ectoderm, as also in the hyaline connective-tissue lying inside of it, the spicules are entrenched. Here, also, it appears that where the spicules lie in the connective-tissue, they are surrounded by ectoderm cells. The external epithelial covering is somewhat thinner on the polyps than on the stem and the branches, which causes the polyps to be more transparent than the other parts.

The gullet is long and cylindrical, and is furnished with 6 single series of spicules, of which 3 are situated on each side, leaving a broad, bare, space on the ventral and dorsal side, (Pl. XVIII, fig. 2. 3). The gullet passage is oval, and is covered with long flagelliform cells as usual.

In the posterior portion of the gastral cavity and, also, partly, in its prolongation into the branch, ova in different stages of development are seen. In the young polyp — about 4ᵐᵐ in length — which had lately emerged from the embryonal existence and attached itself to the tube already mentioned, it can best be observed how the posterior body of the polyp, in reality, forms the polypcell, because there is, here, no stem or branch yet formed; it is the polyp-body that alone presents itself, here, and its anterior part has retracted itself somewhat into its

Paa Basaldelen ligge Spiklerne tæt paa hverandre, og her findes de sammensatte Stjerner. Dobbeltstjerner og Klubber at være stærkest repræsenterede, sjeldnere Spindler og Firlinger. De sammensatte Stjerner have brede Straaler med takkede Ender, pro 0.132^{mm} lange og 0.064^{mm} brede, Tab. XVII, Fig. 56. Dobbeltstjernerne ere mere eller mindre udviklede, enkelte ere langstrakte og lidt krummede, men alle have et nøgent Midtbelte; de ere fra 0.076—0.100^{mm} lange og fra 0.032—0.064^{mm} brede, med et Midtbelte, der er fra 0.012—0.020^{mm} bredt, Tab. XVII, Fig. 57, 58, 59, 60. Klubberne ere bredbladede, takkede, og Skaftet undertiden spaltet; de ere fra 0.092—0.120^{mm} lange og fra 0.052—0.120^{mm} brede foroven, Tab. XVIII, Fig. 4, 5, 6. Firlingerne antage mest Korsformen, enkelte have Form af en firearmet Stjerne, stærkt ornamenteret, og ere omtrent lige lange som brede, 0.088^{mm}, Tab. XVIII, Fig. 7, 8; de øvrige ere fra 0.060—0.092^{mm} lange med en Tværstok fra 0.060—0.076^{mm} bred, Fig. 9, 10, 11, 12. Spindlerne have brede, temmelig langt fra hverandre staaende Takker og nærme sig noget de mindre udviklede, sammensatte Stjerner; de ere 0.096^{mm} lange og 0.044^{mm} brede paa Midten; Enderne ere tilspidsede, Fig. 13.

Paa Stammen er bladede Spindler og Dobbeltstjerner almindeligst, noget sjeldnere ere Klubber og Spindler, næsten glatte, stundom gaffelformigt delte i Enderne; men meget sjeldent er her Firlinger. De bladede Spindler nærme sig meget de sammensatte Stjerner, som findes paa Basaldelen, men ere dog forskjellige fra dem ved deres tilspidsede Ender. Bladene have tandede Rande; de ere 0.140^{mm} lange og 0.060^{mm} brede paa Midten, Fig. 14. Dobbeltstjernerne ere meget særegne, de have intet nøgent Midtparti, og dette er som oftest besat med smaa Papiller, der tildels have i Stjerneform; stundom ere deres Straaler saa rigt ornamenterede, at de antage en snuk Rosetform; de ere fra 0.084—0.100^{mm} lange og fra 0.044—0.068^{mm} brede i Enderne; Midtpartiet er omkring 0.032^{mm} bredt, Fig. 15, 16, 17, 18. Klubberne ere mere eller mindre udviklede, nogle ere besatte med brede, i Randen tandede Blade og ligne Blomsterbuketter, andre ere sparsomt besatte, dels med Blade, dels med Takker; de ere fra 0.088—0.132^{mm} lange og fra 0.032—0.044^{mm} brede foroven, Fig. 19, 20, 21, 22, 23. De næsten glatte Spindler ere 0.108^{mm} lange og 0.032^{mm} brede paa Midten, Fig. 24, og de gaffelformige, som ere tæt besatte med temmelig lange Papiller, ere 0.156^{mm} lange og 0.040^{mm} brede paa Midten, Fig. 25. Firlingen er i Korsform, besat med Papiller, har en skjæv Tværstok, der er 0.080^{mm}, imedens Længdestokken er 0.092^{mm}, Fig. 26.

posterior part which forms itself, thus, into the cell, (Pl. XVII, Fig. 55. b).

In the basal part, the spicules are placed close upon each other and, here, the complex stellates, bistellates and clavates, are found to be the forms most numerously represented, the fusces and quadruplets being less frequent. The complex stellates have broad rays with spicate extremities, and they measure 0.132^{mm} in length, and 0.064^{mm} in breadth, (Pl. XVII, fig. 56). The bistellates are more or less developed; a few are elongate and slightly curved, but all of them have a bare mesial stripe; they measure from 0.076—0.100^{mm} in length, and from 0.032—0.064^{mm} in breadth, with the mesial stripe measuring from 0.012—0.020^{mm} in breadth, (Pl. XVII, fig. 57, 58, 59, 60). The clavates are broad-leafed, spicate, and their shaft is, occasionally, fissured; they measure from 0.092—0.120^{mm} in length, and from 0.052—0.120^{mm} in breadth above (Pl. XVIII, figs. 4, 5, 6). The quadruplets assume, principally, the cruciform; a few have the form of a four-rayed star strongly ornamented, these are about as long as they are broad and measure 0.088^{mm} (Pl. XVIII, figs. 7, 8). The others measure from 0.060 —0.092^{mm} in length, and have a transversal arm which measures, from 0.060—0.076^{mm} (Pl. XVIII, figs. 9, 10, 11, 12). The fusces have broad spikes placed pretty far apart from each other, and approach in form, somewhat, to the imperfectly developed complex stellates; they measure 0.096^{mm} in length, and 0.044^{mm} in breadth at the middle, the extremities are acuminated (Pl. XVIII, fig. 13).

In the stem, foliaceous fusces and bistellates are the most frequent forms; somewhat more rarely are clavates and fusces met with, which are almost smooth, and occasionally bifurcated in the extremities; very rarely are quadruplets met with here. The foliaceous fusces approach greatly in form to the complex stellates found in the basal part but, yet, are different from them in regard to the acuminated extremities, and the leaves have dentated margins; they measure 0.140^{mm} in length, and 0.060^{mm} in breadth at the middle (Pl. XVIII, fig. 14). The bi-stellates are very peculiar; they have no bare mesial part, it being, most frequently, beset with small papillæ that sometimes have a stelliform, and their rays are, occasionally, so ornamented that they assume a beautiful rosetti-form; they measure from 0.084 - 0.100^{mm} in length, and from 0.044—0.068^{mm} in breadth at the extremities, the mesial part measuring about 0.032^{mm} in breadth (Pl. XVIII, figs. 15, 16, 17, 18). The clavates are more or less developed; a few are beset with broad leaves dentated in the margins, and resemble bouquets of flowers; others are sparingly beset, sometimes with leaves, sometimes, with spikes; they measure from 0.088—0.132^{mm} in length, and from 0.032—0.064^{mm} in breadth above (Pl. XVIII, figs. 19, 20, 21, 22, 23). The nearly smooth fusces measure 0.108^{mm} in length, and 0.032^{mm} in breadth at the middle (Pl. XVIII, fig. 24), and the bifurcated ones are closely beset with pretty long papillæ; they measure 0.156^{mm} in length, and 0.040^{mm} in breadth at the middle (Pl. XVIII, fig. 25). The quadruplets are cruci-

Paa Grenene træffes hyppigst Klubber. De ere forsynede med Blade, der have tandede Rande og ere stundom ordnede i Krandse; de ere 0.128ᵐᵐ lange og fra 0.056—0.068ᵐᵐ brede foroven, Fig. 27. 28.

Paa Polypernes Bagkrop ere sammensatte Stjerner almindeligst, sjeldnere ere Klubber, Spindler og yderst sjeldent en Firling. De sammensatte Stjerner nærme sig meget de paa Basalen; men ved den tilspidsede Ende have de adskilligt tilfælles med de bladede Spindler paa Stammen. Deres Straaler ere brede med takkede Rande; de ere 0.136ᵐᵐ lange og 0.056ᵐᵐ brede, Fig. 29.

Klubberne, som ere noget langstrakte og nærme sig Kolleformen, ere forsynede med i Randen tandede Blade; de ere 0.152ᵐᵐ lange, 0.052ᵐᵐ brede foroven, Fig. 30. Spindlerne ere mere eller mindre takkede, have tildels en afstumpet, takket Ende og ere fra 0.080—0.148ᵐᵐ lange og fra 0.024—0.036ᵐᵐ brede, Fig. 31. 32. 33. Firlingerne ere tæt besatte med Papiller i Form af Blade og have en mindre udpræget Korsform, ere 0.140ᵐᵐ lange med en skjær Tværstok, der er 0.100ᵐᵐ, Fig. 34. Endelig sees endnu sjeldnere end Firlingen en særegen Spikel, der synes at være en monstrøs Dobbeltstjerne, hvis Straaler ere brede og ende i smaa Stjerner; den er 0.104ᵐᵐ lang og 0.056ᵐᵐ bred i Enderne og 0.020ᵐᵐ bred paa Midten, Fig. 35.

Paa Forkroppen er det hovedsagelig Spindelformen, der er den prædominerende. Kun overordentlig sjeldent træffes her en Firling. Spindlerne ere takkede, snart krumme, snart lige med mere eller mindre tilspidsede Ender; de ere fra 0.116—0.232ᵐᵐ lange og fra 0.016—0.028ᵐᵐ brede, Fig. 36. 37. 38. 39. Firlingerne ere overalt besatte med Papiller og have her, som næsten overalt hos denne Art, en meget skjæv Tværstok, der er 0.112ᵐᵐ, imedens Længdestokken er 0.144ᵐᵐ, Fig. 40. 41. Ogsaa takkede Klubber og næsten valseformede Spikler sees imellem Spindlerne paa Forkroppen, Fig. 42. 43. Paa Tentaklerne og Pinnulerne ere Spindlerne mindre takkede og tildels noget flade; de ere fra 0.092—0.196ᵐᵐ lange og fra 0.024—0.036ᵐᵐ brede, Fig. 44. 45. 46. 47.

Paa Svælget ere Spikllerne ligesom fladtrykte, temmelig takkede og vexle noget i Form; hyppigst forekommer Spindlerne, sjeldent en og anden Firling. Spindlerne ere fra 0.068—0.112ᵐᵐ lange og fra 0.020—0.028ᵐᵐ brede, Fig. 48. 49. 50. 51. 52. Firlingerne have en mere eller

form, and beset with papillæ; they have a crooked transversal arm measuring 0.080ᵐᵐ, whilst their longitudinal arm measures 0.092ᵐᵐ (Pl. XVIII, fig. 26).

On the branches, the clavate is the form most frequently met with. They are furnished with leaves having dentated margins, and are occasionally arranged in wreaths; they measure 0.128ᵐᵐ in length, and from 0.056—0.068ᵐᵐ in breadth (Pl. XVIII, figs. 27. 28).

On the posterior body of the polyps, complex stellates are the most frequent forms, more rarely are clavates and fusces met with, and extremely rarely is a quadruplet present. The complex stellates approach much to those of the basal part in form, but in their acuminated extremities they have a good deal in common with the foliaceous fusces of the stem; their rays are broad and have spicate margins; they measure 0.136ᵐᵐ in length and 0.056ᵐᵐ in breadth (Pl. XVIII, fig. 29).

The clavates are somewhat elongate, and approach the subclavates in form; they are furnished with leaves dentated in the margins, and measure 0.152ᵐᵐ in length. and 0.052ᵐᵐ in breadth above (Pl. XVIII, fig. 30). The fusces are more or less spicate, and occasionally have a blunted spicate extremity; they measure from 0.080—0.148ᵐᵐ in length, and from 0.024—0.036ᵐᵐ in breadth (Pl. XVIII, figs. 31. 32. 33). The quadruplets are closely beset with papillæ, in the form of leaves, and have a less prominent cruciform; they measure 0.140ᵐᵐ in length, and have a crooked transversal arm measuring 0.100ᵐᵐ (Pl. XVIII, fig. 34). Finally, still more rarely than the quadruplets, a peculiar spicule is seen, which appears to be a monstrous bistellate whose rays are broad and terminate in small stars; it measures 0.104ᵐᵐ in length, and 0.056ᵐᵐ in breadth at the extremities, and 0.020ᵐᵐ in breadth at the middle (Pl. XVIII, fig. 35).

On the anterior body, the fusce is the form that principally predominates. A quadruplet is, here, only extremely rarely met with. The fusces are spicate, sometimes bent, sometimes straight, with more or less acuminated extremities; they measure from 0.116—0.232ᵐᵐ in length, and from 0.016—0.028ᵐᵐ in breadth (Pl. XVIII, figs. 36. 37. 38. 39). The quadruplets are, everywhere, beset with papillæ, and have, here, as is almost always the case with this species, a very crooked transversal arm measuring 0.112ᵐᵐ in length, whilst the longitudinal arm measures 0.144ᵐᵐ in length (Pl. XVIII, figs. 40. 41). A few spicate clavates and nearly cylindrical spicules, are also seen amongst the fusces of the anterior body (Pl. XVIII, figs. 42. 43). On the tentacles and the pinnules, the fusces are less spicate and partly somewhat flat; they measure from 0.092—0.196ᵐᵐ in length, and from 0.024—0.036ᵐᵐ in breadth (Pl. XVIII, figs. 44. 45. 46. 47).

On the gullet, the spicules appear as if flattened, and are rather spicate, and vary somewhat in form. Fusces occur the most frequently, rarely does an occasional quadruplet appear. The fusces measure from 0.068—0.112ᵐᵐ in length, and from 0.020—0.028ᵐᵐ in breadth (Pl. XVIII,

mindre udviklet Korsform, ogsaa her gjentager den skjæve Tværstok sig. Fig 53. 54.

figs. 48, 49, 50, 51, 52). The quadruplets have a, more or less developed, cruciform and, here, also, the crooked, transversal arm recurs (Pl. XVIII, figs. 53. 54).

Farven.

Farven næsten hvid, spillende lidt i det Gule.

Colour.

The colour is almost white, shading a little towards yellow.

Findested.

Station 270, 275, 312 og 343; et Exemplar paa hver.

Habitat.

Stations Nos. 270, 275, 312 and 343; one specimen from each station.

Artskarakter.

Zoanthodemet indtil 50ᵐᵐ høit. Stammen næsten lige tyk overalt, kort, nøgen. Fra dens Top reiser sig 4—5 tykke, opretstaaende Grene med lidt udvidede Ender og rigt besatte med Polyper. Fra Stammens øverste Del udgaa Polyper, dels enkelte, dels i smaa Grupper. Basaldelen fast, membranøst udspændt over de Gjenstande, hvortil den er fæstet. Polyperne indtil 8ᵐᵐ lange, cylindriske, med en udpræget Bagkrop, forsynet med 8 adskilte Længderibber. Forkroppen har op imod Mundskiven 8 triangulære Rum, i hvis Midte en Spikelrække. Tentaklerne omtrent halvt saa lange som Kroppen med temmelig lange Pinnuler. Svælget har 3 enkle Spikelrækker paa hver Side med et lidt nøgent Mellemrum paa Ryg- og Bugside. Polypcellerne ere runde, ikke over Coenenchymets Niveau, med takket Rand, naar Polypen ikke er udstrakt. Paa Basaldelen ere sammensatte Stjerner, Dobbeltstjerner og Klubber almindeligst; paa Stammen og Grenene, ere bladede Spindler, Dobbeltstjerner og Klubber hyppigst paa Polypens Bagkrop er sammensatte Stjerner, og paa Forkroppen er Tentakler, Pinnuler og takkede Spindler mest fremtrædende. Farven hvid, spillende lidt i det Gule

Specific characteristics.

The Zoanthodem measures up to 50ᵐᵐ in height. The stem, almost uniform in thickness throughout, short, and bare; from its summit 4—5 thick erect branches issue, having slightly dilated extremities, and richly beset with polyps. From the uppermost part of the stem, polyps issue, placed, partly, solitarily, partly, in small groups. The basal part hard, and membranaceously extended over the objects to which it is attached. The polyps measure up to 8ᵐᵐ in length, are cylindrical, have a prominent posterior body furnished with 8 separated longitudinal ribs. Towards the oral disk, the anterior body has 8 triangular spaces having a spicular series in their middle. The tentacles measure about half the length of the body and have pretty long pinnules. The gullet has 3 single series of spiculos on each side, with a small bare interval on the dorsal and ventral side. The polyp-cells are cylindrical and do not project above the surface of the sarcosoma and they have a spicate margin when the polyp is retracted. On the basal part complex stellates, bi-stellates and clavates, are the most frequent forms; on the stem, and on the branches, foliaceous fusces, bi-stellates and clavates are the most frequent forms. On the posterior body of the polyp, complex stellates; and on the anterior body, tentacles, and pinnules, spicate fusces are the most predominant spicular forms. Colour, white, shading a little towards yellow.

Væringia Jan-Mayeni, n. sp.

Tab. XVIII. Figs. 55—60.

Zoanthodemet buskformet, omkring 30ᵐᵐ høit. Basaldelen skiveformigt udvidet, fast og stærkt inkrusteret af Kalk. Stammen omtrent 25ᵐᵐ i Omkreds ved Grunden, smalner lidt af op imod den afrundede Top, der er tæt

Væringia Jan-Mayeni, n. sp.

Pl. XVIII. Figs. 55—60.

The Zoanthodem is fruticose, and measures about 30ᵐᵐ in height. The basal part is discoidally dilated, and is hard and strongly encrusted with calcium. The stem measures about 25ᵐᵐ in circumference at the base, and

besat med Polyper. Strax ovenfor Basaldelen deler Hovedstammen sig i to, hvoraf den ene Stamme er meget kortere end den anden, Fig. 55. Fra den korte Stamme udgaar kun en Gren, der er tyk og kort, og hvis bredere Ende indtages af Polyper. Den længere Stamme har 4—5 Grene, hvoraf den nederste er 10^{mm} lang, omtrent 5^{mm} bred paa Midten og temmelig tæt besat med Polyper, der gruppere sig paa den noget afrundede Ende; de øvrige Grene ere meget kortere; den øverste er omtrent 2^{mm} lang og dannes egentlig derved, at 3—4 Polyper ere sammenvoxede ved Grunden, Fig. 55. Fra selve Hovedstammen udgaa dels enkelte, dels 2—3 ved Grunden sammenvoxede Polyper; det samme finder ogsaa Sted overalt paa den lange Stamme, som dels derved, dels ved de tæt sluttende Grene snagodtsom ganske dækkes. Stammen og Grenene ere haarde, læderagtige og meget rige paa Kalkafsætninger.

Polypcellerne, der ere korte, cylindriske og meget kalkholdige, staa stundom et Stykke fra hverandre, men som oftest tæt sammen og kunne kun iagttages, naar Polyperne ere halvt indtrukne; ere disse fuldt udstrakte, sees Cellen at gaa over i Polypen uden anden synbar Grænse, end at Spiklerne ligge noget tættere i Cellen, der, som tidligere paavist, egentlig udgjør den bageste Del af Polypkroppen.

Polyperne ere indtil 12^{mm} lange, næsten cylindriske, lidt indknebne imellem For- og Bagkrop, Fig. 56. Denne sidste er omtrent 5^{mm} lang, smalner lidt af, hvor den gaar over i Cellen, er tæt besat med Spikler, der ligge paatvers og synes ikke at være delte i Rækker, saaledes som Tilfældet er paa Forkroppen, som er omtrent 3^{mm} lang og har 8 stærke Længderibber, dannede af Spikler og adskilte ved ligesaa mange dybe Furer, der ogsaa ere forsynede med Spikler. Fig. 56. Tentaklerne ere omtrent 4^{mm} lange og have paa hele deres aborale Side et stærkt Spikelpantser, som strækker sig udover de temmelig lange Pinnuler. Den stærke Spikelbeklædning gjør, at Polyperne ere temmelig ngjennemsigtige[1].

diminishes in thickness, a little, towards its rounded summit, which is closely beset with polyps. The parent stem divides itself, immediately above the basal part, into two parts, one of which is much shorter than the other (fig. 55). From the short stem, a single branch issues, which is thick and short, and its broad extremity is occupied by polyps. The long stem has 4—5 branches, of which the lowest one measures 10^{mm} in length, and about 5^{mm} in thickness at the middle; it is pretty closely beset with polyps, which group themselves together on the somewhat rounded extremity; the other branches are much shorter; the uppermost one measures about 2^{mm} in length and is, in fact, formed by the concretion together at their base of 3—4 polyps (fig. 55). From the parent stem itself, there issue, sometimes single, sometimes 2—3 polyps concreted together at the base, and the same thing occurs throughout the long stem which, partly, from that cause and, partly, from the close placing of the branches, is almost quite covered. The stem and the branches are hard, coriaceous, and very rich in calcareous deposits.

The polyp-cells are short and cylindrical, and very calcareous; they are placed, occasionally, a little distance apart from each other, but most frequently close to each other, and can only be observed when the polyps are semiretracted. When the polyps are fully extended, the cell is seen to pass over into the polyp, without other noticeable margin than that the spicules lie somewhat closer in the cell, which, as already shewn, really constitutes the posterior part of the polyp body.

The polyps measure up to 12^{mm} in length, and are nearly cylindrical; they are somewhat constricted between the anterior and posterior body (fig. 56). The latter measures about 5^{mm} in length, and diminishes a little in thickness at the point where it passes over into the cell; it is closely beset with spicules placed transversally, and which do not appear to be arranged into series like what is the case on the anterior body; that — the anterior body — measures about 3^{mm} in length, and has 8 strong longitudinal ribs formed of spicules, separated by the same number of deep grooves, which also are furnished with spicules (fig. 56). The tentacles measure about 4^{mm} in length and, on their entire aboral side, have a strong spicular sheathing which extends itself over the rather long pinnules. The strong spicular covering causes the polyps to become pretty opaque[1].

---

[1] En Polyp havde i sin Bagkrop, som syntes at være sygelig, produceret en meget smuk Perle, der havde et Knappenaalshoveds Størrelse, var fuldstændig rund, hvidgul med el smukt Farvespil som en ægte Muslingperle, men adskilte sig dog fra denne derved, at den var halv gjennemsigtig. Jeg berører dette for at antyde, at der gives andre Dyr end Molluskerne, som kunne producere Parler.

[1] One polyp had, in its posterior body which appeared to be morbid, produced a very beautiful pearl about the size of a pins head, and completely globular, whitish yellow in colour. with a fine play of colours like a genuine mussel-pearl, but differing, however, from that in being semi-transparent. I mention this in order to indicate that there are other animals besides the molluscs which can produce pearls.

Anatomisk-histologisk Undersøgelse.

Hele Zoanthodemet har et Ectoderm, dannet af flere Lag temmelig store, klare, polyædriske Celler, forsynede med en rund, lidt excentrisk liggende Kjerne samt Kjernelegeme. I de indre Lag sees imellem Ectodermcellerne mange ægformede, encellede Slimkjertler, der dels ere tomme og have Udseende af Vacuoler, dels har en centralliggende, lidt aflang Kjerne omgiven af Protoplasmakorn; paa enkelte af disse Slimkjertler kunne iagttages en Udførselsgang, der munder ud paa Overfladen. Foruden disse Slimkjertler ere en stor Mængde tætliggende Spikler indleirede saavel i Stammens som Polypernes Ectoderm. Bindevævslaget er hyalint, temmelig smalt, og fra dets indre Væg udgaa i Stammen og Grenene de Forlængelser, der danne Kanalernes Skillevægge, og som i Polypkroppen danne Septa; hverken i disse eller i Stammens Skillevægge findes Kalk. Den indvendige Flade af Bindevævslaget er overalt beklædt med et Endothel, bestaaende af et Lag runde Celler, der ere temmelig klare, have en rund Kjerne med Kjernelegeme og et yderst fintkornet, gjennemsigtigt Indhold. Svælget er cylindrisk, langstrakt og har 8 Længderækker Spikler, Fig. 56, A, og paa dets indre Bugflade en oval Svælgrende, der er beklædt med lange Pidskeceller.

Paa Basaldelen ligge Spiklerne noget kompakte paa hverandre, og de hyppigste Former, hvorunder de optræde, ere Dobbeltstjerner og Klubber; sammensatte Stjerner ere meget sjeldnere og Firlinger endnu sjeldnere. Dobbeltstjernerne ere mere eller mindre udviklede; de fuldkomment udviklede have et temmelig langt Midtbelte, der dels er ganske nøgent, dels besat med Papiller. Straalerne i begge Ender ere meget brede med tandede Rande, og stundom ender hver Straale i en liden Stjerne; de ere fra 0.120—0.160ᵐᵐ lange og fra 0.056—0.088ᵐᵐ brede i Enderne med Midtpartiet fra 0.024—0.036ᵐᵐ bredt, Fig. 57, 58, 59, 60, 61, 62. Klubberne ere dels sparsomt besatte med Takker eller Blade, der staa langt fra hverandre, dels ere de meget rigt forsynede med brede, i Randen takkede Blade; de første, kan hænde, ere mindre udviklede; de ere fra 0.128—0.172ᵐᵐ lange og fra 0.056—0.008ᵐᵐ brede foroven, Fig. 63. 64; de sidste nærme sig noget de sammensatte Stjerner, ere 0.188ᵐᵐ lange og fra 0.104ᵐᵐ brede foroven, Fig. 65. Firlingerne ere i Korsog Rosetform, begge rigt udsmykkede med Blade og Papiller og fra 0.108—0.144ᵐᵐ lange og 0.120ᵐᵐ brede, Fig. 66. 67.

Paa Stammen ere de sammensatte Stjerner almindeligst, sjeldnere Klubber og Dobbeltstjerner. De sammen-

Anatomo-histological Examination.

The entire Zoanthodem has an ectoderm, formed of several layers of pretty large translucent polyhedrical cells, furnished with a round, somewhat eccentrically placed, nucleus and nucleus-corpuscle. In the inner layers there are seen, between the ectoderm-cells, many oviform, unicellular mucous glands which are, partly, empty, and have the appearance of vacuoli, or they have, partly, a centrally placed, somewhat oblong, nucleus surrounded by protoplasmic granules. In a few of these mucous glands, an excretory duct which discharges upon the exterior surface may be observed. Besides these mucous glands, there are a great many closely placed spicules entrenched, both, in the stem, and in the ectoderm of the polyps. The connective tissue is hyaline and rather narrow, and from its inner wall issue — in the stem and the branches — the prolongations which form the divisional walls of the ducts, and which, in the polyp-body, form septa. Neither in these, nor in the divisional walls of the stem, is calcium found. The interior surface of the connective-tissue layer is, everywhere, clad with an endothelium, consisting of a layer of cylinder-cells which are pretty translucent, and which contain a round nucleus with nucleus-corpuscle, and an extremely minute, granular transparent protoplasm. The gullet is cylindrical and elongate, and has 8 longitudinal series of spicules (fig. 56, A) and on its inner ventral surface it has an oval gullet-passage clad with long flagelliform cells.

In the basal part, the spicules are placed, somewhat compactly, upon each other, and the most frequent forms in which they occur are the bistellates and clavates; complex stellates are much less frequent, and quadruplets are still more rare. The bistellates are more or less developed; the completely developed ones have a pretty long middle stripe, partly, quite bare, and partly, beset with papillæ. The rays are, at both extremities, very broad, and have dentated margins, and sometimes each ray terminates in a small star; they measure from 0.120—0.160ᵐᵐ in length, and from 0.056 —0.088ᵐᵐ in breadth at the extremities, and the middle part measures from 0.024—0.036ᵐᵐ in breadth (figs. 57, 58, 59, 60, 61, 62. The clavates are, partly, sparingly beset with spikes, or leaves, placed far apart from each other, or they are, partly, very richly furnished with broad leaves dentated in the margins. The first named are perhaps only partially developed; they measure from 0.128—0.172ᵐᵐ in length, and from 0.056—0.008ᵐᵐ in breadth above (figs. 63. 64). The last named approach, in form, somewhat, to the complex stellates; they measure 0.188ᵐᵐ in length, and 0.104ᵐᵐ in breadth above (fig. 65). The quadruplets appear as cruciform and rosetti-form, both, richly adorned with leaves and papillæ; they measure from 0.108—0.144ᵐᵐ in length, and 0.120ᵐᵐ in breadth (fig. 66. 67).

In the stem, the complex stellates are the most frequent spicular form; more rarely do clavates and bistel-

satte Stjerner have brede, takkede Straaler med nogne Rum imellem Straalebundterne; de ere 0.184mm lange, 0.104mm brede foroven, Fig. 68. Dobbeltstjernerne ligne noget de paa Basaldelen, og Straalerne ende gjerne i en liden Stjerne; de ere 0.132mm lange, 0.076mm brede i Enderne og 0.026mm brede paa Midten; Fig. 69, 70. Klubberne ere større og rigere besatte med Blade, end de paa Basalen; de ere 0.216mm lange, 0.124mm brede foroven, Fig. 71.

Paa Grenene ligge Spiklerne ligesom paa Stammen tæt paa hverandre, og Formerne ere her væsentlig Klubber, der ere 0.176mm lange og 0.108mm brede foroven og have brede, tandede Blade, Fig. 72. Imellem Klubberne sees dels enkelte Dobbeltstjerner, dels Rosetter og dels særegne, bladbesatte Spikler. Rosetterne ere omtrent lige brede som lange, 0.132mm i Gjennemsnit, Fig. 73. De særegne Spikler ere 0.216mm lange, 0112mm brede, Fig. 74.

Paa Polypernes Bagkrop ere Klubber og sammensatte Stjerner almindeligst, Dobbeltstjerner og Firlinger sjeldnere. Klubberne ere forsynede med brede, i Randen tandede Blade; de ere fra 0.140—0.168mm lange og fra 0.084—0.096mm brede foroven, Fig. 75. 76. De sammensatte Stjerner variere noget; nogle nærme sig Dobbeltstjernen med et nogent Midtparti, ere 0.176mm lange, 0.076mm brede med 0.036mm bredt Midtbelte, Fig. 77; andre have næsten Spindelformen, have tandede Straaler og ere 0.168mm lange, 0.050mm brede, Fig. 78. Firlingerne ere dels i Kors-, dels i Rosetform og rigt ornamenterede med Blade og Takker. De korsformede ere fra 0.124—0.128mm lange med en Tverstok fra 0.116—0.132mm, Fig. 79. 80. Rosetten er 0.172mm lang, 0.120mm bred, Fig. 81.

Paa Forkroppen er Spindelformen den dominerende; Klubber ere her sjeldnere og sammensatte Stjerner sees kun enkeltvis. Spindlerne ere i Reglen rigt besatte med Blade, der have takkede Rande. De ere dels kranume, dels lige, enten tilspidsede eller mere eller mindre afstumpede i Enderne; de ere fra 0.172—0.516mm lange og fra 0.048—0.100mm brede paa Midten, Fig. 82. 83. 84. Klubberne ere noget forskjellige fra dem paa Bagkroppen, de ere nemlig mere langstrakte, og Bladene synes at være mindre; de ere 0.200mm lange og 0.072mm brede foroven, Fig. 85.

Paa Tentaklerne ligge Spiklerne meget kompakte, ere noget fladere end paa Kroppen og have forskjellig Form; enkelte ere næsten spydformede, andre spatelformede, atter andre nærme sig Spindelen. De spydformede ere svagt takkede, 0.144mm lange, 0.028mm brede, Fig. 86; de spateldannede rage mest ind i Pinnulerne, have takkede

lates appear. The complex stellates have broad spicate rays, with bare spaces appearing between the bundles of rays; they measure 0.184mm in length, and 0.104mm in breadth above (fig. 68). The bistellates resemble, somewhat, those of the basal part; the rays terminate, often, in a small star; they measure 0.132mm in length, and 0.076mm in breadth at the extremities, and 0.036mm in breadth at the middle (figs. 69, 70). The clavates are larger, and more richly beset with leaves than those of the basal part; they measure 0.216mm in length, and 0.124mm in breadth above (fig. 71).

On the branches, the spicules are placed, as in the stem, closely upon each other, and the forms met with here, are, principally, clavates measuring 0.176mm in length, and 0.108mm in breadth above, and having broad dentated leaves (fig. 72). Between the clavates, there are seen, partly, a few bistellates, partly, rosettes, and partly, peculiar leaf-covered spicules. The rosettes are about as broad as they are long, and measure 0.132mm in diameter (fig. 73). The peculiar spicules measure 0.216mm in length, and 0.112mm in breadth (fig. 74).

In the posterior body of the polyps, the clavate and complex stellates are the most frequent spicular forms, the bistellates and quadruplets being less frequent. The clavates are adorned with broad leaves dentated in the margins, and measure from 0.140—0.168mm in length, and from 0.084—0.096mm in breadth above (fig. 75. 76). The complex stellates vary somewhat, a few approach in form to the bistellates, and have a bare middle part; they measure 0.176mm in length, and 0.076mm in breadth, and have a middle stripe measuring 0.036mm in breadth (fig. 77). Others are almost fusiform; these have dentated rays, and measure 0.168mm in length, and 0.050mm in breadth (fig. 78). The quadruplets are, partly, cruciforms, and partly, rosettiforms, and they are richly adorned with leaves and spikes. The cruciforms measure, from 0.124—0.128mm in length, and have a transversal arm measuring from 0.116—0.132mm (figs. 79. 80). The rosettiforms measure 0.172mm in length, and 0.120mm in breadth (fig. 81).

On the anterior body, the fusee is the predominant spicular form; clavates are, here, less frequent, and complex stellates are seen only exceptionally. The fusees are, as a rule, richly beset with leaves having spicate margins. They are, partly, curved, partly, straight, either acuminated or more less blunted at the extremities; they measure from 0.172—0.516mm in length, and from 0.048—0.100mm in breath at the middle (figs. 82. 83. 84). The clavates are somewhat different from those on the posterior body; they are, for instance, more elongate, and the leaves appear to be smaller; they measure 0.200mm in length, and 0.072mm in breadth above (fig. 85).

On the tentacles, the spicules are placed very compactly, and they are somewhat flatter than those on the body, and have a different form. A few are almost spearshaped, others are spatula-shaped, whilst others, again, approach to the fusiform. The spear-shaped spicules are faintly spicate; they measure 0.144mm in length, and

4*

Rande og ere 0.168ᵐᵐ lange, 0.044ᵐᵐ brede i Bladet. Fig. 87; de andre Former ere mere eller mindre takkede, dels med stumpe, dels tilspidsede Ender og fra 0.128—0.204ᵐᵐ lange og 0.036ᵐᵐ brede. Fig. 88, 89.

Paa Svælget ere Spiklerne noget fladtrykte og have en meget forskjellig Form, snart som Spindler, snart nærme de sig Dobbeltstjernen, snart Spatelen, snart Firlingen. De ere i Regelen takkede med indskaarne Rande og stundom spaltede Ender; de ere fra 0.072—0.128ᵐᵐ. Fig. 90.

0.028ᵐᵐ in breadth (fig. 86). The spatula shaped spicules extend farthest into the pinnules, and have spicate margins; they measure 0.168ᵐᵐ in length, and 0.044ᵐᵐ in breadth in the leaf (fig 87); the other forms are more or less spicate, partly, with blunt, partly, with acuminate extremities; they measure from 0.128—0.204ᵐᵐ in length, and 0.036ᵐᵐ in breadth (figs. 88, 89).

On the gullet, the spicules are somewhat flattened and have a very variable form, appearing sometimes as fusees, sometimes approaching in form to the bistellate, sometimes, to the spatula-form, and, again, sometimes to the quadruplet-form. They are, as a rule, spicate, and have dentated margins, and occasionally appear with fissured extremities; they measure from 0.072—0.128ᵐᵐ in length (fig. 90).

Farven.

Gul.

Colour.

The Colour is yellow.

Findested.

Station 237. Et Exemplar.

Habitat.

Station No. 237. One specimen.

Artskarakter.

Zoanthodemet buskformet, omtrent 30ᵐᵐ høit. Basaldelen skiveformet udvidet, haard af inkrusteret Kalk. Stammen af omtrent 25ᵐᵐ Omkreds ved Grunden, smalner lidt af mod den afrundede Top, der er tæt besat med Polyper. Grenene ere faa, men brede, udspringe et Stykke ovenfor Basaldelen og slutte sig tæt til Stammen; de nederste Grene ere længst og bredest, men alle ere, især paa deres noget afrundede Ende, tæt besatte med Polyper. Stammen og Grenene haarde, læderagtige, rige paa Kalk. Polypcellerne korte, cylindriske, stillede mere eller mindre fra hverandre, stærk kalkholdige. Polyperne indtil 12ᵐᵐ lange, cylindriske, lidt indknebne mellem For- og Bagkrop, meget spikelrige; Forkroppen forsynet med 8 Længderibber. Tentaklerne omtrent 4ᵐᵐ lange; den aborale Side indkapslet af Spikler. Pinnulerne vel forsynede med Spikler. Svælget har 8 enkle Rækker Spikler. Paa Basaldelen ere Dobbeltstjerner og Klubber, paa Stammen sammensatte Stjerner og paa Grenene Klubber hyppigst. Paa Polypens Bagkrop ere Klubber og sammensatte Stjerner mest fremtrædende, og paa Forkroppen ere store Spindler almindeligst. Farven gul.

Specific characteristics.

The Zoanthodem fruticose; measures about 30ᵐᵐ in height. The basal part discoidally dilated, hard, owing to encrusted calcium. The stem measures about 25ᵐᵐ in circumference at the base, diminishes in thickness a little, upwards, towards the rounded summit, which is closely beset with polyps. The branches are few in number, but broad; issue a little distance above the basal part, and close tightly in to it. The lowest branches are the longest, and broadest, but all of them are — especially on their somewhat rounded extremities — closely beset with polyps. The stem, and the branches, hard, coriaceous, rich in calcium. The polyp-cells short, cylindrical, placed more or less apart from each other and strongly calcareous. The polyps measure up to 12ᵐᵐ in length, cylindrical, a little constricted between the anterior and posterior body, furnished with 8 longitudinal ribs. The tentacles about 4ᵐᵐ in length. The aboral side ensheathed with spicules. The pinnules well supplied with spicules. The gullet has 8 single series of spicules. In the basal part, bistellates and clavates. In the stem, complex stellates; and on the branches, clavates, predominate. In the posterior body of the polyp, clavates and complex stellates most predominant, and in the anterior body, large fusees the most frequent. Colour yellow.

Væringia clavata, n. sp.

Tab. XX. Fig. 45—83.

Zoanthodemet er indtil 30mm høit. Basaldelen er skiveformigt udvidet, ikke meget tyk, fast og læderagtig. Stammen er ved Grunden 40mm i Omkreds, men aftager i Tykkelse successivt op imod Toppen, hvor den er omkring 25mm i Omfang; den er fast, læderagtig, riflet paalangs og tæt besat med Grene lige fra Basaldelen til Toppen, der ender i en Klynge af Grene fra 5—8 i Antal, Fig. 45. Grenene ere læderagtige, korte, tykke, tildels nogne ved deres Udspring og som oftest udelte; men omtrent 1mm fra Stammen tiltage Grenene i Tykkelse og udvide sig kølleformigt mod Enden, der er ganske afrundet, Fig. 45. Grenene slutte sig tæt til Stammen, som de næsten ganske skjule og ere rigt besatte med Polyper, der staa temmelig tætte, men ere dog fuldkommen adskilte. Polypcellen er nedsænket i Coenenchymet og lukker sig saa fuldstændigt, naar Polypen er indtrukken, at det er meget vanskeligt endog ved Loupen at opdage den; kun en yderst fin, rund Aabning tilkjendegiver dens Tilværelse. Grenene have, naar Kolonien er i Vigør, Formen af en Kølle, men da enkelte Grene ere i Enderne delte i 2, yderst sjeldent 3, lidt mindre Grene, faa de derved et lappet Udseende, Fig. 45. Polyperne ere 4—5mm lange, Tentaklerne indbefattet, med en kort, lidt smal Bagkrop, hvor Spiklerne ligge paatvers, og en noget buget Forkrop med 8 Ribber og ligesaa mange Furer, hvor Spiklerne ligge paalangs, Fig. 46. Den nederste Del af Bagkroppen, der hvor denne er paavei til at gaa over i Cellen, er næsten spikelfri, Fig. 46. Tentaklerne ere 2mm lange, temmelig tykke ved Grunden og paa deres aborale Side forsynede med to paaskraas liggende Spikelrækker, Fig. 46. Pinnulerne ere temmelig lange og uden Spikler, men forsynede med Nematocyster i stor Mængde, hvilke ogsaa findes paa den noget hvælvede Mundskive.

Væringia clavata, n. sp.

Pl. XX. Figs. 45—83.

The Zoanthodem measures up to 30mm in height. The basal part is discoidally dilated, and not very thick; it is hard and coriaceous. The stem measures, at its base, 40mm in circumference, but diminishes, gradually, in thickness, up towards its summit, at which point it measures about 25mm in circumference. It is hard, coriaceous, longitudinally grooved, and closely beset with branches through its entire height from the basal part to the summit, which latter terminates in a cluster of branches, 5 to 8 in number (fig. 45). The branches are coriaceous, short, and thick, and are, partly, bare at the roots, and generally, non-ramous, but at a distance of about 1mm from the stem, the branches increase in thickness, and become dilated in subclaviform towards the extremity, which is quite rounded (fig. 45). The branches lie closely in to the stem, so as nearly to conceal it, and they are richly beset with polyps placed pretty closely to each other, but, yet, perfectly separated. The polyp-cell is depressed in the sarcosoma, and becomes so completely closed when the polyp is retracted, that it is very difficult, even with the help of a magnifying glass, to detect it, only a minute circular aperture announcing its presence. When the colony is in vigour, the branches have a subclavate form, but as a few of the branches are ramified at the extremities into 2, or, very rarely, 3 slightly smaller branchlets, they acquire, thus, a patched appearance (fig. 45). The polyps measure 4—5mm in length, including the tentacles, and have a short, narrowish, posterior body on which the spicules are placed transversally, and a somewhat bulging anterior body, having 8 ribs and the same number of grooves, where the spicules are placed longitudinally (fig. 46). The lowest part of the posterior body, at the point where it is about to pass over to the cell, is almost devoid of spicules (fig. 46). The tentacles measure 2mm in length, and are rather thick at the base, and, on their aboral side, they are furnished with two, transversally placed, series of spicules (fig. 46). The pinnules are pretty long, and devoid of spicules, but are furnished with nematocysts in great abundance, which, also, are found on the somewhat arcuate oral disc.

Anatomisk-histologisk Undersøgelse.

Zoanthodemet er overalt beklædt med et Ectoderm, bestaaende af flere Lag polyædriske Celler. Imellem disse sees overalt paa Stammen og Grenene isolerede, encellede, ægformede Slimkjertler, ligesom Spiklerne ere leirede dels

Anatomo-histological Examination.

The Zoanthodem is, everywhere, clad with an ectoderm, consisting of several layers of polyhedrical cells. Between these, there is, everywhere, seen, on the stem and the branches, isolated, unicellular, oviform mucous glands,

i Ectodermets indre Lag, dels i det indenfor Epithelialbeklædningen værende, hyaline Bindevæv, hvor de ere omgivne af Ectodermceller. Polypernes Ectoderm bestaar af kun to Lag Celler, lig dem paa Stammen. Svælgrøret er cylindrisk, forsynet med 4 enkle Rækker Spikler, 2 paa hver Side, med et bredt Midtparti, hvori paa Rygsiden sees enkelte Spikler, imedens Bugpartiet er spikelfrit. Fig. 47. Svælgrønden er oval og beklædt med lange Pidskeceller, men den øvrige Del af Svælghulheden har et Epithelialovertræk, bestaaende af kortere, cilierende Celler, hvorimellem sees pæreformede, encellededede Slimkjertler. I den bageste Del af Mavehulheden sees Æg i forskjellige Udviklingsstadier.

Paa Basaldelen ligge Spiklerne tæt pakkede paa hverandre og optræde her væsentligst under Form af Dobbeltstjerner, sjeldnere ere sammensatte Stjerner og Spindler, men sjeldnest Firlinger, Koller og Klubber. Dobbeltstjernerne ere ganske særegne; de have meget brede Straaler, der ende i en liden Stjerne, sammensat af smaa Kugler, og et nøgent Midtparti, som paa enkelte er meget kort; de ere fra 0,076—0,140"" lange og fra 0,052 —0,068"" brede i Enderne, og Midtbeltet er fra 0,016— 0,028"" bredt, Fig. 48. 49. 50. De sammensatte Stjerner have lignende brede Straaler som Dobbeltstjernerne, der ligeledes ende i en liden Stjerne; de ere 0,128"" lange og 0,076"" brede. Fig. 51. Spindlerne have Bladbesætning med tandede Blade, ere 0,132"" lange og 0,050"" brede, Fig. 52. Kollerne, der ere meget sjeldne, ere udstyrede med stjerneformede Papiller og ere 0,252"" lange og 0,068"" foroven, Fig. 53. Klubberne, der ogsaa ere meget sjeldne, have en rig Bladforsiring; Bladene have indskarnre Rande; de ere 0,132"" lange og 0,072"" brede forovon, Fig 54. Firlingerne have en mere eller mindre udpræget Korsform, ere tæt besatte dels med Papiller, dels med Blade og fra 0,080 - 0,088"" lange, 0,076"" brede, Fig. 55. 56.

Paa Stammen ere sammensatte Stjerner hyppigst, men næsten ligesaa almindeligt findes ganske særegne Dobbeltstjerner; sjeldnere ere Spindler, hvilke nærme sig temmelig meget dem paa Basalen. De sammensatte Stjerner have brede Straaler, der ende i en liden, firearmet Stjerne; de ere 0,116"" lange, 0,072"" brede, Fig. 57. Dobbeltstjernerne ere mærkelige; hver Ende har i Regelen 4 brede Straaler, der hver ende i en liden firearmet Straale; Midtpartiet er nøgent og ofte saa kort, at det vanskeligt iagttages, naar ikke Spikelen ligger lige paa Siden; de ere fra 0,092—0,128"" lange og fra 0,068—0,100"" brede i Enderne. Midtpartiet er fra 0,016—0,028"" bredt, Fig. 58. 59. 60. 61. Spindlerne have brede Takker, der ende i en firestraalet Stjerne; de ere 0,148"" lange, 0,004"" brede, Fig. 62.

whilst, also, the spicules are entrenched, partly, in the inner layers of the ectoderm. and partly, in the hyaline connective tissue lying inside of the epithelial covering. where they are surrounded by ectodermic cells. The ectoderm of the polyps consists of only two layers of cells, like those of the stem. The gullet-tube is cylindrical, and is furnished with 4 single series of spicules. 2 upon each side, leaving a broad intermediate area, in which, upon the dorsal side, a few spicules are observed. whilst the ventral portion is devoid of spicules (fig. 47). The gullet-passage is oval. and is clad with long flagelli-form cells, whilst the remaining portion of the gullet-cavity has an epithelial coating, consisting of shortish, ciliated, cells, between which, piriform, unicellular mucous glands are seen. In the extreme posterior part of the gastral cavity, ova in various stages of development are visible.

On the basal part, the spicules lie closely packed upon each other, and occur, here, principally. in the form of bistellates, more rarely as complex stellates and fusees, and, still more rarely, as quadruplets, subclavates and clavates. The bistellates are quite peculiar; they have very broad rays which terminate in a small star composed of small spheres, and a bare mesial portion, which in some, is very short; they measure from 0,076—0,140"" in length, and from 0,052—0,068"" in breadth at the extremities, and the mesial stripe measures from 0,016—0,028"" in breadth (figs. 48. 49. 50). The complex stellates have broad rays similar to those of the bistellates, and which likewise terminate in a small star; they measure 0,128"" in length, and 0,076"" in breadth (fig. 51). The fusees have leafy ornations with dentated margins; they measure 0,132"" in length, and 0,050"" in breadth (fig. 52). The subclavates are very rare, and are furnished with stelliform papillæ; they measure 0,252"" in length, and 0,068"" in breadth above (fig. 53). The clavates, which also are very rare, have a rich leafy decoration, the leaves being indented in the margins; they measure 0,132"" in length, and 0,072"" in breadth above (fig. 54). The quadruplets have a, more or less, prominent cruciform, and are closely beset, partly, with papillæ, partly, with leaves; they measure from 0,080—0,088"" in length, and 0,076"" in breadth (figs. 55. 56).

In the stem, complex stellates are the most frequent, spicular forms, but, nearly as frequently, quite peculiar bistellates are, also, observed. Fusees, which approach pretty much in form to those of the basal part, are more rare. The complex stellates have broad rays which terminate in a small four-rayed star; they measure 0,116"" in length, and 0,072"" in breadth (fig. 57). The bistellates are remarkable; each extremity has, as a rule, four broad rays, each of which terminates in a small four-rayed star; the intermediate portion is bare and, often, so short, that it can with difficulty be detected unless the spicule lies quite on its side; they measure from 0,092—0,128"" in length, and from 0,068—0,100"" in breadth at the extremities. The intermediate portion measures from 0,016—0,028"" in breadth (figs. 58. 59. 60. 61). The

Paa Grenene ere Dobbeltstjernerne hyppigst, men foruden dem træffes dog Klubber ofte, sjeldent sees Spindler. Dobbeltstjernerne have meget brede Straaler, der paa enkelte ere meget korte, næsten som Papiller, men ende i en liden, firestraalet Stjerne; Midtpartiet er mere eller mindre langt, nogent; de ere fra 0.064—0.100⁻⁻ lange og fra 0.048—0.056⁻⁻ brede i Enderne; Midtbeltet er fra 0.016—0.024⁻⁻ bredt, Fig. 63. 64. 65. Klubberne ere, især foroven, besatte med brede Takker, der ende i en firestraalet Stjerne. Skaftet er kort og har et Par lignende Takker; de ere fra 0.120⁻⁻ lange, 0.076⁻⁻ brede foroven. Fig. 66. Spindlerne ere særegne, have langt fra hverandre staaende, brede Blade, der ogsaa ende i en liden Stjerne; de ere 0.152⁻⁻ lange, 0.064⁻⁻ brede, Fig. 67.

Paa Polypkroppen er det Spindler og Køller, som ere mest fremherskende. Spindlerne ere dels krumme, dels lige, yderst sparsomt besatte med Takker, enkelte ere næsten glatte; de ere fra 0.232—0.248⁻⁻ lange og fra 0.036—0.052⁻⁻ brede paa Midten, Fig. 68. 69. Køllerne ere heller ikke meget takkede; Takkerne ere i Reglen smaa, staa langt fra hverandre; de ere fra 0.156—0.236⁻⁻ lange og fra 0.044—0.052⁻⁻ brede foroven, Fig. 70. 71. 72. Imellem de nævnte Former sees hist og her mindre og lidt fladere Spikler, der have afstumpede Ender og faa Takker; de ere fra 0.084—0.144⁻⁻ lange og fra 0.028—0.036⁻⁻ brede, Fig. 73. 74.

Paa Teutaklerne er det væsentligst Spindel- og Kølleformen, som gjør sig gjældende. Spindlerne ere dels næsten glatte, dels takkede; Takkerne ere smaa, staa temmelig langt fra hverandre; paa de takkede Spindler ere Enderne stærkt tilspidsede; de ere fra 0.196—0.300⁻⁻ lange og fra 0.032—0.044⁻⁻ brede, Fig. 75. 76. Køllerne have noget tilfælles med dem paa Kroppen, men ere dog lidt forskjellige fra dem; enkelte ere glatte, andre ere takkede med den øverste Ende næsten spaltet, og paa et Par af disse takkede Køller sees paa Midten et udpræget Kors; de ere fra 0.116—0.240⁻⁻ lange og fra 0.024—0.040⁻⁻ brede foroven, Fig. 77. 78. 79.

Paa Svælgrøret sees hyppigst Firlinger og Spindler forsynede med Takker. Spiklerne ere her noget fladtrykte. Firlingerne ere tildels korsformede, 0.100⁻⁻ lange med en Tværstok, der er 0.088⁻⁻, Fig. 80, dels nærme de sig Timeglasformen, Fig. 81. Spindlerne ere fra 0.124—0.148⁻⁻ lange og fra 0.016—0.028⁻⁻ brede, Fig. 82. 83.

fusees have broad spikes which terminate in a four-rayed star; they measure 0.148⁻⁻ in length, and 0.064⁻⁻ in breadth (fig. 62).
On the branches, the bistellate is the spicular form most frequently met with, but, besides it, clavates are, also, frequently, observed; fusees are rarely observed. The bistellates have very broad rays, which, in some, are very short, almost like papillæ, but terminate in a small, four-rayed star; their intermediate portion is, more or less, long, and bare; they measure from 0.064—0.100⁻⁻ in length, and from 0.048—0.056⁻⁻ in breadth at the extremities. The intermediate stripe measures from 0.016—0.024⁻⁻ in breadth (figs. 63. 64. 65). The clavates are, especially above, beset with broad spikes, which terminate in a four-rayed star. The shaft is short, and has a couple of similar spikes; they measure 0.120⁻⁻ in length, and 0.076⁻⁻ in breadth above (fig. 66). The fusees are peculiar, and have broad leaves placed far apart from each other, and which also terminate in a small star; they measure 0.152⁻⁻ in length, and 0.064⁻⁻ in breadth (fig. 67).

On the body of the polyp, fusees and subclavates are the most predominant spicular forms. The fusees are, sometimes, bent, sometimes, straight, and are extremely sparingly beset with spikes, a few of them are almost smooth; they measure from 0.232—0.248⁻⁻ in length, and from 0.036—0.052⁻⁻ in breadth at the middle (figs. 68. 69). Neither are the subclavates very spicate, and their spikes, as a rule, are small, and placed far apart from each other; they measure from 0.156—0.236⁻⁻ in length, and from 0.044—0.052⁻⁻ in breadth above (figs. 70. 71. 72). Between the forms just named, there are, here and there, seen, smaller, and somewhat flatter spicules, having blunted extremities and few spikes; these measure from 0.084—0.144⁻⁻ in length, and from 0.028—0.036⁻⁻ in breadth (figs. 73. 74).

On the tentacles, it is, principally, the fusiform and subclaviform spicular forms that are met with, as predominating. The fusees are, sometimes, almost smooth, sometimes, spicate. The spikes are small and placed pretty far apart from each other. In the spicate fusees, the extremities are strongly acuminated; they measure from 0.196—0.300⁻⁻ in length, and from 0.032—0.044⁻⁻ in breadth (figs. 75. 76). The subclavates resemble, somewhat, those of the body, but are, yet, a little different from them; a few are smooth, others are spicate, and have the uppermost extremity almost fissured, and in a couple of these spicate subclavates a prominent cross is observed in the middle. They measure from 0.116—0.240⁻⁻ in length, and from 0.024—0.040⁻⁻ in breadth above (figs. 77. 78. 79).

On the gullet-tube, quadruplets and fusees, furnished with spikes are the most frequent spicular forms observed. The spicules are, here, somewhat flattened. The quadruplets are, partly, cruciform, and measure 0.100⁻⁻ in length, with a transversal arm measuring 0.088⁻⁻ (fig. 80); sometimes their form approaches to that of the sand-glass (fig. 81). The fusees measure from 0.124—0.148⁻⁻ in

length and from 0.016—0.028ᵐᵐ in breadth (figs. 82. 83).

Farven.

Farven er næsten hvid, spillende yderst svagt i det blege Rosenrøde.

Colour.

The colour is almost white, shading extremely faintly towards pale rose-red.

Findested.

Station 192. 4 Exemplarer, hvoraf 3 ere Hunner.

Habitat.

Station No. 192. Four specimens, of which 3 are females.

Artskarakter.

Zoanthodemet indtil 30ᵐᵐ høit. Basaldelen skiveformigt udvidet. Stammen er tyk, smalner successivt af mod Toppen, der deler sig i 5—8 Grene, og er lige fra Basaldelen til Toppen tæt besat med korte, tykke Grene, der næsten ganske dække Stammen, ende kolleformigt og ere rige paa Polyper. Disse ere 4—5ᵐᵐ lange med buget Forkrop, forsynet med 8 Længderibber, adskilte ved ligesaa mange Furer, og en kort Bagkrop, der er fattig paa Spikler. Tentaklerne ere omtrent 2ᵐᵐ lange med Spikler paa deres aborale Flade. Pinnulerne uden Spikler. Polypcellerne ere runde, vel adskilte og nedsænkede i Coonenchymet. Paa Basaldelen væsentligst Dobbeltstjerner. Paa Stammen sammensatte Stjerner og særegne Dobbeltstjerner. Paa Polypkroppen hovedsagelig Spindler og Koller. Paa Svælgrøret 4 Længderækker Spikler. Farven næsten hvid, spillende lidt i det Røde.

Specific characteristics.

The Zoanthodem measures up to 30ᵐᵐ in height. The basal part discoidally dilated. The stem thick, diminishing in thickness, gradually, towards the summit, which ramifies into 5—8 branches; the entire height from the basal part to the summit closely beset with short, thick branches which almost quite cover the stem; these branches terminate in subclaviform, and are richly furnished with polyps. The polyps measure 4—5ᵐᵐ in length, have a bulging anterior body furnished with 8 longitudinal ribs separated by a similar number of grooves, and a short posterior body poorly furnished with spicules. The tentacles measure about 2ᵐᵐ in length, and have spicules on their aboral surface. The pinnules devoid of spicules. The polyp-cells cylindrical, well-separated, and depressed in the sarcosoma. Bistellate spicules in the basal part principally. On the stem, complex stellates and peculiar bistellates. On the polyp-body, fusees and subclavates principally. On the gullet-tube four longitudinal series of spicules. Colour almost white, shading a little towards red.

Væringia capitata, n. sp.

Tab. XXI. Fig. 1.

Zoanthodemet indtil 15ᵐᵐ høit. Basaldelen skiveformigt udvidet, tynd men fast og læderagtig, furet efter Længden og stærkt inkrusteret af Kalk. Stammen, omtrent 25ᵐᵐ i Omkreds ved Grunden, beholder sin Tykkelse til op imod Toppen, der deler sig i 3 Grene, og er lidt furet paalangs, temmelig blød, men rig paa Kalk. Ligefra Grunden og til Toppen er Stammen rundtom tæt besat med Grene, som slutte sig til Stammen, Tab. XXI, Fig. 1. Grenene ere korte, tykke og udvide sig kugleformigt i Enden, der væsentlig bærer Polyperne, imedens de nærmest Stammen ere nøgne, Fig. 1. 2. Paa enkelte Grene sees isolerede Polyper at udgaa fra den indre Del

Væringia capitata, n. sp.

Pl. XXI. Fig. 1—28.

The Zoanthodem measures up to 15ᵐᵐ in height. The basal part is discoidally dilated, and thin, but it is hard and coriaceous, and is grooved longitudinally, and strongly encrusted with calcium. The stem measures about 25ᵐᵐ in circumference at the base, retaining its thickness till near the summit which ramifies into 3 branches, and is slightly furrowed, longitudinally; it is pretty soft although rich in calcium. Right from the base and up to the summit, the stem is, round about it, closely beset with branches which lie close in to the stem (fig. 1). The branches are short and thick, and they dilate at the extremities in spheri-form, the extremity being principally occupied by polyps, whilst

af Grenen, men dette er undtagelsesvis. Polypcellerne ere runde, staa temmelig tæt i hverandre og ere forsynede med 8 adskilte Længderibber, dannede af Kalkspikler, hvorimellem sees en nogen, smal Fure, som opimod Randen eller der, hvor Cellen gaar over i Polypens Bagkrop, udvider sig til et triangulært Spatium. Fig. 3, *a*. Naar Polypen er lidt indtrukken, faar Cellens Rand et ottetandet Udseende, Fig. 3, *b*.

Polyperne ere 5—6^{mm} lange. cylindriske, men udvide sig tragtformigt op imod Tentakelskiven. Paa Størstedelen af Polypkroppen ligge Spiklerne paatvers; kun op imod dens forreste Del antage de en mere perpendiculær Retning, som tiltager, idet de gaa over paa Tentaklerne; men hvor denne Overgang foregaar, nemlig opimod Tentakelskiven, dannes imellem hver 2 Tentaklers Grund et temmelig stort, nogent, triangulært Rum, der er overordentligt tæt besat med Nematocyster. Fig. 3, *c*. Tentaklerne ere halvt saa lange som Kroppen, omtrent 2^{mm}, vel forsynede med Spikler paa den aborale Side, hvor de op imod Enderne ligge paatvers. Pinnulerne ere uden Spikler, men saavel paa disse som paa Tentaklernes adorale Side og paa hele Mundskiven er der en Mængde Nematocyster. Mundaabningen danner en Tværspalte med temmelig tykke Læber. Naar Kolonien er i Vigør og Polyperne udstrakte, har hver Gren en Kugleform, der end tydeligere fremtræder, naar Polyperne ere indtrukne, Fig. 2.

I anatomisk-histologisk Henseende adskiller den sig ikke væsentligt fra den foregaaende Art. Svælgrøret synes i Forhold til Polypkroppens Længde at være temmelig kort; det har kun to Rækker Spikler, og disse ligge langt fra hverandre, sau Svælget i det Hele taget er fattigt paa Kalk, Fig. 4. Svælgrenden er smal, men forsynet med de sædvanlige lange Pidskeceller; i den øvrige Del af Svælget er der i den cilierende Epithelialbeklædning indleiret mange isolerede, ægformede, encellede Slimkjertler. Den bagerste Del af Mavehulheden er hos mange Polyper næsten udfyldt af Æg i de forskjelligste Stadier, ligesom der i Polypcellerne hyppigt træffes Æg.

Paa Basaldelen ligge Spiklerne tæt paa hveraudre og bestaa væsentligst af Dobbeltstjerner, sjeldent træffes en Klubbe eller sammensat Stjerne og yderst sjeldent en Finling. Dobbeltstjernerne ere meget vexlende, men Grundformen gjenkjendes dog. De har alle brede Straaler i begge Ender med et mere eller mindre nogent Midtbelte. Straalerne ende ofte i smaa Stjerner, der dannes at yderst smaa, runde Kalkkorn, som forresten findes afsat næsten overalt; de ere fra 0,096—0,168^{mm} lange, fra 0,044—0,146^{mm} brede i

the part of the branches nearest the stem is bare (figs. 1, 2). On a few branches, solitary polyps are seen to issue from the inner part of the branch; that is, however, exceptional. The polyp-cells are cylindrical, and are placed pretty far apart from each other; they are furnished with 8, separated, longitudinal ribs formed of calcareous spicules, and between these a bare narrow furrow is observed, which, up towards the margin, or at the point where the cell passes over into the posterior body of the polyp, becomes dilated to a tringular space (fig. 3, *a*). When the polyp is a little retracted, the cellular margin acquires an octodentate appearance (fig. 3, *b*).

The polyps measure 5—6^{mm} in length, and are cylindrical, but up towards the tentacular disk they dilate in infundibuliform. In the greater part of the body of the polyp, the spicules are placed transversally, and only up towards the anterior part do they assume a more perpendicular direction, which increases as they pass over on to the tentacles, but where this transition takes place, namely, in proximity to the tentacular disk, a pretty large bare triangular area, is formed between the bases of each 2 tentacles, and this space is extremely closely beset with nematocysts (fig. 3, *c*). The tentacles are half the length of the body, and measure about 2^{mm}; they are well furnished with spicules on the aboral side, where, in proximity to the extremities, they are placed transversally. The pinnulas are devoid of spicules, but upon these, as well as also, on the adoral side of the tentacles, and on the entire oral disk, there is a multitude of nematocysts. The oral aperture forms a transverse fissure having tolerably thick labiæ. When the colony is in full vigour and the polyps extended, each branch has a spherical form, which appears still more distinctly when the polyps are retracted (fig. 2).

In anatomo-histological relations, this species does not materially differ from the preceding one. The gullettube appears to be pretty short in proportion to the length of the polyp-body; fit has only two series of spicules, and these are placed far apart from each other, so that, altogether, the gullet is poor in calcium (fig. 4). The gulletpassage is narrow, but is supplied with the usual, long, flagelliform cells. In the remaining part of the gullet, there is observed, entrenched in the ciliating epithelial covering, many isolated, oviform, unicellular mucous glands. The posterior portion of the gastral cavity is, in many polyps, almost filled up with ova in the most different stages of development, whilst, also, ova are frequently met with in the cells of the polyps.

In the basal part, the spicules are placed close upon each other, and consist, principally, of bistellates; rarely is a clavate or complex stellate met with, and still more rarely is a quadruplet seen. The bistellates are very various in form but, still, the normal form is recognised. They all have broad rays at both extremities, and have a, more or less, bare, medial stripe. The rays often terminate in small stars, which are formed of extremely minute, round, calcareous grannules, which, indeed, are found

Enderne; Midtbeltet fra 0.020—0.060⁻⁻ bredt, Fig. 5, 6, 7, 8, 9, 10. (De sidste 3 ere mindre udviklede Former). Imellem Dobbeltstjernerne sees enkeltvis enten en sammensat Stjerne, der næsten har Form af Klubben, eller en Klubbe, nærmende sig den sammensatte Stjerne; de have ligeledes brede Straaler, som ere besatte med smaa Kalkkorn, der stundom se ud, som om de vare strøede ud over Straalerne, ligesom de findes paa Midtpartierne; disse Spikler ere 0.228⁻⁻ lange, 0.132⁻⁻ brede, Fig. 11. Firlingerne have Korsform og ere besatte med spredte Blade eller Papiller, hvorimellem sees de fine, runde Kalkkorn; de ere 0.136⁻⁻ lange med en Tværstok 0.132⁻⁻, Fig 12.

Paa Stammen og Grenene ligge Spiklerne temmelig kompakte, og er her sammensatte Stjerner almindeligst; sjeldnere Koller. De sammensatte Stjerner ere tildels lidt krumboiede og da lidt uformelige; men forresten have de alle brede Blade med takkede Rande og ere besatte med yderst smaa Kalkkorn; de ere fra 0.160—0.216⁻⁻ lange og fra 0.088—0.100⁻⁻ brede, Fig. 13. 14. Kollerne ere forsynede med brede, i Randen indskaarne Blade; enkelte nærme sig Spindelformen, og alle have en større eller mindre Mængde runde Kalkkorn; de ere fra 0.192—0.232⁻⁻ lange og fra 0.068—0.088⁻⁻ brede, Fig. 15. 16. Imellem disse Spikler sees, men yderst sjeldent, en brod, med Blade rigt udstyret Spikel i Rosetform, der ligesom er bestrøet med smaa, runde Kalkkorn og 0.216⁻⁻ lang og 0.148⁻⁻ bred, Fig. 17.

Paa Cellerne ere elliptiske Spindler hyppigst, meget sjeldnere ere Dobbeltstjernerne og yderst sjelden en Firling. De elliptiske Spindler variere temmelig meget i Form; enkelte nærme sig noget Kollen, andre noget sammensatte Stjerner. I Almindelighed have de Midtbelte, der er overstrøet med Smaakorn, ellers ere de udstyrede med brede Blade, som ere takkede i Randen og ligeledes kornbestrøede; de ere fra 0.248—0.276⁻⁻ lange og fra 0.104—0.124⁻⁻ brede, Fig. 18. 19. Dobbeltstjernerne have brede, delte Straaler med takkede Rande; Midtpartiet er ogsaa besat med Blade; de ere 0.132⁻⁻ lange, 0.072⁻⁻ brede i Enderne med et 0.032⁻⁻ bredt Midtbelte, Fig. 20. Firlingen er i Form af en meget rigt ornamenteret Roset, overstrøet med fine Kalkkorn, der nærme sig noget den paa Stammen omtalte brede, med Blade prydede Spikel, Fig. 17, men adskiller sig fra denne dog derved, at den virkelig har 4 Afdelinger: Firlingens Karakter; den er 0.232⁻⁻ lang, 0.172⁻⁻ bred i Enderne, paa Midten 0.120⁻⁻ bred, Fig. 21.

deposited almost everywhere. These bistellates measure from 0.096—0.168⁻⁻ in length, and from 0.044—0.146⁻⁻ in breadth at the extremities. The medial stripe measures from 0.020—0.060⁻⁻ in breadth (fig. 5. 6. 7. 8. 9. 10). (The last 3 are imperfectly developed forms). Between the bistellates there is, occasionally, observed, either a complex stellate having almost the claviform, or a clavate approaching in form to the complex stellate; these, also, have broad rays that are beset with minute calcareous granules appearing, sometimes, as if they were strewed over the rays, and granules are likewise found on the medial parts; these spicules measure 0.228⁻⁻ in length, and 0.132⁻⁻ in breadth (fig. 11). The quadruplets have the cruci-form, and are beset with scattered leaves or papillæ, between which the minute round calcareous granules are seen; they measure 0.136⁻⁻ in length, and have a transversal arm measuring 0.132⁻⁻ (fig. 12).

On the stem and the branches, the spicules are placed pretty compactly, and, here, complex stellates are the most frequent spicular forms met with, more rarely are subclavates seen. The complex stellates are, sometimes, a little crooked, and are, then, somewhat misshapen, but otherwise, they all have broad leaves having spicate margins, and are beset with extremely minute calcareous granules; they measure from 0.160—0.216⁻⁻ in length, and from 0.088—0.100⁻⁻ in breadth (figs. 13. 14). The subclavates are furnished with broad leaves dentated in the margins, a few approach in form to the fusiform, and all of them have a greater or less abundance of round calcareous granules; they measure from 0.192—0.232⁻⁻ in length, and from 0.068—0.088⁻⁻ in breadth (figs. 15. 16). Between these spicules, there is seen — but extremely rarely — a broad spicule richly adorned with leaves, in rosettiform, and which appears as if strewed over with minute, round, calcareous granules; it measures 0.216⁻⁻ in length, and 0.148⁻⁻ in breadth (fig. 17).

On the cells, elliptic fusces are the most frequent spicular form, much more rarely do bistellates appear, and extremely seldom is a quadruplet seen. The elliptic fusces vary pretty much in form, a few approach in form to the subclavate, others, again, somewhat to the complex stellate. In general, they have medial stripes which are overstrewed with minute granules, or they are furnished with broad leaves which are spicate in the margins and, likewise, overstrewed with granules; they measure from 0.248—0.276⁻⁻ in length, and from 0.104 0.124⁻⁻ in breadth (fig. 18. 19). The bistellates have broad, ramous, rays with spicate margins, and the medial part is, also, beset with leaves; they measure 0.132⁻⁻ in length, and 0.072⁻⁻ in breadth at the extremities, and have a mesial stripe measuring 0.032⁻⁻ in breadth (fig. 20). The quadruplet has the form of a very richly ornamented rosette overstrewed with minute, calcareous granules, and it approaches, somewhat, in form to the broad spicule adorned with leaves previously spoken of as found upon the stem (fig. 17), but differs from it, however, in, really, having four divisions, the characteristic feature of the quadruplet;

Paa Kroppen forekommer væsentligt Spindler; indimellem dem sees hist og her Klubber eller Køller. Spindlerne ere dels lige, dels mere eller mindre krumme; de lige ere takkede med tilspidsede Ender; de krumme ere hyppigst og forekomme snart i S Form, snart i Baadform; de ere meget takkede; paa enkelte ere Takkerne saa store, at de fra Bladform, men overalt ere Spindlerne overstrøede med fine Kalkkorn; de ere fra 0.300—0.360ᵐᵐ lange, fra 0.024—0.046ᵐᵐ brede, Fig. 22. 23. 24. Klubberne ere ogsaa tildels noget krummede. forsynede med Takker og fine Kalkkorn; de ere 0.180ᵐᵐ lange, 0.056ᵐᵐ brede i den tykke Ende, Fig. 25.

Paa Tentaklerne træffes omtrent lignende takkede Spindler som paa Kroppen, men foruden dem findes paa den øverste Del af Tentaklernes aborale Side mindre, paatværsliggende, temmelig flade, i Randene stærkt indskaarne Spikler, der ere fra 0.056—0.112ᵐᵐ lange og fra 0.032—0.060ᵐᵐ brede. Fig. 26. 27. 28.

Paa Svælgrøret, der er meget fattigt paa Spikler, ligge de i to uregelmæssige Rækker og dannes dels af enkelte Firlinger, dels af mere eller mindre flade, takkede, særegne, sammensatte Spindler. Fig. 4.

it measures 0.232ᵐᵐ in length, 0.172ᵐᵐ in breadth at the extremities, and 0.120ᵐᵐ in breadth at the middle (fig. 21).
On the body, fusees are the form of most frequent occurence, and between these, there are seen, here and there, clavates, or subclavates. The fusees are, sometimes straight, sometimes more or less bent; the straight ones are spicate, and have acuminated extremities; the bent ones are the most frequent, and appear often in S-form, often cymbiform; they are very spicate and, in a few, the spikes are so large, as to acquire the! foliform, but the fusees are, everywhere, overstrewed with minute calcareous granules; they measure from 0.300—0.360ᵐᵐ in length, and from 0.024—0.046ᵐᵐ in breadth (figs. 22. 23. 24). The clavates are, also, occasionally, somewhat bent, and are furnished with spikes and minute calcareous granules; they measure 0.180ᵐᵐ in length, and 0.056ᵐᵐ in breadth at the thick extremity (fig. 25).

On the tentacles, nearly similar spicate fusees to those of the body are met with. but, besides them, there are found on the uppermost part of the aboral side of the tentacles, smaller, transversally-placed, rather flat, spicules, strongly indented in the margins; they measure from 0.056—0.112ᵐᵐ in length, and from 0.032—0.060ᵐᵐ in breadth (figs. 26. 27. 28).

On the gullet-tube, which is very poor in spicules, the spicules are placed in two irregular series. and consist of, partly, a few quadruplets, and partly, of. more or less flat. spicate, peculiar, complex stellates (fig. 4).

Farven.
Gul.

Colour.
The colour is yellow.

Findested.
Station 224. Et fuldvoxent og et Par unge Exemplarer, siddende paa Arca glacialis.
Station 267. 5 Exemplarer, hvoraf enkelte siddende paa Rør af Tubularia imperialis.
Station 275. Mange Exemplarer.

Habitat.
Station No. 224. One full-grown. and a couple of young specimens seated on *Arca glacialis.*
Station No. 267. Five specimens. of which some seated on tubes of *Tubularia imperialis.*
Station No. 275. Many specimens.

Artskarakter.
Zoanthodemet indtil 15ᵐᵐ høit. Basaldelen skiveformigt udvidet, tynd, men fast, læderagtig. Stammen næsten lige tyk overalt, omtrent 25ᵐᵐ i Omkreds ved Grunden. deler sig i Toppen i 3 Grene, er lidt furet paalangs, blød, men rig paa Kalk og lige fra Grunden og til Toppen rundtom tæt besat med tætsluttende Grene. Disse ere tykke, korte, udvidende sig kugleformigt i Enderne,

Specific characteristics.
The Zoanthodem measures up to 15ᵐᵐ in height. The basal portion discoidally dilated, thin, but hard and coriaceous. The stem, almost uniform in thickness throughout, measures about 25ᵐᵐ in circumference at the base. ramifies at the summit into 3 branches. is a little furrowed longitudinally. soft. but rich in calcium. and is, right from the base to the summit. beset round about it, with

hvor Polyperne fortrinsvis sidde. Polypcellerne runde, staa tæt i hverandre og forsynede med 8 adskilte, spikelrige Længderibber, hvorimellem en smal, nogen Fure, der op imod Cellens Rand udvider sig til et triangulært Rum. Polyperne 5—6mm lange, cylindriske, udvidende sig trktformigt imod Tentakelskiven, hvor der findes 8 treknattede, nogne Felter, rigt besatte med Nematocyster. Tentaklerne halv saa lange som Kroppen, forsynede med Spikler paa den aborale Flade. Pinnulerne uden Spikler; snavel paa disse som paa Tentaklernes adorale Side samt paa Mundskiven en Mængde Nematocyster. Paa Basaldelen væsentligst Dobbeltstjerner; paa Stammen fornemmelig sammensatte Stjerner og særegne brede, rigt ornamenterede Spikler; paa Polypcellen elliptiske Spindler, Dobbeltstjerner og eiendommelige Firlinger; paa Polypkroppen hovedsagelig lange, dels krumme, dels lige, takkede Spindler; saa godt som overalt ere Spiklerne ligesom overstroede med fine Kalkkorn; paa Svælget to Rækker spredte, flade, uregelmæssige Spikler. Farven gul.

I et tidligere Arbeide[1] af J. Koren og mig er opstillet Slægten Duva og karakteriseret saaledes:
"Zoanthodemet trædannet, stærkt forgrenet. Stammens Basaldel bred. Hovedgrenene lange, bløde, bøielige, enten dele sig i Smaagrene, disse i flere Stilke, der hver bærer paa deres Ender flere Polyper, eller forblive udelte, men ogsaa da bære paa Enden en Samling af Polyper, hvilke dels ere sammenvoxede ved Grunden, dels skilte ved et smalt Coenenchym. Polyperne ikke retraktile, korte, men vel udviklede, forsynede med lange, spindelformede, takkede Spikler. Grenene og Smaagrenene uden Kalk. Spiklerne i Stammen dels mangestraalede, korte Spindler, dels simple Dobbeltstjerner, ikke synbare for blotte Øie. Septa uden Kalk."

Senere Undersøgelser have gjort det nødvendigt at foretage nogen Forandring ved denne Karakteristik. Der er nemlig fundet paa den norske Nordhavsexpedition ikke mindre end 8 nye Arter, som jeg finder at maatte henføre til Slægten Duva, omendskjønt flere af dem afvige fra den oprindelig givne Slægtskarakter derved, at der findes Kalkspikler snavel i Stammen som i Grenene. At danne en ny Slægt for disse anser jeg ikke fornødent; thi naar undtages Kalkafsætningen i Stamme og Grene, saa have de baade i deres ydre og indre Bygning saameget tilfælles, at en Adskillelse i to Slægter ikke vil kunne begrundes. Hertil kommer, at jeg hos enkelte Arter har fundet Antydninger til Overgange, idet der nemlig enten

[1] Bergens Museum. Nye Alcyonider, Gorgonider og Pennatulider, tilhørende Norges Fauna ved J. Koren og D. C. Danielssen. Pag. 3. Bergen 1883.

closely enveloping branches. These are thick and short, and at the extremities they become dilated in spheriform, the polyps being especially situated there. The polyp-cells are cylindrical, and placed close to each other; they are furnished with 8 separated, longitudinal ribs rich in spicules, between which there is a narrow bare furrow that, in proximity to the margin of the cell, becomes dilated to a triangular space. The polyps 5—6mm in length, cylindrical, dilating in proximity to the tentacular disk, in infundibuli form, where, 8 triangular bare areas richly occupied by nematocysts are found. The tentacles are half the length of the body, and are furnished with spicules on their aboral surface. The pinnules are devoid of spicules. On the pinnules, and also on the adoral side of the tentacles, a multitude of nematocysts are found. On the basal part, principally, bi-stellate spicules. On the stem, principally, complex stellates and peculiar, broad, richly ornamented, spicules. On the polyp-cell, elliptic fusees, bistellates and peculiar quadruplets. On the polyp-body, principally, long, partly bent, partly straight, spicate fusees, almost everywhere the spicules are, as it were, overstrewed with minute, calcareous granules. On the gullet, two series of scattered, flat, irregular spicules. The colour yellow.

In a previous[1] work, by J. Koren and myself, I have proposed to form the genus Duva and distinguished it thus:
"The Zoanthodem arborescent, strongly ramous. The" "basal part of the stem broad. The main branches long," "soft, flexible, and ramifying, either into branchlets, and" "these, again, into small stalks each of which carries on its" "extremity several polyps; or they remain entire, but in" "that case, also, they carry on the extremity a collection" "of polyps which, partly, are concreted together at the" "root, and partly, are separated by a narrow sarcosoma." "The polyps non-retractile, short, but well developed, and" "furnished with long, fusiform, spicate spicules. The" "branches and the branchlets non-calcareous. The spicules" "of the stem, partly, multi-radiate, short fusees; partly," "plain bistellates invisible to the naked eye. Septa with" "calcareous".

Subsequent examinations have shown the necessity of making some change in these characteristics. There has, in fact, been discovered during the Norwegian North-Atlantic Expedition, no fewer than 8 new species which I feel compelled to relegate to the genus Duva, although several of them differ from the generic character originally stated, insasmuch that calcareous spicules are found, both, in the stem as well as in the branches. I do not consider it necessary to form a new genus for these, because, with the exception of the calcareous deposit in the stems and branches, they have, in both their interior and exterior structure, so much in common, that a separation into two genera can not be maintained. To this

[1] Bergens Museum. Nye Alcyonider, Gorgonider og Pennatulider, tilhørende Norges Fauna ved J. Koren og D. C. Danielssen, Pag. 3. Bergen 1883.

i Stammen eller Grenene have været faa, spredte Spikler, hvorfor saadanne Kolonier vanskelig skulle kunne henføres til nogen af de to Slægter, men maatte staa midt imellem. For at lette Oversigten har jeg derfor troet at burde dele Slægten Duva i to Linier, — den ene omfattende de Arter, hos hvem den største Del af Zoanthodemets Stamme og samtlige Grene med Forgreninger ere uden Spikler, — og den anden, omfattende de Arter, hvor hele Zoanthodemet er forsynet med saadanne.

Slægtskarakteren for Duva vil som Følge heraf blive stillet saaledes:

Zoanthodemet trædannet, forgrenet. Grenene nogne i større eller mindre Udstrækning fra Stammen, delende sig i mindre Grene, der hver bære paa deres Ende flere Polyper, som dels ere sammenvoxede ved Grunden, dels skilte ved et smalt Coenenchym. Polyperne ikke retruktile, vel udviklede og rigt forsynede med Spikler, især paa hele Rygsiden. Enten er hele Zoanthodemet rigt paa Spikler, eller Størstedelen af Stammen, samt Grenene og Smaagrenene ere uden saadanne. Septa uden Kalk.

must be added, that in a few species I have found indications of a transition, inasmuch, for instance, that either in the stem or the branches, there have been few dispersed spicules, and therefore such colonies could with difficulty be assigned to either of the two genera, but must be placed intermediately between them. In order, therefore, to make the review easier, I have thought it desirable to treat the genus Duva under two subdivisions, the one subdivision including the species in which the larger part of the stem of the Zoanthodem and all the branches with their ramifications are devoid of spicules; and the other subdivision including the species where the entire Zoanthodem is furnished with them.

The generic character of Duva will, in consequence of this, be stated, thus:

The Zoanthodem arborescent, ramous. The branches bare for a greater or lesser extent from the stem, ramifying into branchlets, each of which carries, on its extremity, several polyps, which, partly, are concreted together at the root, partly, are separated by a narrow sarcosoma. The polyps non-retractile, well developed, and richly supplied with spicules, especially on the entire dorsal side. The entire Zoanthodem is, either, rich in spicules, or the greatest part of the stem and, also, the branches and branchlets are devoid of these. — Septa non-calcareous.

Underafdeling.

A. Hele Zoanthodemet spikelholdigt.
   Hertil hører:
      Duva arborescens, n. sp.
      — aurantiaca, n. sp.
      — frigida, n. sp.
      — glacialis, n. sp.
B. Størstedelen af Stammen, Grenene og deres Forgreninger uden Spikler.
   Hertil hører:
      Duva spitsbergensis, n. sp.
      — violacea, n. sp.
      — flava, n. sp.
      — cinerea, n. sp.

Subdivisions.

A. The entire Zoanthodem containing spicules.
   To this subdivision pertain:
      Duva arborescens, n. sp.
      — aurantiaca, n. sp.
      — frigida, n. sp.
      — glacialis, n. sp.
B. The greater part of the stem, the branches and their ramifications, devoid of spicules.
   To this subdivision pertain:
      Duva spitsbergensis, n. sp.
      — violacea, n. sp.,
      — flava, n. sp.,
      — cinerea, n. sp.

Duva arborescens, n. sp.
Tab. II, Fig. 42—54, Tab. III, Fig. 1—17.

Zoanthodemet indtil 120ᵐᵐ høit. Stammen er rund, glat, furet efter Længden med en lidet udvidet Basaldel, der er 60ᵐᵐ i Omkreds, og en temmelig rig Forgrening, lige fra 20ᵐᵐ fra Grunden og op til Toppen, Tab. III, Fig. 1.

Duva arborescens, n. sp.
Pl. II, figs. 42—54, Pl. III, figs. 1—17.

The Zoanthodem measures, up to 120ᵐᵐ in height. The stem is cylindrical, smooth, and longitudinally grooved, and it has a slightly expanded basal part, measuring 60ᵐᵐ in circumference, and a rather rich ramification extending through the entire length, from 20ᵐᵐ above the root up to the summit (Pl. III, fig. 1).

Basaldelen er fast, læderagtig og føles noget ru af den i den ydre Hud afsatte Kalk; den øvrige Del af Stammen er blødere, glattere, meget bøielig, aftager noget i Tykkelse og er mindre rig paa Kalk; men ved stærk Loupe kan dog Spikler iagttages i Coenenchymets ydre Flade. Fig. 2. Stammens øverste Ende deler sig i 3 Hovedgrene, der igjen dele sig. De nederste Grene ere de korteste, ofte kun et Par Millimeter; længere op paa Stammen afvexle korte og lange Grene om hverandre uden nogen Regelmæssighed, Fig. 1. De længste Grene ere omkring 35ᵐᵐ lange og 25ᵐᵐ i Omkreds ved deres Udspring. Grenene ere glatte, runde, furede efter Længden, dele sig i kortere eller længere Afstand fra Stammen i 4—5 mindre Grene, der ere korte, men forholdsvis tykke, og som atter deles i omtrent lige mange Smaagrene, fra hvilke udgaa 3—5 Stilke, der hver bære 3—5 Polyper, Fig. 1, 2. Samtlige disse Grene ere i levende Live halv gjennemsigtige, temmelig faste, ligesom elastiske ved Tryk, idet Længdekanalerne ere stærkt udspændte af Ernæringsvædske og forsynede med Kalkspikler.

Polyperne ere 7—8ᵐᵐ lange, ikke retraktile, udspringe alle fra Grenenes yderste Forgreninger, ere cylindriske, noget bredere ved Mundskiven, men smalne af mod den temmelig lange Bagkrop, Fig. 2. Hyppigst ere to Polyper sammenvoxede ved Grunden, og da er Stilken, hvori de gaa over, noget tykkere, Fig. 3. Polypkroppens ydre Flade er forsynet med 8 dobbelte Længderækker Spikler, der strække sig lige fra Grunden og op til Tentaklernes Basaldel uden at gaa over paa disse, Fig. 3. Tentaklerne ere fra 3—4ᵐᵐ lange, omtrent ligesaa lange som Kroppen, forsynede med Pinnuler og uden Kalkspikler.

Den histologisk-anatomiske Bygning af Slægten Duva har J. Koren og jeg i et tidligere Arbeide[1] beskrevet og skal jeg kun her tilføie, at paa Svælgets indre Flade er en triangulær Grube, der er beklædt med lignende Pidskeepithel, som det, der er omtalt hos Slægten Væringia; tillige findes imellem det øvrige Epithel, som beklæder den indre Svælgvæg, encellede Sliimkjertler, lig dem hos Væringia.

Stammens Basaldel er rig paa Spikler, der optræde som Spindler og Dobbeltstjerner. Spindlerne ere stærkt tornede, dels lige, dels krumme med tilspidsede Ender; de ere

[1] Bergens Museum. Nye Alcyonider, Gorgonider og Pennatulider, tilhørende Norges Fauna ved J. Koren og D. C. Danielssen.

The basal part is firm and coriaceous, and it feels somewhat rough to the touch, owing to the calcium deposited in the exterior integument. The remaining part of the stem is softer, smoother, and very flexible, and it diminishes somewhat in thickness; neither is it so rich in calcium, but with the assistance of a powerful magnifier, spicules may, however, be observed in the exterior surface of the sarcosoma (Pl. III, fig. 2). The uppermost extremity of the stem ramifies into 3 main branches, which again ramify. The lowest branches are the shortest ones, measuring, frequently, only a couple of millimetres in length. Further up the stem, short and long branches alternate with each other without any regularity (Pl. III, Fig. 1). The longest branches measure, about 35ᵐᵐ in length, and 25ᵐᵐ in circumference at their root. The branches are smooth, cylindrical, and longitudinally grooved, and, at a greater or lesser distance from the stem, ramify into 4—5 smaller branches, which are short, but relatively thick, and which, again ramify into about a similar number of branchlets from which 3—5 stalks proceed, each of them carrying 3—5 polyps (Pl. III, figs. 1, 2). All of these branches are, in the live state, semi-transparent, pretty firm, and, as it were, elastic upon application of pressure, owing to the longitudinal ducts being greatly dilated by the nutritory fluids; they are also furnished with calcareous spicules.

The polyps measure 7—8ᵐᵐ in length, are non-retractile, and they all spring from the extreme ramifications of the branches; they are cylindrical, somewhat broadest at the oral disk, but diminish in breadth towards the rather long posterior body (Pl. III, fig. 2). Very frequently, two polyps are concreted together at their root, and the stalk into which they are produced is, then, somewhat thicker (Pl. III. fig. 3). The exterior surface of the body of the polyp is furnished with 8 double longitudinal series of spicules, which extend themselves right from the root, and up to the basal part of the tentacles without, however, being produced into these (Pl. III. fig. 3). The tentacles measure from 3—4ᵐᵐ in length — about the same length as the body — and they are furnished with pinnules, and are devoid of calcareous spicules.

I have, in a previous work[1], by J. Koren and myself, described the anatomo-histological structure of the genus Duva, and shall only add, here, that on the inner surface of the gullet there is a triangular cavity which is lined with a similar flagellate-celled epithelium to that spoken of in connection with the genus Veeringia; further, that between the remaining epithelium which clothes the inner wall of the gullet, there are found unicellular mucous glands like those in Veeringia.

The basal part of the stem is rich in spicules, which appear as fusces and bistellates. The fusces are strongly spicate, partly bent, partly straight, with acuminated

[1] Bergens Museum. Nye Alcyonider, Gorgonider og Pennatulider, tilhørende Norges Fauna ved J. Koren og D. C. Danielssen

fra 0.120—0.200ᵐᵐ lange, og fra 0.050—0.080ᵐᵐ brede fra den ene Tornespids til den anden paa modsat Side, Tab. II. Fig. 42. 43. Dobbeltstjernerne ere stærkt indknebne og næsten glatte paa Midten, brede i begge Ender; de ere 0.080ᵐᵐ lange, 0.060ᵐᵐ brede i Enderne og 0.020ᵐᵐ paa Midten, Fig. 44. Imellem disse sees mere enkeltvis sammensatte Stjerner, Fig. 45. og Firlinger i Form af Kors. Foruden de her nævnte findes der jo andre Spikler, der antage Former, som man træffer dels høiere oppe paa Stammen, dels paa Grenene og Polyperne; men da disse ikke ere særegne for Basaldelen, er det ikke nødvendigt at omtale dem nærmere her. I det Hele taget søger jeg altid at fremstille de Spikler, der ere eiendommelige for de Dele af Dyrekolonien, hvori de findes, og som i væsentlig Grad kunne hjælpe til Artsbestemmelsen; thi saavidt mine Undersøgelser gaar, finder man hos en stor Del af Alcyoniderne de samme Spikelformer gjentage sig, medens man i Regelen imellem Fællesformerne finder andre, forskjellige fra disse, og som tilhøre den særegne Art, hvori de optræde.

Paa Stammens nedre Del ligge Spiklerne mere spredte end paa Basaldelen; de danne dels enkle Spindler med afstumpede Ender, besatte med temmelig brede Torne og ere 0.068ᵐᵐ lange, 0.018ᵐᵐ brede, Fig. 46. 47. 48, dels korsformede Firlinger.

Paa Stammens Midtparti ligge Spiklerne endnu mere spredte, og her er den hyppigste Form Dobbeltstjernen, Fig. 49, hvorimellem sees enkelte af Spindelformerne fra Stammens nedre Del.

Øverst paa Stammen og tildels paa Hovedgrenene have de mest fremtrædende Spikler Formen af korte Valser, 0.072ᵐᵐ lange, 0.040ᵐᵐ brede, med næsten tvers afskaarne Ender, rigt besatte med tykke Vorter, paa hvilke sees smaa Korn, Fig. 50, og vingedannede Spindler med stumpe Ender, 0.064ᵐᵐ lange, 0.016ᵐᵐ brede, Tab. III, Fig. 4. 5. 6. 7. 8.

Paa Grenene findes, foruden de nysnævnte øverst paa Stammen, dels Dobbeltstjerner, 0.060ᵐᵐ lange, 0.028ᵐᵐ brede i Enderne, Fig. 11, dels takkede Spindler, og imellem disse enkelte smaa Firlinger, Fig. 9. 10.

Paa Smaagrenene sees hyppigst Firlinger i forskjellige Korsformer besatte med større og mindre Vorter. Armene paa Korsene ere meget brede og omtrent lige

extremities, and they measure from 0.120—0.200ᵐᵐ in length, and from 0.050—0.080ᵐᵐ in breadth, measured from the one spicate-point to the other one on the opposite side (Pl. II, figs. 42. 43). The bistellates are greatly constricted and almost smooth, at the middle, but broad at both extremities; they measure 0.080ᵐᵐ in length, 0.060ᵐᵐ in breadth at the extremities, and 0.020ᵐᵐ at the middle (Pl. II, fig. 44). Between these there are seen, placed more isolated, complex stellates (Pl. II. fig. 45), and cruciform quadruplets. Besides the ones mentioned here, yet other spicules are found, that assume forms which we meet with, partly higher up the stem, and, partly on the branches and polyps, but as these are not peculiar to the basal part it is unnecessary to speak of them, here. Generally speaking, I always endeavour to present the spicules which are peculiar to those portions of the animal colony in which they are found, and which, in an essential measure, are of assistance in deciding the species, because, so far as my observations extend, I find, in a great many of the Alcyonoids, the same spicular forms repeating themselves; whilst, as a rule, between forms held in common, others are found differing from these, and pertaining to the peculiar species in which they appear.

In the lower part of the stem, the spicules are situated more dispersed than on the basal part, and form, partly, single fusces with blunted extremities beset with rather broad aculees, and measuring 0.068ᵐᵐ in length, and 0.018ᵐᵐ in breadth (Pl. II, figs. 46. 47. 48) and, partly, cruciform quadruplets.

On the middle part of the stem, the spicules are situated still more dispersed and, here, the bistellate is the form most frequently met with (Pl. II, fig. 49); but amongst them however, a few of the fusiform like those of the lower part of the stem may be seen.

Uppermost on the stem and, partly, on the main branches, the most prominent spicules have the form of short rollers measuring 0.072ᵐᵐ in length, and 0.040ᵐᵐ in breadth and having, almost transversally truncated extremities richly beset with thick warts, upon which small granules are observed (Pl. II, fig. 50); and also, pennateformed fusces with blunt extremities, which measure 0.064ᵐᵐ in length, and 0.016ᵐᵐ in breadth (Pl. III, figs. 4. 5. 6. 7. 8).

On the branches; besides those just mentioned, as uppermost on the stem; we find, partly, bistellates measuring 0.060ᵐᵐ in length, and 0.028ᵐᵐ in breadth at the extremities (Pl. III, fig. 11) partly, spicate fusces, and, between these, a few small quadruplets (Pl. III, figs. 9. 10).

On the branchlets, variously shaped cruciform quadruplets are, most frequently, observed, and these are beset with larger or smaller warts. The arms of the cross are

lange, saa det er vanskeligt at bestemme, hvad der er Længdestok, og hvad der er Tverstok. Firlingerne ere omtrent 0,040ᵐᵐ saavel i Længde som Bredde. Fig. 12. 13. 14; imellem disse sees enkelte, takkede Dobbeltkugler, 0,060ᵐᵐ lange, 0,028ᵐᵐ brede i Enderne, Fig. 15. 16, dels takkede Spindler, Fig. 17.

Polypkroppens Spikler ere stillede i 8 Dobbeltrækker, saaledes at i enhver Række staa de paaskraa imod hverandre, Tab. III. Fig. 3. Den hyppigste Form, hvorunder Spiklerne optræde her, er den takkede Spindel med tilspidsede Ender, fra 0,200—0,280ᵐᵐ lang og fra 0,030—0,040ᵐᵐ bred paa Midten, Tab. II. Fig. 51; imellem Spindlerne sees ofte stærkt tornede Koller, snart lige, snart krumme, 0,300ᵐᵐ lange og 0,060ᵐᵐ brede i den tykke Ende. Tab. II. Fig. 52. 53. Kun enkeltvis træffes paa en korsformet Firling, hvis Længdestok er 0,080ᵐᵐ og Tverstok 0,120ᵐᵐ, Fig. 54, ligesom der hist og her findes enkelte smaa, takkede Spindler med dels spidse, dels stumpe Ender, 0,120ᵐᵐ lange, 0,020ᵐᵐ brede paa Midten.

Hvor Polypkroppen gaar over i Stilken (Smaagren) ophore de tætte Spikelrækker; Spiklerne ligge der mere spredte og have de for Smaagrenene beskrevne Former, Tab. III. Fig. 3.

Generationsorganerne udvikles som sædvanligt i næsten runde, stilkede Kapsler i den bagre Del af Mavehulheden. Kjønnene ere adskilte.

Farven.

Bleggul; i levende Live spillende lidt i det Røde med en brunlig Basal.

Findested.

Station 315. Et mindre Exemplar.
— 370. Et stort Exemplar.

Artskarakter.

Zoanthodæmet indtil 120ᵐᵐ hoit. Stammen 60ᵐᵐ i Omkreds ved Grunden, furet paalangs og forgrenet 20ᵐᵐ fra Grunden og indtil Toppen. Basaldelen læderagtig, ikke synderlig udvidet. Grenene nøgne, mangedelte. De yderste Smaagrene bære 3—5 Polyper. Stammen, Grenene, Smaagrenene og Stilkene (den yderste Forgrening) ere forsynede med Kalkspikler i forskjellige Former. Polyperne langstrakte, cylindriske med en temmelig lang Bagkrop.

very broad, and about uniform in length, so that it is difficult to decide which is the longitudinal, and which the transversal arm. The quadruplets measure about 0,040ᵐᵐ both, in length and breadth (Pl. III, figs. 12. 13. 14). Between these, a few spicate double spheres are observed, measuring 0,060ᵐᵐ in length, and 0,028ᵐᵐ in breadth at the extremities (Pl. III, figs. 15. 16), and, partly, spicate fusees (Pl. III, fig. 17).

The spicules of the body of the polyp are placed in 8 double series, in such manner, that in each series they are placed diagonally opposite to each other (Pl. III. fig. 3). The most frequent form in which the spicules appear, in this situation, is the spicate fusee with acuminate extremities, and measuring from 0,200—0,280ᵐᵐ in length, and from 0,030—0,040ᵐᵐ in breadth at the middle (Pl. II, fig. 51). Between the fusees, strongly aculeated clavates are frequently observed, sometimes straight, sometimes bent, and measuring 0,300ᵐᵐ in length, and 0,060ᵐᵐ in breadth at the thick extremity (Pl. II, figs. 52. 53). Only occasionally, is a cruciform quadruplet met with, whose longitudinal arm measures 0,280ᵐᵐ and its transversal arm 0,120ᵐᵐ (Pl. II. fig. 54) whilst, also, there are, here and there, found, a few small spicate fusees with, partly, acuminate, partly, blunt extremities, and measuring 0,120ᵐᵐ in length, and 0,020ᵐᵐ in breadth at the middle.

Where the body of the polyp is produced into the stalk (Branchlet), the closely-set spicular series cease. The spicules, there, are placed more dispersed, and they possess the forms described as pertaining to the branchlets (Pl. III, fig. 3).

The generative organs are developed, as usual, in almost spherical pedunculated capsules, in the posterior part of the ventral cavity. The sexes are separated.

Colour.

Pale yellow; in the live state, shading a little towards red and with a brownish basal part.

Habitat.

Station Nr. 315. A small specimen.
— 370. A large specimen.

Specific characteristics.

The Zoanthodem measures up to 120ᵐᵐ in height, and the stem 60ᵐᵐ in circumference at the base, is longitudinally grooved, ramified, commencing 20ᵐᵐ up from the base and thence to the summit. The basal part is coriaceous, and not particularly dilated. The branches bare, much ramified, the extreme branches carrying 3—5 polyps. The stem, the branches, the branchlets, and the stalks, (the extreme ramifications) are furnished with calcareous

Hele Polypkroppen forsynet med 8 Dobbeltrækker takkede, dels spindel-, dels kolleformede Spikler, hvorimellem sees enkelte korsformede Firlinger. Tentaklerne uden Spikler. Farven gul, spillende lidt i det Røde.

spicules of variable forms. The polyps elongate, cylindrical, with a rather long posterior body. The entire body of the polyp furnished with 8 double series of spicute, fusiform, partly, sub-claviform spicules, amongst which are a few cruciform quadruplets. The tentacles devoid of spicules. The colour yellow, shading a little towards red.

Duva aurantiaca, n. sp.

Tab. IV. Fig. 1—41.

Zoanthodemet er 75^{mm} hoit. Stammen er rund, temmelig stiv, furet paalangs, 40^{mm} i Omfang ved Grunden, men aftager noget i Tykkelse opad, hvor den ender i to tykke Grene. Basaldelen er fast, lederagtig, stærkt furet paa langs og ikke synderlig udvidet. Omtrent 30^{mm} fra Grunden er hele Stammen rundt om forsynet med Grene, der staa noget fra hverandre og afvexle i Længde og Tykkelse. De nederste ere kortest og tyndest, men tiltage opad, saa at de øverste ere baade de længste og tykkeste. Grenene ere temmelig stive, furede og dele sig enten lige ved deres Udspring, eller strax efter i en eller flere Smaagrene, der igjen forgrene sig i flere, tynde Stilke, som bære 4—8 Polyper, hvoraf snart 2, snart 3 ere sammenvoxede ved Grunden, Fig. 1. 2. Saavel i Stammen som i samtlige Grene, Smaagrene og Stilke findes rigelige Kalkafsætninger, der give dem deres Fasthed.

Polyperne ere korte, 5—6^{mm} lange, ikke synderlig gjennemsigtige. Mundskiven meget bred, lidt hvælvet. Munden lidt fremspringende, næsten rund. Kroppen er 3—4^{mm} lang, har paa Dorsalsiden 6 Spikelrækker, 3—4 Spikler i Bredden, hvilke strække sig langs hele Kroppen og et Stykke op paa Tentaklerne, Fig. 3; paa Ventralsiden er to korte Spikelrækker, som tabe sig omtrent midt paa Kroppen i et bredt Spikelbelte, der gaar tvers over denne, Fig. 4. Oven- og nedenfor dette Belte er Bugfladen uden Spikler, Fig. 4. Tentaklerne ere noget kortere end Kroppen, tykke og paa deres aborale Sides nederste Halvdel forsynede med en Spikelrække, Fortsættelse af Kroppens, Fig. 3.

Hele Zoanthodemet er rigt paa Kalk. I Basaldelen ligge Spiklerne pakkede paa hverandre og fremtræde under mange Former. Spindelformen er den hyppigste, saaledes: Spindler, som ere vingeformigt udvidede og sparsomt besatte med Takker, 0.088^{mm} lange, 0.044^{mm} brede, Fig. 5 6; takkede, sammensatte Spindler med stumpe Ender og vidt fra hverandre staaende Takker eller Udlobere, der ere for-

Den norske Nordhavsexpedition. D. C. Danielssen: Alcyonida.

Duva aurantiaca, n. sp.

Pl. IV. Fig. 1—41.

The Zoanthodem measures 75^{mm}, in height. The stem is cylindrical, pretty stiff, and longitudinally grooved; and it measures 40^{mm} in circumference at the base, diminishing, somewhat, in thickness upwards, where it terminates in two thick branches The basal part is firm, coriaceous, and strongly grooved longitudinally, and is not particularly dilated. About 30^{mm} from the base, the entire stem is, round about it, furnished with branches, which are placed somewhat apart from each other and alternate in length and thickness. The lowest ones are shortest and thickest, but they become enlarged, upwards, so that the uppermost ones are, both, the longest and the thickest. The branches are rather stiff; they are grooved, and ramify either quite at their root, or immediately beyond it, into several branchlets which again ramify into several thin stalks carrying 4—8 polyps, of which, sometimes two, and sometimes three, are concreted together at the base (figs. 1. 2). Both, in the stem, as well as in all of the branches, the branchlets and the stalks, abundant calcareous deposits are found, which impart to them their stiffness.

The polyps are short, and measure 5—6^{mm} in length, and they are not particularly transparent. The oral-disk is very broad, and somewhat arcuate. The oral aperture is rather protuberant and almost circular. The body measures 3—4^{mm} in length, and has, upon its dorsal side, 6 spicular series, 3—4 spicules in the breadth, and these extend themselves along the entire body and some way up the tentacles (fig. 3). On the ventral side, there are two short spicular series which crowd together about the middle of the body, into a broad spicular belt that passes across it (fig. 4). Above and below this belt, the ventral surface is devoid of spicules (fig. 4). The tentacles are somewhat shorter than the body, and thick, and, on the lowest half part of their aboral side, they are furnished with a spicular series which is a continuation of that of the body (fig. 3).

The entire Zoanthodem is rich in calcium. In the basal portion, the spicules lie packed upon each other, and present themselves in many forms. The fusi-form is the most frequent one; appearing thus, as fusees, pennately expanded, sparingly beset with spikes, and measuring 0.088^{mm} in length, and 0.044^{mm} in breadth (figs. 5. 6); spicate, complex fusees, with blunt extremities, and spikes, placed

synede med Vorter; disse Spindler ere 0.139ᵐᵐ lange, 0.044ᵐᵐ brede, Fig. 7. Imellem de nævnte Spindler sees lige, næsten glatte Spikler, kugleformige i den ene Ende og kronedannede i den anden, 0.100ᵐᵐ lange, 0.016ᵐᵐ brede paa Midten, Fig. 8; korte, rosetformede Spikler med en smal Basis og en bred, tornet Krone, 0.060ᵐᵐ lange, Kronen 0.052ᵐᵐ bred, Fig. 9; Dobbeltstjerner, Fig. 10, 11, iblandt hvilke findes enkelte med et langt, glat Midtparti, 0.120ᵐᵐ lange, 0.014ᵐᵐ paa Midten, Fig. 12; tornede Koller, 0.120ᵐᵐ lange, 0.070ᵐᵐ brede i den tykke Ende, Fig. 13, og endelig enkelte Firlinger i Form af Kors, der dog ere sjeldne, og hvis Længdestok er 0.080ᵐᵐ og Tverstok 0.060ᵐᵐ.

Paa Stammens nederste Del træffes omtrent lignende Spikler som paa Basaldelen, kun ligge de der ikke saa kompakte; derimod findes paa den øvrige Del af Stammen andre Former, saaledes Dobbeltstjerner med Takker eller Vorter, 0.080ᵐᵐ lange, 0.016ᵐᵐ brede paa Midten. Fig. 14, 15, 16; eti Del yderst smaa Firlinger, der have et meget forskjelligt Udseende, tilnærmelsesvis en Korsform, af 0.043ᵐᵐ Længde og 0.032ᵐᵐ Bredde, Fig. 17, 18, 19; men foruden de her nævnte Spikler, støder man ogsaa paa kjendte Spikler fra Basaldelen.

Grenene og deres Forgreninger lige indtil de tynde Stilke, som bære Polyperne, ere vel forsynede med Spikler, der ligge temmelig tæt uden dog at komme i Berørelse med hverandre. Fig. 3, kun paa enkelte Steder hænder det, at Spiklerne have samlet sig i smaa Grupper. Takkede Spindler, dels krumme, dels lige med tilspidsede eller afstumpede Ender ere de hyppigste, Fig. 20—24. De variere noget i Størrelse, fra 0.120—0.240ᵐᵐ lange og fra 0.020—0.040ᵐᵐ brede. Imellem dem sees enkelte, takkede Valser, 0.120ᵐᵐ lange, 0.040ᵐᵐ brede, Fig. 25, — enkelte Koller med stærke Takker, 0.200ᵐᵐ lange, 0.040ᵐᵐ i den brede Ende, Fig. 26, samt korsformede, takkede Firlinger med en Længdestok, 0.120ᵐᵐ, og en Tverstok, 0.060ᵐᵐ, Fig. 27, 28.

Paa Polypkroppens bagerste Del, hvor den gaar over i Stilken, sees omtrent lignende Spikler som de, der ere antydede paa Smaagrenene og Stilkene, dog iblandet enkeltvis med andre, der tilhøre den øvrige Del af Kroppen. Paa denne variere Formerne særdeles meget. Takkede, krumme og lige Spindler af samme Størrelse som de paa Smaagrenene, tildels meget tyndere, Fig. 29, 30, 31, samt takkede, lige Koller, 0.140ᵐᵐ lange, 0.040ᵐᵐ i den brede Ende, Fig. 32, ere de almindeligste; sjeldne ere takkede Valser, Fig. 33, 34, og yderst sjeldent forgrenede Spikler, Fig. 35, men ikke saa ganske sjeldent træffes hist og her forskjellige Firlinger, der dog alle have antaget Korsformen:

far apart from each other, or prolongations furnished with warts; these fusees measure 0.139ᵐᵐ in length, and 0.044ᵐᵐ in breadth (fig. 7). Between the fusees mentioned, are observed, straight and almost smooth spicules, sphæri-form in the one extremity and coroni-form in the other, measuring 0.100ᵐᵐ in length, and 0.016ᵐᵐ in breadth at the middle (fig. 8); short, rosetti-form spicules, with a narrow base and a broad aculeated corona, measuring 0.060ᵐᵐ in length, and the corona 0.052ᵐᵐ in breadth (fig. 9); bistellates (figs. 10, 11) amongst which are found a few with a long smooth medial part, and measuring 1.120ᵐᵐ in length, and 0.014ᵐᵐ at the middle (fig. 12); aculeated subclavates, measuring 0.120ᵐᵐ in length, and 0.070ᵐᵐ in breadth at the thick extremity (fig. 13); and finally, a few cruciform quadruplets, which, however, are rare, and whose longitudinal arm measures 0.080ᵐᵐ and the transversal arm 0.060ᵐᵐ in length.

In the lowest part of the stem we meet with spicules, having about the same forms as those of the basal portion, only, that there, they are not placed so compactly. On the other hand, upon the rest of the stem we find other forms, such as bistollates with spikes, or warts, and measuring 0.080ᵐᵐ in length, and 0.016ᵐᵐ in breadth at the middle (figs. 14, 15, 16); further, a number of extremely minute quadruplets which have a very variable appearance, approaching, approximately, to the cruciform, and measuring 0.043ᵐᵐ in length, and 0.082ᵐᵐ in breadth (figs 17, 18, 19), but besides the spicules, here, mentioned, we meet with familiar spicules like those of the basal part.

The branches and their ramifications, including even the thin stalks that carry the polyps, are well supplied with spicules, which are placed rather close without, however, coming into contact with each other (fig. 3); in a few places only does it happen that the spicules collect themselves into small groups. The most frequent forms are spicate fusees, partly bent, partly straight, with acuminated or blunted extremities (figs. 20—24). They vary somewhat in size, measuring from 0.120—240ᵐᵐ in length, and from 0.020—0.040ᵐᵐ in breadth. Between them, are visible, a few spicate rollers, measuring 0.120ᵐᵐ in length, and 0.040ᵐᵐ in breadth (fig. 25); occasional subclavates with strong spikes and measuring 0.200ᵐᵐ in length, and 0.040ᵐᵐ in breadth at the broad extremity (fig. 26); also, cruciform spicate quadruplets, with a longitudinal arm measuring 0.120ᵐᵐ and a transversal arm 0.060ᵐᵐ (figs. 27, 28)

On the posterior part of the body of the polyp, where it becomes produced into the stalk, spicules are observed of about the same kind as those indicated as pertaining to the branchlets and the stalks; but interspersed, occasionally, with others that pertain to the remaining part of the body. On this, the forms vary in a great degree. Spicate, bent and straight, fusees of same size as those of the branchlets but, partly, much thinner (figs. 29, 30, 31) and also, spicate, straight subclavates measuring 0.140ᵐᵐ in length, and 0.040ᵐᵐ in breadth at the broad extremity (fig. 32) are the most frequent, rarely do we find spicate rollers (figs. 33, 34), and extremely rarely

saaledes bladet, korsformet Firling, 0.200ᵐᵐ Længdestok, med en uformelig Tverstok. Fig. 36; korsformede, takkede, mindre Firlinger. Fig. 37. 38. 39; korsformet Firling stærkt besat med Torne, Længdestok, 0.100ᵐᵐ, Tverstok, 0.050ᵐᵐ, Fig. 40, og endelig en ganske liden, glat, korsformet Firling, omtrent lige lang som bred, 0.048ᵐᵐ i Gjennemsnit, Fig. 41.

Generationsorganerne udvikle sig paa mindst 4 Septula.

ramified spicules (fig. 35), but not quite so rarely do we meet, here and there, with different kinds of quadruplets, which have, however, all assumed the cruciform; for instance, foliaceous cruciform quadruplets, with a longitudinal arm measuring 0.200ᵐᵐ, but having an amorphous transversal arm (fig. 36); cruciform, spicate, smaller quadruplets (figs. 37. 38. 39); a cruciform quadruplet strongly beset with aculeæ, having a longitudinal arm measuring 0.100ᵐᵐ and a transversal arm measuring 0.050ᵐᵐ (fig. 40); and finally, a quite small, smooth, cruciform quadruplet, about as long as is it broad, measuring 0.048ᵐᵐ in diameter (fig. 41).

The generative organs develope themselves on, at least, 4 septula.

Farven.

Stammen og Grenene ere mørk orangegule; Polyperne violette; Tentaklerne intens violette.

Colour.

The stem and the branches are dark orange-yellow. The polyps violet. The tentacles deep-violet.

Findested.

Station 359. Et Exemplar.

Habitat.

Station No. 359. One specimen.

Artskarakter.

Zoanthodemet indtil 75ᵐᵐ høit. Stammen temmelig stiv, furet paalangs, 40ᵐᵐ i Omkreds ved Grunden, endende opad i to tykke, korte Grene. Basaldelen fast, lederagtig, ikke synderlig udvidet. Stammen rundtom forsynet med noget spredte Grene, afvexlende i Længde og Tykkelse. Grenene temmelig stive, dele sig snart i Smaagrene, som igjen forgrene sig i tynde Smaastilke, bærende hver 4—8 Polyper, af hvilke dels 2, dels 3 ere sammenvoxede ved Grunden. Stammen, Grenene, Smaagrenene og Stilkene rige paa Spikler. Polyperne korte, tykke. Langs Kroppens hele Dorsalside 6 Spikelrækker, strækkende sig op paa Tentaklerne. Paa Ventralsiden to korte Spikelrækker, tabende sig midt paa Bugen i et bredt Belte; oven- og nedenfor dette ingen Spikler. Spiklerne have yderst forskjellig Form; korsdannede Firlinger træffes hyppigst. Stammen og Grenene mørk orangegule. Polyperne intens violette.

Specific characteristics.

The Zoanthodem measures up to 75ᵐᵐ in height. The stem rather stiff, longitudinally grooved, measures 40ᵐᵐ in circumference at the base, and terminates, upwards, in two thick short branches. The basal portion firm, coriaceous, and not particularly dilated. The stem, round about it, furnished with, somewhat dispersed, branches alternating in length and thickness. The branches pretty stiff, ramify, sometimes, into branchlets which, again, ramify into thin small stalks, each of them carrying 4—8 polyps, of which, sometimes 2, and sometimes 3, are concreted together at the base. The stem, the branches, the branchlets and the stalks rich in spicules. The polyps short, and thick. Along the entire dorsal side of the body, 6 spicular series, extending themselves up on the tentacles. On the ventral side, two short spicular series which become absorbed in a broad belt on the ventrum; above and below this belt no spicules. The spicules have an extremely variable form; but cruciform quadruplets are the most frequent. Colour: the stem and the branches dark orange-yellow; the polyps deep violet.

Duva frigida, n. sp.

Tab. IV. Fig. 42—60.

Zoanthodemet indtil 22ᵐᵐ høit. Stammen, der er rund, fast, furet paalangs, er ved Grunden 20ᵐᵐ i Omfang,

Duva frigida, n. sp.

Pl. IV. Figs. 42—60.

The Zoanthodem measures up to 22ᵐᵐ in height. The stem, which is cylindrical, firm, and longitudinally

men aftager successivt i Tykkelse opad, hvor den ender i to Grene, som hver bærer 5—6 Polyper. Basaldelen er fast, lederagtig, membranagtig udbredt over den Gjenstand, hvortil den er fæstet, og Længdekanalerne ere stærkere fremtrædende end paa den øvrige Del af Stammen. Omtrent et Par Millimeter fra Basaldelen og til Toppen er Stammen rigt forsynet med Grene, der sidde rundt om samme. Lige ved Grunden udspringer en Del Polyper direkte fra Stammen, Fig. 42.

Grenene ere runde, stive, svagt furede og af noget forskjellig Længde; omtrent paa Midten af Stammen ere de længst. De ere nogne i 3—4ᵐᵐ Længde fra Udspringet, og fra deres Ende udgaar i Regelen 3 Smaagrene, der bære hver 6—7 Polyper, som danne en Gruppe. Fig. 42. Hver Gren har 4 Længdekanaler, der omgive et bredt Centrum af Bindevæv, hvori findes større og mindre Ernæringskanaler. Coenenchymet er saavel i Stammen som i Grenene forholdsvis meget tykt og bidrager til at give disse Dele sin Fasthed. Baade Stammen og Grenene indeholde Spikler.

Polyperne ere cylindriske med en udvidet Forkrop og en langstrakt Bagkrop, Fig. 43. De ere 7—8ᵐᵐ lange, 2.5ᵐᵐ brede ved Mundskiven, men smalner af mod Bagkroppen, der er ved Udspringet omtrent halvt saa bred som Mundskiven. Denne er noget hvælvet og har i Midten den aflange Mundsaabning med tykke Læber. Tentaklerne ere 3—4ᵐᵐ lange og udgjøre omtrent Halvdelen af Polypens Længde. Polyperne ere rige paa Spikler og ved Grunden ere 2 og 3 sammenvoxede, Fig. 43.

Zoanthodemet er hos de 4 Exemplarer, der bleve fundne paa Expeditionen, fæstet til Hornera frondosa, dels døde, dels levende Specimina. Basaldelen udbreder sig over en større Strækning af Korallen og dræber derved dennes Individer paa det Sted, Fig. 42.

Paa Basaldelen ligge Spiklerne temmelig pakkede paa hverandro og danne forskjellige Former. Den almindeligste er takkede Klubber, fra 0.100—0.120ᵐᵐ lange og 0.060ᵐᵐ brede i den tykke Ende; de have alle et meget kort Skaft, Fig. 44. 45; kun sjeldent træffes en lang, stærkt takket Kølle, 0.260ᵐᵐ lang, 0.040ᵐᵐ bred forovon, Fig. 46. Hyppigere sees Dobbeltstjerner, 0.090ᵐᵐ lange, 0.040ᵐᵐ brede i Enderne med et smalt, noget Midtbelte. Fig. 47. Sammensatte Stjerner, Fig. 48, og takkede Valser, Fig. 49, ere sjeldne; de første ere 0.122ᵐᵐ lange, 0.060ᵐᵐ brede; de sidste ere 0.120ᵐᵐ lange og 0.060ᵐᵐ brede. Hist og her, men sjeldent, sees snart lige, snart krumme, takkede Spindler, 0.280ᵐᵐ lange, 0.040ᵐᵐ brede, Fig. 50. Iblandt de ovennævnte Spikler findes noget forskjelligt formede Firlinger, saaledes korsformet Firling, besat med smaa Vorter, Længestok, 0.100ᵐᵐ, Tværstok, 0.092ᵐᵐ, Fig. 51; Firling, sparsomt besat med smaa Vorter, 0.080ᵐᵐ bred, 0.060ᵐᵐ

grooved, measures, at the base, 20ᵐᵐ in circumference, but diminishes, gradually, in thickness, upwards, where it terminates in two branches, each of which carries 5–6 polyps. The basal part is firm and coriaceous, and it is membranaceously spread over the object to which it is attached, and the longitudinal ducts are more prominent than on the other parts of the stem. From about a couple of millimetres above the basal part, and thence to the summit, the stem is abundantly furnished with branches, situated round about it. Quite at the root, a number of polyps spring direct from the stem (fig. 42).

The branches are cylindrical, stiff and faintly grooved, and they have a somewhat variable length, being longest about the middle of the stem. For a distance of 3–4ᵐᵐ from their root they are bare, and from their extremities there, usually, spring 3 branchlets, each of which carries 6–7 polyps which form a group (fig. 42). Each branch has 4 longitudinal ducts which surround a broad central portion of connective-tissue, in which larger and smaller nutritory-ducts are found. Both in the stem and the branches the sarcosoma is, relatively, very thick, and contributes to impart to these parts their firmness. Both, the stem and the branches, contain spicules.

The polyps are cylindrical, and have a dilated anterior body and an elongate posterior body (fig. 43). They measure 7–8ᵐᵐ in length, and 2.5ᵐᵐ in breadth at the posterior disk, but become diminished towards the posterior body, which, at its origin, is about half the breadth of the oral disk. This latter is somewhat arcuate, and carries, in its middle, the oblong oral aperture with thick labiæ. The tentacles measure 3–4ᵐᵐ in length, and compose about half part of the length of the polyps. The polyps are rich in spicules, and 2. and sometimes 3 of them, are concreted together at the base (fig. 43).

In the 4 specimens that were found during the expedition, the Zoanthodem is secured to Hornera frondosa, partly dead, partly living specimiens. The basal part spreads itself over a considerable extent of the coral, and destroys, thus, the individual members on that spot (fig. 42).

In the basal part, the spicules are placed, pretty much packed upon each other, and consist of different forms. The most common form is the spicate clavate, measuring from 0.100–0.120ᵐᵐ in length, and 0.060ᵐᵐ in breadth at the thick extremity; all, of them, have a very short shaft (figs. 44. 45), only rarely is a long strongly spicate subclavate met with, measuring 0.260ᵐᵐ in length, and 0.040ᵐᵐ in breadth above (fig. 46). More frequently are bistellates seen, measuring 0.090ᵐᵐ in length, and 0.040ᵐᵐ in breadth at the extremities, and having a narrow bare mesial belt (fig. 47). Complex stellates (fig. 48) and spicate rollers (fig. 49) are rare. The first mentioned measure 0.122ᵐᵐ in length, and 0.060ᵐᵐ in breadth; and the last mentioned measure, 0.120ᵐᵐ in length and 0.060ᵐᵐ in breadth. Here and there, but rarely, sometimes straight, sometimes bent, spicate fusees are seen, measuring 0.280ᵐᵐ in length, and 0.040ᵐᵐ in breadth (fig. 50). Amongst the above-mentioned

lang, Fig. 52; Firling, der er 0.080mm lang, og hvis øverste Del er klumpet og 0.040mm bred, medens den nederste Del er regelmæssig, 0.040mm bred, Fig. 53; endelig findes Rosetter, besatte med Vorter og forsynede med et Korstegn paa Midten; de ere 0.088mm lange, 0.072mm brede og sjeldne, Fig. 54.

Paa Stammen ere Spiklerne meget spredte og danne de samme Former, som findes paa Grenene og Smaagrenene, hvor de ligge meget tættere. De hyppigst her forekommende ere takkede Spindler, hvoraf mange have konisk tilspidsede Ender; de ere fra 0.160—0.200mm lange og fra 0.020—0.040mm brede, Fig. 55. 56. Imellem Spindlerne sees vortede Valser, dels med, dels uden et smalt, nøgent Belte paa Midten, Fig. 57. 58; enkelte korsformede Firlinger besatte med Papiller, Fig. 59; — Armene ere omtrent lige lange, 0.060mm; men den ene Arm er meget bredere og uformelig, — samt enkelte, takkede Tvillinger, 0.100mm lange, med 0.040mm brede Ender og et nøgent Midtbelte, 0.020mm bredt.

Paa Polypkroppens forreste Del og Tentaklernes Grund ere takkede Spindler med dels tilspidsede, dels mere eller mindre afstumpede Ender de almindeligste; de ere fra 0.140—0.220mm lange og fra 0.018—0.040mm brede, Fig. 60, a. Køller ere ogsaa hyppige; de ere alle stærkt tornede, 0.260mm lange, 0.080mm brede forovan, Fig. 61; men enkelte ere smalere og ligne fuldkommen den, som er afbildet i Figur 46. Imellem Spindlerne og Køllerne findes korsformede, stærkt tornede Firlinger både en Længdestok 0.280mm, hvis nederste Del er noget krummet, og en Tverstok, 0.120mm, Fig. 62; bladede Firlinger i Form af Køller, 0.200mm lange og 0.060mm brede forovan, Fig. 63; bladet Firling i begyndende Korsform, Længdestokken tilspidset i begge Ender, 0.220mm. Tverstokken kun lidet udviklet, Fig. 64.

Paa Tentaklerne findes væsentlig korte, brede, næsten flade Spikler med indskaarne Rande og besatte med Papiller; de ligge paatvers af den aborale Side og naa næsten op til Tentakelens Ende; de ere fra 0.068—0.080mm lange og fra 0.030—0.040mm brede, Fig. 60, b. 65. 66.

Bagkroppen optages væsentlig af takkede Spindler og bladede Køller. Spindlerne ere dels lige, dels krumme, fra 0.260—0.300mm lange og fra 0.035—0.060mm brede, Fig. 67. Køllerne ere fra 0.100—0.200mm lange og 0.060mm

spicules, somewhat variable forms of quadruplets are found for instance, a cruciform quadruplet beset with small warts, and having a longitudinal arm measuring 0.100mm, and a transversal arm measuring 0.092mm (fig. 51); a quadruplet sparingly beset with small warts, and measuring 0.080mm in breadth, and 0.060mm in length, (fig. 52); a quadruplet measuring 0.080mm in length, whose uppermost part is oblated, and which measures 0.040mm in breadth, whilst its lowest part measures, uniformly, 0.040mm in breadth (fig. 53); finally, but rarely, rosettes are met with, beset with warts, and furnished with a crucial sign in the middle; they measure 0.088mm in length, and 0.072mm in breadth (fig. 54).

On the stem, the spicules are much dispersed, and consist of the same forms as are found on the branches and branchlets, where they are however placed much closer. The forms most frequently met with, here, are spicate fusees, of which, many have conical acuminated extremities; they measure from 0.160—0.200mm in length, and from 0.020—0.040mm in breadth (figs. 55. 56). Between the fusees, warted rollers are seen, partly with, and partly without, a narrow bare belt in the middle (figs. 57. 58); also, a few cruciform quadruplets beset with papillæ (fig. 59) with their arms about uniform in length, and measuring 0.060mm, but the one arm is much broader than the other, and is amorphous; also, a few spicate twins measuring 0.100mm in length, with 0.040mm broad extremities, and a bare mesial belt 0.020mm in breadth.

On the anterior part of the body of the polyp, and on the root of the tentacles, spicate fusees with, partly, acuminated, partly, more or less, blunted extremities, are the most frequent spicular forms, and these measure from 0.140—0.220mm in length and from 0.018—0.040mm in breadth (fig. 60, a). Subclavates are, also, frequent: they are all strongly aculeated, and measure 0.260mm in length and 0.080mm in breadth, above (fig. 61); but a few are narrower, and completely resemble that which is illustrated in figure 46. Between the fusees and the subclavates, strongly aculeated cruciform quadruplets are found, having a longitudinal arm measuring 0.280mm, and with the lowest part somewhat curved, and a transversal arm measuring 0.120mm (fig. 62); also, foliaceous quadruplets in the form of subclavates, measuring 0.200mm in length, and 0.060mm above (fig. 63); and a foliaceous quadruplet, in rudimentary cruci-form, having a longitudinal arm acuminated at both extremities, and measuring 0.220mm; the transversal arm is only slightly developed (fig. 64).

On the tentacles, short, broad, almost flat, spicules with indented margins, and beset with papillæ, are principally found; these are placed across the aboral side, and reach almost up to the extremity of the tentacle. They measure from 0.068—0.080mm in length, and from 0.030—0.040mm in breadth (figs. 60, b. 65. 66).

The posterior body is occupied, principally, by spicate fusees and foliaceous subclavates. The fusees are, partly, straight, partly, bent, and measure from 0.260—0.300mm in length, and from 0.035—0.060mm in breadth (fig. 67).

brede foroven. Fig. 68: Haandgrebet er paa mange meget kort. Fig. 69.

The subclavates are from 0,100,—0,200ᵐᵐ in length, and 0.060ᵐᵐ in breadth above (fig. 68). The shaft is very short in many of them (fig. 69).

Farven.

Gul.

Colour.

Yellow.

Findested.

Station 48. 4 Exemplarer.

Habitat.

Station No. 48. Four specimens.

Artskarakter.

Zoanthodemet indtil 22ᵐᵐ højt. Stammen furet paalangs, rund, et Par Millimeter fra Grunden rundtom tæt besat med Grene, saa den næsten ganske skjules. Grenene nøgne til Enden, hvor de i Reglen dele sig i 3 Smaagrene, der hver bærer 6—7 Polyper. Disse ere cylindriske med udvidet Forkrop og en langstrakt Bagkrop, 7--8ᵐᵐ lange og rigt besatte med takkede Spindler, bladede Køller og Firlinger. Tentaklerne omtrent halvt saa lange som Kroppen og paa deres aborale Side lige til Enden forsynede med paatversliggende, næsten flade, takkede Spikler. Basaldelens Spikler danne Klubber, Køller, Dobbeltstjerner, Spindler, Valser og Firlinger. Stammen mindre rig paa Spikler, men Grenene og Smaagrenene rigt forsynede med saadanne under Form af Spindler, Firlinger, Tvillinger og Valser. Farven gul.

Specific characteristics.

The Zoanthodem measures up to 22ᵐᵐ in height. The stem is longitudinally grooved, cylindrical, and, from a couple of millimetres above the base, is closely beset, round about, with branches, so that it becomes almost concealed. The branches bare to the extremity, where they usually ramify into 3 branchlets, each of which carries 6—7 polyps. Those are cylindrical, with dilated anterior body and an elongated posterior body, are 7—8ᵐᵐ in length, and richly beset with spicate fusees, foliaceous subclavates and quadruplets. The tentacles are about half the length of the body, and are, on their aboral side, right out to the extremity, furnished with transversal almost flat spicate spicules. The spicules of the basal part form clavates, subclavates, bistellates, fusees, roller and quadruplets. The stem is less rich in spicules, but the branches, and the branchlets, are richly furnished with them, in the form of fusees, quadruplets, twins and rollers. The colour yellow.

Duva glacialis, n. sp.

Tab. V. Fig. 34—81.

Zoanthodemet er indtil 70ᵐᵐ højt. Stammen er ved Grunden 60ᵐᵐ i Omkreds, rund og furet efter Længden, men aftager temmelig pludselig i Tykkelse, idet den 45ᵐᵐ opad er kun henved 30ᵐᵐ i Omfang og i Toppen knapt 12ᵐᵐ, hvor den deler sig i flere Smaagrene, bærende Polyper. Basaldelen er meget udvidet, fast, tyk, læderagtig. Strax ovenfor Basaldelen sees enkelte, spredte, korte, tynde Grene, som dele sig i flere Smaagrene, der bære større eller mindre Grupper af Polyper; men Hovedgreuene tage først deres Begyndelse omtrent paa det Sted, hvor Stammen aftager i Tykkelse. Et Par af disse Grene ere næsten ligesaa tykke som denne Del af Stammen og have en Længde af indtil 25ᵐᵐ, imedens de øvrige Grene ere korte. Grenene staa langt fra hverandre, ere runde, furede og dele sig i Reglen nogle Millimeter fra Stammen i 2 mindre

Duva glacialis, n. sp.

Pl. V. Figs. 34—81.

The Zoanthodem measures up to 70ᵐᵐ in height. The stem measures, at the base, 60ᵐᵐ in circumference, and is cylindrical and longitudinally grooved; it diminishes in thickness rather abruptly; 45ᵐᵐ up, it measures only about 30ᵐᵐ in circumference, whilst it measures, barely, 12ᵐᵐ at the summit, where it ramifies into several branchlets carrying polyps. The basal part is much dilated, firm, thick, and coriaceous. Immediately above the basal part, a few dispersed, short, thin branches are seen, which ramify into several branchlets, carrying larger or smaller groups of polyps, but the main branches first appear about the situation where the stem diminishes in thickness. A couple of these branches are almost as thick as that part of the stem, and measure up to 25ᵐᵐ in length, whilst the other branches are short. The branches are situated far apart

Grene, der meget snart forgrene sig i 3—4 Smaagrene, som hver bærer 4—6 Polyper. Saavel Stammen som Grenene og Smaagrenene ere faste, stive og forsynede med Spikler, der kun kan iagttages ved stærk Loupe, Fig. 34. 35.

Polyperne ere cylindriske, langstrakte, 5ᵐᵐ lange, med en kort, noget udvidet Forkrop og en smal, noget længere Bagkrop, Fig. 36; de ere rigt forsynede med Spikler, som ere ordnede i Rækker overalt paa Ryggen og Siderne, Fig. 36, imodens den nederste Del af Bugen er saagodtsom spikelfri, Fig. 37, hvorfor de i Spiritus opbevarede Polyper altid ere stærkt bøiede mod Bugsiden. Tentaklerne ere 2,5ᵐᵐ lange, omtrent halvt saa lange som Polypens hele Længde, temmelig tykke, og de 4 Rygtentakler have paa deres aborale Side en Række Spikler, Fortsættelse af Ryggens, der strækker sig et Stykke ovenfor Tentakelens Midte, Fig. 36; Pinnulerne ere uden Kalk. I Polypernes Mavehulhed sees Æg.

I Basaldelen ligge Spiklerne kompakt paa hverandre i flere Lag, hvilket giver denne Del af Zoanthodæmet sin betydelige Haardhed. Hovedmassen af Spiklerne optræder her under ganske særegne Former, for største Delen forskjellige fra dem, vi tidligere have fundet hos Alcyoniderne. Kun hos Duva aurantiaca fandtes enkeltvis nogle Spikler i Basaldelen, der havde nogen Lighed med dem. De kunne sammenlignes med Søiler, som have en bred, lidt knudet Basal, et temmelig langt, næsten glat, rundt Skaft, og et Kapitél, der er bredt som Basalen og besat med Blade; de ere 0.180ᵐᵐ lange; Basalen og Kapitelet er 0.080ᵐᵐ bredt, Skaftet 0.026ᵐᵐ bredt, Fig. 38. Søilespiklerne optræde hist og her imellem de Spikler, der udgjør Hovedmassen og hvoraf enkelte have Kølleformen, men Størsteparten danner korte, lidt knudrede, dels lige, dels krumme Bjelker, der ere 0.140ᵐᵐ lange 0.032ᵐᵐ brede, Fig. 39—44. Temmelig ofte sees ogsaa imellem de nævnte Bjelker korsformede Firlinger, hvis Arme ere omtrent lige lange, 0.090ᵐᵐ i Gjennemsnit, og som have paa deres Ender enkelte smaa Papiller, Fig. 45; men meget sjeldnere sees Firlinger af Timeglasform, som ere 0.100ᵐᵐ lange, 0.080ᵐᵐ brede i Enderne og 0.040ᵐᵐ brede paa Midten, Fig. 46. Overordentlig sjeldent træffes en meget sammensat, tornet eller bladet Spindel, der er 0.100ᵐᵐ lang, 0.080ᵐᵐ paa Midten, Fig 47. 48, samt korte Klubber, 0.080ᵐᵐ lange, med 0.052ᵐᵐ bredt Hoved og 0.024ᵐᵐ bredt Skaft, Fig. 49.

Stammen er ligeledes meget rig paa Spikler, der paa den nederste Halvdel ligge tæt til hverandre, men spredes mere, jo længere man kommer op imod Toppen. Paa

from each other, and are cylindrical, grooved, and, as a rule, ramify, a few millimetres from the stem, into two smaller branches which very speedily again ramify into 3—4 branchlets, each of which carries 4—6 polyps. Both, the stem, as well as the branches and the branchlets, are firm. stiff, and supplied with spicules which are only observable, however, through a powerful magnifier (figs. 34. 35).

The polyps are cylindrical, elongate, and measure 5ᵐᵐ in length, and they have a short, somewhat dilated anterior body, and a narrow, somewhat longer posterior body (fig. 36); they are richly furnished with spicules, which are, everywhere, arranged in series on the dorsum and the sides (fig. 36), whilst, the lowest part of the ventrum is almost devoid of spicules (fig. 37); for this reason the polyps preserved in alcohol are always strongly curved towards the ventral side. The tentacles are 2,5ᵐᵐ in length, or about half of the entire length of the polyp; they are tolerably thick, and the 4 dorsal tentacles have, on their aboral side, a series of spicules which is a continuation of the dorsal one, and extends itself a little way above the middle of the tentacle (fig. 36). The pinnules are noncalcareous. In the ventral cavity of the polyps, ova are observed.

In the basal part, the spicules are placed compactly upon each other in several layers, and this imparts. to that part of the Zoanthodeum, its firmness. The main body of the spicules appear, here, in quite peculiar forms. different, for the greater part, from those which we have previously found in the Alcyonoids. In Duva aurantiaca alone, did we find, occasionally, a few spicules in the basal part, having some resemblance to them. They may be said to resemble columns with a broad somewhat protuberant base, a rather long, almost cylindrical shaft, and a capital, as broad as the base, beset with foliage; they measure 0.180ᵐᵐ in length, and the base and capital measure 0.080ᵐᵐ in breadth; the shaft measures 0.026ᵐᵐ in breadth (fig. 38). The columnar spicules appear, here and there, between the spicules which compose the main body and of which a few have the subclaviform. but the greater number of them form short, slightly rugged, partly straight, partly bent, beams, measuring 0.140ᵐᵐ in length, and 0.032ᵐᵐ in breadth (figs. 39—44). Pretty frequently, there are, also, seen between the beams mentioned, cruciform quadruplets, whose arms are about uniform in length, and measure 0,090ᵐᵐ in diameter, and which, on their extremities, have a few small papillæ (fig. 45), but, much less frequently, quadruplets of the hour-glass form are seen, which measure 0.100ᵐᵐ in length, and 0.080ᵐᵐ in breadth at the extremities, and 0.040ᵐᵐ at the middle (fig. 46). Extremely rarely, a very complex, aculeated, or foliaceous fusee is met with, which measures 0.100ᵐᵐ in length, and 0.040ᵐᵐ in breadth at the middle (figs. 47. 48), also. short clavates, measuring 0.080ᵐᵐ in length, and having a 0.052ᵐᵐ broad head, and a 0.024ᵐᵐ broad shaft (Fig. 49).

The stem is, likewise, very rich in spicules which, in the lowest half portion, are placed close to each other, but become more dispersed the further up they proceed towards

Stammens Midtdel sees Dobbeltstjerner, 0,100"" lange, 0,040"" brede, Fig. 50; takkede og vortede Koller, 0,120"" lange, 0,052"" brede i den tykke Ende. Fig. 51. 52, samt takkede Spindler med afstumpede Ender. fra 0,060—0,120"" lange og fra 0,016—0,040"" brede, at være de almindeligste. Men imellem dem findes enkelte Firlinger, lig dem paa Basaldelen: knudede. timeglasformede Firlinger. 0,088"" lange, 0,064"" brede i Enderne og 0,016"" paa Midten, Fig 53; glatte, timeglasformede Firlinger, 0,032"" lange, 0,016"" brede i Enderne og 0,008"" brede paa Midten, Fig. 54; yderst smaa, knudede, næsten korsformede Firlinger, 0,040"" i Gjennemsnit, Fig. 55, men disse sidste ere overordentlig sjeldne; endelig findes enkelte, ringeformigt udvidede, takkede Spindler, 0,060"" lange, 0,016"" brede, Fig. 56. 57. 58.

Øverst paa Stammen og Grenene, hvor Spiklerne ligge mere spredte, ere disse rige paa Former. Firlinger træffes her hyppigt, saaledes korsformede, knudede Firlinger med Længdestok, 0,088"". Tværstok, 0,060"", Fig. 59; knudet Firling i Form af Timeglas, 0,072"" lang, 0,032"" bred i Enderne, 0,020"" bred paa Midten, Fig. 60; takket, timeglasformet Firling. 0,060"" lang, 0,040"" bred i Enderne, 0,020"" bred paa Midten. Fig. 61; Firling i Form af en Stjerne med brede Straaler, omtrent lige lang som bred, 0,060"" i Gjennemsnit. Fig. 62; tornet Tvilling med gaffelformede Ender, 0,060"" lang, 0,036"" bred i Enderne, 0,012"" paa Midten. Fig. 63; men hyppigere end samtlige disse Spikler ere dog takkede Spindler med dels tilspidsede, dels afstumpede Ender, Fig. 64. 65, samt korte, bladede Koller, Fig. 66. Spindlerne ere fra 0,080—0,100"" lange og fra 0,016—0,020"" brede, og Kollerne 0,080"" lange og 0,040"" brede opad.

Paa Polypkroppen, især paa Rygsiden, ligge Spiklerne temmelig kompakte og bestaa væsentlig af Spindler og Koller. Spindlerne ere takkede, dels krumme, dels lige, med baade tilspidsede og afstumpede Ender; de ere fra 0.128—0,220"" lange og omtrent lige brede, nemlig 0,040"" paa Midten. Fig. 67—70. Kollerne. der ere sjeldnere og tildels mindre end Spindlerne, ere ligeledes takkede, 0,080"" lange, 0,032"" brede forøven. Fig 71. 72; imellem disse Spikler sees især paa Forkroppen enkeltvis Firlinger, hvoraf nogle have en temmelig udpræget Korsform med en Længdestok, 0,080—0,180"" lang og Tværstok fra 0,040—0,120"" Fig. 73. 74; imedens andre, der dog ere yderst sjeldne, nærme sig mere Stjerneormen og ere 0,050"" i Gjennemsnit, Fig. 75.

the summit. On the middle part of the stem, bistellates which measure 0,100"" in length, and 0,040"" in breadth, (fig. 50); spicate, and warted subclavates, measuring 0,120"" in length, and 0,052"" in breadth at the thick extremity (figs. 51. 52); further, also, spicate fusces with blunted extremities, measuring from 0,060—0,120"" in length, and from 0,016—0,040"" in breadth, are seen to be the most frequent. But, between them, a few quadruplets are found, like those of the basal part; protuberated hour-glass formed quadruplets, measuring 0,088"" in length, 0,064"" in breadth at the extremities, and 0,016"" in breadth at the middle (fig. 53); smooth, hour-glass formed quadruplets, measuring 0,032"" in length, and 0,016"" in breadth at the extremities, and 0,008"" in breadth at the middle (fig. 54); extremely minute protuberated almost cruciform, quadruplets, measuring 0,040"" in diameter (fig. 55), but these last mentioned are extremely rare; finally, a few pennately dilated, spicate fusces are found, measuring 0,060"" in length, and 0,016"" in breadth (figs. 56, 57, 58).

On the uppermost part of the stem and on the branches, where the spicules are placed more dispersed, they are rich in forms. Quadruplets are, here, most frequent, for instance. cruciform protuberated quadruplets, with a longitudinal arm measuring, 0,088"". and a transversal arm measuring 0,060"" (fig. 59); a protuberated quadruplet in the form of an hour-glass, measuring 0,072"" in length, and 0,032"" in breadth at the extremities, and 0,020"" broad at the middle (fig. 60); a spicate hour-glass formed quadruplet measuring 0,060"" in length, 0,040"" in breadth at the extremities. and 0,020"" broad at the middle (fig. 61); a quadruplet in form of a star, having broad rays of about the same length as breadth, and measuring 0,060"" in diameter (fig. 62); an aculeated twin, with bifurcated extremities. and measuring 0,060"" in length, 0,036"" in breadth at the extremities, and 0,012"" broad at the middle (fig. 63); but, more frequent than any of the spicules mentioned, are, however, spicate fusces with, partly, acuminated and partly, blunted extremities (figs. 64. 65) also, short foliaceous subclavates (fig. 66). The fusces measure from 0,080—0,100"" in length, and from 0,016 -0,020"" in breadth, and the subclavates measure 0,080"" in length. and 0,040"" in breadth upwards

On the body of the polyp, especially on the dorsal side. the spicules are placed pretty compactly, and consist, principally, of fusces and subclavates. The fusces are spicate, partly bent, partly straight, and have both acuminated and blunted extremities; they measure from 0,128—0,220"" in length, and are about uniform in breadth, viz. 0,040"" at the middle (figs. 67—70). The subclavates are not so frequent and are, partly, smaller than the fusces; they are likewise spicate, and measure 0,080"" in length, and 0,032"" in breadth above (figs. 71. 72). Between these spicules, especially on the anterior body, occasional quadruplets are observed, of which a few have a rather distinguished cruci-form, with a longitudinal arm measuring 0,080—0,180"" in length. and a transversal arm measuring from

Paa Tentaklernes aborale Side ere Spiklerne mindre, men danne langs Middlinien en Længderække, hvori de ligge meget tæt; takkede Spindler og Køller, lig dem paa Kroppen, ere hyppige; de aftage i Størrelse, jo længere de naa op paa Tentakelen, men imellem disse sees mange forskjelligt formede, temmelig flade Spikler med Takker og indskaarne Rande, fra 0.048—0.060ᵐᵐ lange og fra 0.008—0.032ᵐᵐ brede, Fig. 76—81.

0.040—0.120ᵐᵐ (figs. 73. 74), whilst others, which, however, are extremely rare, approach more to the stellate form, and measure 0.056ᵐᵐ in diameter (fig. 75).
On the aboral side of the tentacles, the spicules are smaller, but they form a longitudinal series along the mesial line, in which they become set very closely: apicate fusces and subclavates, like those of the body, are frequent: they diminish in size the further up they extend upon the tentacle, but, between them, many variably-formed, rather flat spicules, with spikes and indented margins are visible, which measure from 0.048—0.060ᵐᵐ in length, and from 0.008—0.032ᵐᵐ in breadth (fig. 76—81).

Farven.

Bleggul, spillende lidt i det Røde.

Colour.

Pale yellow, shading a little towards brown.

Findested.

Station 164. Et større og et mindre Exemplar.

Habitat.

Station No. 164. A largish and a smaller specimen.

Artskarakter.

Zoanthodemet indtil 70ᵐᵐ høit. Stammen ved Grunden 70ᵐᵐ i Omkreds, rund, furet, aftager temmelig pludselig i Tykkelse. Basaldelen udvidet membranagtigt. Strax ovenfor Basaldelen enkelte tynde, korte Grene, bærende flere Polyper. Hovedgrenene begynde længere oppe paa Stammen, ere tykke, staa langt fra hverandre, dele sig i kort Afstand fra Stammen i 2, og hver af disse forgrene sig i 3—4 Smaagrene, der hver bærer 4—6 Polyper. Disse ere cylindriske, 5ᵐᵐ lange; Forkroppen noget udvidet, Bagkroppen smal, temmelig lang. Polypkroppen og de 4 Rygtentakler forsynede med Spikler. Hele Zoanthodemet rigt paa saadanne. Spiklerne paa Basaldelen optræde væsentligt i Form af knudede Bjelker, hvorimellem Søiler, Køller, Firlinger og enkelte Spindler. Paa Stammens nedre Halvdel ere Dobbeltstjerner, Køller og Spindler de almindeligste; paa den øvre Halvdel træffes Firlinger hyppigere end paa noget andet Sted af Kolonien. Paa Polyperne er Spindelformen hyppigst. Farven bleggul, spillende lidt i det Røde.

Specific characteristics.

The Zoanthodem measures up to 70ᵐᵐ in height. The stem, at the base, measures 70ᵐᵐ in circumference, is cylindrical, grooved, and diminishes rather abruptly in thickness. The basal part is membranaceously dilated. Immediately above the basal part, a few thin short branches carrying several polyps. The main branches commence further up the stem, are thick, and placed far apart from each other; at a short distance from the stem they ramify into 2, and each of those again, ramifies into 3—4 branchlets, each of which carry 4—6 polyps. These are cylindrical and 5ᵐᵐ in length. The anterior body somewhat dilated. The posterior body narrow, rather long. The body of the polyp, and the 4 dorsal tentacles, furnished with spicules. The entire Zoanthodem rich in these. In the basal part the spicules appear, principally, in the form of protuberated beams, between which, columns, subclavates, quadruplets and a few fusees. On the lower half part of the stem, bistellates, subclavates, and fusces, are the most frequent, and on the other half part quadruplets are more frequent than in any part of the colony. In the polyps, the fusiform is the most frequent. Colour, pale yellow, shading a little towards red.

Duva spitsbergensis, n. sp.

Tab. III. Fig. 18—20.

Zoanthodemet indtil 110ᵐᵐ høit. Stammen 45ᵐᵐ i Omkreds ved Grunden, furet efter Længden og rundtom forsynet med Grene fra den øverste Del af Basalen til Toppen, Fig. 18.

Duva spitsbergensis, n. sp.

Pl. III. figs. 18—20.

The Zoanthodem measures up to 110ᵐᵐ in height The stem measures 45ᵐᵐ in circumference at the base; is longitudinally grooved; and, round about it, is furnished,

Basaldelen er kun lidet udvidet og føles glat. Hele Stammen er meget blød; dens øverste Ende deler sig i to Hovedgrene; Længdekanalerne ere stærkt fremtrædende og gjennemskinnende, saa at Septula godt kan sees. Hovedgrenene have forskjellig Længde; nedenst paa Stammen ere de korteest, paa Midten længst, omkring 20ᵐᵐ, og ved deres Udspring 15ᵐᵐ i Omkreds; høiere oppe blive de kortere, men noget tykkere. De ere glatte, runde, meget bløde, bøielige og gjennemsigtige; mange af dem dele sig lige ved Grunden, men som oftest dele de sig et Stykke fra deres Udspring i 2 Grene, hvorfra igjen udgaa mange Sidegrene, som dele sig i Stilke (Endegrenene), der bære fra 3—6 Polyper, Fig. 18. Kun Stammens Basaldel indeholder Kalkspikler, dens øvrige Del, ligesom samtlige Grene med deres Forgreninger, er uden saadanne.

Polyperne ere cylindriske, 8—10ᵐᵐ lange, med en noget forlænget Bagkrop og udspringe alle fra de yderste Forgreningers Ender. Hyppigst ere 2, sjeldnere 3 Polyper sammenvoxede ved deres Grunddel. Polyperne ere ganske klare, saa at Svælget og Mesenterialfilamenterne kunne sees, og paa deres ydre Flade findes 8 Dobbeltrækker Spikler, hvoraf de 2 paa Dorsalsiden indtage Størstedelen af Polypens Længde; de 2 paa Ventralsiden ere meget korte og indtage kun en liden Del af Forkroppen, imedens de paa Siderne aftage i Længde fra Dorsal- til Ventralsiden. Tentaklerne ere omtrent 4ᵐᵐ lange, forsynede med Pinnuler, og paa deres aborale Flade gaa Kroppens Spikelrækker et lidet Stykke op paa Basaldelen, Fig. 19.

I Stammens Basaldel ligge Spiklerne temmelig spredte og ere meget smaa. Formerne, hvorunder de optræde, ere mange. Takkede Spindler med stumpe og spidse Ender, 0.100ᵐᵐ lange, 0.048ᵐᵐ brede, Fig. 20. 21; Firlinger i Form af Kors, besatte med smaa Papiller, 0.044ᵐᵐ i Bredde go Længde, Fig. 22; takkede Spindler med vingeformige Udvidninger, 0.098ᵐᵐ lange, 0.033ᵐᵐ brede, Fig. 23. 24. 25.

Spiklerne paa Polypkroppen og Tentaklerne danne takkede Spindler med spidse og tildels stumpe Ender, 0.250ᵐᵐ lange, 0.030ᵐᵐ brede, Fig. 26; tornede, dels krumme, dels lige Køller, 0.300ᵐᵐ lange, 0.050ᵐᵐ brede, Fig. 27. 28, og imellem disse to Former sees enkelte korsformede Firlinger, hvis Længdestok er 0.300ᵐᵐ og Tværstok 0.130ᵐᵐ, Fig. 29.

from the uppermost part of the basal portion to the summit, with branches (fig. 18). The basal part is only slightly dilated, and feels smooth to the touch. The entire stem is very soft and its uppermost extremity ramifies into two main branches. The longitudinal ducts are strongly prominent, and translucent, so that the septula can easily be seen. The main branches are not uniform in length. They are shortest on the lowest part of the stem, and longest on its middle and measure, there, about 20ᵐᵐ in length, and 15ᵐᵐ in circumference at the root. Further up, they become shorter but somewhat thicker. They are smooth, cylindrical, very soft, flexible, and translucent; many of them ramify, quite at the root, but, most frequently, they ramify a little way beyond the root into 2 branches, from which, again, many branchlets proceed, and these separate into stalks (terminal branches) that carry from 3—6 polyps (fig. 18). The basal part of the stem, alone, contains calcareous spicules; the remainder, as well as all of the branches and their ramifications, are devoid of these.

The polyps are cylindrical, and measure 8—10ᵐᵐ in length, and have a somewhat prolonged posterior body; they all proceed from the outermost extremities of the ramifications. Most frequently, 2, and, more rarely, 3 polyps are concreted together at their basal part. The polyps are quite translucent, so that the gullet and the mesenterial filaments are visible; on their exterior surface, 8 double series of spicules are found, of which the 2 on the dorsal side occupy the greater part of the length of the polyp. The 2 on the ventral side are much shorter, and occupy only a small part of the anterior body, whilst those upon the sides diminish in length, from the dorsal to the ventral side. The tentacles measure about 4ᵐᵐ in length, and are furnished with pinnules; upon their aboral surface, the spicular series of the body proceed a little way up the basal part (Fig. 19).

In the basal part of the stem, the spicules are placed pretty dispersed, and are very minute. The forms in which they appear are numerous; spicate fusces, with blunt and acuminate extremities, measuring 0.100ᵐᵐ in length, and 0.048ᵐᵐ in breadth (figs. 20. 21); cruciform quadruplets, beset with small papillæ and, measuring 0.044ᵐᵐ in breadth and length (fig. 22); spicate fusces, with pennate dilations and, measuring 0.098ᵐᵐ in length, and 0.033ᵐᵐ in breadth (figs. 23. 24. 25).

The spicules on the body of the polyp and the tentacles, form spicate fusces, having acuminate and, partly, blunt extremities, and these measure 0.250ᵐᵐ in length, and 0.030ᵐᵐ in breadth (fig. 26); aculeated, partly, bent, partly, straight subclavates measuring 0.300ᵐᵐ in length, and 0.050ᵐᵐ in breadth (figs. 27. 28), and between these two forms, a few cruciform quadruplets are seen, whose longitudinal arm measures 0.300ᵐᵐ, and the transversal arm 0.130ᵐᵐ (fig. 29).

Farven.

Farven er bleg gulrød. Polypkroppen næsten vandklar med et svagt rødligt Skjær af det gjennemskinnende Svælg. Tentaklerne lidt mørkere.

Colour.

The colour is pale yellowish red. The body of the polyp is almost pellucid, with a faint reddish tinge imparted by the translucent gullet. The tentacles are a little darker in colour.

Findested.

Station 370. Et større og et mindre Exemplar.

Habitat.

Station No. 370. One largish, and one smaller specimen.

Af den her givne Beskrivelse vil det erfares, at Duva spitsbergensis har sammegen tilfælles med Duva arborescens, at det er næsten umuligt makroskopisk at skille dem fra hinanden. Benyttes derimod en stærk Loupe, vil det strax vise sig, at imedens Duva arborescens har Kalkspikler overalt i Zoanthodemet, mangler Duva spitsbergensis saadanne paa de fleste Steder, hvorved den nærmer sig mere Duva rosea, mihi., men hvorfra den dog adskiller sig i flere Henseender.

From the description given, here, it will be gathered, that as *Duva spitsbergensis* has so much in common with *Duva arborescens*, it is almost impossible to distinguish them from each other macroscopically. If, on the other hand, a powerful magnifier is used, it will, immediately, become apparent, that whilst *Duva arborescens* has, everywhere, calcareous spicules on the Zoanthodem, *Duva spitsbergensis* is devoid of these on most parts of it, and it, thus, approaches more to *Duva rosea, mihi*, but from which it is distinguished, however, in several respects.

Artskarakter.

Zoanthodemet indtil 110^{mm} høit. Stammens Omfang ved Grunden 45^{mm}, furet paalangs, rundt omgiven af Grene fra Basaldelen til Toppen. Basaldelen glat. Grenene nøgne, stærkt forgrenede; de yderste Smaagrene bære 3—6 Polyper. I Stammens Basaldel smaa, spredte Spikler som takkede Spindler med vingeformede Udvidninger og korsformede Firlinger. Hele den øvrige Del af Stammen med dens Grene og Smaagrene uden Spikler. Polyperne cylindriske med en lang Bagkrop. Polypkroppen forsynet med 8 Dobbeltrækker Spikler, hvoraf de 2 paa Bugsiden ere meget korte, imedens de 2 paa Rygsiden indtage næsten hele Polypens Længde. Spiklerne paa Kroppen optræde som takkede Spindler, tornede Køller og korsformede Firlinger. Tentaklerne have paa deres aborale Flade Grund Spikler, der ere Fortsættelser af Kropsspiklerne. Farven bleg gulrød. Polyperne næsten vandklare med et svagt rødligt Skjær af Svælget. Tentaklerne mørkere.

Specific characteristics.

The Zoanthodem measures up to 110^{mm} in height. The circumference of the stem is, at the base, 45^{mm}; it is longitudinally grooved, cylindrical, and, from the basal part to the summit, is encompassed by branches; the basal part smooth; the branches bare, and strongly ramified; the outermost branchlets carry 3—6 polyps. In the basal part of the stem, minute, dispersed, spicules, appearing as spicate fusees with pennate dilations, and as cruciform quadruplets. The entire remainder of the stem, with its branches and branchlets, devoid of spicules. The polyps cylindrical, with a long posterior body; the body of the polyp furnished with 8 double-series of spicules, of which, the 2 series on the ventral side are very short, whilst the 2 series on the dorsal side occupy almost the entire length of the polyp. The spicules on the body appear as spicate fusees, aculeated subclavates, and cruciform quadruplets. The tentacles have, at the base of their aboral surface, spicules which are a continuation of the spicules of the body. The colour is pale yellowish red. The polyps almost pellucid, with a faint reddish tinge imparted from the gullet. The tentacles darker in colour.

Duva violacea, n. sp.

Tab. III. Fig. 30—32.

Zoanthodemet er indtil 80ᵐᵐ høit. Stammen, der ved Grunden er 70ᵐᵐ i Omkreds, deler sig omtrent 35ᵐᵐ fra Grunden i to, hvoraf den ene er lidt tykkere end den anden, Fig. 30. Basaldelen er temmelig fast, lidt udvidet og meget furet; fra den udspringe et Par yderst korte og tynde Grene, paa hvis Ender sidde nogle faa — 3—4 — Polyper. De nævnte to Stammer ere 45ᵐᵐ høie, glatte, bløde, med temmelig fremtrædende Længdekanaler og lige fra Grunden forsynede med en Mængde bløde, meget bøielige Grene, der dele sig i mange Smaagrene, som igjen forgrene sig i flere tynde Stilke, der hver bærer fra 3—6 Polyper. Smaagrenene ligesom Stilkene ere runde, glatte, glindsende og halv gjennemsigtige, Fig 30.

Polyperne ere cylindriske, Fig. 31, noget bredere mod Mundskiven, der er lidt hvælvet. Paa Polypkroppens Ryqside sees 6 Rækker Spikler, der indtage Kroppens hele Længde og strække sig op til Grunden af Tentaklerne; i hver Række er der 3—4 Spikler i Bredden, Fig. 32. Paa Bugsiden er der kun 2 Rækker, og disse ere meget korte, idet de afbrydes af et paa Midten af Kroppen pantværsgaaende Spikelbelte; ovenfor dette Belte er saaledes Bugsiden delt i 3 nøgne Felter, hvoraf det Midterste er det største; under Beltet er hele Fladen fri for Spikler, Fig. 33. Tentaklerne ere tykke, torsynede med Pinnuler og uden Spikler. I Regelen er dels 2, dels 3 Polyper sammenvoxede ved Grunden, Fig. 32, og kun sjeldent sees en enkelt Polyp at gaa umiddelbart over i Stilken; hvor dette er Tilfældet, er altid denne enkelte Polyp længere, idet nemlig Bagkroppen er noget forlænget.

Kjønsprodukterne udvikle sig ikke alene i den bageste Del af Mavehulhoden, men ogsaa i dennes Forlængelse i Stilken, hvor Æggene stundom ligge pakkede og give den Udseende af en Perlesnor. Kun paa 2 af Septula udvikle Kjønsorganerne sig.

Basaldelen er det eneste Parti af Stammen og Grenene, der er forsynet med Spikler. De ligge temmelig tæt i det ydre Bindevævslag, dækket af Ectodermet og have forskjellige Former. De hyppigste ere dog simple Dobbeltstjerner, dels med et nøgent, smalt Midtparti og vortedannede Takker paa Enderne, Fig. 34. 35. 36, dels med et Midtparti, der er besat med yderst smaa Takker; de ere fra 0.060—0.100ᵐᵐ lange og fra 0.012—0.016ᵐᵐ brede paa Midten. Foruden disse Dobbeltstjerner findes enkelte Køller, der ere takkede i den tykke Ende med et tilrundet, næsten

Duva violacea, n. sp.

Pl. III. Figs. 30—32.

The Zoanthodem measures up to 80ᵐᵐ in height. The stem, which at the base measures 70ᵐᵐ in circumference, ramifies, at about 35ᵐᵐ beyond the base, into two parts, of which, the one is a little thicker than the other (fig. 30). The basal part is pretty firm, a little dilated, and much grooved, and from it, there shoot out a couple of extremely short and thin branches, on whose extremities a few, 3—4, polyps are situated. The two stems mentioned, measure 45ᵐᵐ in height and are smooth and soft; they have rather prominent longitudinal ducts and, quite from their base, are furnished with a multitude of soft, very flexible branches which ramify into numerous branchlets, which, again, ramify into several thin stalks, each of which carries 3—6 polyps. The branchlets, as well as the stalks, are cylindrical, smooth, and shining, and are semitransparent (fig. 30).

The polyps are cylindrical (fig. 31), somewhat broadest towards the oral disk, which is a little arounted. On the dorsal side of the body of the polyp, 6 series of spicules are seen; these occupy the entire length of the body and extend themselves up to the root of the tentacles; in each series, there are 3—4 spicules in the breadth (fig. 32). On the ventral side, there are only two series, and these are very short, because they are interrupted by a spicular belt running transversally across the middle of the body. Above this belt, the ventral side is, consequently, divided into 3 bare areas, of which the mesial one is the largest; below the belt the entire surface is devoid of spicules (fig. 33). The tentacles are thick, furnished with pinnules, and devoid of spicules. As a rule, sometimes 2, and sometimes 3, polyps are concreted together at the base (fig. 32), and, only rarely is an occasional polyp seen to be produced immediately into the stalk. Where that is the case, this occasional polyp is always longer than the others, owing to its posterior body being somewhat prolonged.

The sexual products develope themselves, not only in the posterior part of the ventral cavity, but also in its prolongation into the stalk, where, the ova, now and then, lie crowded, and impart to it the appearance of a string of pearls. Upon 2 of the septula only do the sexual organs develope themselves.

The basal part is the only part of the stem and the branches that is furnished with spicules. They are placed, pretty close, in the exterior layer of connective-tissue, are covered by the ectoderm, and possess varying forms. The most frequent forms are, however, plain bistellates, partly, having a bare narrow mesial part and wart-shaped spikes on the extremities (figs. 34. 35. 36); partly, having a mesial part beset with extremely minute spikes; they measure, from 0.060—0.100ᵐᵐ in length, and from 0.012—0.016ᵐᵐ in breadth at the middle. Besides these bistellates, a

glat, langt Skaft, omtrent af samme Længde som Dobbeltstjernerne, Fig. 37, og takkede, tornede, lige eller krumme Spindler med dels afrundede, dels takkede, dels mere eller mindre tilspidsede Ender, fra 0.100—0.140^{mm} lange og fra 0.012—0.016^{mm} brede, Fig. 38. 39. 40. Hist og her, men kun sjeldent, sees imellem de nævnte Spikler enkelte Firlinger, besatte med smaa Papiller, og 0.080^{mm} lange, 0.060^{mm} brede, Fig. 41.

Polypkroppens Spikler ere meget forskjellige. De almindeligste ere takkede Spindler, dels med stumpe, dels med tilspidsede Ender, fra 0.120—0.200^{mm} lange og fra 0.020—0.040^{mm} brede, Fig. 42. 43, samt takkede og vortede Køller, fra 0.140—0.180^{mm} lange og fra 0.040—0.080^{mm} brede i den øverste Ende, der stundom kan være tvers afskaaren og da ligeledes besat med Vorter, Fig. 44.

Imellem de nævnte Spikler træffes ofte smaa Tvillinger, smaa Firlinger. Tvillingerne ere dels takkede, dels tornede, næsten flade med takkede Ender og lidt indknebne paa Midten; de ere af forskjellig Størrelse, fra 0.050—0.080^{mm} lange og fra 0.010—0.020^{mm} brede, Fig. 45. 46. Firlingerne antage mere eller mindre Korsformen; enkelte af dem ere tommelig flade, men alle ere besatte med større og mindre fremspringende Takker; nogle ere næsten lige brede som lange; deres Gjennemsnit er indtil 0.0120^{mm}, andre ere mere langstrakte og da 0.080^{mm} lange, 0.040^{mm} brede, Fig. 47—51; men saa sjeldne ere vel udprægede Kors, at paa en hel Polypkrop indtoges kun et onkelt, hvis Længdestok var 0.160^{mm} og Tverstok 0.040^{mm}, Fig. 52.

Farven.

Hele Zoanthodemet er violet, dog saaledes at Stammen og Grenene spille lidt i det Gule. Polyperne ere intens violette.

Findested.

Station 350 Et Exemplar.

Artskarakter.

Zoanthodemet indtil 80^{mm} høit. Stammen deler sig et lidet Stykke ovenfor Grunddelen i to, hvoraf den ene er lidt tykkere, end den anden. Basaldelen 70^{mm} i Omkreds, og fra den udspringe et Par yderst korte, tynde Grene, paa hvis Ender findes 3—4 Polyper. Fra de 2 Stammer udgaa mange større og mindre Grene, der runifiere sig flere Gange; de yderste Smaagrene bære paa deres Ender

---

low subclavatos are found, which are spicate at the thick extremity, and have a circular, almost smooth, long shaft of about same length as that of the bistellatas (fig. 37); also spicate, aculeate, straight, or bent, fusces, with partly, rounded, partly, spicate, partly, more or less, acuminate extremities, and measuring from 0.100—0.140^{mm} in length, and from 0.012—0.016^{mm} in breadth (figs. 38. 39. 40). Here and there, but only rarely, there are seen between the spicules mentioned, a few quadruplets beset with small papillæ, and measuring 0.080^{mm} in length, and 0.060^{mm} in breadth (fig. 41).

The spicules of the body of the polyp are very variable. The most frequent forms are, spicate fusces, partly, with blunt, partly, with acuminate extremities, and measuring from 0.120—0.200^{mm} in length, and from 0.020—0.040^{mm} in breadth, (figs. 42. 43); also, spicate and warted subclavates, measuring from 0.140—0.180^{mm} in length, and from 0.040—0.080^{mm} in breadth at the uppermost extremity, which sometimes may be met with transversely truncated, and, in that case is also beset with warts (fig. 44).

Between the spicules mentioned, sometimes, twins, sometimes, quadruplets, are frequently met with. The twins are, partly, spicate, partly, aculeated, almost flat, with spicate extremities and slightly constricted at the middle; they are of variable length, measuring from 0.050—0.080^{mm} in length, and from 0.010—0.020^{mm} in breadth (figs. 45. 46). The quadruplets assume, more or less, the cruci-form, a few of them are rather flat, but all of them are beset with larger or smaller protuberant spikes; some of them are almost as broad as they are long, and measure up to 0.120^{mm} in diameter; others are more elongate, and measure, then, 0.080^{mm} in length, and 0.040^{mm} in breadth (figs. 47—51), but clearly distinguished cruciforms are so rare, that on the entire body of a polyp only a single one was observed, whose longitudinal arm measured 0.160^{mm} and the transversal arm 0.040^{mm} (fig. 52).

Colour.

The entire Zoanthodem is violet, in such manner, however, that the stem and the branches shade a little towards yellow. The polyps are intense violet.

Habitat.

Station No. 359. One specimen.

Specific characteristics.

The Zoanthodem measures up to 80^{mm} in height. The stem ramifies, a little way above the base, into two parts, of which, the one part is somewhat thicker than the other. The basal part is 70^{mm} in circumference, and from it a couple of extremely short thin branches shoot out, on whose extremities there are 3—4 polyps. From the 2 stems, many larger and smaller branches proceed, which be-

fra 3—6 Polyper, af hvilke dels 2, dels 3 ere sammenvoxede ved Grunden. Stammerne og Grenene med deres Forgreninger ere uden Kalk, kun Basaldelen har Spikler, hvoraf Dobbeltstjernen er den almindeligste Form. Polyperne ere temmelig korte, forsynede med Spikelrækker, som paa Rygsiden indtage Kroppens hele Længde, men paa Bugsiden kun den øverste Halvdel. Spiklerne have væsentligt Form af takkede Spindler, Køller, Tvillinger og Firlinger. Farven: Stammen og Grenene violette, spillende lidt i det Gule; Polyperne intens violette.

come several times ramified; the outermost branchlets carry 3—6 polyps on their extremities; of these, sometimes 2. and sometimes 3, are concreted together at the base. The stems, and the branches with their ramifications, are non-calcareous; only the basal part possesses spicules, of which, the bistellate is the most frequent form. The polyps are rather short, and are furnished with spicular series which, on the dorsal side, occupy the entire length of the body, but on the ventral side, occupy only the uppermost half part of it. The spicules have, principally, the form of apicate fusces, subclavates, twins, and quadruplets. Colour, the stem and the branches violet, shading a little towards yellow. The polyps, intense violet.

Duva flava, n. sp.

Tab. V. Fig. 1—33.

Zoanthodemet er indtil 35ᵐᵐ høit. Stammen rund, furet paalangs, temmelig blød og 20—25ᵐᵐ i Omfang ved Grunden. Basaldelen tynd, fast, membranagtigt udvidet. Stammen, der aftager lidt i Tykkelse opad, er lige fra Grunden og til Toppen tæt besat med korte, forholdsvis tykke Grene, hvoraf enkelte et Par Millimeter fra deres Udspring dele sig i to mindre Grene, som atter dele sig i flere Smaagrene, der hver bære flere Polyper, imedens de fleste Grene lidt længere fra Stammen dele sig i 3—4 mindre, som dele sig i ligesaa mange Smaagrene, der hver bærer 6—7 Polyper, Fig. 1. 2. Grenene, der ere temmelig bløde med udprægede Længdekanaler, ere ligesom Smaagrenene og den øverste Del af Stammen uden Kalk. Polyperne ere lidt langstrakte, kølleformige, 4ᵐᵐ lange med en omtrent lige lang For- som Bagkrop. Polypkroppen, der er 2,5ᵐᵐ lang, er rigt forsynet med Spikler, som paa Forkroppen ordne sig i regelmæssige Rækker, der ophøre ved Tentaklernes Grund, Fig. 3. Paa Bagkroppen ligge de mere uregelmæssigt, og dennes Bugflade er enten uden Spikler, eller de ere her meget sparsomme. Tentaklerne ere omtrent halvt saa lange som Kroppen, og saavel de som Pinnulerne ere uden Spikler. I Polypernes Mavehulhed samt tildels i dennes Forlængelse i Smaagrenene sees fuldt udviklede Æg.

Basaldelen er ikke særdeles rig paa Spikler; de ligge ei i flere Lag, men støde dog tæt til hverandre og paa enkelte Steder endog ligge paa hverandre. De hyppigste Former, hvorunder de optræde, ere sammensatte Stjerner og Spindler. De første ere tildels saa komplicerede, at man kun ved Hjælp af lidt Fantasi kan faa Stjerneformen frem; men brydes de i flere Stykker, lykkes det stundom

Duva flava, n. sp.

Pl. V. Figs. 1—33.

The Zoanthodem measures up to 35ᵐᵐ in height. The stem is cylindrical, longitudinally grooved, pretty soft, and it measures 20—25ᵐᵐ in circumference at the base. The basal part is thin, firm, and membranaceously dilated. The stem diminishes a little in thickness upwards, and, right from the base to the summit, is closely beset with short, relatively thick, branches, of which, a few, a couple of millimetres beyond their root, ramify into two smaller branches, which, again, ramify into several branchlets, each carrying several polyps; but most of the branches ramify, a little further from their root, into 3—4 smaller ones, which, again, ramify into as many branchlets, each carrying 6—7 polyps (figs 1. 2). The branches are rather soft, and have prominent longitudinal ducts; they are, like the branchlets and the uppermost part of the stem, non-calcareous. The polyps are slightly elongate, and claviform; they measure 4ᵐᵐ in length; the anterior and posterior body are about uniform in length. The body of the polyp measures 2,5ᵐᵐ in length, and is richly furnished with spicules, which, upon the anterior body, arrange themselves in regular series; these cease, however, at the root of the tentacles (fig. 3). On the posterior body they are placed more irregularly, and its ventral surface is, either, devoid of spicules, or they are, here, very sparingly seen. The tentacles are about half the length of the body, and both, they as well as the pinnules, are devoid of spicules. In the ventral cavity of the polyps, and also, partly, in its prolongation into the branchlets, fully developed ova are visible.

The basal part is not particularly rich in spicules; they are not placed in numerous layers, but still abut close upon each other, and, in a few places are even placed upon each other. The most frequent forms in which they appear, are complex stellates and fusces. The first mentioned are, partly, so complicated, that, only by a stretch of fancy can we succeed in making out the stellate form;

at fremkalde den. De variere i Størrelse fra 0.092—0.146ᵐᵐ lange og fra 0.060—0.076ᵐᵐ brede; meget ofte have de et nogent Midtparti, der i Regelen er halvt saa bredt som Enderne, Fig. 4. 5. Spindlerne ere i Almindelighed besatte med Vorter og som oftest lige, men forekomme ogsaa mere eller mindre krumme; deres Ender ere dels tilspidsede, dels afstumpede, ja kunne endog være tvers afskaarne og nærme sig da meget Valseformen; de ere fra 0.084— 0.128ᵐᵐ lange og fra 0.036—0.052ᵐᵐ brede, Fig. 6—11. Imellem de nævnte Spikler sees smukke Dobbeltstjerner, der ere 0.080ᵐᵐ lange, 0.052ᵐᵐ brede i Enderne og omtrent 0.020ᵐᵐ bred i det glatte Midtbelte, Fig. 12. 13. 14; enkelte, stilkede Stjerner, sammensatte som Firlinger, 0.084ᵐᵐ lange, 0.060ᵐᵐ brede, Fig. 15; enkelte, bladede Koller med langt, tyndt Haandgreb, 0.156ᵐᵐ lange, 0.060ᵐᵐ brede opad, Fig. 16; bladede Klubber med kort Skaft, 0.096ᵐᵐ lange, 0.056ᵐᵐ brede foroven, Fig. 17, samt forskjelligt formede Firlinger, 0.088ᵐᵐ lange, 0.080ᵐᵐ brede, Fig. 18. 19. 20.

Paa den nederste Del af Stammen ligge Spiklerne mere spredte end paa Basaldelen, og man træffer der omtrent de samme Former som paa denne; den øverste Del er, som forhen omtalt, spikelfri.

Paa Polypkroppen, der er rig paa Spikler, forekommer Spindelformen hyppigst. Det er væsentligst takkede, lige eller krumme, vortede Spindler, dels med stumpede, dels med tilspidsede Ender, som danne do før beskrevne Rækker paa Forkroppen, og det er lignende Spindler, som udgjør Hovedmassen af Spiklerne paa Bagkroppen, Fig. 3. De ere af forskjellig Størrelse, fra 0.100—0.266ᵐᵐ lange og fra 0.036—0.056ᵐᵐ brede, Fig. 21—25; og der, hvor Spikelrækken afsluttes ved Tentakelgrunden, ere Spiklerne meget smaa, næsten flade og have en forskjellig Form; nogle nærme sig Kollens, andre Klubbens; de ere fra 0.080 —0.100ᵐᵐ lange og fra 0.032—0.068ᵐᵐ brede i den tykke Ende; Skaftet er paa enkelte langstrakt og 0.012ᵐᵐ bredt, Fig. 26—29. Imellem Spindlerne sees mere eller mindre udpregede Valser, fra 0.111—0.160ᵐᵐ lange og fra 0.064— 0.072ᵐᵐ brede, Fig. 30. 31, samt særegne, stærkt takkede eller bladede Koller med kort, takket Haandgreb, Fig. 32; den ene Form af disse Koller er især stærkt indskaaren langs den ene Side, Fig. 33; de ere fra 0.152—0.168ᵐᵐ lange og fra 0.056—0.076ᵐᵐ brede, foroven.

when broken up into several pieces however, it sometimes, happens that we are fortunate enough to obtain it. They vary in size, from 0.092—0.146ᵐᵐ in length, and from 0.060 -0.076ᵐᵐ in breadth; very frequently they have a bare mesial part, which, as a rule, is half the breadth of the extremities (figs. 4. 5). The fusees are, usually, beset with warts, and are, most frequently straight, but appear, also, more or less bent: their extremities are, partly, acuminated, partly, blunted, indeed, may also, even, be transversely truncated, and in that case they approach much to the rollerform; they measure from 0.084—0.128ᵐᵐ in length, and from 0.036—0.052ᵐᵐ in breadth (figs. 6—11). Between the spicules mentioned, beautiful bistellates are seen, which measure 0.080ᵐᵐ in length, and 0.052ᵐᵐ in breadth at the extremities, and about 0.020ᵐᵐ in breadth at the smooth mesial belt (figs. 12. 13. 14); also a few pedunculated stellates, complex like the quadruplets, and measuring 0.084ᵐᵐ in length, and 0.060ᵐᵐ in breadth (fig. 15); a few foliaceous subclavates, with long thin shaft, and measuring 0.156ᵐᵐ in length and 0.060ᵐᵐ in breadth above (fig. 16); foliaceous clavates, with short shaft, and measuring 0.096ᵐᵐ in length, and 0.056ᵐᵐ in breadth above (fig. 17), also, variously formed quadruplets, measuring 0.088ᵐᵐ in length, and 0.080ᵐᵐ in breadth (figs. 18. 19. 20).

In the lowest part of the stem, the spicules are placed, more dispersed than in the basal part, and, here, we meet about the same forms as in the latter. The uppermost part is, as before mentioned, devoid of spicules.

On the body of the polyp, which is rich in spicules, the fusi-form is the most frequent. It appears, principally as spicate, straight or bent, warted fusees, partly, with blunt, partly, with acuminate extremities, and forms, the previously described series on the anterior body, and it is similar spicules which compose the principal bulk of spicules on the posterior body (fig. 3). They are of various sizes, measuring from 0.100—0.266ᵐᵐ in length, and from 0.036—0.056ᵐᵐ in breadth (figs. 21—25) and, in the situation where the spicular series ceases, at the root of the tentacles, the spicules are very minute, almost flat, and have a variable form; some approach forming of the subclavate, others that of the clavate; they measure, from 0.080 —0.100ᵐᵐ in length, and from 0.032—0.068ᵐᵐ in breadth at the thick extremity. In a few of them, the shaft is elongate and measures 0.012ᵐᵐ in breadth (figs. 26—29). Between the fusees, more or less distinct, rollers are seen, measuring from 0.111—0.160ᵐᵐ in length, and from 0.064 —0.072ᵐᵐ in breadth (figs. 30. 31) also, peculiar, strongly spicate or foliaceous subclavates, with short, spicate shaft (fig. 32). The one form of these subclavates is especially distinctly indented along the one side (fig. 33). They measure from 0.152—0.168ᵐᵐ in length, and from 0.056—0.076ᵐᵐ in breadth above.

Farven.

Stærk gul.

Findested.

Station 192. Flere Exemplarer.

Artskarakter.

Zoanthodemet indtil 35^{mm} høit. Stammen rund, furet paalangs, 20—25^{mm} i Omfang ved Grunden, aftagende lidt i Tykkelse opad. Basaldelen tynd, membranagtigt udvidet. Stammen lige fra Grunden og til Toppen besat med korte, tykke Grene, der i Regelen dele sig nogle Millimeter fra Udspringet i 3—4 mindre Grene, som atter dele sig i mange Smaagrene, der hver bærer 6—7 Polyper. Disse ere kølleformige, 4^{mm} lange. Polypkroppen 2,5^{mm} lang, rigt forsynet med Spikler, som paa Forkroppen ordne sig i Rækker, der ophøre ved Tentaklernes Grund. Tentaklerne næsten ligesaa lange som Kroppen, uden Spikler. Spiklerne paa Basaldelen og den nederste Del af Stammen optræde væsentlig under Form af takkede, vortede, krumme og lige Spindler, samt meget sammensatte Stjerner; imellem dem enkelte Dobbeltstjerner, Køller og Firlinger. Paa Polypkroppen er Spindelform hyppigst. Farven stærk straagul.

Colour.

Strong yellow.

Habitat.

Station No. 192. Several specimens.

Specific characteristics.

The Zoanthodem measures up to 35^{mm} in height. The stem cylindrical, longitudinally furrowed, 20—25^{mm} in circumference at the base, diminishing a little in thickness upwards. The basal part thin, and membranaceously dilated. The stem, right from the base and to its summit, beset with short, thick branches, which, as a rule, ramify, a few millimetres beyond their root, into 3—4 smaller branches, which, again, ramify into many branchlets, each of which carries 6—7 polyps. These latter are clavate-formed and measure 4^{mm} in length. The body of the polyp measures 2,5^{mm} in length, and is richly furnished with spicules which, upon the anterior body, arrange themselves in series that terminate at the root of the tentacles. The tentacles are almost as long as the body, and are devoid of spicules. The spicules in the basal part, and the lowest part of the stem, appear, principally, in the form of spicate, warted, bent and straight, fusees, also, as very complex stellates. Between them occasional bistellates, subclavates and quadruplets are visible. On the body of the polyp the fusi-form is most frequent. Colour, strong straw-yellow.

Duva cinerea, n. sp.

Tab. V, Fig. 82—93. Tab. VI, Fig. 1—29.

Zoanthodemet indtil 28^{mm} høit. Stammen rund, furet paalangs, dens Omkreds ved Grunden 20^{mm}. Basaldelen tyk, fast, haard, noget udvidet. Stammen aftager lidt i Tykkelse op imod Toppen, hvor den deler sig i to Grene, der hver forgrene sig i flere Smaagrene, som bærer Grupper af Polyper, 6—7 i hver. Kun nogle Millimeter ovenfor Basaldelen og indtil Toppen er Stammen rundtom forsynet med Grene, der staa temmelig langt fra hverandre, ere korte, tykke, og hvoraf flere lige ved Udspringet dele sig i 2 mindre Grene, som igjen afgive mange Smaagrene, der hver bærer 6—7 Polyper, medens andre i et Par Millimeters Afstand fra Stammen dele sig i mange Smaagrene, som hver bærer omtrent et lignende Antal Polyper. Smaagrenene ere meget korte, temmelig sammentrængte og skjules ganske af de tæt grupperede Polyper, Fig. 82, 83.

Duva cinerea, n. sp.

Pl. V, figs. 82—93. Pl. VI, figs. 1—29.

The Zoanthodem measures up to 28^{mm} in height. The stem is cylindrical, longitudinally grooved, and measures, at the base, 20^{mm} in circumference. The basal part is thick, firm, hard, and somewhat dilated. The stem diminishes a little in thickness up towards the summit, at which point it ramifies into two branches, each of which again ramify into several branchlets carrying groups of polyps, 6—7 polyps in each group. From only a few millimetres above the basal part, and up to the summit, the stem is, round about it, furnished with branches, which are placed pretty far apart from each other, and are short and thick; several of those ramify, right at the root, into 2 smaller branches, which, again, ramify into numerous branchlets, each of which carries 6—7 polyps; whilst others, at a couple of millimetres distance from their root, ramify into many branchlets, each of which carries about a similar number of polyps. The branchlets are very short, rather

Polyperne ere bægerformede, 3ᵐᵐ lange med en kort, smal Bagkrop, Fig. 84. Polypkroppen, som er omtrent 2ᵐᵐ lang, er temmelig bred op imod Mundskiven og meget rig paa Spikler, der paa Forkroppen ordne sig i Rækker, Fig. 84: kun den nederste Del af Bagkroppens Bugflade er spikelfri. Tentaklerne ere 1.3ᵐᵐ lange, forsynede som sædvanligt med Pinnuler og have paa deres aborale Side en Længderække Spikler, der naa omtrent til Tentakelens Midte, men herfra ligge de paatvers lige til Enden. Tab. VI. Fig. 26. Basaldelen og den nederste Del af Stammen har Spikler; den øvrige Del af Stammen, Grenene og Smaagrenene ere uden saadanne.

Basaldelen er meget rig paa Spikler, som optræde her under meget forskjellige Former. Den hyppigste synes at være mere eller mindre sammensatte Stjerner, hvis Straaler ere tykke med takkede Ender; de største have af og til et smalt, nogent Midtbelte, ere 0.116ᵐᵐ lange, 0.104ᵐᵐ brede; de mindre ere fattigere paa Straaler, fra 0.080— 0.180ᵐᵐ lange og fra 0.056—0.064ᵐᵐ brede, og mange ere kun i Udvikling, Fig. 85—90. Ikke fuldt saa hyppigt som den sammensatte Stjerne med dens Udviklingsformer forekommer dels vingeformigt udvidede, takkede Spindler med mere eller mindre indskaarne Rande, fra 0.068— 0.112ᵐᵐ lange og fra 0.036—0.060ᵐᵐ brede, Fig. 91, dels lige, takkede Spindler fra 0.060—0.070ᵐᵐ lange og fra 0.012—0.024ᵐᵐ brede, Fig. 92, 93; disse sidste ere dog langt sjeldnere end hine. — Imellem de ovennævnte Spikler iagttages af og til Firlinger, hvoraf enkelte ikke ere fuldt udviklede og nærme sig Formen af sammensatte Stjerner, ere 0.112ᵐᵐ lange, 0.068ᵐᵐ brede, men lidt smalere paa Midten, Tab. VI. Fig. 1, 2, imedens andre nærme sig Timeglasformen, ere 0.080ᵐᵐ lange, 0.044ᵐᵐ brede paa Midten, men lidt bredere i Enderne, Fig. 3. Foruden disse mindre udprægede Firlinger findes der andre fuldt udviklede, der have Korsformen; den ene af disse korsformede Firlinger er 0.112ᵐᵐ lang og lige sna bred, besat med Knuder, Fig. 4; den anden, der er meget rigt ornamenteret med Løvværk, er 0.152ᵐᵐ lang, 0.120ᵐᵐ bred, Fig. 5; denne pragtfulde Spikelform er dog sjelden. Endelig træffes flere Former af Klubber; den ene Form er kun svagt besat med smaa Knuder, har temmelig bugtede Rande og er 0.116ᵐᵐ lang, 0.064ᵐᵐ bred foroven, Fig. 6; den anden er næsten ganske glat med skarpere Rand og lidt indknebnen paa Midten, er 0.100ᵐᵐ lang, 0.040ᵐᵐ bred, Fig. 7, og den tredie Form er bladet med et kort, tilspidset Skaft, 0.144ᵐᵐ lang, 0.080ᵐᵐ bred foroven, Fig. 8.

crowded, and are, completely, concealed by the closely grouped polyps (Pl. V, figs. 82, 83).

The polyps are chalice-formed, measure 3ᵐᵐ in length, and have a short narrow posterior body (Pl. V, fig. 84). The body of the polyp, which is about 2ᵐᵐ in length, is rather broad up towards the oral disk, and very rich in spicules, which, upon the anterior body, arrange themselves in series (Pl. V, fig. 84). The lowest part of the ventral surface of the posterior body is, alone, devoid of spicules. The tentacles measure 1.3ᵐᵐ in length, and are furnished, as usual, with pinnules; on their aboral side there is a longitudinal series of spicules which extend to about the middle of the tentacle, but from this point they are placed transversally, right out to the extremity (Pl. VI, fig. 26). The basal part, and the lowest part of the stem, have spicules; the rest of the stem, the branches, and the branchlets are devoid of them.

The basal part is very rich in spicules, and they appear, here, in very different forms. The most frequent form appears to be, more or less complex, stellates, whose rays are thick and have spicate extremities. The largest have, now and then, a narrow, bare, mesial belt, and measure 0.116ᵐᵐ in length and 0.104ᵐᵐ in breadth. The smaller ones are not so rich in rays, and measure from 0.080—0.180ᵐᵐ in length and from 0.056—0.064ᵐᵐ in breadth; many of them are only in process of development (Pl. V, figs. 85—90). Not quite so frequent as the complex stellate with its evoluting forms, there appear, partly, pennate dilated spicate fusees, with, more or less indented margins, and measuring from 0.068—0.112ᵐᵐ in length, and from 0.036—0.060ᵐᵐ in breadth (Pl. V, fig. 91) partly, straight spicate fusees, measuring from 0.060—0.076ᵐᵐ in length, and from 0.012—0.024ᵐᵐ in breadth (Pl. V, figs. 92, 93); these last are, however, far more rare than the others. Between the above mentioned spicules, quadruplets may, now and then, be observed, of which, a few are not fully developed, and these approach in form to complex stellates, and measure 0.112ᵐᵐ in length, and 0.068ᵐᵐ in breadth, but are a little narrower at the middle (Pl. VI, figs. 1, 2); whilst, others approach to the hour-glass form, and measure 0.080ᵐᵐ in length, and 0.044ᵐᵐ in breadth at the middle, but are a little broader at the extremities (Pl. VI, fig. 3). Besides these less distinguished quadruplets, other ones, fully developed, are found, and these have the cruci-form; the one of these cruci-form quadruplets measures, 0.112ᵐᵐ in length and the same in breadth, and is beset with knots (Pl. VI, fig. 4). The other, which is very richly embellished with fretwork, measures 0.152ᵐᵐ in length, and 0.120ᵐᵐ in breadth (Pl. VI, fig. 5), this brilliant spicule-form is, however, rare; finally, several clavate-forms are met with; the one form is, only, sparingly beset with small knots, and has rather indented margins; it measures 0.116ᵐᵐ in length, and 0.064ᵐᵐ in breadth above (Pl. VI, fig. 6). The second form is almost quite smooth, has a more defined margin, and is also a little constricted at the middle; it measures 0.100ᵐᵐ in length, and 0.040ᵐᵐ in breadth (Pl. VI, fig. 7); the third form

Den norske Nordhavsexpedition. D. C. Danielssen: Alcyonida.

Nederst paa Stammen ligge Spiklerne meget spredte og optræde her som stærkt takkede, lige og krumme Spindler, der ere fra 0.104—0.168ᵐᵐ lange og fra 0.028—0.048ᵐᵐ brede, Fig. 9. 10, som vortede Klubber og Koller; de første 0.096ᵐᵐ lange, 0.056ᵐᵐ brede foroven med et kort Skaft, Fig. 11, de sidste 0.112ᵐᵐ lange, 0.044ᵐᵐ brede foroven, Fig. 12, og endelig som tornet Firling, der nærmer sig Korsformen, 0.112ᵐᵐ lang, 0.052ᵐᵐ bred, Fig. 13.

Paa Polypkroppen er det væsentlig Spindelformen, som er den fremtrædende. Her træffes takkede, mere eller mindre krumme Spindler med tilspidsede Ender, fra 0.200—0.212ᵐᵐ lange og fra 0.036—0.040ᵐᵐ brede, Fig. 14. 15; lige, takkede Spindler med enten den ene eller begge Ender afstumpede, fra 0.192—0.224ᵐᵐ lange og fra 0.024—0.048ᵐᵐ brede, Fig. 16—19; imellem disse sees enkeltvis mindre, takkede Koller, fra 0.112—0.152ᵐᵐ lange og 0.036ᵐᵐ brede foroven, Fig. 20. 21, samt yderst ajeldent en korsformet, bladet Firling med en Længdestok, 0.248ᵐᵐ og en Tverstok, 0.076ᵐᵐ, Fig. 22.

Paa Tentaklernes nederste Halvdel findes foruden enkelte, lig de store Spindler paa Kroppen, mindre, dels tungeformede, takkede Spindler, der strække sig udover Pinnulerne og ere 0.118ᵐᵐ lange, 0.032ᵐᵐ brede, Fig. 23, dels takkede Valser, 0.060ᵐᵐ lange, 0.028ᵐᵐ brede, Fig. 24, dels enkelte Stjerner, 0.032ᵐᵐ i Gjennemsnit, Fig. 25. Paa den øverste Halvdel, hvor Spiklerne ligge paatvers, ere de fladere, mere eller mindre krumbøiede, takkede; de nederste ere 0.112ᵐᵐ lange, 0.036ᵐᵐ brede, Fig. 26. 27, og de øverste 0.072ᵐᵐ lange, 0.024ᵐᵐ brede, Fig. 28. 29.

is foliaceous, has a short acuminate shaft, and measures 0.144ᵐᵐ in length, and 0.080ᵐᵐ broad above (Pl. VI, fig. 8).

At the lowest part of the stem, the spicules are placed much dispersed and, in this situation, they appear as, strongly spicate, straight, and bent, fusees, measuring from 0.104—0.168ᵐᵐ in length, and from 0.028—0.048ᵐᵐ in breadth (Pl. V, figs. 9. 10); also, as warted clavates and subclavates; the first mentioned measuring 0.096ᵐᵐ in length, and 0.056ᵐᵐ in breadth above, and having a short shaft (Pl. VI, fig. 11); the last mentioned measuring 0.112ᵐᵐ in length, and 0.044ᵐᵐ in breadth above (Pl. VI, fig. 12); and finally, also, as aculeated quadruplets, which approach to the cruciform, and measure 0.112ᵐᵐ in length, and 0.052ᵐᵐ in breadth (Pl. VI, fig. 13).

On the body of the polyp, the fusiform is the one that is most generally prominent. Here, spicate, more or less bent, fusees, with acuminate extremities, and measuring from 0.200—0.212ᵐᵐ in length, and from 0.036—0.040ᵐᵐ in breadth, (Pl. VI, figs. 14. 15) are met with; and, also, straight spicate fusees with, either, one or both extremities obtuse, and measuring from 0.192—0.224ᵐᵐ in length, and from 0.024—0.048ᵐᵐ in breadth (Pl VI, figs. 16—19). Between these are seen, occasionally, smaller spicate subclavates, measuring from 0.112—0.152ᵐᵐ in length, and 0.036ᵐᵐ in breadth above, (Pl. VI, figs. 20. 21); also, but extremely rarely, a cruciform foliaceous quadruplet, with a longitudinal arm measuring 0.248ᵐᵐ, and a transversal arm measuring 0.076ᵐᵐ (Pl. VI, fig. 22).

On the lowest half part of the tentacles there are found; besides a few like the large fusees on the body; small partly, linguate, spicate fusees, which extend themselves over the pinnules, and measure 0.118ᵐᵐ in length and 0.032ᵐᵐ in breadth (Pl. VI, fig. 23); partly, spicate rollers, measuring 0.060ᵐᵐ in length and 0.028ᵐᵐ breadth (Pl. VI. fig. 24); partly, a few stellates measuring 0.032ᵐᵐ in diameter (Pl. VI, fig. 25); on the uppermost half part, where the spicules are placed transversally, they are flatter, more or less curved, and spicate, and, of these, the lowest ones measure 0.112ᵐᵐ in length, and 0.036ᵐᵐ in breadth (Pl. VI, figs. 26. 27), and the uppermost ones measure 0.072ᵐᵐ in length, and 0.024ᵐᵐ in breadth (Pl. VI, figs. 28. 29).

Farven.

Stammen graagrøn. Polyperne graalige. Spiklerne tildels svagt graalige.

Colour.

The stem is greyish-green. The polyps greyish. The spicules, partly, faint-greyish.

Findested.

Station imellem 173 og 174. 300 Favne. Temperat. + 4 C. 1 Exemplar.

Habitat.

Station, between Nos. 173 and 174. Depth 300 fathoms. Temp. + 4 C. One specimen.

Artskarakter.

Zoanthodemet indtil 28ᵐᵐ høit. Stammen rund, furet, omtrent 20ᵐᵐ i Omfang ved Grunden, aftager i Tykkelse op imod Toppen, hvor den deler sig i 2 Grene, der igjen danne Smaagrene, som hver bærer Grupper af Polyper. Basaldelen tyk, fast, noget udvidet. Strax ovenfor denne og til Toppen er Stammen rundt om forsynet med korte, tykke Grene, staaende temmelig langt fra hverandre, og hvoraf flere, lige ved Udspringet, dele sig i to, som atter dele sig i mange Smaagrene, der hver bærer 6—7 tætstaaende Polyper; andre Grene, og det de fleste, dele sig et Par Millimeter fra Stammen i mange korte og sammentrængte Smaagrene, som hver bærer et lignende Antal Polyper. Disse ere bægerformede, 3ᵐᵐ lange, med en kort, smal Bagkrop, noget udvidet Forkrop, hvor Spiklerne ordne sig i Længderækker. Tentaklernes aborale Side forsynet med Spikler, der paa den nederste Halvdel ligge paalangs, paa den øverste paatvers. Paa Basaldelen ere sammensatte Stjerner og vingeformigt udvidede, takkede Spindler de almindeligste. Den nederste Del af Stammen fattig paa Spikler; den øvrige Del af Stammen samt Grenene med deres Forgreninger spikelfri. Polypkroppen rig paa Spikler, der væsentligst fremtræde under Spindelformen. Farven: Stammen og Grenene graagrønne, Polyperne grnalige.

Specific characteristics.

The Zoanthodem measures up to 28ᵐᵐ in height. The stem is cylindrical, grooved, and measures about 20ᵐᵐ in circumference at the base, but diminishes in thickness up towards the summit, at which point it ramifies into 2 branches which, again, ramify into numerous branchlets, each carrying groups of polyps. The basal part is thick, firm, and somewhat dilated. Immediately above the basal part, and up to its summit, the stem is, round about it, furnished with short thick branches placed pretty far apart from each other, and of these several, quite at their root, ramify into two, that again ramify into numerous branchlets, each of which carries 6—7 closely-set polyps; other branches, and these the greater number, ramify, a couple of millimetres beyond their roots, into many short, and crowded, branchlets, each of which carries a similar number of polyps. These are chalice-formed, and measure 3ᵐᵐ in length; they have a short, narrow, posterior body, and a somewhat dilated anterior body, on which the spicules arrange themselves in longitudinal series. The aboral side of the tentacles is furnished with spicules which, upon the lowest half part, are placed longitudinally, and on the uppermost part transversally. In the basal part, complex stellates, and pennate dilated, spicate fusees are the most frequent spicular forms. The lowest part of the stem is poor in spicules. The remainder of the stem and, also, the branches with their ramifications are devoid of spicules. The body of the polyp is rich in spicules which appear, principally, in the fusiform. The colour of the stem and the branches is greyish-green; the polyps greyish.

Drifa[1] hyalina, n. g. et sp.

Tab. VII. Fig. 1—44.

Zoanthodemet er indtil 80ᵐᵐ høit. Stammen er rund, glat, omtrent 40ᵐᵐ i Omkreds ved Grunden og aftager kun lidet i Tykkelse op til Toppen, der udvider sig noget og bærer 2—3 Grupper Polyper. Paa selve Stammen udspringe dels enkeltø, dels Klynger af Polyper; de enkelte Polyper gaa umiddelbart over i Stammen; men forend hver Klynge gaar over i samme, samle de sig i en yderst kort Stilk. Basaldelen er nøgen, furet paalangs, læderagtig og omtrent 15ᵐᵐ høi. Stammen er rundtom forsynet med flere Grene, der alle ere meget tykke, — ja et Par af dem have endog næsten samme Tykkelse som Stammen, men Længden er meget forskjellig, især er en, som sidder omtrent midt paa Stammen, meget lang, indtil 40ᵐᵐ. Grenene ere lige fra deres Udspring optagne dels af enkelte Polyper, dels af Grupper paa 3—5, men fornemmelig af Smaagrene, der overalt ere saa rigt forsynede med Polyper, at de som

Drifa[1] hyalina, n. g. et sp.

Pl. VII. figs. 1—44.

The Zoanthodem measures up to 80ᵐᵐ in height. The stem is cylindrical, smooth, and measures about 40ᵐᵐ in circumference at the base; it diminishes only slightly towards the summit, where it becomes somewhat dilated, and carries 2—3 groups of polyps. On the stem itself, partly, single, partly, bunches of polyps shoot out; the single polyps become, immediately, produced into the stem, but before each bunch is produced into the stem it collects together into an extremely short stalk. The basal part is bare, longitudinally grooved, coriaceous, and measures about 15ᵐᵐ in height. The stem is, round about it, furnished with several branches, all of which are very thick, indeed, a couple of them have, even, almost the same thickness as the stem; the length is, however, very variable; one especially, situated about the middle of the stem, is very long, and measures up to 40ᵐᵐ in length.

[1] Drifa == Sneenymphe, Sneestorm.

[1] Drifa --- Snow-nymph, Snowstorm.

oftest skjules ganske af disse. Grenene ende i Almindelighed i en bred Udvidning, der ligesom Stammens øverste Ende bærer 2—3 Grupper Polyper. Imellem de fuldt udviklede Polyper træffes hyppig ganske smaa, som netop have gjennembrudt Coenenchymet. Baade Stammen, Grenene og Smaagrenene ere rige paa Kalkspikler, Fig. 1. 2.

Polyperne ere 8ᵐᵐ lange, ikke retraktile, med en temmelig lang Bagkrop. Kroppen er 5ᵐᵐ lang, cylindrisk, noget bredere op imod Tentakelskiven og forsynet med 8 fremragende Længderibber, dannede af Spikler. Tentaklerne ere 3ᵐᵐ lange og have Spikler paa den aborale Side. Pinnulerne ere korte, uden Spikler, Fig. 3. 4.

Hele Zoanthodemet, undtagen Basaldelen, er saa gjennemsigtigt, at man i levende Live kan iagttage Skillevæggene og Længdekanalerne i Stammen, Mesenterialfilamenterne og Svælget hos Polyperne.

Zoanthodemets Bygning.

Stammen, Grenene og Smaagrenene ere udvendigt beklædte med et Ectoderm, der bestaar af flere Lag polyædriske Celler, som have en tynd Membran, ere 0.007ᵐᵐ store og have en rund, næsten central Kjerne, 0.003ᵐᵐ, omgiven af yderst sparsomt Protoplasma, Fig. 5, a: men imellem disse polyædriske Celler sees, især i det dybere Lag, aflange Celler af omtrent samme Størrelse, med en rund Kjerne, rigere omgiven af Protoplasma, Fig. 5, b; samt desforuden kolbeformige Celler med en lang Hals, der strækker sig op til Ectodermets Overflade. Disse kolbeformige Celler ere stundom ganske tomme og se ud som Vacuoler, men hyppigt ere de fyldte med en yderst fintkornet Masse, som skjuler en næsten rund Kjerne, der ligger ned mod Bunden af Cellen. De ere upaatvivlelig encellede Slimkjertler, 0.017ᵐᵐ lange og 0.008ᵐᵐ brede i den brede Ende, ere tilstede i stor Mængde og ligge dels enkeltvis, dels i Grupper, Fig. 5, c. Indenfor Ectodermet er et hyalint Bindevævslag, rigt paa Ernæringskanaler og Bindevævslegemer, Fig. 5, e; det er tykkere paa Stammen end paa Grenene, men er i det Hele taget forholdsvis tyndt, Fig. 5, d, og fra dets indre Flade udgaa Forlængelser, der straaleformigt konvergere indad mod Centrum og danne Coenenchymet med dets Kanaler.

Længdekanalerne ere meget vide, saa at Coenenchymet bliver temmelig sparsomt, ikke san bredt som hos Slægterne

The branches are, quite from their root, occupied, partly, by single polyps, and partly, by groups of 3—5 polyps, but, principally, by branchlets, which are, everywhere, so richly beset with polyps, that they are, in general, quite concealed by them. The branches terminate, usually, in a broad dilation which, like the uppermost extremity of the stem, carries 2—3 groups of polyps. Between the fully developed polyps, quite minute ones are frequently met with, that have just recently emerged from the sarcosoma. Both, the stem, the branches and the branchlets, are rich in calcareous spicules (figs. 1. 2).

The polyps measure 8ᵐᵐ in length, are non-retractile, and have a tolerably long posterior body. The body measures 5ᵐᵐ in length, is cylindrical, somewhat broadest up towards the tentacular disk, and it is furnished with 8 protuberant longitudinal ribs formed of spicules. The tentacles measure 3ᵐᵐ in length, and are furnished with spicules on the aboral side. The pinnules are short and devoid of spicules (figs. 3. 4).

The entire Zoanthodem, except the basal part, is so translucent that, in the live state, the divisional walls and the longitudinal ducts in the stem, also the mesenterial filaments and gullet of the polyps, may be observed.

The structure of the Zoanthodem.

The stem, the branches, and the branchlets are clad, exteriorly, with an ectoderm, consisting of several layers 0.007ᵐᵐ in diameter, and these contain a round, almost central nucleus, measuring 0.003ᵐᵐ, enclosed by an extremely sparing protoplasm (fig. 5, a); but between these polyhedrical cells there are seen, especially in the deeper layers, oblong cells of about the same size, which contain a round nucleus more richly enclosed by protoplasm (fig. 5, b), also, in addition, clavate-formed cells with a long neck, which extend themselves up to the outer surface of the ectoderm. These clavate-formed cells are sometimes quite empty and appear like vacuoli, but most frequently they are filled with an extremely minute granular substance that conceals a nearly round nucleus placed down towards the bottom of the cell. They are, without doubt, unicellular mucous glands, and measure 0.017ᵐᵐ in length, and 0.008ᵐᵐ in breadth at the broad extremity; they are present in great abundance, and are situated partly singly, partly in groups (fig. 5, c). Inside of the ectoderm there is a layer of hyaline connective tissue, rich in nutritory ducts and connective tissue corpuscles (fig. 5, e); this layer is thicker in the stem than in the branches, but, taken altogether, it is relatively thin (fig. 5, d); from its inner surface prolongations proceed, converging radially, inwards, towards the centre, and forming the sarcosoma with its ducts.

The longitudinal ducts are very wide, so that the sarcosoma becomes pretty sparing, and not so broad as in

Væringia og Duva, og paa deres Vægge iagttages store, ovale Aabninger for hver tilstødende Gren, hvorved dennes Kanaler kommunicere med Stammens. Længdekanalernes Vægge, eller den indre Bindevævsflade, er beklædt som sædvanligt med Længde- og Tvermuskler, der have et Epithelovertræk, bestaaende af runde Celler, 0.010ᵐᵐ store, med en rund Kjerne, omgiven af Protoplasma. Paa Bindevævets ydre Flade, imellem denne og Ectodermet, er overalt indleiret Kalkspikler, der ere forskjellige i Form og Størrelse paa de forskjellige Steder af Stammen og Grenene, og som senere skulle beskrives.

Polyperne ere paa deres ydre Flade beklædte med et Ectoderm, ligt det, som findes paa Stammen og Grenene, — kun ere Cellelagene ikke saa mange, ligesom Cellerne i det indre Lag ere rundere og rigere paa Protoplasmaindhold end i de ydre Lag. Fig. 6, a. Ogsaa her findes lignende Slimkjertler som paa Stammen, Fig. 6, b. Indenfor Ectodermet er et bredt, hyalint Bindevævslag, rigt paa Ernæringskanaler med deres Endothel, og paa dette Bindevævs ydre Flade, dækket af Ectodermet, er den store Mængde af Spikler indleiret, der omgiver hele Polypkroppen, Fig. 6, c. Fra Bindevævets indre Flade udgaa de 8 Septa, der fæste sig paa Svælget, Fig. 7, a, og derfra forlænge sig langs hele Mavehulheden under Navn af Septula. De bestaa af en Bindevævslamel, paa hvis ene Side er fæstet longitudinelle og paa den anden Side transversale Muskelfibre, Fig. 7, b, c. Disse Muskelfibre ere Fortsættelser af Muskellaget paa Bindevævets indre Flade, ligesom de gaa over paa Svælgets ydre Flade og udbrede sig deri, Fig. 7. Hele Mavehulheden med Septa og Septula er beklædt med et Epithel, der dannes af to Lag runde Celler, 0.009ᵐᵐ store, som have en tynd Membran, en rund Kjerne, 0.004ᵐᵐ stor, omgiven af kornet Protoplasma, Fig. 7, d.

Svælget er cylindrisk, foldet, temmelig langt og paa sin ydre Flade beklædt med Epithel af samme Beskaffenhed som det, der tapetserer hele Mavehulheden. Om det danner flere Lag af Celler kan ikke afgjøres med Sikkerhed; men paa enkelte Steder havde det Udseende af to Lag, paa andre af et. Dækket af dette Endothel udbrede de tidligere omtalte Retraktores og Protraktores sig paa et hyalint Bindevævslag, der endnu er langtudinelle, or synet med Ernæringskanaler og Bindevævslegemer med Udløbere. Paa dette Bindevævs indre Flade er Svælgets egentlige Muskellag, der dannes af longitudinelle men væsentligst af paaskraas gaaende, cirkulære Fibre, og er beklædt med Epithel, som umiddelbart støder til Svælghulheden. Dette Epithel er paa den øverste Trediedel og forøvrigt til Siderne en Fortsættelse af Kroppens Ectoderm, men er dog noget modificeret, idet Cellerne ere mere langstrakte, ikke saa kantede, og imellem disse sees

the genera *Væringia* and *Duva*. On their walls, large oval apertures for each adjacent branch are observed, by which its ducts communicate with those of the stem. The walls of the longitudinal ducts, or the inner connective-tissue surfaces, are clad, as usual, with longitudinal and transversal muscles which have an epithelial covering, consisting of cylinder cells measuring 0.010ᵐᵐ in diameter and containing a round nucleus enclosed by protoplasm. On the outer surface of the connective tissue, between it and the ectoderm, calcareous spicules are, everywhere, entrenched; these vary in form and size in the different parts of the stem and the branches, and will be, subsequently, described.

On their exterior surface, the polyps are clad with an ectoderm like that which is found upon the stem and the branches, only, the cellular layers are not so numerous, whilst, also, the cells in the inner layer are more cylindrical and richer in protoplasmic contents than those in the outer layer (fig. 6, a). Also, in this situation, mucous glands like those of the stem are found (fig. 6, b). Inside of the ectoderm, there is a broad layer of hyaline connective tissue, rich in nutritory ducts with their endothelium, and on the exterior surface of that connective tissue, covered by the ectoderm, the large mass of spicules which surround the entire body of the polyp are entrenched (fig. 6, c). From the inner surface of the connective-tissue proceed, the 8 septa, which are adherent to the gullet (fig. 7, a) and prolong themselves, thence, along the entire ventral cavity, under the form of septula. They consist of a connective-tissue lamella on whose one side, longitudinal, and on the other side transversal, muscular fibres are secured (fig. 7, b, c). These muscular fibres are continuations of the muscular layer of the inner surface of the connective-tissue, whilst, also, they are produced, over, into the exterior surface of the gullet and spread themselves there (fig. 7). The entire ventral cavity, with septa and septula, is clad with an epithelium, formed of two layers of cylinder cells measuring 0.009ᵐᵐ in diameter, having a thin membrane, and containing a round nucleus measuring 0.004ᵐᵐ, enclosed by granular protoplasm (fig. 7, d).

The gullet is cylindrical, folded, rather long, and, upon its exterior surface, it is clad with epithelium of the same character as that which lines the entire ventral cavity. Whether it forms several layers of cells cannot, with certainty, be decided; in a few places there was the appearance of two layers, but in others, again, only of one. Covered by this endothelium, the previously mentioned retractors and protractors spread themselves upon a hyaline connective-tissue-layer which, as usual, is furnished with nutritory ducts and connective-tissue corpuscles with prolongations. On the inner surface of this connective-tissue, the real muscular layer of the gullet appears; it is formed of longitudinal, but chiefly of diagonally running, circular fibres, and is clad with epithelium which connects immediately to the gullet cavity. This epithelium is, on its uppermost third part, and otherwise, also, on its sides, a continuation of the ectoderm of the body, but is,

en Mængde kolbeformige Slimkjertler med en langstrakt Hals, der som oftest udmunder paa Svælgets indre Flade, Fig. 7. e. Disse Kolbeceller ere ganske lig de foromtalte, encellede Slimkjertler i Ectodermet; men i Svælget ere de lettere at iagttage, ligesom Indholdet ofte ligger dels i. dels udenfor Udførselskanalens Aabning. Svælgets indre Flade er ofte overtrukken med en seig Slimmasse.

Svælggruben danner en oval Rende, der strækker sig nogle Millimeter fra den aflange Mundaabning og lige ned til Svælgets Ende, Fig. 7. f. Den er forsynet med lange, smale Pidskeceller, som hver bærer en lang Cilie, der flimrer frit i Hulheden, Fig. 7. g.

Gastralfilamenterne afvige ikke i sin Bygning fra dem, jeg omtalte hos Slægten Væringia, og hvorved jeg for en Del kan konstatere de af Englænderen Edm. Wilson gjorte Iagttagelser, betræffende de to lange Dorsal-mesenterialfilamenters Bygning. Hvorvidt disse to Organer udelukkende staa i Circulationens Tjeneste, kan jeg ikke afgjøre; men den Omstændighed, at de følge Mavehulheden i dens hele Længde og ere rigt beklædte med lange Cilier, synes at tale derfor.

Kjønsprodukterne udvikle sig i den nederste Del af Mavehulheden paa Septula i særegne Kapsler. Kjønnene ere adskilte. Paa det ene Exemplar, jeg har havt til Undersøgelse, ere Individerne Hunner.

Jeg har tidligere omtalt, at der overalt i Zoanthodemets ydre Huul findes en Mængde Spikler; jeg skal nu nærmere beskrive disse.

I Basaldelen ligge Spiklerne kompakt paa hverandre og danne dels bladede, dels vortede Klubber med yderst kort Haandgreb, fra 0.110—0.140^{mm} lange og fra 0.060 —0.080^{mm} brede foroven, Fig. 8. 9. 10; korte, takkede Spindler med afstumpede Ender, fra 0.060—0.120^{mm} lange, og fra 0.025—0.040^{mm} brede; de mindste have faa Takker med et bredt, nogent Midtbelte, Fig 11; smaa Dobbeltstjerner, 0.052^{mm} lange, 0.020^{mm} brede i Enderne og 0.010^{mm} brede paa Midten, Fig. 12; større Dobbeltstjerner med et Midtbelte dels nøgent, dels besat med Takker og 0.112^{mm} lange, 0.060^{mm} brede i Enderne; hyppigst er den ene Ende bredere end den anden og rigere paa Takker, Fig. 13. 14. 15.

Paa Stammen ere Dobbeltstjerner den hyppigste Spikelform; de ere fra 0.060—0.088^{mm} lange, og fra 0.040 —0.060^{mm} brede i Enderne; det nøgne Midtbelte er fra 0.016—0.020^{mm} bredt, Fig. 16, 26; de træffes i forskjellige Udviklingsstadier og ere de af meget forskjellig Størrelse,

however, somewhat modified, inasmuch that the cells are more elongate and not so polyhedrical and, between them, a multitude of clavate-formed mucous glands are observed, having an elongated neck which, most frequently, debouches on the inner surface of the gullet (fig. 7, e). These clavate cells are quite similar to the previously mentioned unicellular mucous glands in the ectoderm, but they are more easily observed in the gullet, whilst, also, the contents frequently lie, partly inside, and partly outside the aperture of the excretory duct. The inner surface of the gullet is, frequently, coated with a viscous mucous substance.

The gullet cavity forms an oval channel, which extends itself, a few millimetres from the oblong oral aperture, right down to the extremity of the gullet (fig. 7. f). It it furnished with, long, narrow, flagellated cells, each of which carries a long cilium that waves freely in the cavity (fig. 7. g).

The gastral filaments do not differ in their structure from those spoken of in connection with the genus *Væringia*, and from this I can, in a measure, confirm the observations made by the Englishman Edm. Wilson, in respect of the two long dorsal mesenterical filaments. How far these two organs operate, exclusively, in the service of the circulatory system, I am unable to decide, but the circumstance that they follow the ventral cavity throughout its entire length, and are richly clad with long cilier, seems to point to this.

The sexual products develope themselves in the lowest part of the ventral cavity, on the septula, in peculiar capsules. The sexes are separate. In the one specimen which I have had under examination the individuals are females.

I have previously stated that, everywhere, in the exterior integument of the Zoanthodem, a multitude of spicules are found; I shall now describe these more particularly.

In the basal part, the spicules are placed compactly upon each other, and form; partly, foliaceous, partly, warted clavates with extremely short shaft, and they measure from 0.110—0.140^{mm} in length, and from 0.060—0.080^{mm} in breadth above (figs. 8. 9. 10); short spicate fusces with blunted extremities, and measuring from 0.060—0.120^{mm} in length, and from 0.025—0.040^{mm} in breadth; the smallest ones have few spikes, and have a broad bare mesial belt (fig. 11); small bistellates, measuring 0.052^{mm} in length, and 0.020^{mm} in breadth at the extremities, and 0.010^{mm} in breadth at the middle (fig. 12); large bistellates, with a mesial belt, partly, bare, partly beset with spikes, and measuring 0,112^{mm} in length, and 0.060^{mm} in breadth at the extremities; very frequently, the one extremity is broader than the other, and richer in spikes (figs. 13. 14. 15).

On the stem, the bistellate is the most frequent spicular form, and measures from 0.060—0.088^{mm} in length, and from 0.040—0.060^{mm} in breadth at the extremities; its bare mesial belt measures from 0.016 —0.020^{mm} in breadth (figs. 16. 26); they are met with in various stages

fra 0.018—0.060ᵐᵐ lange og fra 0.010—0.024ᵐᵐ brede i Enderne, medens Midtpartiet er fra 0.006—0.012ᵐᵐ bredt. Paa enkelte af disse uudviklede Dobbeltstjerner er der kun Antydninger til Takker, Fig. 17. 18. 19.

Imellem Dobbeltstjernerne findes enkelte mere sammensatte Stjerner og enkelte Koller, besatte baade med Vorter og Blade, hvoraf nogle af de sidste have et meget kort Skaft, lig dem, der findes paa Basaldelen og ovenfor ere omtalte, medens andre ere meget lange, fra 0.180—0.200ᵐᵐ, og Bredden i den øvre Ende er fra 0.060—0.080ᵐᵐ, Fig. 20. Af og til sees en Dobbeltkugle, 0.076ᵐᵐ lang, 0.052ᵐᵐ bred i de afrundede, takkede Ender med et 0.020ᵐᵐ bredt Midthelte, Fig. 21. Imellem disse forskjellige Former iagttages hist og her Firlinger, snart x-formede og næsten glatte, Fig. 22, snart mere eller mindre korsformede og forsynede baade med Blade og Vorter, Fig. 23. 24. De x-dannede Firlinger ere 0.048ᵐᵐ lange, 0.016ᵐᵐ brede paa Midten; de med Vorter og Blade besatte Firlinger ere omtrent lige lange som brede, deres Gjennemsnit er 0.060ᵐᵐ, og de med udpræget Korsform og kun lidet besatte med Vorter have en Længdestok, 0.048ᵐᵐ, og en Tverstok, 0.040ᵐᵐ, Fig. 25.

Paa Grenene findes vortede Spindler med tilspidsede Ender, 0.200ᵐᵐ lange, 0.060ᵐᵐ brede, Fig. 27; bladede Koller, dels med kort Haandgreb, 0.130ᵐᵐ lange, 0.060ᵐᵐ brede foroven, Fig. 28, dels med lang, smalt, takket Haandgreb, 0.178ᵐᵐ lange, 0.040ᵐᵐ brede foroven, Fig. 29; eiendommelige, korsformede, bladede Firlinger, hvis Længdestok er 0.092ᵐᵐ og Tverstok 0.060ᵐᵐ, Fig. 30, samt hist og her nogle ringeformigt udvidede Spikler med takkede Rande, Fig. 31. 32.

Paa Polypens Forkrop er Kolleformen almindeligst. De vortede Koller ere 0.200ᵐᵐ lange, 0.060ᵐᵐ brede foroven og have paa den øverste Del en nogen Indsnøring (Hals), der ligesom skiller den korte Klubbe fra det lange Haandgreb, Fig. 33; af de bladede Koller gives der enkelte, som ere spaltede foroven, 0.180ᵐᵐ lange, 0.068ᵐᵐ brede i øverste Ende og tildels forsynede med en nogen Hals, Fig. 34. 35. Imellem Kollerne træffes enkelte særegne Firlinger med et Midtparti, 0.060ᵐᵐ bredt, hvorfra udgaa 2 lange, takkede Arme, hver 0.120ᵐᵐ lang og to meget korte, 0.008ᵐᵐ lange, Fig. 36. Disse sidste ere meget sjeldne. Op imod Tentakelskiven sees dels krumme, dels lige, takkede Spindler med tilspidsede Ender, hvilke ere 0.222ᵐᵐ lange, 0.040ᵐᵐ brede, Fig. 37.

of development and are, then, of very variable size, measuring from 0.018—0.060ᵐᵐ in length, and from 0.010—0.024ᵐᵐ in breadth at the extremities, whilst the mesial part measures from 0.006—0.012ᵐᵐ in breadth. In a few of these partially developed bistellates there are only indications of spikes (figs. 17. 18. 19).

Between the bistellates, a few more complex stellates, and a few subclavates beset with, both, warts and leaves are found, and of the last mentioned, a few have a very short shaft like that which is found in the basal part and which is described above, whilst others are very long, and measure from 0.180—0.200ᵐᵐ in length, and from 0.060—0.080ᵐᵐ in breadth at the superior extremity (fig. 20). Now and then, a double sphere is seen, measuring 0.076ᵐᵐ in length, and 0.052ᵐᵐ in breadth at the rounded spicate extremities, with a broad mesial belt measuring 0.020ᵐᵐ in breadth (fig. 21). Between these different forms, quadruplets are, here and there, observed, sometimes, x-formed and almost smooth (fig. 22), sometimes, more or less cruci-form and furnished with, both, leaves and warts (figs. 23. 24). The x-formed quadruplets measure 0.048ᵐᵐ in length, and 0.016ᵐᵐ in breadth at the middle; those quadruplets which are beset with warts and leaves are about as long as they are broad, and their diameter is 0.060ᵐᵐ; and those of distinguished cruci-form, and only, slightly beset with warts, have a longitudinal arm measuring 0.048ᵐᵐ, and a transversal arm measuring 0.040ᵐᵐ (fig. 25).

On the branches, warted fusces with acuminate extremities are found, measuring 0.200ᵐᵐ in length and 0.060ᵐᵐ in breadth (fig. 27); also foliaceous clavates, partly, with short shaft, and measuring 0.130ᵐᵐ in length, and 0.060ᵐᵐ in breadth above (fig. 28), partly, with narrow, long spicate shaft, and measuring 0.178ᵐᵐ in length, and 0.040ᵐᵐ in breadth above (fig. 29); peculiar cruci-form foliaceous quadruplets, whose longitudinal arm measures 0.092ᵐᵐ, and the transversal arm 0.060ᵐᵐ (fig. 30); also, here and there, a few pennate dilated spicules with spicate margins (figs. 31. 32).

On the anterior body of the polyp, the subclavi-form is the most frequent. The warted subclarates measure 0.200ᵐᵐ in length, and 0.060ᵐᵐ in breadth above, and they have, on the uppermost part, a bare contraction (Neck) which, as it were, separates the short club from the long shaft (fig. 33); of the foliaceous subclavates, a few are met with which are fissured above, and measure 0.180ᵐᵐ in length, and 0.068ᵐᵐ in breadth at the uppermost extremity, and are, partly, furnished with a bare neck (figs. 34. 35). Between the subclavates, a few peculiar quadruplets are met with, having a mesial part measuring 0.060ᵐᵐ in breadth, and from which two long spicate arms proceed, each measuring 0.120ᵐᵐ in length, and, also, two very short ones, measuring 0.008ᵐᵐ in length (fig. 36). These last are, however, very rare. Up towards the tentacular disk, partly bent, partly straight, spicate fusces with acuminated extremities are seen, measuring 0.222ᵐᵐ in length, and 0.040ᵐᵐ in breadth (fig. 37).

Paa Bagkroppen iagttages lignende Spikler som paa Forkroppen, kun ere Spindlerne her meget hyppigere, mere takkede og tildels meget mindre. Fig. 38. 39. Desforuden træffes her en næsten glat, liden Firling, noget lig et Andreaskors med 0,060 mm lange Arme, Fig. 40.

Paa Tentaklerne er det væsentligst bladede, dels krumme, dels lige Køller, som ere ordnede saaledes, at den tykke, bladede Del af Køllen vender mod Midten af Tentakelens aborale Side; de ere fra 0,140—0,200 mm lange og 0,036 mm brede foroven. Fig. 41; opimod den øverste Ende af Tentakelen sees en Del næsten flade, i Randen udskaarne Spikler, som ere fra 0,060—0,080 mm lange og fra 0,014—0,024 mm brede. Fig. 42; endelig iagttages enkelte smaa Rosetter, der ere omtrent lige lange som brede og noget indkæbne paa Midten, nærmende sig en liden Dobbeltstjerne og 0,020 mm i Udstrækning, Fig. 43, samt smaa. bladede Klubber, Fig. 44.

On the posterior body, similar spicules to those observed, only, in this situation, the fusces are much more frequent, more spicate, and partly. also, much smaller (figs. 38. 39). There is, further, met with, here, an almost smooth, small, quadruplet, somewhat like a S¹ Audrews Cross, with arms measuring 0,060 mm in length.

On the tentacles, it is, principally, foliaceous, partly bent, partly straight, subclavates that are met with, arranged in such manner, that the thick foliaceous part of the club faces towards the middle of the aboral side of the tentacle; these measure from 0,140—0,200 mm in length, and 0,036 mm in breadth above (fig. 41). Up towards the uppermost extremity of the tentacle, a number of, almost flat, spicules with indented margins are seen, measuring from 0,060—0,080 mm in length, and from 0,014—0,024 mm in breadth (fig. 42); finally, a few small rosettes are observed, which are about as long as they are broad, and somewhat constricted at the middle, and measuring 0,020 mm in extent (fig. 43); also, small foliaceous clavates (fig. 44).

Farven.

Bleg rosenrød.

Colour.

Pale rose-red.

Findested.

Station 315. Et Exemplar.

Habitat.

Station No. 315. One specimen.

Slægtskarakter.

Zoanthodemet trædannet, forgrenet. Hovedgrenene tykke, og fra dem udspringe overalt Smaagrene, tæt besatte med Polyper. Polyperne ikke retraktile, langstrakte, med vel udviklet Bagkrop. Stammen, Grenene, Smaagrenene og Polyperne rige paa Kalkspikler, hvoraf Kølleformen er den mest fremherskende. Septa uden Kalk.

Generic characteristics.

The Zoanthodem arborescent, ramous. The main branches thick, and from them shoot out, everywhere, branchlets closely beset with polyps. The polyps non-retractile, elongate, with well developed posterior body. The stem, the branches, the branchlets and the polyps rich in calcareous spicules, of which, the subclavi-form is the most predominant. Septa non-calcareous.

Artskarakter.

Zoanthodemet indtil 80 mm høit. Stammen furet paalangs, forgrenet, 40 mm i Omkreds ved Grunden. Basaldelen fast, læderagtig, ikke udvidet. Stammen jævntyk overalt, udvider sig lidt i Toppen, hvor den bærer 3 Grupper Polyper. Hovedgrenene overalt rige paa Smaagrene, tæt besatte med Polyper. Stammen og samtlige Grene rige paa Kalkspikler. Polyperne indtil 8 mm lange, ikke retraktile, med en lang Bagkrop og ligesom indkapslede i kølleformede Spikler. Tentaklerne meget rige paa lignende Spikler. Farven bleg rosenrød.

Specific characteristics.

The Zoanthodem measures up to 80 mm in height. The stem longitudinally grooved, ramous, and 40 mm in circumference at the base. The basal part firm, coriaceous, and not dilated. The stem uniform in thickness throughout, but dilates a little at the summit, where it carries 3 groups of polyps. The main branches, everywhere, rich in branchlets closely beset with polyps. The stem, and all of the branches, rich in calcareous spicules. The polyps measure up to 8 mm in length, are non-retractile, have a long posterior body and are, as it were, encapsuled in subclavi-formed spicules. The tentacles richly furnished with similar spicules. The colour pale rose-red.

Drifa islandica, n. sp.

Tab. VI, Fig. 30—71.

Zoanthodemet indtil 60^{mm} høit. Stammen, der ved Grunden er 45^{mm} i Omkreds, er rund, riflet efter Længden af de stærkt udprægede Længdekanaler og ender opad i 3 Grene. Basaldelen er fast, læderagtig og skiveformigt udvidet. Lige fra Basaldelen og til Toppen er Stammen rundtom rigt forsynet med Grene, der kun ved nogle Millimeters Mellemrum ere skilte fra hverandre. Grenene have forskjellig Længde og opnaa indtil Halvdelen af Stammens Tykkelse, ere runde med udprægede Længdekanaler og i Regelen lige fra deres Udspring tæt besatte dels med Smaagrene, dels med enkelte Polyper. Smaagrenene ere korte, tykke, fra 4—6^{mm} lange og bære overalt Polyper, som ere ordnede i tætte Grupper. Enkelte Smaagrene, men disse ere sjeldne, ere ved Grunden omgivne af enkeltsiddende Polyper og bære paa Enden en hel Samling af saadanne. Smaagrenene ligne paa Grund af den Masse Polyper, de bære, Drueklaser og dække som oftest ganske Hovedgrenen. Saavel Grenene som Smaagrenene ere bløde, bøielige og forsynede med Spikler, der vanskelig sees med blotte Øie, men meget let ved en svag Loupeforstørrelse; de vise sig da som smaa, lysende Kommaer, der ligge temmelig langt fra hverandre. Paa Stammen, som er fastere end Grenene, sees overalt imellem disse dels enkelte Polyper, dels Grupper, der ere samlede i en liden Stilk, som gaar direkte over i Stammen. Ogsaa paa denne iagttages mere eller mindre spredte Spikler, som tildels ere ordnede i Længderækker, der følge Længdekanalerne, men ligesaa hyppigt samle sig i smaa Klumper, som kunne sees med blotte Øie, Fig. 30. 31.

Polyperne ere traktformige, 8—9^{mm} lange. Forkroppen med Tentakelranden stærkt udvidet, 3—4^{mm} bred. Bagkroppen forholdsvis smal, 3^{mm} lang, Fig. 32. Hele Kroppen er stærkt inkrusteret af Spikler, naar undtages op imod Tentakelranden, hvor der imellem Tentaklerne er et triangulært Spatium, som er blottet for Kalk, Fig. 33, a. Paa Kroppens forreste Del op imod Tentaklerne ordne Spiklerne sig i Længderækker og danne Ribber, der gaa over paa Tentaklernes aborale Side lige til deres Ende, Fig. 32. 33. Paa Kroppens Bugside ligge Spiklerne ikke saa tæt sammen som paa den øvrige Del af Kroppen[1]. Tentaklerne ere omtrent 3^{mm} lange med korte, tykke Pinnuler, der ere uden Spikler. Mundskiven er lidt hvælvet, og i dens Midte sees den aflange Mund, fra hvis Læber udløbe

Drifa islandica, n. sp.

Pl. VI. figs. 30 -71.

The Zoanthodem measures up to 60^{mm} in height. The stem, which at the base measures 45^{mm} in circumference, is cylindrical, longitudinally grooved by the strongly prominent longitudinal ducts, and terminates, above, in 3 branches. The basal part is firm, coriaceous, and discoidally dilated. Quite from the basal part and up to the summit, the stem is, round about it, furnished with branches, which are only separated from each other by a space of a few millimetres. The branches are of variable lengths, and attain a thickness of about half that of the stem; they are cylindrical, have prominent longitudinal ducts and, as a rule, are, quite from their root, closely beset with, partly, branchlets, partly with single polyps. The branchlets are short and thick, measuring from 4—6^{mm} in length, and everywhere carry polyps arranged in close-set groups. A few of the branchlets, but they are rare, are, at the root, uncompassed by isolately situated polyps, but on the extremity carry a whole collection of them. The branchlets resemble, by reason of the mass of polyps that they carry, clusters of grapes, and, most frequently, quite cover the main branch. Both, the branches and the branchlets, are soft and flexible, and are furnished with spicules that can with difficulty be observed with the naked eye but are quite easily observed on slight magnification; they appear then, as minute, glancing commas, placed pretty far apart from each other. On the stem, which is firmer than the branches, there is seen between these, everywhere, partly single polyps, partly groups which are collected into a small stalk that is produced direct into the stem. More or less dispersed spicules can also be observed on it, which, partly, are arranged in longitudinal series that follow the longitudinal ducts, but quite as frequently, they collect themselves into small clumps which may be observed with the naked eye (figs. 30. 31).

The polyps are infundibuliform, and measure, 8—9^{mm} in length. The anterior body, towards the tentacular margin, is strongly dilated, and measures 3—4^{mm} in breadth. The posterior body is relatively narrow, and measures 3^{mm} in length (fig. 32). The entire body is strongly encrusted with spicules, with exception of the part up towards the tentacular margin, where, between the tentacles, there is a triangular space devoid of calcium (fig. 33, a). On the anterior part of the body, up towards the tentacles, the spicules arrange themselves in longitudinal series and form ribs which are produced to the aboral side of the tentacles, right to their extremity (figs. 32. 33). On the ventral side of the body, the spicules are not situated so closely together as on the rest of the body[1]. The ten-

---

[1] Dette er forresten Tilfældet med de fleste Polyper hos de Slægter, jeg har undersøgt. Hyppigt er der endogsaa et større eller

[1] This is also the case with most of the polyps in the genera which I have observed. Most frequently, there is, even, a larger

radiært 8 Striber henimod Tentakelranden og vise Insertionerne paa Mundskiven for de 8 Septa, Fig. 32.

Hele Zoanthodemet er ligesom overstrøet med Nematocyster, der dog ere i størst Mængde tilstede paa Polyperne. De kunne sees med Loupen, ere pæreformige, brune, 0.007"" lange, 0.003"" brede; de fleste ere forsynede med en overordentlig lang Spiraltraad, Fig. 33, a. 34, medens andre, der ere sjeldnere, ikke have nogen snadan Spiraltraad, men ende i en lang, stiv, yderst fin Spids.

Den anatomisk-histologiske Bygning er ikke væsentlig forskjellig fra den, jeg har beskrevet hos Drifa hyalina, kun er i det ydre Epithellag (Ectodermet) paa hele Zoanthodemet en Mængde brune Pigmentceller, der giver dette sin Farve, og som ikke findes hos Drifa hyalina.

Kjønsprodukterne udvikle sig som sædvanligt paa Septula i den bagerste Del af Mavehulheden; men da de i Smaagrenenes Peripheri siddende Polyper forlænge sin Mavehulhed ned i dem, saa sees Smaagrenene ofte ganske opfyldte med Æg (Exemplaret, som jeg havde til Undersøgelse, var neinlig en Hun). Lignende iagttages ogsaa for Hovedgrenenes Vedkommende, hvor Polypernes Mavehulhed forlænger sig ned i Grenen.

Basaldelen er overmaade rig paa Spikler, der ligge tildels pakkede paa hverandre og forekomme under følgende Former: bladede Klubber med kort, tilspidset Skaft; de ere meget alnindelige, 0.180"" lange, 0.080"" brede foroven, Fig. 35; bladet og vortet Klubbe, 0.160"" lang, 0.100"" bred med et kort, bredt Skaft, Fig. 36; Firling i Form af en Blomsterkvast, bærende Korstegn paa Midten, 0.200"" lang, 0.120"" bred, Fig. 37; takkede og vortede Dobbeltstjerner, fra 0.100—0.140"" lange og fra 0.030—0.060"" brede, Fig. 38. 39, og endelig enkle, stilkede Stjerner, 0.060"" lange, Stjernen 0.040"" bred, Stilken kort og næsten glat, Fig. 40. 41. 42.

Paa Stammens nedre og midterste Del og paa Hovedgrenene ligge Spiklerne flere Steder samlede i smaa Klumper, ellers nærme de sig meget til hverandre uden at være sammenpakkede, som Tilfældet er paa Basaldelen. De optræde her hyppigst som bladede og vortede Klubber, 0.140"" lange, 0.118"" brede med et yderst kort, smalt Skaft, lig dem paa Basaldelen, Fig. 35; imellem dem sees

mindre Rum paa Bugsiden, der er ganske blottet for Spikler. Det er sandsynligvis denne Eiendommelighed der gjør, at næsten alle Polyper, især efter Døden, ere noget krumbøiede paa Bugsiden.

tacles measure about 3"" in length, and have short thick pinnules devoid of spicules. The oral disk is a little arcuate, and in its middle the oblong oral aperture appears, from whose labiæ 8 stripes spring, radially, towards the tentacular margin, and show the insertions of the 8 septa upon the oral disk (fig. 32).

The entire Zoanthodem is, as it were, overstrewed with nematocysts which, however, are present in greatest abundance on the polyps. They may be observed with the assistance of a polyoptrum, and are piriform, brown in colour, and measure 0.007"" in length, and 0.003"" in breadth; most of them are furnished with an extremely long spiral filament (fig. 33, a. 34); whilst others, which are more rare, have no such spiral filament, but terminate in a long, stiff, extremely fine point.

The anatomo-histological structure is not, essentially, different from that which I have described as pertaining to Drifa hyalina; only, there is in the exterior epithelial layer (the ectoderm) of the entire Zoanthodem, a multitude of brown pigment-cells, which impart to it its colour, and these are not found in Drifa hyalina.

The sexual products develope themselves on the septula as usual, in the posterior part of the ventral cavity, but as the polyps situated in the periphery of the branchlets prolong their ventral cavity down into them, the branchlets are, frequently, seen quite filled with ova. (The specimen which I had, for observation, was a female). The same is observed in respect, also, of the main branches, where, the ventral cavity of the polyps prolongs itself down into the branch.

The basal part is superabundantly rich in spicules, which are placed, partly, packed upon each other, and appear in the following forms: foliaceous clavates with short acuminate shaft; these are very frequent, and measure 0.180"" in length and 0.080"" in breadth above, (fig. 35); foliaceous and warted clavates, measuring 0.160"" in length, and 0.100"" in breadth, with a short broad shaft (fig. 36): quadruplet in form of a flower-tuft, carrying a crucial sign in the middle, and measuring 0.200"" in length and 0.120"" in breadth (fig. 37); spicate and warted bistellates, measuring from 0.100—0.140"" in length, and from 0.030—0.060"" in breadth (figs. 38. 39); and, finally, single pedunculated stellates, measuring 0.060"" in length; the star measuring 0.040"" across. The stalk short and almost smooth (figs. 40. 41. 42).

On the lower and mesial parts of the stem, and also, on the main branches, the spicules are placed, in some places, collected in small clumps, or they approach much to each other, without, however, becoming packed together such as is the case on the basal part. They appear, here, most frequently, as foliaceous and warted clavates, measuring 0.140"" in length, and 0.118"" in

or smaller space on the ventral side, that is perfectly devoid of spicules. It is, presumably, that peculiarity which causes almost all of the polyps, especially after death, to become somewhat curved on the ventral side.

Firlinger i Form af Timeglas, besatte med Vorter, 0.060"" lange. 0.048"" brede i Enderne, 0.020"" brede paa Midten, Fig. 43; stjernedannede Firlinger, besatte med Vorter og med indskaarne Armeender, 0.080"" i Gjennemsnit, Fig. 44; mangestraalede, sammensatte Stjerner, 0.062"" lange. 0.040"" brede mod Enderne, 0.018"" brede paa Midten, Fig. 45. 46. 47; en yderst sammensat Stjernespikel med bladede Straaler, Fig. 48. og Dobbeltstjerner, 0.104"" lange, 0.060"" brede i Enderne og det nøgne Midtbelte 0.020"" bredt, Fig. 49.

Øverst paa Stammen ligge Spiklerne mere spredte; de danne kortskaftede, bladede Køller, 0.180"" lange, 0.100"" brede foroven, Fig. 50; takkede eller vortede Valser med dels tversafskaarne Ender, 0.100"" lange, 0.050"" brede, Fig. 51, dels mere afrundede Ender, 0.220"" lange, 0.056"" brede, Fig 52; skjævskaftede, takkede Køller, 0.128"" lange, 0.060"" brede, Fig. 53, og vortede Klubber med kort Skaft, 0.120"" lange, 0.080"" brede foroven, Fig. 54.

Paa Smaagrenene ligge Spiklerne endnu mere spredte, og ligesom man paa Stammen gjenfinder Spikler lig dem paa Basaldelen, saaledes findes ogsaa paa Smaagrenene Spikler, der ere hyppigst paa Stammen og Hovedgrenene. Men foruden dem er der andre varierende Former, som hovedsagelig tilhører Smaagrenene, og disse ere: halvt bladede, halvt vortede Valser, 0.240"" lange, 0.092"" brede med stærkt takkede Ender, Fig. 55; bladede Klubber, 0.118"" lange, 0.080"" brede foroven, Fig. 56; Dobbeltstjerner og sammensatte Stjerner, 0.112"" lange. 0.056"" brede med Enderne, og Dobbeltstjernernes Midtbelte, 0.080"" bredt. Fig. 57. 58, og faatakkede Spindler med tilspidsede Ender, 0.160"" lange, 0.040"" brede, Fig. 59.

Paa Polypernes Forkrop findes hyppigst bladede Køller, dels med lige, dels med noget krummet Haandgreb. De lige Køller ere de største, 0.288"" lange, 0.128"" brede opad, Fig. 60; de krumme ere 0.220"" lange, 0.120"" brede og nærme sig noget Korsformen, Fig. 61; imellem disse sees spinkle, takkede Køller med et langt, tilspidset Haandgreb, 0.200"" lange, 0.032"" brede, Fig. 62, og yderst sjeldent enkelte, takkede Spindler, 0.200"" lange, 0.040"" brede, Fig. 63.

Paa Bagkroppen iagttages dels bladede, dels vortede Køller med temmelig kort Haandgreb og fra 0.100— 0.200"" lange og fra 0.060"" brede, Fig. 64. 65; saavel

breadth, having an extremely short, narrow, shaft like those on the basal part (fig. 35). Between them are seen quadruplets, in the form of an hour-glass, beset with warts and measuring 0.060"" in length, 0.048"" in breadth at the extremities, and 0.020"" in breadth at the middle (fig. 43); stellate-formed quadruplets beset with warts, having inlaid brachial extremities, and measuring 0.080"" in diameter (fig. 44); multi-radiate complex stellates, measuring 0.062"" in length, 0.040"" in breadth at the extremities, and 0.018"" in breadth at the middle (figs. 45. 46. 47); an extremely complex stellate-spicule with foliaceous rays (fig. 48); and bistellates, measuring 0.104"" in length, and 0.060"" in breadth at the extremities, with a bare mesial belt measuring 0.020"" in breadth (fig. 49).

Uppermost on the stem, the spicules are placed more dispersed; they form foliaceous subclavates with short shafts, and measure 0.180"" in length, and 0.100"" in breadth above (fig. 50); spiculo or warted rollers with, partly, transverse truncated extremities, and measuring 0.100"" in length, and 0.050"" in breadth (fig. 51) or partly, with more rounded extremities, and measuring 0.220"" in length, and 0.056"" in breadth (fig. 52); spicate subclavates with twisted shafts, measuring 0.128"" in length and 0.060"" in breadth (fig. 53); and warted clavates with short shaft, measuring 0.120"" in length, and 0.080"" in breadth above (fig. 54).

On the branchlets, the spicules are placed still more dispersed, and just as we recognise in the stem spicules like those of the basal part, we do, we, also, find on the branchlets, similar spicules to those which are most frequent on the stem and the main branches. But besides these, there are other varying forms which pertain, principally, to the branchlets; these are semi-foliaceous, semiwarted rollers measuring 0.240"" in length, and 0.092"" in breadth, with strongly spicate extremities (fig. 55): foliaceous clavates, measuring 0.118"" in length, and 0.080"" in breadth above (fig.56); bistellates, and complex stellates. measuring 0.112"" in length, and 0.056"" in breadth towards the extremities, the mesial belt of the bistellates measuring 0.030"" in breadth (figs. 57. 58); and thinly spicated fusees with acuminate extremities, measuring 0.160"" in length. and 0.040"" in breadth (fig. 59).

On the anterior body of the polyps, foliaceous subclavates are most frequently met with, partly with straight, partly with somewhat bent, shaft; the straight subclavates are the largest, and measure 0.288"" in length, and 0.128"" in breadth above (fig. 60); the bent ones measure 0.220"" in length, and 0.120"" in breadth, and approach, somewhat, to the cruciform (fig. 61); between these, slender spicate subclavates are seen, which have a long acuminated shaft, and measure 0.200"" in length, and 0.032"" in breadth, (fig. 62): and, extremely rarely, a few spicate fusees measuring 0.200"" in length, and 0.040"" in breadth, (fig. 63).

On the posterior body, partly foliaceous. partly warted subclavates may be observed; these have a rather short shaft and measure from 0.100—0.200"" in length, and

lige som krumme Spindler, der ere dels takkede, dels vortede, fra 0.260—0.300ᵐᵐ lange og fra 0.035—0.060ᵐᵐ brede, Fig. 66; særegne korte, bladede Klubber med et kort, bredt Skaft, Fig. 67. Imellem disse Spikler findes paa enkelte Flekker af Bagkroppen, især paa Bugsiden, Samlinger af smaa, meget forskjelligt formede, mere eller mindre flade Spikler, der ere fra 0.003—0.070ᵐᵐ lange og fra 0.002—0.020ᵐᵐ brede, Fig. 68.

Tentaklerne have paa Midten af deres aborale Sides nederste Halvdel en tyk Ribbe af Spikler, der dannes væsentligt af krumme og lige, takkede og vortede Køller, som ere 0.200ᵐᵐ lange, 0.040ᵐᵐ brede, Fig. 69, 70. Ovenfor og til Siderne af disse Køller sees meget mindre Spikler i Form af Køller, Spindler, Klubber og Firlinger; flere af dem ere meget smaa, fornemmelig de, som ligge op imod Tentakelens Endo, men de fleste ere dog fra 0.050—0.080ᵐᵐ lange og fra 0.016—0.032ᵐᵐ brede, Fig. 71.

0.060ᵐᵐ in breadth (figs. 64, 65); also, both, straight and bent fusees which, partly, are spicate, partly warted. and measure from 0.260—0.300ᵐᵐ in length, and from 0.035 —0.060ᵐᵐ in breadth (fig. 66); peculiar short foliaceous clavates having a short broad shaft (fig. 67). Between these spicules, on some spots of the posterior body, especially on the ventral side, collections of minute, very variously formed, more or less flat, spicules may be seen, which measure from 0.003—0.070ᵐᵐ in length, and from 0.002—0.020ᵐᵐ in breadth (fig. 68).

In the middle of the lowest half part of their aboral side, the tentacles have a thick spicular rib formed, principally, of bent and straight, spicate and warted subclavates, which measure 0.200ᵐᵐ in length, and 0.040ᵐᵐ in breadth (figs. 69, 70). Above, and to the sides of these subclavates, much smaller spicules are seen, having the forms of subclavates, fusees, clavates and quadruplets; many of them are very minute, especially those that are situated up towards the extremity of the tentacle, but most of them, however, measure from 0.050—0.080ᵐᵐ in length, and from 0.016— 0.032ᵐᵐ in breadth, (fig. 71).

Farven.

Stammen og Grenene havannabrune. Smaagrenene og Polyperne lys kastaniebrune, men Tentaklerne og især Pinnulerne intens mørkebrune.

Colour.

The stem and the branches are Havana-brown. The branchlets and the polyps, light chestnut-brown; but the tentacles, and especially the pinnules, are intense dark-brown.

Findested.

Station 48. Et Exemplar.

Habitat.

Station No. 48. One specimen.

Artskarakter.

Zoanthodemet 60ᵐᵐ højt. Stammen ved Grunden 45ᵐᵐ i Omfang, furet paalangs og fra Basaldelen til Toppen rundtom forsynet med tætstaaende Grene. Basaldelen læderagtig, skiveformigt udvidet. Grenene tykke, runde, furede og fra deres Udspring tæt besatte dels med Smaagrene, dels med enkeltstaaende Polyper. Smaagrenene korte, tykke, bære overalt Polyper, ordnede i tætte Grupper af Udseende som Drueklaser. Stammen, Grenene og Smaagrenene rige paa Kalkspikler. Polyperne traktformige, 8—9ᵐᵐ lange. Forkroppen med Tentakelranden stærkt udvidet; Bagkroppen smal, lang. Hele Kroppen rig paa Spikler, bestaaende væsentligst af bladede Køller, men opimod Tentakelranden er der imellem Tentaklerne et triangulært Spatium uden Spikler. Tentaklerne vel forsynede med Spikler af forskjellig Form, Pinnulerne uden saadanne. Zoanthodemet overalt tæt besat med Nematocystor. Farven lys kastaniebrun med intens mørkebrune Pinnuler.

Specific characteristics.

The Zoanthodem measures up to 60ᵐᵐ in height. The stem, at its base, measures 45ᵐᵐ in circumference, is longitudinally grooved, and from the basal part to the summit is furnished, round about it, with closely-set branches. The basal part is coriaceous and discoidally dilated. The branches thick, cylindrical, grooved, and, quite from their root, are closely beset, partly, with branchlets, partly, with isolated polyps. The branchlets short, thick, and, everywhere, carry polyps arranged in closely-set groups having the appearance of clusters of grapes. The stem, the branches, and the branchlets, rich in calcareous spicules. The polyps are infundibuliform and measure 8—9ᵐᵐ in length. The anterior body, towards the tentacular margin, is strongly dilated. The posterior body is long, and narrow. The entire body rich in spicules consisting, principally, of foliaceous subclavates, but up towards the tentacular margin there is, between the tentacles, a triangular space devoid of spicules. The tentacles well furnished with spicules of variable form, whilst the pin-

nules are devoid of any such. The Zoanthodeum is, everywhere, closely beset with nematocysts. The colour light chestnut-brown, with the pinnules intense dark-brown.

Nannodendron[1] elegans, n. g. et sp.

Tab. VII, Fig. 45—47. Tab. VIII.

Zoanthodemet er 35^{mm} høit. Stammen er rund, haard, læderagtig, furet efter Længden, omtrent 40^{mm} i Omkreds ved Grunden og aftager successivt lidt i Tykkelse op til Toppen, hvor den deler sig i 3—4 Grene. Basaldelen er tyk, fast, bred og skiveformigt udvidet. Stammen er fra Grunden og til dens Ende rundtom tæt besat med Grene, der ere af noget forskjellig Længde; de længste findes omtrent midt paa Stammen, ere indtil 15^{mm} lange, 5^{mm} brede ved deres Udspring og dobbelt saa brede henimod Enden; de ere kolbeformige, Tab, VIII, Fig. 1. *a*, og fra Siden udskyder dels en enkelt, dels indtil 3 Grene, der have samme Form som Hovedgrenen og ere saa tæt indpressede til denne, at de ligesom smelte sammen med den og give sig kun tilkjende ved en fin Fure, Tab. VII, Fig. 45.

Grenene, der ere haarde, stive, slutte sig næsten taglagte til hverandre og saa tæt til Stammen, at denne ganske skjules; de ere overalt, naar undtages i en Strækning af et Par Millimeter fra Udspringet, besatte med Polyper, som staa meget trætte, knapt en halv Millimeter fra hverandre, Tab. VII, Fig. 45. 46, Tab. VIII, Fig. 1.

Polyperne ere retraktile, cylindriske, omtrent 5^{mm} lange med en temmelig kort Bagkrop, som er noget smalere end Forkroppen, idet den gaar over i Coeuenchymcellen. Hele Polypkroppen, der er 3^{mm} lang, er tæt besat med Spikler, som paa Forkroppen ligge pyramideformigt i Længderækker, mellem hvilke sees ogsaa tætliggende Spikler, Tab. VII, Fig. 47; paa den korte Bagkrop ligge Spiklerne mere paaskraas. Tentaklerne ere omtrent 2^{mm} lange og have paa deres aborale Side Spikler, der ligge paaskraas i to Rækker. Fig. 47. Pinnulerne ere uden Spikler.

Paa hele Zoanthodemet iagttages ægformede Nematocyster uden Spiraltraad. Paa Stammen og Grenene sees runde, lidt ophøiede, hvidgule Legemer med en rund Aabning i Midten,

[1] νάννος = en Dværg; δένδρον = et Træ.

Nannodendron[1] elegans, n. g. et sp.

Pl. VII. figs. 45—47. Pl. VIII, figs. 1—76.

The Zoanthodem measures 35^{mm} in height. The stem is cylindrical, hard, coriaceous, and longitudinally grooved; it measures about 40^{mm} in circumference at the base, and diminishes gradually in thickness up to the summit, where it ramifies into 3—4 branches. The basal part is thick, firm, broad, and discoidally dilated. The stem, from the base up to its summit, is, round about it, beset with branches, which are of somewhat variable length; the longest ones are met with about the middle of the stem, and those measure up to 15^{mm} in length, and 5^{mm} in breadth at their root, but are twice as broad towards the extremity. They are clavate-formed (Pl. VIII, fig. 1. *a*), and from the side there spring, partly, a single branch, partly, up to 3 branches, which have the same form as the parent branch and are so closely adpressed to it that they, as it were, become absorbed into it and are only recognisable by a minute groove (Pl. VII, fig. 45).

The branches, are hard, and stiff; they close almost imbricately upon each other, and so closely to the stem that it is almost concealed; they are, everywhere, except for a distance of a couple of millimetres from the root, beset with polyps, which are placed very close, scarcely half a millimetre from each other (Pl. VII, figs. 45. 46. Pl. VIII, fig. 1).

The polyps are retractile, cylindrical, and measure about 5^{mm} in length; they have a rather short posterior body, which is somewhat narrower than the anterior body owing to its production into the sarcosoma-cell. The entire body of the polyp, measuring 3^{mm} in length, is closely beset with spicules that, upon the anterior body, are placed pyramidically in longitudinal series, between which are, also, observed closely-set spicules (Pl. VII, fig. 47). On the short posterior body, the spicules are placed more diagonally. The tentacles are about 2^{mm} in length, and are furnished with spicules on their entire aboral side, placed in two diagonal series (Pl. VII, fig. 47). The pinnules are devoid of spicules.

On the entire Zoanthodem, ovate formed nematocysts, without spiral filament, are observed.

On the stem and the branches, cylindrical, slightly elevated, whitish-yellow corpuscles, are observed; these have a circular aperture in the middle, zooids; they are placed

[1] νάννος, a dwarf; δένδρον, a tree.

Zooider; de staa tæt sammen, og paa Grenene er det især omkring Polyperne, at de sees tydeligst, Tab. VIII, Fig. 1, b.

close together, and, on the branches, it is especially round about the polyps that they are distinctly observed (Pl. VIII, fig. 1, b).

Zoanthodemets anatomisk-histologiske Bygning.

Stammen og Grenene ere paa den ydre Flade beklædte med et bredt Ectoderm, der bestaar af flere Lag polyædriske Celler, 0.008ᵐᵐ med en rund, næsten central Kjerne, 0.002ᵐᵐ med Kjernelegeme, Tab. VIII, Fig. 2, a. I de dybere Lag ere Cellerne tildels mere aflange og Protoplasmaindholdet rigere. Imellem Ectodermcellerne sees hist og her næsten pæreformige Celler med et kornet Indhold, encellede Slimkjertler, fuldkommen lig dem, jeg har beskrevet hos Slægten Drifa. I dette tykke Ectodermlag ere Spiklerne indleirede, saaledes at hver Spikel er ligesom indkapslet af Ectodermcellerne. Naar man har fjernet Spiklerne sees dette bedst, idet enhver Spikel efterlader et tomt Rum i Epithelet, Fig. 2, b.

I Almindelighed ere i Alcyonidernes ydre Hud Spiklerne placerede i Bindevævet og dækkede af Ectodermet; men hos Nannodendron er det som paavist helt anderledes, og hvor enkelte Spikler hos denne ligge i Bindevævet, der er Ectodermet forlænget ned i den Bindevævshulhed, som optages af Spikelen og omgiver denne ganske. Hos denne Slægt synes Spikeldannelsen at være udelukkende afhængig af Ectodermet og er visselig et Produkt af dette.

Indenfor Ectodermet er et bredt, hyalint Bindevævslag, hvori sees Ernæringskanaler med deres Epithel, Fig. 2, c, samt Bindevævsceller med to eller flere Udløbere, Fig. 2, d, som korrespondere med de finere Nutritionskanaler. Fra dette Bindevævs indre Væg udgaa en Mængde tykkere eller smalere Forlængelser, der anastomosere med hverandre og danne, ikke alene de Længde- og Tværkanaler, der udgjøre Coenenchymet, som her er meget bredt, Fig. 2, e, men ogsaa Hovedkanalerne, hvori Polyperne aabne sig. Det er dette Bindevæv, der udgjør Stokværket i Kolonibygningen. Samtlige Kanaler ere beklædte med et Endothel, dannet af lidt aflange Celler med en næsten rund Kjerne og Kjernelegeme, samt et rigt Protoplasmaindhold, Fig. 2, e.

I disse Bindevævsforlængelser sees, foruden de almindelige Bindevævslegemer, større og mindre Ernæringskanaler, beklædte med aflange Endothelceller, der ganske udfylde de fineste af disse Kanaler, Fig. 2, f.

Anatomo-histological structure of the Zoanthodem.

The stem and the branches are clad, on the exterior surface, with a broad ectoderm consisting of several layers of polyhedrical cells measuring 0.008ᵐᵐ, and containing a round, almost central nucleus, measuring 0,002ᵐᵐ, with a nucleus body (Pl. VIII, fig. 2, a). In the deeper layers the cells are, partly, more oblong, and the protoplasmic contents are richer. Between the ectoderm cells, piriform cells are, here and there, observed, which contain a granular substance, unicellular mucous glands exactly like those I have described as pertaining to the genus Drifa. In this thick ectoderm-layer, the spicules are entrenched in such manner, that each spicule is, as it were, encapsuled by the ectoderm-cells. That is best observed when we remove the spicules, because each spicule leaves then, behind it, a vacant space in the epithelium (Pl. VIII, fig. 2, b).

Usually, in the exterior integument of the Alcyonoids, the spicules are placed in the connective-tissue, and are covered by the ectoderm; but in Nannodendron, the case is, as we have shown, quite different; where, in it, a few spicules are placed in the connective-tissue, the ectoderm is, there, prolonged down into the connective-tissue cavity, which is occupied by the spicule and quite encompasses it. In this genus, the spicular formation appears to be exclusively dependent upon the ectoderm, and is evidently its product.

Inside of the ectoderm, there is a broad layer of hyaline connective-tissue in which nutritory ducts with their epithelium are observed (Pl. VIII, fig. 2, c) also, connective-tissue cells with two or more prolongations (Pl. VIII, fig. 2, d), which correspond with the more minute nutritory ducts. From the inner wall of this connective-tissue, a multitude of thicker, or narrower, prolongations proceed; these anastomoze with each other, and form, not only the longitudinal and transversal ducts that compose the sarcosoma, which is, here, very broad (Pl. VIII, fig. 2, e) but, also, the main ducts into which the polyps discharge themselves. It is this connective tissue that composes the framework of the structure of the colony. All of the ducts are clad with an endothelium formed of slightly oblong cells containing an almost round nucleus and nucleus body, and a rich protoplasmic substance (Pl. VIII, fig. 2, e).

In these connective tissue prolongations, there are observed, besides the usual connective-tissue corpuscles, also, larger, and smaller, nutritory ducts, lined with oblong endothelial cells that completely fill the minutest of the ducts (Pl. VIII, fig. 2, f).

Polyporne ere udvendigt beklædte med et Ectoderm, der har den samme Bygning som Stammens og Grenenes, — kun er det mindre bredt; også her iagttages encellede Slimkjertler, liggende temmelig tæt imellem Ectodermcellerne. I Ectodermet ere Spiklerne indleirede ligesom Tilfældet er paa Stammen.

Svælget er cylindrisk, foldet, og paa dets ydre Flade er indleiret i Epithelet 2 Rækker Spikler, en paa hver Side; de ere fra 0.068—0.120ᵐᵐ lange og fra 0.040—0.048ᵐᵐ brede, — kun en Firling fandtes paa det hele Svælg, forresten Spindler, Fig. 3. Paa Svælgets indre Flade sees langs Bugsiden en næsten triangulær Rende, der tager sin Begyndelse nogle Millimeter nedenfor Mundaabningen og strækker sig ned imod Svælgets fri Ende. Svælgrenden er beklædt med lange Pidskeceller, hvis Svober rage langt op i Svælghulheden og adskille sig ikke fra dem, der ere omtalte hos Slægterne Væringia og Drifa. Den øvrige Del af Svælgets indre Flade er beklædt med aflange Celler, forsynede med Cilier, der dog langtfra ere saa lange og stive som Pidskecellernes. Imellem de nævnte Celler sees en Mængde aflange, encellede Slimkjertler, ikke væsentlig afvigende fra dem, jeg har omtalt hos Væringia og Drifa. I Svælgrenden fandtes ingen Slimkjertler; men lige under Epithelet paa dens øverste Del saaes nogle store, præreformige Celler med en stor Kjerne, omgiven af Protoplasma, og som lignede de Gangliceceller, der fandtes hos Væringia just paa samme Sted.

Generationsorganerne udvikle sig paa flere Septula, dels i den bagre Del af Mavehulheden, dels i dennes Forlængelse ned i Grenen. Æg i forskjellige Udviklingsstadier iagttoges hos en hel Del Polyper.

Zooiderne, hvoraf der gives en stor Mængde, ere langstrakte, have en temmelig tynd Kropshud, en rund Mundaabning og et cylindrisk Svælg, fra hvis nedre Ende udgaa to yderst korte, fine Forlængelser (Gastralfilamenter?), der kun iagttoges hos nogle faa, imedens de fleste Zooider syntes at være uden saadanne. Da Svælget laa meget tæt til Kropshulen, uden at det var muligt at se nogen Skillevæg, havde disse Zooider meget Lighed med Tentakulrørene hos Søstjernerne, og deres Function tør være den samme, Fig. 2, g.

Spiklerne paa Basaldelen ligge kompakt paa hverandre og ere meget vanskelige at isolere. De hyppigste Former ere Dobbeltstjerner og mere sammensatte Stjerner. Dobbeltstjernerne ere fra 0.076—0.124ᵐᵐ lange og fra 0.048—0.068ᵐᵐ brede og have som oftest et nøgent Midtbelte, Fig. 4—6. De mere sammensatte Stjernespikler ere tildels temmelig uregelmæssige og deres Straaler snart bladformede, snart vortede i Enderne; de ere fra 0.104—

The polyps are, exteriorly, clad with an ectoderm that has the same structure as that of the stem and the branches, only not quite so broad, and, here, unicellular mucous glands are also observed, placed, pretty closely, between the ectoderm cells. The spicules are entrenched in the ectoderm, in same manner as in the stem.

The gullet is cylindrical, folded, and, on its exterior surface, 2 series of spicules are entrenched in the epithelium, one series on each side; these measure from 0.068—0.120ᵐᵐ in length, and from 0.040—0.048ᵐᵐ in breadth; one quadruplet only was found on the entire gullet, otherwise, fusees (Pl. VIII, fig. 3). On the inner surface of the gullet there is observed, along the ventral side, an almost triangular channel, which has its origin a few millimetres below the oral aperture, and extends down towards the free extremity of the gullet. The gullet channel is clad with long flagelliform-cells whose whips reach far up into the gullet cavity, and they do not differ from those which are mentioned in connection with the genera *Væringia* and *Drifa*. The remainder of the inner surface of the gullet is clad with oblong cells furnished with cilia which, however, are far from being so long and stiff as those of the flagelliform-cells. Between the cells mentioned, a multitude of oblong unicellular mucous glands are observed, not differing, materially, from those I have described in connection with *Væringia* and *Drifa*. In the gullet channel, no mucous glands are found, but just below the epithelium, on its uppermost part, a few large, piriform cells were seen, containing a large nucleus surrounded by protoplasm, and these resembled the ganglialcells which were found in *Væringia* exactly in the same situation.

The generative organs develope themselves upon several septula, partly, in the posterior part of the ventral cavity, partly, in its prolongations down into the branch. Ova in different stages of development were observed in a large number of polyps.

The Zooids, of which there are a great multitude, are elongate, and have a rather thin integument on the body, a circular oral aperture, and a cylindrical gullet from whose lower extremity two, extremely short, slender prolongations proceed (gastral filaments?); these are only seen in a few, whilst the greater number of Zooids appear to be without any such. As the gullet lay very close to the integument of the body, without it being possible to detect any divisional wall, these Zooids had much resemblance to the tentacular tubes of the Asteroideæ, and their function may, perhaps, be the same (Pl. VIII, (fig. 2, g).

The spicules on the basal part are placed compactly upon each other, and are very difficult to isolate. The most frequent forms are bistellates, and more complex stellates. The bistellates measure, from 0.076—0.124ᵐᵐ in length, and from 0.048—0.068ᵐᵐ in breadth, and have, most frequently, a bare mesial belt (Pl. VIII, figs. 4—6). The more complex stellate-spicules are, partly, rather irregular; their rays are sometimes foliaceous,

0.160ᵐᵐ lange og fra 0.060—0.104ᵐᵐ brede, Fig. 7—10. Imellem disse Spikler sees Firlinger i Form af Timeglas, besatte med Knuder, 0.108ᵐᵐ lange, 0.070ᵐᵐ brede, Fig. 11, eller i Korsform, tildels rigt ornamenterede, 0.128ᵐᵐ lange, 0.120ᵐᵐ brede, Fig. 12, eller besatte med et større eller mindre Antal Vorter; disse sidste ere omtrent lige lange som brede, 0.120ᵐᵐ i Gjennemsnit, Fig. 13. 14; Klubber, som ere kun lidet besatte med Vorter, fra 0.092—0.124ᵐᵐ lange og fra 0.052—0.056ᵐᵐ brede foroven, Fig. 15. 16, eller bladede med et kort, enten tornet eller nøgent Skaft, fra 0.100—0.128ᵐᵐ lange og fra 0.052—0.088ᵐᵐ brede foroven, Fig. 17. 18; endelig hist og her nogle Spikler, der nærme sig Korsformen og ere enten næsten glatte eller tornede; de ere fra 0.084—0.112ᵐᵐ lange og fra 0.056—0.060ᵐᵐ brede, Fig. 19. 20.

Paa Stammen, der ligeledes er meget rig paa Spikler, ligge dog disse ikke egentlig paa hverandre, men slutte sig tæt sammen, især paa dens nederste Del. De almindeligste ere sammensatte Stjerner, Dobbeltstjerner, bladede Klubber, Rosetter og Firlinger. De sammensatte Stjerner ere meget forskjellige i Form og, som tidligere berørt, er det kun ved at sønderlemme dem, at Stjerneformen fremkommer altid mere eller mindre tydeligt; de ere fra 0.104—0.176ᵐᵐ lange og fra 0.060—0.108ᵐᵐ brede, Fig. 21—23. Dobbeltstjernerne ere i Regelen forsynede med et nøgent Midtparti og Straalerne ofte brede, bladformede; de ere fra 0.092—0.136ᵐᵐ lange og fra 0.052—0.092ᵐᵐ brede, Midtbeltet er fra 0.016—0.036ᵐᵐ bredt, Fig. 24—28. Klubberne have nogen Lighed med en Blomsterbuket. Skaftet er i Almindelighed kort og bredt: de ere fra 0.060—0.108ᵐᵐ lange og fra 0.052—0.080ᵐᵐ brede, Fig. 29—31. Rosetterne ere meget forskjelligt formede og strøede indimellem Stjernespiklerne; de ere omtrent lige lange som brede, i Gjennemsnit rariere de fra 0.024—0.080ᵐᵐ, Fig. 32—36. Firlingerne findes overalt paa Stammen, dog kun enkeltvis, og ere fra 0.060—0.104ᵐᵐ lange og fra 0.064—0.124ᵐᵐ brede, Fig. 37—40; enkelte af Firlingerne have udpræget Korsform; deres Længdestok er fra 0.196—0.216ᵐᵐ og Tverstokken fra 0.096—0.152ᵐᵐ, Fig. 41. 42. Kun yderst sjeldent sees en Spikel, der nærmer sig Dobbeltkuglen; begge de afrundede Ender ere besatte med Torne og Midtpartiet er nøgent; de ere 0.096ᵐᵐ lange, 0.068ᵐᵐ brede i Enderne; Midtbeltet er 0.024ᵐᵐ bredt, Fig. 43.

sometimes warted, at the extremities; they measure from 0.104—0.160ᵐᵐ in length, and from 0.060—0.104ᵐᵐ in breadth (Pl. VIII, figs. 7—10). Between these spicules, quadruplets, of hour-glass form, are observed, beset with knots and measuring 0.108ᵐᵐ in length, and 0.070ᵐᵐ in breadth (Pl. VIII, fig. 11); or cruciform, partly, richly embellished, and measuring 0.128ᵐᵐ in length, and 0.120ᵐᵐ in breadth (Pl. VIII, fig. 12); or, beset with a larger, or smaller, number of warts; the last mentioned are about as long as they are broad, and measure 0.120ᵐᵐ in diameter (Pl. VIII, figs. 13. 14); also, clavates, which are only slightly beset with warts, and measure from 0.092—0.124ᵐᵐ in length, and from 0.052—0.056ᵐᵐ in breadth above (Pl. VIII, figs. 15. 16); or, they are foliaceous, with a short, either aculeated or bare, shaft, and measure from 0.100—0.128ᵐᵐ in length, and from 0.052—0.088ᵐᵐ in breadth above (Pl. VIII, figs. 17. 18); finally, there are seen here and there, a few spicules which approach to the cruci-form, are, either, almost smooth, or aculeated, and which measure from 0.084—0.112ᵐᵐ in length, and from 0.056—0.060ᵐᵐ in breadth, (Pl. VIII, figs. 19. 20).

On the stem, which is likewise very rich in spicules, they are not, however, exactly placed upon each other, but they close together, especially upon its lowest part. The most frequent forms are, complex stellates, bistellates, foliaceous clavates, rosettes, and quadruplets. The complex stellates are very variable in form, and, as previously alluded to, it is only upon breaking them up that the stellate form appears, always more or less distinctly; they measure from 0.104—0.176ᵐᵐ in length, and from 0.060—0.108ᵐᵐ in breadth (Pl. VIII, figs. 21—23). The bistellates are, as a rule, furnished with a bare mesial part, and the rays are, frequently, broad and foliaceous; they measure, from 0.092—0.136ᵐᵐ in length, and from 0.052—0.092ᵐᵐ iu breadth. The mesial belt measures from 0.016—0.036ᵐᵐ in breadth (Pl. VIII, figs. 24—28). The clavates have much resemblance to a bouquet of flowers; the shaft is, usually, short and broad, and they measure from 0.060—0.108ᵐᵐ in length, and from 0.052—0.080ᵐᵐ in breadth (Pl. VIII, figs. 29—31). The rosettes are very various in form, and are strewn in amongst the stellate spicules; they are about as long as they are broad, and their diameter varies from 0.024—0.080ᵐᵐ (Pl. VIII, figs. 32—36). The quadruplets are met with everywhere on the stem, but only singly; they measure from 0.060—0.104ᵐᵐ in length, and from 0.064—0.124ᵐᵐ in breadth (Pl. VIII, figs. 37—40); a few of the quadruplets have distinguished cruci-form; their longitudinal arm measures from 0.196—0.216ᵐᵐ, and the transversal arm from 0.096—0.152ᵐᵐ (Pl. VIII, figs. 41. 42). Only very rarely is a spicule seen which approaches to the double sphere in form; both of its rounded extremities are beset with aculeæ, and its mesial part is bare; it measures from 0.096ᵐᵐ in length, and 0.068ᵐᵐ in breadth at the extremities. The mesial belt measures 0.024ᵐᵐ in breadth (Pl. VIII. fig. 43).

Paa Grenene ere sammensatte Stjerner og Rosetter de almindeligste Spikelformer. De sammensatte Stjerner have brede, bladede Straaler og ere fra 0.080—0.208"" lange og fra 0.060—0.096"" brede, Fig. 44—46. Rosetterne ere forskjellige i Form fra dem, der findes paa Stammen, ligesom de ere temmelig mørk gulbrunfarvede og fra 0.060 —0.080"" lange og fra 0.056—0.068"" brede, Fig. 47—50. Imellem disse Spikler, men temmelig sjeldent, sees Klubber, hvoraf enkelte ere saagodtsom ganske glatte, medens andre ere bladede med et næsten glat Skaft; de ere fra 0.104—0.224"" lange og fra 0.060—0.112"" brede forøven, Fig. 51. 52. Dobbeltstjernerne ere her yderst sjeldne, 0.120"" lange, 0.068"" brede med Enderne og med et nogent Midtbelte, der er 0.016"" bredt, Fig. 53; men sjeldnest er dog en pyramideformet, takket Spikel med en bred Basis, 0.148"" lang, 0.100"" bred ved Grunden, Fig. 54.

Paa Polypkroppen er det fornemmelig Spindel- og Tapformen, der gjør sig gjældende. Spindlerne ere takkede, dels lige, dels krumme, fra 0.188—0.420"" lange og fra 0.028—0.076"" brede, Fig. 55—58; paa enkelte af disse Spindler sees den begyndende Korsdannelse, der dog er sjelden. Tapperne ere takkede, stundom lidt krummede; de mindste ere 0.096"" lange og 0.040"" brede forøven, men de største, som ere de almindeligste, ere 0.220"" lange, 0.048"" brede forøven, hvor de ere næsten tvers afskaarne, Fig. 59—62. Imellem disse Spikler sees krumme, takkede og vortede Køller, tildels med et tyndt, tilspidset Haandgreb; de ere fra 0.084—0.132"" lange og fra 0.036—0.052"" brede, Fig. 63. 64, samt enkelte, men sjeldne, tornede Klubber, fra hvis øverste Ende udgaa lange, tykke Takker, Fig. 65.

Paa den nederste Halvdel af Tentaklernes aborale Side findes lignende store, takkede Spindler og Tapper som de, der ere omtalte paa Kroppen, Fig. 55—60; men dels til Siderne, dels ovenfor dem sees Rækker af mindre Spikler, der ere noget fladere og have en meget forskjellig Form, hvoriblandt korsformede Firlinger. Disse Spikler ere takkede, tornede og variere meget i Størrelse, fra 0.024—0.088"" lange og fra 0.016—0.036"" brede; de korsformede Firlinger have en Længdestok fra 0.056— 0.080"" og en Tværstok fra 0.024—0.056"" Fig. 66—76.

On the branches, the complex stellates and rosettes are the most frequent spicular forms. The complex stellates have broad foliaceous rays, and measure from 0.080—0.208"" in length, and from 0.060—0.096"" in breadth (Pl. VIII, figs. 44—46). The rosettes are different in form from those that are found on the stem, whilst, also, they are pretty dark yellowish-brown in colour; they measure from 0.060—0.080"" in length, and from 0.056—0.068"" in breadth (Pl. VIII, figs. 47—50). Between these spicules, but rather rarely, clavates are observed, of which a few are nearly quite smooth, whilst others are foliaceous and have an almost smooth shaft; they measure from 0.104— 0.224"" in length, and from 0.060—0.112"" in breadth above (Pl. VIII, figs. 51. 52). The bistellates are, in this situation, extremely rare, and measure 0.120"" in length, and 0.068"" in breadth towards the extremities, and they have a bare mesial belt measuring 0.016"" in breadth (Pl. VIII, fig. 53); but the most rare of all is, the piriform spicate spicule with a broad basis; it measures 0.148"" in length, and 0.100"" in breadth at the base, (Pl. VIII, fig. 54).

On the body of the polyp, it is principally fusiform and coniform spicules which are most prominent. The fusees are spicate, partly straight, partly bent, and measure from 0.188—0.420"" in length, and, from 0.028— 0.076"" in breadth (Pl. VIII, figs. 55—58). In a few of these fusees, the rudimentary crucial-formation is observed, but rarely however. The cones are spicate, occasionally they are a little bent; the smallest measure 0.096"" in length, and 0.040"" in breadth above; but the largest, which also are the most frequent, measure 0.220"" in length, and 0.048"" in breadth above, at which point they are almost transversely truncated (Pl. VIII, figs. 59—62). Between these spicules, bent, spicate and warted subclavates are seen, partly, with a thin acuminated shaft; they measure from 0.084—0.132"" in length, and from 0.036— 0.052"" in breadth, (Pl. VIII, figs. 63. 64), also, but rarely, a few aculeated clavates from whose uppermost extremity long thick spikes proceed (Pl. VIII, fig. 65).

On the lowest half part of the aboral side of the tentacles, large spicate fusees and cones, similar to those spoken of in connection with the body, are found (Pl. VIII, figs. 56—60) but, partly to the sides of these, partly above them, series of smaller spicules are seen, which are somewhat flatter, and have very variable forms, amongst these being cruciform quadruplets. These spicules are spicate, or aculeated, and they vary much in size, measuring from 0.024—0.088"" in length, and from 0.016— 0.036"" in breadth. The cruciform quadruplets have a longitudinal arm measuring from 0.056—0.080"" in length, and a transversal arm measuring from 0.024—0.056"" (Pl. VIII, figs. 66—76).

Farven.

Gul, spillende lidt i det Brune.

Colour.

Yellow, shading a little towards brown.

74

Findested.

Station No. 267. Et større og et mindre Exemplar.

Habitat.

Station No. 267. One largish and one small specimen.

Slægtskarakter.

Zoanthodemet trædannet. Stammen haard, furet, fra Grunden og til Toppen rundtom tæt besat med haarde, stive, lappede, kolbeformede Grene, der slutte sig tæt til hverandre og overalt rigt forsynede med Polyper. Basaldelen haard, lædeagtig, skiveformigt udvidet. Saavel denne som Stammen og Grenene rige paa Spikler. Polyperne retraktile, cylindriske, rige paa Spikler. Tentaklerne omtrent halvt saa lange som Polypkroppen og hele deres aborale Side spikelrig. Zooider overalt paa Stammen og Grenene. Polypsvælget forsynet med Spikler.

Generic characteristics.

The Zoanthodem arborescent. The stem hard, grooved; from its base to the summit, beset, round about it, with hard, stiff, lobate, clavate-formed branches that close compactly in to each other, and are, everywhere, richly beset with polyps. The basal part, hard, coriaceous, and discoidally dilated. It, as well as the stem and the branches, is rich in spicules. The polyps retractile, cylindrical, and rich in spicules. The tentacles about half the length of the body of the polyp, and their entire aboral side richly furnished with spicules. On the stem and the branches, Zooids everywhere. The gullet of the polyp furnished with spicules.

Artskarakter.

Zoanthodemet indtil 35ᵐᵐ højt. Stammen rund, haard, furet paalangs, omtrent 40ᵐᵐ i Omkreds ved Grunden, aftagende successivt lidt i Tykkelse op til Toppen, hvor den deler sig i 3—4 Grene og er fra Grunden. og til den øverste Ende rundtom tæt besat med kolbeformede, lappede, haarde Grene, der overalt ere rigt forsynede med Polyper. Grenene slutte tæt til hverandre, dække næsten ganske Stammen. Basaldelen haard, lædeagtig, skiveformigt udvidet. Polyperne cylindriske med en temmelig kort Bagkrop. Overalt paa Stammen og Grenene Zooider, samt Nematocyster paa hele Zoanthodemet. Spiklerne paa Basaldelen danne almindeligst Dobbeltstjerner og sammensatte Stjerner; paa Stammen og Grenene ere sammensatte Stjerner, bladede Klubber og Rosetter hyppigst, og paa Polyperne ere lange, krumme og lige, takkede Spindler, samt takkede Tapper sædvanligst. Farven gul, spillende lidt i det Brune.

Specific characteristics.

The Zoanthodem measures up to 35ᵐᵐ in height. The stem cylindrical, hard, longitudinally grooved, and measures about 40ᵐᵐ in circumference at the base, diminishing, gradually, a little in thickness up towards the summit, at which point it ramifies into 3—4 branches; it is beset, round about it, from its base to its uppermost extremity, with clavate-formed, lobate, hard branches, which are, everywhere, furnished with polyps. The branches close compactly together and almost quite cover the stem. The basal part hard, coriaceous, and discoidally dilated. The polyps cylindrical, with a rather short posterior body. On the stem and the branches, Zooids every where, also, over the entire Zoanthodem, nematocysts. The spicules of the basal part form, most frequently, bistellates and complex stellates; on the stem and the branches, complex stellates, foliaceous clavates, and rosettes, are most frequent; and, in the polyps, long, bent or straight, spiculo fusees, and spicate cones are the most frequent. Colour: yellow, shading a little to brown.

Fulla¹ Schiertzi², n. g. et sp.

Tab. X.

Zoanthodemet er 65—70ᵐᵐ højt. Basaldelen er noget udvidet, svampet. Stammen, der er næsten rund og furet paalangs, er ved Grunden 30—35ᵐᵐ i Omkreds, men af-

Fulla¹ Schiertzi², n. g. et sp.

Plate X.

The Zoanthodem measures 65—70ᵐᵐ in height. The basal part is somewhat expanded and spongy. The stem is almost cylindrical, and is longitudinally grooved; it

---

¹ Fulla, Friggas Terne, en af Asynierne.
² Arten er opkaldt efter Frants Schiertz, der var Maler paa Expeditionen.

---

¹ Fulla, Frigga's handmaiden, one of the Asyns.
² The species is named after Frants Schiertz, the artist accompanying the Expedition.

tager successivt i Tykkelse op til Enden, hvor den knap er 8"" tyk, før den deler sig i to Grene. Den er saagodtsom nogen paa 2 Sider og dertil lidt fladtrykt, saa den kan betragtes som havende en Bug- og en Rygside. Bugsiden er for Størstedelen nøgen, kun ved dens nederste Parti, strax ovenfor Basaldelen og noget længere op paa Stammen, udspringe enkelte smaa Polypgrupper, der dog ved nøiere Betragtning staa noget til Siden, Fig. 58. Rygsiden er ganske nøgen, naar undtages dens nederste Del, hvor der er en liden, tynd Gren, som bærer nogle Polyper, Fig. 59, *a*. Paa begge Sider af Stammen derimod udspringe Grenene lige fra Basaldelen til Toppen, Fig. 59. Grenene staa temmelig langt fra hverandre, ere af forskjellig Længde, — de længste findes omtrent paa Midten af Stammen, — men alle ere furede paalangs, og paa den Side, der svarer til Stammens Rygside, ere de nøgne, Fig. 60. Paa de tyndere, yngre Grene ere begge Flader ligesom paa Stammen nøgne, saa at Polyperne udspringe fra Grenens Sider. Ligefra Grenenes Udspring og til deres Ende ere de forsynede med Polyper, der dels udgaa enkeltvis og direkte, dels danne Grupper, som samle sig i en Stilk, der gaar over i Grenen, Fig. 58, 59. Paa Enden af de større Grene findes i Almindelighed en Samling af 6—8 Polyper, Fig. 60. Baade Stammen og Grenene ere temmelig bløde og bøielige.

Polyperne ere retraktile, langstrakte, cylindriske. 8—9"" lange med en temmelig lang Bagkrop og en noget mere udvidet Forkrop, Fig. 61. Polypkroppen er omtrent 5"" lang og rig paa Spikler. Paa Bagkroppen ligge de paatvers i 8 Længderækker, Fig. 61, *a*, og der, hvor den gaar over i Forkroppen, omgive de denne som Guirlander; men paa selve Forkroppen antage Spiklerne en mere lodret Stilling og danne 8 Længderækker, imellem hvilke ligge mere paatversgaaende Spikler, Fig. 61. Tentaklerne ere omtrent halvt saa lange som Kroppen, og paa deres hele aborale Side sees Spikler; Pinnulerne ere temmelig lange og forsynede med Spikler, Fig. 61.

Den anatomisk-histologiske Bygning.

Stammen og Grenene ere udvendigt beklædte med et tykt Epithel, bestaaende af mange Lag væsentligst polyedriske Celler, der ere fra 0.006—0.008"" store, have en temmelig skarpt begrændset Membran, som er ganske klar og træder kun frem ved Farvning, samt en rund Kjerne, 0.004"" i Diameter med et, stundom to Kjernelegemer,

measures 30—35"" in circumference at the base, but diminishes, gradually, in thickness up towards the summit, at which point it is barely 8"" thick, when it ramifies into two branches. It is almost entirely bare on two sides, and is, besides, a little flattened, so that it may be considered as having, a ventral and also a dorsal side. The ventral side is, for the greater part, bare; on its lower part, alone, immediately above the basal part and somewhat further up the stem, a few small groups of polyps shoot out, but, upon closer examination, these are seen to be placed somewhat to the side (fig. 58). The dorsal side is quite bare with exception of its lowest portion, where, there is a small thin branch carrying a few polyps (fig. 59). On both sides of the stem, on the other hand, the branches spring throughout the whole length from the base to the summit (fig. 59). On the thin younger branches, both surfaces are bare, as in the case of the stem, so that the polyps shoot out from the sides of the branches. From the very root of the branches, and up to their extremities, they are furnished with polyps which, partly, shoot out individually and direct, partly, form groups which collect together into a stalk that is produced into the branch (figs. 58, 59). At the extremity of the larger branches there is, usually, a collection of 6—8 polyps (fig. 60). Both, the stem and the branches, are rather soft and flexible.

The polyps are retractile, elongate, and cylindrical; they measure 8—9"" in length, have a rather long posterior body, and a somewhat more dilated anterior body (fig. 61). The body of the polyp measures about 5"" in length, and is abundantly furnished with spicules. On the posterior body, the polyps are placed transversely in 8 longitudinal series, (fig. 61 *a*), and, at the point where it becomes produced into the anterior body, they surround it like garlands, but on the anterior body, itself, the spicules acquire a more vertical position and form 8 longitudinal series, between which, spicules, placed more transversally, appear (fig. 61). The tentacles are about half the length of the body, and spicules are visible along the entire aboral side. The pinnules are rather long and are furnished with spicules (fig. 61).

Anatomo-histological structure.

The stem and the branches are, exteriorly, clad with a thick epithelium consisting of many layers principally of polyhedrical cells, measuring from 0.006—0.008"" in diameter; these have a pretty sharply defined membrane, which is quite pellucid and only appears visible on staining; and further, a spherical nucleus measuring

10*

Fig. 62, a. I de ydre Lag er Celleindholdet kun ringe, i de indre derimod rigere, fintkornet og skjuler tildels Kjernen, Fig. 62, b. I de indre Lag ere Cellerne hyppig mere aflange, ikke saa kantede, have et tættere Protoplasmaindhold, og her iagttages dels enkeltvis, dels mere samlede, kolbeformige Legemer med en lang Hals, der strækker sig op imellem de polyædriske Celler indtil Ectodermets Overflade, Fig. 62, c. Disse kolbeformige Legemer have et kornet Indhold, der hyppig skjuler ganske den tommelig store Kjerne; de ere encellede Slimkjærtler med Udførselsgang. Det lykkes ikke saa ganske sjeldent at kunne se Indholdet ligge dels i Udførselsgangens Aabning, dels udenfor samme, og da træder Kjernen meget tydelig frem, idet Cellen forresten er ganske tom. I de indre Lag af Ectodermet, lige paa Grændsen imellem dette og Bindevævet, sees Spiklerne indleirede; de ere omgivne af Epithelet, hvilket bedst iagttages, naar de ere fjernede; paa Randen 'af de tomme Rum, som de efterlader, sees nemlig de mere aflange Ectodermceller med deres Kjerne, Fig. 62, d, og det er meget sandsynligt, at disse Celler have en væsentlig Andel i Spikeldannelsen. Indenfor Ectodermet er et overordentlig bredt, hyalint Bindevævslag, Fig. 62, e, hvori findes en Mængde Nutritionskanaler, forsynede med Epithel, Fig. 62, f, samt Bindevævslegemer med Udløbere, Fig. 62, g; ogsaa her korrespondere Bindevævslegomerne ikke alene med hverandre indbyrdes, men ogsaa med de fine Nutritionskanaler.

Fra Bindevævets indre Flade udgaa temmelig brede Forlængelser, der danne de store Kanaler, hvori Polyperne aabne sig. Disse Kanaler ere i Forhold til Polypernes Antal kun ringe; saaledes have de store Grene i Regelen kun 6—7 saadanne Kanaler, Fig. 63, a, imedens der paa Grenen kan sidde et halvt Hundrede og flere Polyper. Den bilaterale Symetri, som tidligere er omtalt, kommer ogsaa tilsyne i det hyaline Bindevævslag, idet Ryg- og Bugsiden paa Stammen har et overmaade bredt Bindevæv, hvori Kanalerne staa langt fra hverandre, imedens dette paa Sidedelene, hvor Grenene udspringe, er betydeligt smalere. Ligesaa forholder det sig med Grenene; her, hvor Polyperne i Regelen udspringe paa to Sider, er Bindevævet meget smalere, Fig. 64, a, end paa de Steder, der svare til Bug og Ryg paa Stammen, Fig. 64, b. Paa den indre Flade af det hyaline Bindevæv ligger Muskellaget, bestaaende af Længde- og Tværfibre, der ere ordnede paa den sædvanlige Maade, og som er beklædt med et Epithel, dannet af runde Celler, 0.008ᵐᵐ i Diameter, med store Kjerner. Nutritionskanalerne ere ligeledes beklædte med et Epithel, hvis Celler ere mere aflange, og som ganske udfylde Lumenet i de fineste Kanaler.

0,004ᵐᵐ in diameter, containing one, and sometimes two nucleolei (fig. 62, a). In the exterior layer the cellular contents is only thin; in the inner layer it is, on the other hand, richer, and minutely granular, and partly conceals the nucleus (fig. 62, b). In the interior layers the cells are, frequently, more oblong and not so polyhedrical, and they contain a more dense protoplasmic substance. I observed here, partly single, and partly grouped together, clavateformed bodies with a long neck, extending up between the polyhedrical cells until they reach the outer surface of the ectoderm (fig. 62, c). These clavate-formed bodies contain a granular substance that frequently conceals the rather large nucleus; they are unicellular mucous glands with an excretory duct. It happened, not so very seldom, that the contents might be observed lying, partly, in the aperture of the excretory duct, and partly, outside of it, and when this was the case the nucleus appeared very distinctly, as the cell is otherwise quite empty. In the interior layers of the ectoderm, exactly at the margin between it and the connective-tissue, the spiculæ are seen to be entrenched, and are enclosed by the epithelium; this is best observed on removing them, because on the margin of the vacant space which they leave, the more oblong ectoderm cells with their nuclei may be observed, (fig. 62, d) and it is very probable that these cells play an essential part in the spicular formation. Inside of the ectoderm, there is an extremely broad layer of hyaline connective-tissue (fig. 62, e) in which a multitude of nutritory ducts furnished with epithelium are found, (fig. 62, f) and farther, connective-tissue corpuscles with prolongations (fig. 62, g) and here, also, the connective-tissue corpuscles correspond, not only with each other reciprocally, but also with the minute nutritory ducts.

From the inner surface of the connective-tissue, rather broad prolongations proceed; these form the large ducts into which the polyps open. These ducts are, in relation to the number of the polyps, not numerous; the large branches have, for instance, usually, only 6—7 such ducts (fig. 63, a) whilst, there is space on the branch for a half hundred, or more, polyps as well. The bilateral symmetry, which has been, previously, mentioned, becomes, also, apparent in the layer of hyaline connective-tissue, because, the dorsal and ventral sides of the stem have an extremely broad connective-tissue, in which the ducts are situated far apart from each other, whilst, upon the lateral parts, where the branches have their roots, it is greatly narrower. A similar thing occurs in the case of the branches; in these, where the polyps project, the connective-tissue is usually, upon two sides, somewhat narrower (fig. 64, a) than it is on the other sides corresponding to the ventrum and dorsum of the stem (fig. 64, b). The muscular layer is situated on the inner surface of the hyaline connective-tissue and consists of longitudinal and transversal fibres, disposed in the usual manner and clad with an epithelium formed of cylinder-cells measuring 0,008ᵐᵐ in diameter, and containing large nuclei. The nutritory ducts are, likewise, clad with an epithelium,

Polyperne ere paa deres ydre Flade omgivne af et Ectoderm, Fig. 65, a, der kun adskiller sig fra det, der beklæder Stammen og Grenene, ved at Cellerne danne færre Lag. Ogsaa her sees lignende Slimkjertler som de paa Stammen og Grenene, ligesom de fleste Spikler ligge i Ectodermets indre Cellelag, hvor Cellerne ere mere eller mindre aflange. Kun enkeltvis sees hist og her en Spikel nedsænket i Bindevævet, men da er denne Bindevævshulhed, hvori den ligger, beklædt med et Epithel, der er en Forlængelse af Ectodermet. Indenfor den ydre Epithelialbeklædning optræder et Lag hyalint Bindevæv, forsynet med Bindevævslegemer og Nutritionskanaler, og fra hvis indre Flade udgaa 8 Septa, Fig. 65. b. c, der fæste sig paa Svælget og danne Kamrene, Fig. 65. Paa Bindevævets indre Væg ligger Muskellaget, Fig. 65, d, der gaar over paa Septa saaledes nemlig, at de transversaale Muskler ligge paa den ene og de longitudinelle paa den anden Side af hvert Septum for at udbrede sig paa Svælget. Dette Muskellag er overtrukket med et Endothel, der bestaar af flere Lag runde Celler, lig dem, som ere omtalte ved de store Kanaler i Stammen og Grenene. Men foruden Endothelcellerne iagttages i Kamrene ligesom i Kanalerne, der tildels kunne betragtes som Fortsættelse af disse, isolerede, runde, klare Celler, indtil 0.010ᵐᵐ i Gjennemsnit, og som har et fintkornet Protoplasmaindhold; de ligne meget hvide Blodlegemer hos de højere Dyr og indeholdes i den Ernæringsvædske, som gjennemstrømmer hele Polypkolonien. Hos enkelte Polyper forlænger Mavehulheden sig ned i de store Længdekanaler, og da sees Septa som Septula at følge Kanalerne lige til deres Bund; hvor dette er Tilfældet, findes Generationsorganerne at udvikle sig paa flere Septula i den øverste Del af Kanalerne, eller, om man vil, i den forlængede Mavehulhed; imedens hos andre, og det hos de fleste Polyper, forsnevrer Mavehulheden sig snart og danner en meget trang Kanal, der vel aabner sig i en af de store Længdekanaler, men som dog ganske udfyldes af Endothelceller, saa at ingen Septula findes der, — og hos disse Polyper udvikle Generationsorganerne sig i selve Mavehulheden.

Svælget er langstrakt, cylindrisk; dets udvendige Flade er beklædt med de tidligere omtalte Endothelceller, der støde til et hyalint Bindevævslag. Lige paa Grændsen af dette og Endothelet, men ligesom nedsænket i Bindevævet, sees paa hver Side en bred Længderække af Spikler — 3—4 lidt paaskraansgaaende Spikler i hver Række — imedens Midtpartiet af Svælget saavel paa Bug- som Rygsiden er uden Spikler, Fig. 66. Fra Svælgets nederste

whose cells are more oblong, and quite fill out the channel in the minutest ducts.

The polyps are, on their exterior surface, surrounded by an ectoderm (fig. 65, a) differing, only, from that which clothes the stem and the branches, in that the cells are disposed in fewer layers. Here, also, similar mucous glands to those seen on the stem and the branches are observed, whilst, also, the greater number of the spicules are situated in the interior cellular layer of the ectoderm, where the cells are more or less oblong. Only occasionally is a spicule seen, here and there, embedded in the connective-tissue, but in that case the connective-tissue cavity in which it is situated is clad with an epithelium which is a prolongation of the ectoderm. Inside of the exterior epithelial covering, a layer of hyaline connective-tissue appears, furnished with connective-tissue corpuscles and nutritory ducts, and from whose inner surface 8 septa proceed; (fig. 65. b. c) these are secured to the gullet and form the chambers (fig. 65). The muscular layer is situated on the inner wall of the connective-tissue (fig. 65, d); this is produced into the septa in such manner, that the transversal muscles are placed on the one side, and the longitudinal muscles on the other side of each septum, so as to extend themselves on the gullet. This muscular layer is clothed with an endothelium consisting of several layers of cylinder-cells like those spoken of in connection with the large ducts in the stem and the branches. But besides the endothelial cells, there are observed in the chambers, as well as in the ducts which in a measure may be considered to be continuations of them, solitary, pellucid, cylinder-cells, measuring up to 0.010ᵐᵐ in diameter, and occupied by a minute granular, protoplasmic substance, much resembling the white blood-corpuscles pertaining to the higher-class animals; these cells are contained in the nutritory fluids which permeate the entire colony of polyps. In a few polyps, the ventral cavity is prolonged, downwards, into the large longitudinal duct, and, there, septa are seen in the shape of septula to follow the ducts right down to their bottom. Where that is the case, the generative organs are found to develope themselves on several septula in the uppermost part of the ducts, or, as it may be called, in the ventral cavity, whilst in others, and that the greater number of the polyps, the ventral cavity rapidly contracts, and forms a very constricted duct, which, sure enough, opens into one of the large longitudinal ducts, but is, however, quite occupied by endothelial cells, so that no septula are to be observed there; in those polyps the generative organs develope themselves in the ventral cavity itself.

The gullet is elongated and cylindrical; its exterior surface is clad with the endothelial cells previously spoken of, which connect to a layer of hyaline connective-tissue. Exactly at the margin of this and the endothelium, but as if embedded in the connective-tissue, a broad longitudinal series of spicules is seen on each side — 3—4, somewhat diagonally running, spicules in each series — whilst the mesial part of the gullet, both on the ventral and the

Ende udgaa Gastralfilamenterne, som ere spikelfri, og dets øverste Ende gaar over i den aflange Mundspalte med tykke Læber. Svælgets indre Flade er beklædt med et cilierende Epithel, og paa Bugfladen indtages omtrent to Trediedele af dens Længde af en oval Fordybning (Svælgrenden), som er beklædt med lange Pidskeceller, Fig. 65, e, fuldkommen lig dem, som jeg tidligere har omtalt i Beskrivelsen af Væringia mirabilis. Udenfor Svælgrenden sees den største Del af Svælget at være beklædt med Cylinderepithel, forsynet med Cilier, og imellem Cylindercellerne findes en Mængde kolbeformige, encellede Slimkjertler, der savnes i Svælggruben; ovenfor denne antager Epithelet Ectodermets Karakter, saaledes som jeg tidligere har paavist. Just paa det Sted af Svælgets indre Flade, hvor jeg hos Væringia mirabilis fremstillede en Del af Nervesystemet, findes lignende store, unipolære Gangliceller med deres store Kjerne og rige Protoplasmaindhold, men andre Nerveceller eller Nervefibre har jeg ikke seet hos Slægten Fulla.

Jeg nævnte tidligere, at Basaldelen er svampet; dette grunder sig paa, at Coenenchymet her er meget udviklet, og i dette Coenenchym findes Spikler, der ligge meget spredte, have en gul Farve og nærme sig noget Dobbeltstjernen i Form; de ere fra 0.080—0.088ᵐᵐ lange og fra 0.040—0.052ᵐᵐ brede i Enderne, paa Midten ere de fra 0.012—0.016ᵐᵐ brede, Fig. 1—3.

Basaldelens Hud er rig paa Spikler, som ligge i flere Lag og ere omgivne af Ectodermet; ogsaa her viser det sig, at hvor de ere leirede i Bindevævet, beklæder Ectodermceller de Hulrum, Spiklerne indtage; men altid ere Cellerne aflange, saaledes som de ofte findes i Ectodermets indre Lag. Spiklerne optræde næsten udelukkende under Form af Dobbeltstjerner, der ere dog noget forskjellige, imedens Grundformen er den samme. I Almindelighed have de et uagent Midtparti, kun sjeldent er dette besat med Takker, Fig. 4. 5; fra Enderne udgaa paa de fuldt udviklede Spikler brede Straaler, der ende i 4—5 Takker, som danne en Stjerne, Fig. 6—9. Paa de mindre udviklede ere Straalerne smalere og enklere, ligesom det nøgne Midtparti er meget længere, Fig. 10. Disse samtlige Dobbeltstjerner variere noget i Størrelse; de ere fra 0.052—0.140ᵐᵐ lange, fra 0.032—0.116ᵐᵐ brede i Enderne og fra 0.024—0.048ᵐᵐ brede paa Midten. Kun hist og her, men sjeldent, findes imellem Dobbeltstjernerne Firlinger, hvoraf enkelte nærme sig Korsformen og ere ornamenterede, 0.108ᵐᵐ lange med en Tværstok 0.088ᵐᵐ Fig. 11; andre nærme sig Dobbeltstjernen, ere 0.120ᵐᵐ lange, 0.120ᵐᵐ brede i Enderne og 0.080ᵐᵐ brede paa Midten, Fig. 12.

dorsal sides, is devoid of spicules (fig. 66). From the lowest extremity of the gullet, the gastral filaments proceed, and these are devoid of spicules; the uppermost extremity is produced into the oblong oral fissure with thick labiæ. The inner surface of the gullet is clad with a ciliate epithelium, and about two-third parts of its ventral surface is occupied by an oval cavity (the gullet-groove) which is clad with long flagelliform cells (fig. 65, e) exactly like those which I have previously spoken of in the description of Væringia mirabilis. Outside of the gullet-groove, the greater part of the gullet is seen to be clad with cylinder-epithelium furnished with ciliæ, and, between the cylinder-cells, a multitude of clavate, unicellular, mucous glands are found, and these are awanting in the gullet cavity. Beyond it, the epithelium assumes the ectodermic character, as I have, already, shown. Just at the point of the inner surface of the gullet, where, in Væringia mirabilis, I presented a part of the nerve system, similar large unipolar ganglial cells, with their large nuclei and abundant protoplasmic contents are found, but I have detected no other nerve-cells, nor nerve-fibres in the genus Fulla.

I stated, previously, that the basal part is spongy; that is owing to the fact that the sarcosoma is, here, much developed, and in this sarcosoma spicules are seen, which are placed much dispersed, have a yellow colour, and approach somewhat to a bistellate in form. They measure from 0.080—0.088ᵐᵐ in length, and from 0.040—0.052ᵐᵐ in breadth at the extremities; whilst in the middle they measure from 0.012—0.016ᵐᵐ in breadth (figs. 1—3).

The dermal covering of the basal part is rich in spicules, which are placed in numerous layers and are surrounded by the ectoderm. Here, also, it is observed, that where they are found entrenched in the connective tissue, the ectoderm-cells clothe the cavities which the spicules occupy, but the cells are, invariably, oblong, like what is frequently found in the inner layer of ectoderm. The spicules, appear, almost exclusively, in the bistellate form, but they are somewhat variable, although the rudimentary form is the same in them all. Usually, they have a bare mesial part, it being only occasionally beset with spikes (figs. 4. 5); from the extremities of the fully developed spicules, broad rays proceed, which terminate in 4—5 spikes that form a star (figs. 6—9). On the less developed spicules the rays are narrower and plainer, whilst, also, the mesial part is much longer (fig. 10). The whole of these bistellates vary somewhat in size, and measure from 0.052—0.140ᵐᵐ in length, and from 0.032—0.116ᵐᵐ in breadth at the extremities, and from 0.024—0.048ᵐᵐ in breadth at the middle. Here and there, only, but seldom, quadruplets are seen between the bistellates; of these a few approach the cruci-form, and are embellished; they measure 0.108ᵐᵐ in length, with a transverse arm 0.088ᵐᵐ long (fig. 11) others, approach the bistellate in form, and measure 0.120ᵐᵐ in length, and 0.120ᵐᵐ in breadth at the extremities, and 0.080ᵐᵐ in breadth at the middle (fig. 12).

Nederst paa Stammen ligge Spiklerne tæt sammen uden at ligge paa hverandre; almindeligst er her Dobbeltstjernen, kun yderst sjelden træffes en Spindel. Dobbeltstjernerne ere her rigere paa Straaler end de paa Basaldelen, ligesom Midtpartiet oftere er besat med Vorter eller Takker; de ere fra 0.128—0.140^{mm} lange, fra 0.104 —0.112^{mm} brede i Enderne; Midtpartiet er dels 0.032^{mm} bredt, Fig. 13, dels er det saa optaget af Vorter, at det er næsten lige saa bredt som Enderne, Fig. 14. Spindlerne ere meget takkede med afstumpede, brede Ender; de ere lige og krumme om hinanden og ere 0.128^{mm} lange, 0.048^{mm} brede, Fig. 15. Midt paa Stammen ligge Spiklerne ikke saa tæt sammen som paa den nederste Del; Dobbeltstjernerne med mange Straaler og et ungent Midtbelte ere de almindeligste; yderst sjeldent sees en Firling. Dobbeltstjernerne ere fra 0.088—0.136^{mm} lange, fra 0.068—0.096^{mm} brede i Enderne, og fra 0.032—0.044^{mm} brede paa Midten, Fig. 16—19. Firlingerne nærme sig ligesom paa Stammens nederste Del enten Korsformen eller Dobbeltstjernen, Fig. 20, 21; de ere fra 0.096—0.128^{mm} lange, fra 0.080—0.088^{mm} brede. Jo længere op paa Stammen, man kommer, jo mere spredte ligge Spiklerne, men Dobbeltstjerneformen er ogsaa her gjennemgaaende.

Paa Grenene, især de tykkeste, ligge Spiklerne lige saa tæt som paa Stammens Midtparti. Stjerneformen er den hyppigste, men noget forskjellig fra den, jeg tidligere har omtalt. Spiklerne ere i det Hele taget betydelig mindre, fra 0.048—0.082^{mm} lange, fra 0.028—0.044^{mm} brede i Enderne og fra 0.008—0.024^{mm} brede paa Midten; Straalerne ere enklere, Midtpartiet er i Regelen mere langstrakt, Fig. 22—26. En Firling, nærmende sig Dobbeltstjernen, er meget sjelden; den er omtrent lige lang som bred med et tornet Midtparti, Fig. 27.

Paa Smaagrenene eller Stilkene ere Spiklerne yderst sparsomme; de ere enkle i Formen, meget smaa og have en mørkegul Farve. De hyppigste ere Klubber, næsten glatte; de ere omtrent lige store, 0.056^{mm} lange, 0.028^{mm} brede i den tykke Ende. Skaftet er kort og afrundet, Fig. 28—30. Foruden disse sees en, der ligner en Dobbeltstjerne, 0.076^{mm} lang, 0.044^{mm} bred i Enderne, 0.024^{mm} bred paa Midten, Fig. 31; men saa fattig Spikeldannelsen er paa disse Smaagrenene, saa meget rigere bliver den, strax Polyperne optræde.

Paa Polypens Bagkrop ligge Spiklerne paatvers i Længderækker og vise sig under Form af Spindler, Valser og Dobbeltstjerner. Spindlerne ere meget takkede, have afstumpede, takkede Ender og ere for det meste lige; de ere fra 0.104—0.120^{mm} lange og fra 0.040—0.044^{mm} brede,

At the foot of the stem, the spicules are placed close together without, however, lying upon each other; in this situation, the bistellate form usually appears; only extremely rarely is the fusee met with. The bistellates are, here, richer in rays than those of the basal part, whilst, the mesial part is frequently occupied by warts or spikes; they measure from 0.128—0.140^{mm} in length, and from 0.104—0.112^{mm} in breadth at the extremities; the middle part measures 0.032^{mm} in breadth (fig. 13), and is, partly, so occupied by warts, that it is almost as broad as the extremities (fig. 14). The fusees are much spicated, have obtusely rounded, broad, extremities, and are, sometimes straight, and sometimes bent; they measure 0.128^{mm} in length, and 0.048^{mm} in breadth (fig. 15). In the middle of the stem, the spicules are not placed so closely together as upon the lowest part; the bistellates with numerous rays and a bare mesial belt are the most usual forms; only very rarely is a quadruplet seen. The bistellates measure from 0.088—0.136^{mm} in length, from 0.068— 0.096^{mm} in breadth at the extremities, and from 0.032— 0.044^{mm} in breadth at the middle (figs. 16—19). The quadruplets approach, like those of the lowest part of the stem, either to the cruci-form, or to the bistellate form (figs. 20, 21); they measure from 0.096—0.128^{mm} in length, and from 0.080—0.088^{mm} in breadth. The further up the stem we approach, the more dispersed do the spicules become, but the bistellate form is, also, here, met with throughout.

Upon the branches, especially the thickest ones, the spicules are as close-set as upon the middle part of the stem. The stellate form is the most frequent, but somewhat different from that I have previously spoken of. The spicules are, altogether, considerably smaller, measuring from 0.048—0.082^{mm} in length, from 0.028—0.044^{mm} in breadth at the extremities, and from 0.008—0.024^{mm} in breadth at the middle. The rays are plainer, and the middle part is, usually, more elongate (figs. 22—26). A quadruplet approaching to the bistellate form is but rare; it measures about as long as it is broad, and has an aculeated mesial part (fig. 27).

On the small branches or stalks, the spicules appear extremely sparingly; they are plain in form, and have a dark yellow colour; they are most frequently clavates, are almost smooth, and about uniform in size, measuring 0.056^{mm} in length and 0.028^{mm} in breadth at the thick extremity. The shaft is short and rounded (figs. 28—30). Besides these, one resembling a bistellate is observed, and it measures 0.076^{mm} in length, 0.044^{mm} in breadth at the extremities, and 0.024^{mm} in breadth at the middle (fig. 31); but however poor the spicular formation is upon these small branches, so much the richer does it become whenever the polyps appear.

On the posterior body of the polyps, the spicules are situated transversally, in longitudinal series, and appear in the form of fusees, rollers, and bistellates. The fusees are very spicate, and have blunted spicate extremities; they are usually straight and measure from 0.104—0.120^{mm}

Fig. 32. 33. Valserne ere takkede med brede, takkede Ender, 0.092"" lange, 0.040"" brede, Fig. 34. 35; af Dobbeltstjernerne er der 2 nogle, som nærme sig Dobbeltkuglen med takkede, afrundede Ender, Fig. 36, disse ere 0.100"" lange, 0.056"" brede i Enderne og 0.028"" brede paa Midten, — imedens andre ere mere sammensatte og 0.084"" lange, 0.048"" brede, Fig. 37. 38.

Hvor Bagkrop gaar over i Forkrop ligge Spiklerne i svage Tverbuer, Fig. 61, og bestaa af lange, tynde, dels lige, dels krumme, takkede Spindler, der ere fra 0.240— 0.344"" lange og fra 0.016—0.024"" brede, Fig. 39—40.

Paa Forkroppen, hvor Spiklerne ligge næsten perpendikulært, er Spindelformen den fremherskende, men imellem Spindlerne sees hyppigt tapformede Spikler. Spindlerne ere takkede, krumme og lige, med tilspidsede Ender, fra 0.172—0.256"" lange og fra 0.032—0.036"" brede, Fig. 41. 42. Tapperne ere takkede, 0.240"" lange, 0.040"" brede foroven, Fig. 43.

Paa Tentaklerne sees langs Midten af den aborale Flade Spindler, der ere takkede med afskarne, takkede Ender, lige og krumme om hverandre; de ere fra 0.080— 0.200"" lange og fra 0.020—0.044"" brede, Fig. 44. 45; men til Siderne og i Pinnulerne ere Spindlerne mindre og antage stundom Naaleformen; de variere i Størrelse, fra 0.048—0.100"" lange og fra 0.004—0.028"" brede, Fig. 46—51.

Spiklerne paa Svælget ere forskjelligt formede og optræde snart som Spindler, takkede, lige eller krumme, Fig. 52. 53, snart som Firling i Korsform, Fig. 54, og snart under andre særegne Former, Fig. 55—57, der have omtrent samme Størrelse, omkring 0.080"" i Længde. Bredden er meget forskjellig.

in length, and from 0.040—0.044"" in breadth (figs. 32.–33). The rollers are spicate, with broad spicate extremities, and measure 0.092"" long, and 0.040"" broad (figs. 34—35). Of the bistellate form, there are some which approach to the bi-spherical form with spicate rounded extremities (fig. 36); these measure 0.100"" in length, and 0.056"" in breadth at the extremities, and 0.028"" in breadth at the middle, whilst others are more complex, and measure 0.084"" in length, and 0.048"" in breadth (figs. 37. 38).

At the point where the posterior body is produced into the anterior body, the spicules are placed in slightly transverse curves (fig. 61) and consist of long, thin, partly straight, partly bent, spicate fusees, measuring from 0.240 —0.344"" in length, and from 0.016—0.024"" in breadth (figs. 39. 40).

On the anterior body, where the spicules are placed almost perpendicularly, the fusees are the most predominant. but between the fusees, coniform spicules are frequently seen. The fusees are spicate, bent and straight, with acuminated extremities, and measure from 0.172—0.256"" in length, and from 0.032—0.036"" in breadth (figs. 41. 42). The cones are spicate, and measure 0.240"" in length, and 0.040"" in breadth above (fig. 43).

Along the middle of the aboral surface of the tentacles, fusees are seen; these are spicate, with truncated spicate extremities, sometimes straight, sometimes bent; they measure from 0.080—0.200"" in length, and from 0.020—0.044"" in breadth (figs. 44. 45) but, to the sides, and in the pinnules, the fusees are smaller, and occasionally assume the needle-form. They vary in size, measuring from 0.048—0.100"" in length, and from 0.004— 0.028"" in breadth (figs. 46—51).

The spicules on the gullet are variable in form, and appear, sometimes as fusees, spicate, straight, or bent, (figs. 52. 53) sometimes as quadruplets of cruciform (fig. 54), and sometimes in other peculiar forms (figs. 55 —57) of about the same size, measuring about 0.080"" in length, with the breadth very variable.

Farven.

Stammen og Grenene gule, spillende lidt i det Røde. Polyperne svagt roseurøde.

Colour.

The stem and the branches are yellow, shading a little towards red. The polyps are pale rose-red.

Findested.

Station 287. Et Exemplar.

Habitat.

Station No. 287. One specimen.

Slægtskarakter.

Zoanthodemet træformet. Stammen lidt fladtrykt, udpræget bilateral symetrisk, nøgen paa to Sider (Bug og Ryg); fra de andre to Sider (laterale) udspringe Grene, der alle ere nøgne paa den til Ryggen svarende Side. Polyperne, der udgaa dels enkeltvis, dels i Grupper

Generic characteristics.

The Zoanthodem is arborescent. The stem somewhat flattened, has a distinct bilateral symmetry, is bare on two sides (the ventrum and the dorsum) from the other two sides (lateral) branches spring, all of which are bare on the side corresponding to the dorsum. The

væsentligst fra Grenenes Sider, ere retraktile, langstrakte. Zoanthodemet er overalt i Huden ved forsynet med Spikler, der gjennemgaaende optræde under Form af Dobbeltstjernen, — kun paa Polypernes Forkrop optræder Spindelformen. Svælget spikelholdigt.

polyps which shoot out, partly singly, and partly in groups, principally from the sides of the branches, are retractile and elongate. The dermal covering of the Zoanthodem is, everywhere, well furnished with spicules, which appear, throughout, in the bistellate form. On the anterior body of the polyps alone does the fusi-form appear. The gullet contains spicules.

Artskarakter.

Zoanthodemet 60—70ᵐᵐ høit med en noget udvidet, svampet Basaldel. Stammen næsten rund, furet paalangs, 30—35ᵐᵐ i Omkreds ved Grunden, aftagende successivt til Toppen, hvor den deler sig i. to Grene, og saagodtsom nogen paa to Sider (Bug og Ryg). Grenene udspringe langs Stammens Sider fra Basaldelen til Toppen, staa temmelig langt fra hverandre, ere alle nøgne paa den til Ryggen svarende Side, imedens dog enkelte have to nøgne Sider, lig Stammen; de længste Grene findes paa Midten af Stammen. Ligefra Grenenes Udspring og til deres Ende ere de forsynede med Polyper, der udspringe, dels enkeltvis og direkte, dels danne Grupper, som samle sig i en Smaagren. Paa Enden af Grenene er der i Almindelighed en Samling af 6—8 Polyper. Polyperne ere cylindriske, 8—9ᵐᵐ lange, med en temmelig lang Bagkrop, hvor Spiklerne ligge paatvers i Længderækker, og en noget kortere Forkrop, hvor Spiklerne danne 8 Længderækker. Tentaklerne halvt saalange som Kroppen. Hele Zoanthodemet forsynet med Spikler, der gjennemgaaende optræde under Form af Dobbeltstjerner, kun paa Polypens Forkrop optræder Spindelformen. Svælget har paa hver Side en bred Længderække Spikler; dets Bug- og Rygside er uden Spikler. Farven rødlig-gul. Polyperne svagt rosenrøde.

Specific characteristics.

The Zoanthodem measures 60—70ᵐᵐ in height, and has a somewhat dilated spongy basal part. The stem is almost cylindrical, longitudinally grooved, and measures 30—35ᵐᵐ in circumference at the base, diminishing gradually towards the summit, where it ramifies into two branches, and it is almost bare on two sides — (the ventrum and the dorsum). The branches shoot out along the sides of the stem, from the basal part to the summit, and are placed pretty far apart from each other; they are all bare on the side corresponding to the dorsum, whilst a few, however, have two bare sides like the stem. The longest branches are found at the middle of the stem. Quite from the root of the branches and up to their extremities, they are furnished with polyps which appear, partly singly and direct, and partly forming groups that collect themselves into a branchlet. On the extremities of the branches, there is, usually, a collection of 6—8 polyps. The polyps are cylindrical, 8—9ᵐᵐ long, have a rather long posterior body, where the spicules are situated transversally, in longitudinal series; and a somewhat shorter anterior body, where the spicules form 8 longitudinal series. The tentacles are half the length of the body. The whole of the Zoanthodem is furnished with spicules which appear, throughout, in! the form of bistellates; on the anterior body of the polyps alone does the fusi-form appear. The gullet has on each side, a broad longitudinal series of spicules, whilst its ventral and dorsal sides are devoid of spicules. The colour is reddish yellow. The polyps, faint rose-red colour.

Nephthya flavescens, n. sp.
(Ammothea. Lam.[1]).

Pl. XI.

Zoanthodemet er indtil 30ᵐᵐ høit. Stammen haard, rund, furet paalangs, omtrent 7ᵐᵐ tyk ved Grunden, men

Nephthya flavescens, n. sp.
(Ammothea, Lam.[1]).

Pl. XI.

The Zoanthodem measures up to 30ᵐᵐ in height. The stem is hard, cylindrical, and farrowed longitudinally

---

[1] Navnet Ammothea er givet til en Crustacea-Slægt af Leach 1814. Lamarck, som sandsynligvis har været ubekjendt dermed, har givet det samme Navn til en Alcyonide i 1816. I 1818 beskrev Den norske Nordhavsexpedition. IV. C. Danielssen: Alcyonida.

[1] The designation Ammothea is applied to a crustaceous genus, by Leach, in 1814. Lamarck, who was probably ignorant of this fact, has given the same designation to an Alcyonoid, in 1816. In

aftager successivt lidt i Tykkelse op til Toppen, der deler sig i flere Grene. Dens nederste Trediedel er i Regelen nogen, imedens de øvrige to Trediedele ere tæt besatte med Grene, der slutte sig temmelig nær til Stammen, Fig. 1. Basaldelen er fast, tildels skiveformigt udvidet. Grenene sidde rundt Stammen, ere mere eller mindre lange, de midterste paa Stammen ere længst; de ere furede paalangs, og som oftest lige fra deres Udspring rigt besatte med Polyper, som ere ordnede i Grupper, saa at 3—6—8 Polyper kunne forene sig i en liden Gren, der gaar over i Hovedgrenen. Fig. 1. 2. Disse Polypgrupper sidde tæt paa og rundtom Grenen, og imellem dem sees af og til enkelte Polyper, der bidrage end mere til ganske at dække Grenen, Fig. 1. 2. Ogsaa fra selve Stammen udspringer paa nogle Exemplarer dels enkelte, dels en liden Gruppe af 3—4 Polyper; de isolerede Polyper ere da altid længere end de, som sidde i Grupper. Grenene ende i tætte Polypgrupper og faa derved et mere eller mindre kølleformigt Udseende. Fig. 1. 2.

Polyperne ere bægerformede, ikke retraktile; de ere 6—8ᵐᵐ lange; Bagkroppen er 2ᵐᵐ, Forkroppen 2ᵐᵐ og Tentaklerne 2—4ᵐᵐ. De have paa den udvendige Side af Kroppen 8 Ribber, dannede af Spikler, Fig. 3, hvilke især ere stærkt fremtrædende paa Forkroppens Rygside og gaa over paa Tentaklernes aborale Flade lige til deres Ende, Fig. 3. 4. Imellem Ribberne er der temmelig dybe Furer, som ligeledes ere rige paa Kalkspikler, Fig. 3. Hele Kroppen med Tentaklerne er saaledes bepantsret med Kalk, kun paa Bugsiden ligge Spiklerne mindre tæt, hvorfor Polyperne, især paa Spiritusexemplarer, stadig ere bøiede imod denne. Pinnulerne ere lange, smale, staa temmelig langt fra hverandre, og ved deres Grunddel sees en Spikel, der udgaar fra Tentakelens Sidedel; men forresten ere de uden Kalk, Fig. 4.

I flere af Polypgrupperne iagttages en eller flere stærkt opsvulmede Polyper, hvor antaget Formen af en Hjelmbusk, Fig. 5; det er hele Kroppen, men fornemmelig dens forreste Del, som er udvidet og indtager

Savigny an til Lamarcks Ammothea nærstaaende Alcyonide, som han antog for en ny Slægt og kaldte Nephthya. Det har imidlertid vist sig, at disse to Slægter ikke kunne opretholdes som saadanne; Slægtskarakteren gaar saa nær i hverandre, at de passe lige godt paa begge, hvorfor de bør slaaes sammen til en Slægt. Ifølge Alderens skulde altsaa Lamarcks Navn, Ammothea, bibeholdes; men da Leach et Par Aar tidligere har givet dette Navn til en Crustacee-Slægt, anser jeg det for rigtigst, at Savigny's Benævnelse, Nephthya, opstilles som Slægtsnavn for Slægterne Ammothea og Naphthya.

and, at its base, measures about 7ᵐᵐ in thickness, but diminishes gradually, a little, in thickness, towards its summit, which, again, becomes ramified into several branches. The inferior third-part is, usually, bare, whilst the remaining two-third parts is closely beset with branches which keep themselves pretty close to the stem (fig. 1). The basal part is firm and, partly, discoidally dilated. The branches are situated around the stem, and are more or less long, those situated in the medial part of the stem being the longest. They are grooved longitudinally, and are, most frequently, richly beset with polyps, commencing quite at the branchial root. The polyps are so arranged in groups, that from 3 to 6 or 8 polyps may unite into a branchlet that passes over into the chief branch (fig. 1. 2). These polyp groups sit closely on, and around, the branch, and between them some single polyps are occasionally seen, which contribute still further to completely conceal the branch (fig. 1. 2). In a few specimens there also spring, from the stem itself, sometimes single, sometimes a small group of 3—4 polyps; in this case the isolated polyps are always longer than those situated in groups. The branches terminate in compact polyp groups, and acquire thus, a more or less sub-claviform appearance (figs. 1. 2).

The polyps are chalice-formed and non-retractile; they measure 6—8ᵐᵐ in length, the posterior body measuring 2ᵐᵐ, the anterior body 2ᵐᵐ, and the tentacles 2—4ᵐᵐ. On the exterior side of the body, they are furnished with 8 ribs, formed of spicules (fig. 3), which are, especially, strongly prominent on the dorsal side of the anterior body, and pass over to the aboral surface of the tentacles, quite to their extremity (figs. 3. 4). Between the ribs, there are pretty deep grooves which are also rich in calcareous spicules (fig. 3). The entire body and the tentacles are thus protected with a calcareous sheathing, and only on the ventral side do the spicules lie more openly, for which reason, the polyps, especially in specimens preserved in alcohol, are constantly curved towards it. The pinnules are long and slender, and are placed pretty far apart from each other; a spicule is seen at their basal part which issues from the lateral part of the tentacle, but otherwise they are devoid of calcium (fig. 4).

In several of the groups of polyps, there may be observed one, or more, strongly tumefied polyps which have assumed the form of a helmet-plume (fig. 5). The entire body, and especially its anterior part, is dilated and, here,

1818, Savigny described an Alcyonoid approximating to Lamarck's Ammothea, and which he took to be a new genus, and called Nephthya. It has, however, been ascertained that these two genera cannot be maintained independently of each other; the generic characteristics become so much absorbed, the one in the other, that they apply equally well to both, for which reason they ought to be classed together as one genus. According to seniority, therefore, Lamarck's designation Ammothea should be retained, but as Leach a couple of years previously, has applied this designation to a Crustaceous genus, I consider it preferable that Savigny's designation, Nephthya, be applied and established as the generic designation for the genera Ammothea and Nephthya.

en Bredde af 3–4ᵐᵐ, imedens de øvrige, almindelige Polyper indtage paa samme Sted lidt over 1ᵐᵐ. Tentaklerne ere sammenlimede, og deres Ender indboiede, hvorved Adgangen til Mundaabningen er fuldstændigt spærret. Ribberne og Furerne paa den ydre Kropsvæg ere stærkt fremtrædende, Fig. 5. Disse svangre Polyper, der siden skulle nærmere omtales, gaa umiddelbart over i Grenen uden at forene sig med nogen anden Polyp.

It attains a breadth of 3–4ᵐᵐ, whilst the rest of the general body of the polyps attain, in the same situation, only a little more than 1ᵐᵐ in breadth. The tentacles are glued together, and their extremities are curved inwards, causing the access to the oral aperture to be completely closed. The ribs and the grooves on the exterior wall of the body are strongly prominent (fig. 5). These fructified polyps, which later on shall be further discussed, pass directly over into the branch without uniting themselves to any other polyp.

Anatomisk-histologisk Undersøgelse.

Stammen har en ydre Beklædning, Ectodermet, dannet af flere Lag polyædriske Celler. I det indre Lag sees imellem Ectodermcellerne flaskeformede Celler med en Udløber og en aflang Kjerne, omgiven af et fintkornet Indhold — encellede Slimkjertler —; desforuden er i Ectodermet afleiret en Mængde Spikler, der ogsaa findes i det indenfor værende hyaline Bindevæv, men altid omgivne af Ectodermceller.

I Bindevævslaget findes Bindevævslegemer med en eller flere Udløbere, der korrespondere med hverandre, samt Ernæringskanaler. Ved at undersøge de svangre Polyper viser det sig, at Mundaabningen er tillukket ved en slimet Masse, at Svælget er i høi Grad udvidet, dets Vægge fortykkede, Fig. 6, a, og Halheden opfyldt af Embryoner i forskjellige Udviklingsstadier, — dog ere de, der ligge nærmest Mundspalten, videst komne, hvorfor ogsaa den øverste Del af Svælget er mest udvidet, Fig. 6, b. I Marvhulheden sees endnu enkelte udviklede Æg, indesluttede i de stilkede Kapsler, der tage deres Udspring fra Septula.

Det er et mærkeligt Forhold, som her optræder, idet Svælget virkelig omdannes til en Uterus, hvori Ungerne udvikle sig. Paa flere Polyper iagttages, at den bagerste Kropsdel, just der, hvor den gaar over i Grenen, er opsvulmet, imedens den forreste Del endnu er normal; men Tentaklerne ere begyndte at lime sig sammen, og deres Ender ere indkrængede. Naar disse Polyper aabnes, findes Æg i forskjellige Stadier, men alle indesluttede i deres stilkede Kapsler, sædvanlig et Æg i hver Kapsel. Svælget er ikke udvidet og er enten tomt eller indeholder nogle Foraminiferer, Rester af de indtagne Fødemidler. Mange af Æggene have gjennemgaaet Furingen, ere altsaa befrugtede, men den egentlige Fosterdannelse er neppe begyndt. Saasnart denne tager sin Begyndelse, forlader Larven, endnu indesluttet i Ægget, Kapselen, og Svælget er nu præpareret til at modtage Ungen, for at den der kan gjennemgaa sin videre Udvikling. Mundaabningen er ganske lukket ved det omtalte Slim, saa Polypen kun kan faa sin Næring igjennem den i Gren eller Stamme forlængede

Anatomo-histological Examination.

The stem has an exterior covering — the ectoderm — formed of several layers of polyhedrical cells. In the inner layer, between the ectodermal cells, bottle-shaped cells are seen, with a prolongation, and an oblong nucleus surrounded by a minute granular substance — unicellular mucous glands — there is, besides, entrenched in the ectoderm, a multitude of spicules; these are also found in the hyaline connective-tissue situated on its inner side, but always surrounded by ectodermal cells.

In the connective-tissue layer, connective-tissue corpuscles having one or more prolongations which correspond with each other, and also nutritory ducts, are found. On an examination of the fructified polyps, it is seen that the oral aperture is closed by a mucous mass; that the gullet is, in a high degree, dilated, its walls tumefied (fig. 6, a), and the cavity occupied by embryons in various stages of development, whilst those of them, however, which are situated closest to the oral fissure are most developed; consequently, therefore, the uppermost part of the gullet is most dilated (fig. 6, b). In the gastral cavity there are, further, observed, a few undeveloped ova, enclosed in the pedunculated capsules which issue from septula.

It is a very remarkable state of relations which, here, exists, because the gullet really becomes transformed into a uterus in which the young develope themselves. In several polyps, it may be observed that the posterior part of the body, just at the point where it passes over into the branch, is tumefied, whilst the anterior part still remains in the normal condition, but its tentacles have begun to become glued together, and their extremities to be curved inwards. When these polyps are opened, ova are found in various stages of development, but all of them enclosed in their pedunculated capsules, usually one ovum in each capsule. The gullet is not dilated, and is, either, empty, or contains some foraminifers, remnants of the nutritive substances absorbed. Many of the ova have undergone the segmentation and are therefore impregnated, but the true fœtal-formation has scarcely commenced. As soon as it commences, the larva — still enclosed in the ovum — relinquishes the capsule, and the gullet is now prepared for the reception of the young, to undergo, there, their

11*

Mavehulhed, der korresponderer med Koloniens store Kanalsystem, hvorigjennem Ernæringsvædskerne flyde. Under Svangerskabet bliver saaledes den svangre Polyp ernæret paa Koloniens Bekostning, og det er formodentlig af den Grund, at et forholdsvis lidet Antal af Stammens Polyper samtidigt ere svangre. Hvorvidt disse Moderpolyper der ud, efter at de have udført sin Ammetjeneste, eller de fortsætte sit Liv for atter at befrugtes, har jeg ikke havt Anledning til at iagttage.

Paa Basaldelen ligge Spiklerne pakkede paa hverandre og bestaa væsentligst af Dobbeltstjerner, sammensatte Stjerner, der dog tildels ere mindre udviklede, samt takkede Spindler. Klubber ere sjeldne, men endnu sjeldnere Firlinger. Dobbeltstjernerne have i Regelen et nøgent Midtbelte, og Straalerne ere ofte brede, bladformede med tandede Rande; de ere fra 0.084—0.096ᵐᵐ lange, og fra 0.044—0.048ᵐᵐ brede med et 0.016ᵐᵐ bredt Midtbelte, Fig. 7—9. De sammensatte Stjerner have ogsaa bladformede Straaler med tandede Rande; de ere fra 0.132—0.148ᵐᵐ lange og fra 0.056—0.088ᵐᵐ brede, Fig. 10, 11. Klubberne ere næsten fra deres nederste, smale Ende op til Toppen besatte med Blade, hvis Rande ere tandede; de ere fra 0.124—0.164ᵐᵐ lange, og fra 0.068—0.084ᵐᵐ brede i Toppen, Fig. 12—14. En enkelt Firling, næsten timeglasformet, er lige lang som bred. 0.084ᵐᵐ, og kun sparsomt besat med Papiller, Fig. 15. Foruden disse findes ogsaa, men meget sjeldent, et Par andre Spikelformer, saaledes en, der nærmer sig Timeglasformen og har en svag Tverlinie, der kan antyde en Trilling, forsynet med nogle Papiller; den er 0.068ᵐᵐ lang, 0.060ᵐᵐ bred i Enderne og 0.020ᵐᵐ bred paa Midten, Fig. 16; en anden nærmer sig Korset med en Længdestok, der er 0.088ᵐᵐ, og en klumpet Tverstok, 0.056ᵐᵐ, Fig. 17, — og endelig en tredie, der nærmer sig Søilen, 0.096ᵐᵐ lang, 0.056ᵐᵐ bred Basaldel og 0.016ᵐᵐ bred paa Midten, Fig. 18.

Paa Stammens nederste Del ligge Spiklerne ikke saa pakkede paa hverandre som paa Basaldelen; de hyppigste Former ere Dobbeltstjernes og Klubbens, noget sjeldnere den takkede Spindels. Dobbeltstjernerne have bredbladede Straaler med takkede Rande og nærme sig meget de paa Basaldelen; de ere fra 0.084—0.112ᵐᵐ lange, og fra 0.068—0.072ᵐᵐ brede i Enderne; det nøgne Midtbelte er fra 0.028—0.036ᵐᵐ bredt, Fig. 19—21. Klubberne ere fast overalt besatte med tandede Blade; de ere 0.188ᵐᵐ lange og 0.088ᵐᵐ brede foroven, Fig. 23.

further development. The oral aperture is quite closed by the mucous already spoken of, so that the polyp can only obtain its sustenance by means of the prolonged gastral cavity of the branch or stem, which communicates with the large ductiferous system of the colony, through which the nutritory fluids flow. During its pregnancy, the fructified polyp is, thus, nourished at the expense of the colony, and it is, probably, for this reason, that a relatively small number of polyps of the stem are pregnant at one and the same time.. Whether these maternal polyps die off after they have performed their maternal service, or whether they continue to exist for renewed impregnation, I have not had an opportunity of observing.

In the basal part, the spicules lie packed upon each other, and consist, principally, of bi-stellates, complex stellates — which however, are, partly, imperfectly developed, — and also spicate fusees. Clavates are rare, and quadruplets are still more rare. The bi-stellates have, usually, a bare mesial stripe, and the rays are, often, broad and foliaceous, with indented margins; they measure from 0.084—0.096ᵐᵐ in length, and from 0.044—0.018ᵐᵐ in breadth, with a 0.016ᵐᵐ broad mesial stripe (fig. 7—9). The complex stellates have, also, foliaceous rays with indented margins, and they measure from 0.132—0.148ᵐᵐ in length, and from 0.056—0.088ᵐᵐ in breadth (figs. 10, 11). The clavates are, from nearly their lowest narrow extremity to their summit, beset with leaves whose margins are indented; they measure from 0.124—0.164ᵐᵐ in length, and from 0.068—0.084ᵐᵐ in breadth at the summit (fig. 12—14). A solitary quadruplet of nearly sandglass form, which is as broad as it is long, measures 0.084ᵐᵐ, and is only sparingly beset with papillæ (fig. 15). Besides these, but very rarely, there are also found a couple of other spicular forms, for instance, one form approaching to the sand-glass form, and which shows a faint transverse line that may indicate a twin, and is furnished with a few papillæ; it measures 0.068ᵐᵐ in length, 0.060ᵐᵐ in breadth at the extremities, and 0.020ᵐᵐ in breadth at the middle (fig. 16). Another form approaches to the cruciform, and has a longitudinal arm measuring 0.088ᵐᵐ in length, and a protuberated transversal arm measuring 0.056ᵐᵐ in length (fig. 17) and, finally, a third form which approaches to the columnar form, and measures 0.096ᵐᵐ in length, 0.056ᵐᵐ in breadth at the basal part, and 0.016ᵐᵐ in breadth at the middle (fig. 18).

In the inferior part of the stem, the spicules do not lie so closely packed upon each other as in the basal part; the most frequent spicular forms are bi-stellates and clavates, and somewhat more rarely, the spicate fusees. The bistellates have broad foliaceous rays with spicate margins, and approximate, much, to those of the basal part; they measure from 0.084—0.112ᵐᵐ in length, and from 0.068—0.072ᵐᵐ in breadth at the extremities; the bare mesial belt measuring from 0.028—0.036ᵐᵐ in breadth (fig. 19—21). The clavates are constantly, everywhere, beset with indented leaves; they measure 0.188ᵐᵐ in length, and 00.88ᵐᵐ in breadth above (fig. 23).

Øverst paa Stammen ligge Spiklerne noget mindre tæt end nedenfor, men dog paa hverandre. Her er det fornemmelig Køller, Klubber og Spindler, som ere almindeligst. Køllerne ere overalt besatte med tandede Blade, ere 0.252ᵐᵐ lange, 0.100ᵐᵐ brede i den tykke Ende, Fig. 24. Klubberne have ligeledes tandede Blade, men sparsommere end Køllerne; de ere 0.124ᵐᵐ lange, 0.056ᵐᵐ brede foroven, Fig. 25. Spindlerne ere dels krumme, dels lige, have forholdsvis faa bladformede Takker, ere fra 0.144—0.160ᵐᵐ lange, og fra 0.052—0.056ᵐᵐ brede paa Midten, Fig. 26. 27; endelig sees, men yderst sjeldent, en fordreiet Dobbeltstjerne, eller monstrøs Firling, 0.120ᵐᵐ lang, 0.068ᵐᵐ bred i Enderne, 0.032ᵐᵐ bred paa Midten, Fig. 28.

Grenene ere ligesaa rige paa Spikler som Stammen, og jo nærmere man kommer Polypernes Udspring, desto tættere bliver Spikelbeklædningen. Paa Grenene ere store Spindler og Klubber de hyppigste; sjeldnere ere sammensatte Stjerner og endnu sjeldnere Dobbeltstjernerne. Spindlerne ere overalt besatte med i Randen tandede Blade, 0.268ᵐᵐ lange, 0.084ᵐᵐ brede paa Midten, Fig. 29. Klubberne ere ligeledes bladede, fra 0.128—0.172ᵐᵐ lange, og fra 0.056—0.084ᵐᵐ brede foroven, Fig. 30. 31.

Paa Polypernes Bagkrop ligge Spiklerne saa tæt, at de ganske indkapsle den, og her er der det væsentlig Køller og Klubber, der ere de hyppigste. Køllerne ere snart lige, snart mere eller mindre krumme, besatte med brede, tandede Blade, som staa temmelig langt fra hverandre; de ere fra 0.228—0.308ᵐᵐ lange, og fra 0.056—0.100ᵐᵐ brede foroven, Fig. 32—34; enkelte Køller ere næsten glatte og krumme; de ere 0.264ᵐᵐ lange, 0.056ᵐᵐ brede, Fig 35; men langt sjeldnere end disse ere nogle næsten glatte Spindler, 0.128ᵐᵐ lange, 0.032ᵐᵐ brede paa Midten, Fig. 36.

Paa Forkroppen er det især Rygsiden, der er stærkt bepantsret med Spikler, blandt hvilke den store Kølle er mest fremtrædende, mindre hyppig ere takkede Spindler. Køllerne ere enten lige eller krumme; men de lige ere dog de almindeligste og overordentlig store. Køllerne ere forsynede med større eller mindre, brede, tandede Blade, fra 0.252—0.392ᵐᵐ lange og fra 0.076—0.160ᵐᵐ brede foroven, Fig. 37. 38. Spindlerne have ogsaa tandede Blade, ere 0.224ᵐᵐ lange og 0.060ᵐᵐ brede paa Midten, Fig. 39.

Paa Tentaklerne findes lignende Spikler som de, der ere paa Forkroppen; men desforuden sees enkelte mindre Klubber liggende imellem de krumme Køller og ligesom udfyldende de Rum, som Krumningen frembringer.

In the uppermost part of the stem, the spicules are placed somewhat less closely than in the lower part, but still upon each other. In this situation, it is principally clavates, subclavates and fusees which are most frequent. The subclavates are, everywhere, beset with indented leaves, and measure 0.252ᵐᵐ in length, and 0.100ᵐᵐ in breadth at the thick extremity (fig. 24). The clavates have also indented leaves, but more sparingly than the sub-clavates; they measure 0.124ᵐᵐ in length, and 0.056ᵐᵐ in breadth, above (fig. 25). The fusees are, partly curved, partly straight, and have, relatively, few foliaceous spikes; they measure from 0.144—0.160ᵐᵐ in length, and from 0.052—0.056ᵐᵐ in breadth at the middle (fig. 26. 27). Finally, there is seen — but extremely rarely — a twisted bi-stellate, or monstrous quadruplet, measuring 0.120ᵐᵐ in length, 0.068ᵐᵐ in breadth at the extremities, and 0.032ᵐᵐ in breadth at the middle (fig. 28).

The branches are quite as rich in spicules as the stem, and the nearer we approach to the root of the polyps, the more compact does the spicular covering become. In the branches, large fusees and clavates are the most frequent spicular forms; complex stellates are less frequent, and bistellates are still more rare. The fusees are, everywhere, beset with leaves indented in the margins; they measure 0.268ᵐᵐ in length, and 0.084ᵐᵐ in breadth at the middle (fig, 29). The clavates are also foliated, and measure 0.128—0.172ᵐᵐ in length, and from 0.056—0.084ᵐᵐ in breadth above (fig. 30, 31).

In the posterior body of the polyps, the spicules are situated so closely that they quite encapsule it, and, in this situation, it is, principally, clavates, and sub-clavates that are most frequent. The sub-clavates are, sometimes straight, and sometimes more or less curved; they are beset with broad indented leaves, placed pretty far apart from each other, and measure from 0.228—0.308ᵐᵐ in length, and from 0.056—0.100ᵐᵐ in breadth above (figs. 32—34). A few sub-clavates are almost quite smooth, and bent; these measure 0.264ᵐᵐ in length, and 0.056ᵐᵐ in breadth (fig. 35), but far more rare than these, are a few almost smooth fusees that measure 0.128ᵐᵐ in length, and 0.032ᵐᵐ in breadth at the middle (fig. 36).

In the anterior body, it is, its dorsal side, especially, that is strongly sheathed with spicules, amongst which the large sub-clavates are the most prominent, and the spicute fusees less frequent. The sub-clavates are, either, straight or curved, but the straight ones are, however, the most frequent, and they are extraordinarily large. The sub-clavates are furnished with, larger or smaller, broad, indented leaves, and measure from 0.252—0.392ᵐᵐ in length, and from 0.076—0.160ᵐᵐ in breadth above (figs. 37—38). The fusees have also indented leaves, and measure 0.224ᵐᵐ in length, and 0.060ᵐᵐ in breadth in the middle (fig. 39).

Similar spicules to those of the anterior body are also found in the tentacles, but there are seen, besides, a few small clavates, situated between the curved sub-clavates, and, as it were, filling out the space produced by the curvature.

Embryonerne ere allerede tidligt meget rige paa Spikler, og paa de fra Ægget frigjorte Unger, hvor Spikeldannelsen er meget stærk, saa at Spiklerne ligge paa hverandre, iagttages mange og forskjelligtformede Firlinger, Fig. 40. De fleste nærme sig Korsformen, ere fra 0.072 — 0.132^{mm} lange, med en Tværstok fra 0.044—0.116^{mm}, Fig. 41—51; kun enkelte nærme sig Timeglasformen og ere 0.112^{mm} lange, 0.052^{mm} brede mod Enderne og 0.020^{mm} brede paa Midten; men hyppigere end Firlingerne ere dog Spindlerne, som ere kun svagt takkede og fra 0.056 —0.164^{mm} lange og fra 0.020—0.040^{mm} brede paa Midten, Fig. 52—55. Ind imellem Spindlerne sees Køller og enkeltvis Klubber, hvilke dog ere mindre udviklede. Køllerne ere takkede, fra 0.124— 0.160^{mm} lange og 0.040^{mm} brede foroven, Fig. 56, 57. Klubberne ere sparsomt besatte med Vorter, 0.104^{mm} lange, 0.032^{mm} brede foroven, Fig. 58.

Hvad der maa tiltrække sig Opmærksomheden ved Spikelformerne hos Embryonerne, er den Rigdom paa Firlinger, som findes hos disse; thi hos det voxne Dyr findes Firlingerne kun sparsomt og under andre Former, end de hos Larven. Det synes derfor, som om en Hudskiftning her finder Sted, hvorved Firlingerne blive for Størstedelen udelukkede, medens andre Former indtage deres Plads. En saadan Hudskiftning ved vi jo foregaar hos flere Holothurielarver, og Sandsynligheden bliver saameget desto større, naar der tages Hensyn til, at en stor Del af de øvrige Spikelformer, som findes hos Larverne, ikke gjenfindes hos det voxne Dyr. Sagtens er det saa, at Spiklerne uden nogen saadan Hudskiftning undergaa Formforandringer, alt eftersom Dyret udvikler sig; men saafremt et saadant Forhold existerer, maa man iblandt de lidet udviklede Spikelformer hos den Voxne finde tilsvarende Former hos Larven, hvilket i Reglen ikke er Tilfældet.

The embryous are, already at an early stage, very rich in spicules, and in the young, liberated from the ovum, the spicular formation is very prominent, so much so, that the spicules lie upon each other, and many and variously formed quadruplets may be observed (fig. 40). Most of them approach to the cruciform, and measure from 0.072—0.132^{mm} in length, with a transversal arm measuring from 0.044—0.116^{mm} (figs. 41—51); only a few approach to the sand-glass form, and these measure 0.112^{mm} in length, 0.052^{mm} in breadth towards the extremities, and 0.020^{mm} in breadth at the middle; but more frequent than the quadruplets are, however, the fusees; these are only faintly spicate, and measure from 0.056— 0.164^{mm} in length, and from 0.020—0.040^{mm} in breadth at the middle (figs. 52—55). In between the fusees, subclavates, and occasionally clavates, are seen; the last are however imperfectly developed. The subclavates are spicate, and measure from 0.124—0.160^{mm} in length, and 0.040^{mm} in breadth above (figs. 56, 57). The clavates are sparingly beset with warts, and measure 0.104^{mm} in length, and 0.032^{mm} in breadth above (fig. 58).

What must attract attention, with regard to the spicular forms in the embryons, is the wealth of quadruplets found in them, because, in the adult animal quadruplets are only sparingly found and in other forms than those of the larvæ. It appears, therefore, as if a casting of the integumental covering occurs, here, by which the quadruplets are, for the greater part, excluded, whilst other forms occupy their place. A similar casting of the dermal covering, we are already well aware, takes place in several of the larvæ of Holuthurians, and the probability is so much the greater, when it is observed that a large part of the remaining spicular forms found in the larvæ are not, subsequently, recognised in the adult animal. It is true enough that the spicules undergo transformations in form, according to the progress of development in the animal, without any casting of the dermal covering, but if such a state of relations exists, we would, amongst the littledeveloped spicular forms in the adult animal, find corresponding forms in the larvæ, and this is, usually, not the case.

Farven.

Stammen, Grenene og Polyperne ere straagule; Tentaklerne og Mundskiven noget mørkere gule.

Colour.

The stem, the branches, and the polyps straw-yellow; the tentacles, and the oral disk, somewhat darker yellow.

Station.

Station 275. Nogle faa Exemplarer.
Station 315. Mange Exemplarer.

Habitat.

Station No. 275. A few specimens.
Station No. 315. Numerous specimens.

Artskarakter.

Zoanthodemet indtil 30^{mm} høit. Stammen rund, furet paalangs; dens nederste Trediedel nøgen, den øvrige Del

Specific characteristics.

The Zoanthodem measures up to 30^{mm} in height. The stem cylindrical, longitudinally grooved; its inferior

rundtom besat med tætstaaende Grene. Basaldelen først, som oftest skiveformigt udvidet. Grenene i Regelen ligefra deres Udspring rigt besatte med Polyper, ordnede i Grupper, der enkeltvis samle sig i en liden Stilk, som gaar over i Hovedgrenen. Imellem Grupperne hist og her enkelte Polyper, der gaa umiddelbart over i Grenen. Grenene ende i tætte Polypgrupper og faa derved et kolbeformet Udseende. Polyperne bægerformede, 6—8ᵐᵐ lange, have 8 stærkt fremspringende Ribber, som gaa over paa Tentaklerne, der ere lange med lange Pinnuler. Spiklerne paa Basaldelen ere væsentligst Dobbeltstjerner og sammensatte Stjerner. Nederst paa Stammen Dobbeltstjerner, Klubber og Spindler; øverst paa Stammen og Grenene, Køller, Klubber og Spindler; paa Polyperne store Køller, Klubber og Spindler. Farven lys straagul; Tentaklerne og Mundskiven noget mørkere, spillende noget i det Brune.

third part bare, the remaining part beset, round about, with closely situated branches. The basal part firm, most frequently, discoidally dilated. The branches, usually, quite from their root, richly beset with polyps arranged in groups, which, now and then, unite together into a small stalk which passes over into the chief branch. Between the groups, there are, here and there, a few polyps which pass directly over into the branch. The branches terminate in compact groups of polyps, and acquire, thus, a sub-claviform appearance. The polyps chalice-formed, 6—8ᵐᵐ in length, have 8 strongly prominent ribs which pass over to the tentacles. These are long, with long pinnules. The spicules in the basal part are, principally, bi-stellates and complex stellates. In the lowest part of the stem, bistellates, clavates, and fusces. In the uppermost part of the stem, and the branches, sub-clavates, clavates, and fusces. In the polyps large sub-clavates, clavates, and fusces. Colour, light straw-yellow; the tentacles and oral disk somewhat darker, shading somewhat to brown.

Nephthya rosea, n. sp.

Tab. XII. Tab. XIII, Fig. 1.

Zoanthodemet er omtrent lige bredt som højt, indtil 40ᵐᵐ. Stammen er rund, 40ᵐᵐ i Omkreds ved Grunden, men smalner betydeligt af mod Toppen og er overalt lige fra Basaldelen og til Spidsen tæt besat med Grene, der paa Spiritusexemplarer ligge tæt op til Stammen og skjule den ganske, Tab. XII, Fig. 1. Basaldelen breder sig membranagtigt udover de Gjenstande, hvortil Kolonien er fæstet, Fig. 1. Grenene staa ikke langt fra hverandre, men omgive Stammen kredsformigt og ere rigt forsynede med Smaagrene, der bære en større eller mindre Mængde Polyper. I Regelen begynde Smaagrenene fra Grenenes Udspring, og paa dem gruppere Polyperne sig saa tæt, at de skjule aldeles Grenen, som derved fnar Udseende af en eneste, afrundet Polypgruppe, Fig. 1. 2. I levende Live staa Grenene lidt ud fra Stammen, og naar saa Polyperne strække sig ud, kommer Grupperingen tydeligt frem, idet hver enkelt Smaagren bærer en Gruppe Polyper. Paa enkelte Grene begynde Smaagrenene et Stykke fra Grenens Udspring, og da sees enkelte Polyper at udspringe direkte fra Grenen, ganske nær ved Stammen, ligesom der ogsaa paa dennes nederste Del findes dels enkeltstaaende Polyper, dels 2 og 3, der staa sammen. Saavel Stammen som Grenene ere kalkholdige.

Nephthya rosea, n. sp.

Pl. XII. Pl. XIII, fig. 1.

The Zoanthodem is about as broad as it is long, and measures up to 40ᵐᵐ. The stem is cylindrical, and measures 40ᵐᵐ in circumference at the base, diminishing considerably, upwards, towards the summit, and everywhere, right from the base up to the top, it is closely beset with branches which, in specimens preserved in alcohol, lie close in to the stem and completely conceal it (Pl. XII, fig. 1). The basal part spreads itself, membranaceously, over the objects to which the colony is attached (Pl. XII, fig. 1). The branches are placed, not far apart from each other, and surround the stem in rings; they are richly furnished with branchlets which carry a larger or smaller multitude of polyps. The branchlets, usually, begin to appear quite at the root of the branches, and polyps are grouped so closely upon them that they quite conceal the branch, which consequently, acquires the appearance of a single, obtusely rounded polyp group (Pl. XII, figs. 1. 2). In the live state, the branches stand a little out from the stem, and when the polyps then extend themselves, the grouping arrangement becomes distinctly prominent, because each single branchlet carries a group of polyps. On a few of the branches, the branchlets commence a little way from the root of the branch, and then a few polyps are seen to spring direct from the branch quite close to the stem; whilst, also, upon the lowest part of it are found, partly, single solitary polyps, partly, 2 and 3 placed together. Both, the stem, and the branches, are calcareous.

Polyperne ere bægerformede, 8mm lange. Bagkroppen er 2,5mm lang, cylindrisk, smal forneden, men udvider sig noget op imod Forkroppen og forsynet med 8 temmelig fremspringende Ribber; baade disse og Furerne imellem dem ere rige paa Spikler, Fig. 3. 4. Forkroppen er omtrent lige lang som Bagkroppen og udvider sig tragtformigt mod Skiven, hvor den bliver 3mm bred. Bagkroppens Ribber fortsætte sig paa Forkroppen med samme Spikelrigdom, imedens Furerne blive mindre dybe op imod Tentakelranden og ganske spikelfri, hvorved der imellem Tentaklernes Grundled dannes triangulære Felter, der ere ganske nøgne og tæt besatte med Nematocyster, Fig. 4, a. Mundskiven er noget hvælvet, 3mm bred, uden Kalk og har paa Midten en aflang Mundaabning med tykke Læber, Fig. 3. Tentaklerne ere temmelig tykke, omtrent 3mm lange og paa hele deres aborale Side forsynede med Spikler. Pinnulerne ere uden saadanne, Fig. 3. 4.

. Af de to indsamlede Exemplarer udgjorde det ene en Koloni af Hunner, det andet af Hanner. Paa Hunexemplaret saaes en Mængde Polyper, hvis Forkrop var stærkt opsvulmet og krummet med Tentaklerne indbøiede mod Munden, saa hele Polypkroppen havde antaget næsten Kugleformen, Fig. 2, a. hvilket havde sin Grund i, at en stor Del af Svælget var opfyldt af Larver i forskjellige Udviklingsstadier.

The polyps are chalice-formed, and measure 8mm in length. The posterior body measures 2,5mm in length; is cylindrical, narrow below, but becomes somewhat dilated up towards the anterior body, and is furnished with 8 rather protuberant ribs. These, as well as the grooves between them, are rich in spicules (Pl. XII, figs. 3. 4). The anterior body is about the same length as the posterior body, and, towards the disk, becomes dilated in infundibuliform, and is, there, 3mm broad. The ribs of the posterior body are continued into the anterior body, and have the same spicular wealth, whilst the grooves become less deep up towards the tentacular margin, and are quite devoid of spicules, owing to which cause there is formed, between the bases of the tentacles, triangular areas, which are quite bare and closely occupied by nematocysts (Pl. XII, fig. 4, a). The oral disk is somewhat arcuate; is 3mm broad, and noncalcareous; in the middle, it has an oblong oral aperture with thick labiae (Pl. XII, fig. 3). The tentacles are pretty thick, and about 3mm in length; they are furnished, on the entire aboral side, with spicules. The pinnules have no spicules (Pl. XII, figs. 3. 4).

Of the two specimens obtained, the one was composed of a colony of females, the other one of males. In the female specimen, a multitude of polyps was observed, whose anterior body was strongly swollen out and curved, the tentacles being curved, inwards, towards the oral aperture, so that the entire body had assumed an almost globular form (Pl. XII, fig. 2, a). This was caused by a large part of the ventral cavity being full of larvæ in various stages of development, a subject I shall, subsequently, speak of.

Anatomisk-histologisk Undersøgelse.

Stammen er som sædvanligt omgiven af et Ectoderm, der dannes af flere Lag polyædriske Celler, indenfor hvilket er et temmelig tykt, hyalint Bindevævslag med sine Bindevævslegemer og Nutritionskanaler, og fra hvis indre Flade udgaa Forlængelser, der danne Kanalsystemet, som har en Epithelbeklædning (Endothel), bestaaende af runde Celler med Kjerne og Kjernelegeme. De fine Ernæringskanaler ere ganske fyldte af lidt aflange Endothelceller, hvilket oftere er omtalt. I Ectodermets dybere Cellelag, ligesom i det til dette stødende Bindevæv, er en Mængde Spikler leirede.

Paa Basaldelen er bladede Klubber og mere eller mindre sammensatte Stjerner almindeligst. Klubberne have et kort Skaft, der er takket, undertiden kløvet i Enden og kunne stundom have et nøgent Midtparti; de ere fra 0.140—0.168mm lange og fra 0.072—0.084mm brede forover, Fig. 5—8. De sammensatte Stjerner variere meget i Form og have tildels et nøgent Midtparti; de ere fra 0.120—0.164mm lange og fra 0.064—0.080mm

Anatomo-histological Examination.

The stem is, as usual, surrounded by an ectoderm formed of several layers of polyhedrical cells, inside of which there is a pretty thick layer of hyaline connective-tissue with its connective-tissue corpuscles and nutritory ducts, and from whose inner surface prolongations proceed, which form the ductiferous system; this has an epithelial covering (Endothelium) consisting of cells with nucleus and nucleusbody. The minute nutritory ducts are quite filled by slightly oblong endothelial cells, which have, frequently, been previously spoken of. In the deeper cellular layers of the ectoderm, and, also, in the connective-tissue which abuts upon it, a multitude of spicules is entrenched.

On the basal part, the most frequent spicules are foliaceous clavates, and more or less complex stellates. The clavates have a short shaft which is spicate, and occasionally furvate in the extremity, and sometimes they have a bare mesial part. They measure from 0.140—0.168mm in length, and from 0.072—0.084mm in breadth above (Pl. XII, figs. 5—8). The complex stellates vary much in form, and have, partly, a bare mesial part. They

brede; hvor der er et nogent Midtparti, er dette i Regelen fra 0,020—0,028^{mm} bredt. Fig. 9—15. Dobbeltstjernerne ere smaa og sjeldnere, have som oftest et nogent Midtparti, men paa enkelte sees Midtpartiet at være besat med smaa Torne; de ere fra 0,088—0,116^{mm} lange og omtrent 0,080^{mm} brede i Enderne, medens Midtpartiet er 0,040^{mm} bredt, Fig. 16, 17. Noget hyppigere end Dobbeltstjerner findes Firlinger af forskjellig Form; enkelte dunne et Kors, hvis Længdestok er 0,180^{mm} og Tverstok 0,100^{mm}, og som er rigt besat med Blade, andre danne Rosetter, 0,148^{mm} lange, 0,140^{mm} brede, og atter andre nærme sig Timeglasformen, ere 0,084^{mm} lange, 0,080^{mm} brede i Enderne og 0,036^{mm} paa Midten, Fig. 18—20. Imellem disse forskjellige Spikler sees hist og her enkelte, mindre udviklede, der synes ikke at have antaget nogen bestemt Form; de ere fra 0,072—0,092^{mm} lange, fra 0,032—0,036^{mm} brede op imod Enderne og paa Midten fra 0,012—0,020^{mm} brede, Fig. 21, 22.

Paa Stammen ere Dobbeltstjerner, sammensatte Stjerner, samt Klubber almindeligst. Dobbeltstjernerne have brede, næsten bladformige Straaler, hvis Ender dele sig, og hvis nøgne Midtparti er meget langt; de ere fra 0,104—0,120^{mm} lange og fra 0,060—0,096^{mm} brede i Enderne med et Midtparti, der er fra 0,016—0,024^{mm} bredt, Fig. 23—25. De sammensatte Stjerner have snu brede og takkede Straaler, at det har sine Vanskeligheder at gjenfinde Stjerneformen paa mange af dem; de ere fra 0,121—0,160^{mm} lange og fra 0,072—0,128^{mm} brede, enkelte ere lidt smalere paa Midten, og paa dem viser der sig da et tyndt, nøgent Belte, Fig. 26—29. Klubberne ere stærkt bladede, have et temmelig kort Skaft og ere forskjellige fra dem paa Basaldelen, hvilket bedst sees ved at sammenligne Figurerne; de ere fra 0,108—0,144^{mm} lange og fra 0,060—0,120^{mm} brede foroven. Fig. 30—33. Imellem Klubberne sees enkelte, skaftede Stjerner, der muligens ere ei fuldt udviklede Dobbeltstjerner, da der paa Skaftets Ende er Takker, som kunne være endnu ikke udvoxede Straaler; de ere 0,180^{mm} lange, 0,080^{mm} brede i den egentlige Stjerne, medens Skaftet er kun 0,024^{mm} bredt, Fig. 34. Endelig findes, men yderst sjeldent, en mindre udviklet Dobbeltstjerne, der er 0,088^{mm} lang, 0,044^{mm} bred i Enderne og 0,020^{mm} bred paa det nøgne Midtparti, Fig. 35.

Paa Grenene optræder Dobbeltstjernen som den hyppigste Repræsentant, sjeldnere er den sammensatte Stjerne, imedens Klubberne ere temmelig almindelige. Dobbeltstjernerne have brede, bladformige Straaler, som ere mere eller mindre takkede i Enderne og have et nogent Midt-

measure from 0,120—0,164^{mm} in length, and from 0,064—0,080^{mm} in breadth. The mesial part, when bare, usually measures from 0,020—0,028^{mm} in breadth (Pl. XII, figs. 9—15). The bistellate spicules are small and more rare, and, most frequently, have a bare mesial part but, in a few, the mesial part is observed to be beset with minute aculere. They measure from 0,088—0,116^{mm} in length, and about 0,080^{mm} in breadth at the extremities, whilst the mesial part measures 0,040^{mm} in breadth (Pl. XII, figs. 16, 17). Somewhat more frequently than the bistellates, quadruplets of a variable form occur; a few form a crucifix, whose longitudinal arm measures 0,180^{mm}, and the transversal arm 0,100^{mm} in length, and these are richly beset with leaves; others form rosettes measuring 0,148^{mm} in length, and 0,140^{mm} in breadth, and, again, others approach in form to a sand-glass, and measure 0,084^{mm} in length, 0,080^{mm} in breadth at the extremities, and 0,036^{mm} in the middle (Pl. XII, figs. 18—20). Between these various spicules, a few imperfectly developed ones are, here and there, observed, which do not appear to have acquired any definite form. They measure from 0,072—0,092^{mm} in length, from 0,032—0,036^{mm} in breadth, up towards the extremities, and from 0,012—0,020^{mm} in breadth at the middle (Pl. XII, figs. 21, 22)

Bistellates, complex stellates, and clavates are the most frequent spicular forms on the stem. The bistellates have broad, almost foliate, rays whose extremities divide, and whose bare mesial part is very long. They measure from 0,104—0,120^{mm} in length, from 0,060—0,096^{mm} in breadth at the extremities, the mesial part measuring from 0,016—0,024^{mm} in breadth (Pl. XII, figs. 23, 25). The complex stellates have such broad and spicate rays that, it is with difficulty the stellate form can be recognised in many of them. They measure from 0,121—0,160^{mm} in length, and from 0,072—0,128^{mm} in breadth; a few are a little narrower in the middle, and, in them, a thin, bare, stripe shows itself (Pl. XII, figs. 26—29). The clavates are strongly foliated, have a rather short shaft, and they differ from those of the basal part; this is best observed by comparing the illustrative figures. They measure from 0,108—0,144^{mm} in length, and from 0,060—0,120^{mm} in breadth above (Pl. XII, figs. 30—33). Between the clavates, a few shafted stellates are observed, which are, possibly, partially developed bistellates, because, on the extremity of the shaft, spikes appear, which may probably be rays not yet developed. They measure 0,108^{mm} in length, and 0,080^{mm} in breadth through the star itself, whilst the shaft only measures 0,024^{mm} in breadth (Pl. XII, fig. 34). Finally, but extremely rarely, an imperfectly developed bistellate is found, which measures 0,088^{mm} in length, 0,044^{mm} in breadth at the extremities, and 0,020^{mm} in breadth at the bare mesial part (Pl. XII, fig. 35).

On the branches, the bistellate form appears as the most frequent spicular representative, more rarely do complex stellates occur, whilst the clavates are rather frequent. The bistellates have broad foliate rays which are more or less spicate at the extremities, and they have a bare mesial

parti; de ere fra 0,102—0,136ᵐᵐ lange og fra 0,060--0,076ᵐᵐ brede i Enderne, paa Midten ere de fra 0,016—0,020ᵐᵐ brede, Fig. 36, 37. Enkeltvis sees mindre udviklede Dobbeltstjerner, der ere 0,072ᵐᵐ lange, 0,032ᵐᵐ brede i Enderne og 0,012ᵐᵐ brede paa Midten, Fig. 38. De sammensatte Stjerner ere mere eller mindre udviklede; de mest udviklede ere 0,124ᵐᵐ lange, 0,076ᵐᵐ brede, Fig. 39, 40; de mindre udviklede ere fra 0,096—0,104ᵐᵐ lange og 0,044ᵐᵐ brede, Fig. 41, 42. Klubberne ere fuldkommen lig dem, der findes paa Stammen.

Polyperne ere paa deres ydre Flade beklædte med et meget bredt Ectoderm, dannet af flere Lag polyædriske Celler, der have en næsten central, rund Kjerne med et Kjernelegeme, Tab. XIII, Fig. 1, a; i de dybere Lag ere Cellerne mere ovale, og iblandt dem sees lignende, encellede Slimkjertler, som de, der tidligere ere omtalte og afbildede; det er fornemmelig i det dybere Cellelag, at Spiklerne ere leirede. Indenfor Ectodermet er et hyalint Bindevævslag, som er smalt i Forhold til Ectodermet, Tab. XIII, Fig. 1, b, og fra det udgaa som sædvanligt de 8 Septa, der fæste sig paa Svælget, Tab. XIII, Fig. 1, c. Dette er uden Kalk, og paa dets indre Flade sees langs Bugsiden en halvrund Rende (Svælggruben), som begynder nogle Millimeter nedenfor Mundaabningen og ender lige ved Svælgets nederste, fri Ende. Denne Svælggrube er beklædt med lange, smale Celler, der paa deres fri Rand ere forsynede med en lang, svingende Cilie (Geissel), Tab. XIII, Fig. 1, d. Den øvrige Del af Svælget er beklædt med et almindeligt, cilierende Epithel, hvis Celler ere lidt aflange i den øvre Ende, hvor de ere Fortsættelser af Ectodermet, imedens de blive ganske runde i den nedre Del, hvor de ligne Endothelcellerne, der tapetsere Kamrene. Forøvrigt frembød den histologiske Bygning af Svælget intet Særegent, uden forsaavidt, at hos opsvulmede Hunpolyper var det udvidet betydeligt og dannede en Hulhed, hvori Ungerne udviklede sig; netop det samme Forhold, som omtaltes under Beskrivelsen af Nephthya flavescens.

Paa Polypkroppen ligge Spiklerne tæt paa hverandre, især gjælder dette Rygsiden og dennes Ribber, Fig. XII, Fig. 3, 4; paa Bugsiden ligge de mindre kompakte. Den almindelige Form, hvorunder Spiklerne optræde, er Køllen; meget sjeldnere er Spindelen og overordentlig sjeldent Firlingen. Køllerne ere mere eller mindre rigt besatte med Blade og stundom lidt krummede; Skaftet er i Regelen langt og takket, men ganske nakede er det kort og mindre udviklet; de ere fra 0,108—0,300ᵐᵐ lange og fra 0,040—0,080ᵐᵐ brede i den øvre Ende, Fig. 43—47. Spindlerne ere meget takkede og have enten afrundede eller takkede Ender; de ere fra 0,224—0,228ᵐᵐ lange og fra 0,044—0,052ᵐᵐ brede, Fig. 48, 49. Imellem Køllerne og Spindlerne sees hist og her mindre Spikler, der variere

part. They measure from 0,102—0,136ᵐᵐ in length, and from 0,060—0,076ᵐᵐ in breadth at the extremities, and at the middle they measure from 0,016—0,020ᵐᵐ in breadth (Pl. XII, figs. 36, 37). Occasionally, partially developed bistellates are observed, and these measure 0,072ᵐᵐ in length, 0,032ᵐᵐ in breadth at the extremities, and 0,012ᵐᵐ in breadth in the middle (Pl. XII, fig. 38). The complex stellates are more or less developed; the best developed measuring 0,124ᵐᵐ in length, and 0,076ᵐᵐ in breadth (Pl. XII, figs. 39, 40); the less developed ones measure from 0,096—0,104ᵐᵐ in length, and 0,044ᵐᵐ in breadth (Pl. XII, figs. 41, 42). The clavates are exactly similar to those found on the stem.

The polyps are, on their exterior surface, covered with a very broad ectoderm, formed of several layers of polyhedrical cells which contain an almost central globular nucleus with a nucleous body (Pl. XIII, fig. 1, a). In the deeper layers the cells are more ovate and, amongst them, there are seen unicellular mucous glands similar to those that have been previously spoken of and illustrated. It is principally in the deeper cellular layers that the spicules are entrenched. Inside of the ectoderm, there is a hyaline connective-tissue layer which is narrow in proportion to the ectoderm (Pl. XIII, fig. 1, b), and from it proceed, as usual, the 8 septa, which attach themselves to the gullet (Pl. XIII, fig. 1, c). This is noncalcareous, and on its inner surface, along the ventral side, a semi-circular channel is seen (the gullet-groove) which commences a few millimetres below the oral aperture and terminates exactly at the gullet's lowest free extremity. This gullet-groove is clothed with long narrow cells which, upon their free margin, are furnished with a long waving cilium (Geissel) (Pl. XIII, fig. 1, d). The remaining part of the gullet is clad with a common ciliate epithelium, whose cells are slightly oblong in the superior extremity, where they are continuations of the ectoderm, whilst, in the inferior part they are quite cylindrical and resemble the endothelial cells that coat the chambers. The histological structure of the gullet does not, otherwise, present any peculiarity, except, in so far, that in swollen female polyps it was dilated considerably, and formed a cavity in which the young were developed; exactly the same relation spoken of in describing Nephthya flavescens.

On the body of the polyp, the spicules are situated close upon each other. This is specially the case on the dorsal side and its ribs (Pl. XII, figs. 3, 4). They are situated less compactly on the ventral side. The most frequent form, in which the spicules appear, is that of the subclavates; they appear more rarely in the fusiform, and as quadruplets, extremely rarely. The subclavates are more or less richly beset with leaves, and are occasionally a little curved; the shaft is, usually, long and spicate, but in a few it is short and imperfectly developed; they measure from 0,108—0,300ᵐᵐ in length, and from 0,040—0,080ᵐᵐ in breadth at the superior extremity (Pl. XII, figs. 43—47). The fusæs are very spicate, and have, either, rounded or spicate extremities. They measure from 0,224—0,228ᵐᵐ

temmeligt i Form; enkelte nærme sig den sammensatte Stjerne og ere 0.104ᵐᵐ lange og 0.044ᵐᵐ brede, Fig. 50, 51; andre ligne en Tap, ere 0.092ᵐᵐ lange, 0.040ᵐᵐ brede foroven, Fig. 52, og atter andre nærme sig dels Kolledels Spindelformen; de første ere 0.112ᵐᵐ lange, 0.040ᵐᵐ brede foroven, Fig 53; de sidste ere fra 0.088—0.104ᵐᵐ lange og fra 0.024—0.028ᵐᵐ brede; alle disse smaa Spikler ere mere eller mindre takkede og træffes hyppigst paa Tentaklernes Side, Fig. 54—56, imedens der op imod Tentaklernes Spidse sees nogle smaa, fladtrykte, takkede Spikler, som ere 0.072ᵐᵐ lange og 0.024ᵐᵐ brede, Fig. 57, 58. Endelig sees en Firling i Korsform, lig den paa Basaldelen, men den er paa Polypkroppen saa sjelden, at hos flere Individer fandtes den ikke, Fig. 59.

in length, and from 0.044—0.052ᵐᵐ in breadth (Pl. XII, figs. 48, 49). Between the subclavates and the fusres, smaller spicules are, here and there, observed, which vary considerably in form. A few approach, in form, to the complex stellate, and measure 0.104ᵐᵐ in length, and 0.044ᵐᵐ in breadth (Pl. XII, figs. 50, 51). Others resemble a cone, and measure 0.092ᵐᵐ in length, and 0.040ᵐᵐ in breadth above (Pl. XII, fig. 52), and, again, others approach, partly to the subclavate, partly to the fusiform. The first-named measure 0.112ᵐᵐ in length, and 0.040ᵐᵐ in breadth above (Pl. XII, fig. 53), and the last-named measure from 0.088—0.104ᵐᵐ in length, and from 0.024—0.028ᵐᵐ in breadth. All these small spicules are more or less spicate, and are, most frequently, met with on the sides of the tentacles (Pl. XII, figs. 54—56), whilst, up towards the points of the tentacles a few, small, flattened, spicate spicules are seen, which measure 0.072ᵐᵐ in length, and 0.024ᵐᵐ in breadth (Pl. XII. figs. 57. 58). Finally, a cruciform quadruplet is seen, which resembles that on the basal part, but it is so rare on the polyp-body that in many individuals it was not found (Pl. XII, fig. 59).

Farven.

Farven er smuk rosenrød.

Colour.

The Colour is beautiful rose-red.

Findested.

Station 315. Et Exemplar.
Station 359. To Exemplarer.

Habitat.

Station No. 315. One specimen.
Station No. 359. Two specimens.

Artskarakter.

Zoanthodemet buskformet, indtil 40ᵐᵐ høit. Basaldelen membranagtigt udvidet. Stammen rund, omgiven af tætstaaende Grene lige fra Grunden til Toppen. Grenene rigt besatte med Smaagrene, som bære en større eller mindre Mængde Polyper, der grupperer sig saa tæt omkring Smaagrenen, at ikke alene denne, men ogsaa selve Grenens kjules, som derved faar Udseende af at bestaa af en eneste Polypgruppe. Polyperne 8ᵐᵐ lange, bægerformede, med en udpræget Bagkrop og forsynede med 8 spikelrige Ribber, der fortsættes over paa Tentaklerne. Imellem disses Grunddel et triangulært, nogent Spatium, besat med Nematocyster. Pinnulerne uden Kalk. Paa Basaldelen ere bladede Klubber og sammensatte Stjerner almindeligst; sjeldnere Firlinger. Paa Stammen optrædo Dobbeltstjerner, sammensatte Stjerner samt Klubber hyppigst og paa Grenene er Dobbeltstjernen den almindeligste Form. Paa Polyperne ere store, bladede Køller den hyppigste Spikelform. Farven rosenrød.

Specific characteristics.

The Zoanthodem bushy, measures up to 40ᵐᵐ in height. The basal part membranaceously dilated. The stem cylindrical, surrounded by closely-set branches right from the base to the summit. The branches richly beset with branchlets that carry a larger or smaller multitude of polyps which group themselves so closely around the branchlet, that not only is it concealed, but also the branch itself, which consequently acquires the appearance of consisting of a single group of polyps. The polyps are 8ᵐᵐ long, chalice-formed, have a prominent posterior body, and are furnished with 8 spicular ribs that are continued into the tentacles. Between the bases of these, there is a bare triangular area occupied by nematocysts. The pinnules noncalcareous. On the basal part, foliaceous clavates and complex stellates are the most frequent spicular forms, more rarely quadruplets. On the stem, bistellates and complex stellates, also clavates, are the most frequent forms, and upon the branches, the bistellate form is the most frequent. On the polyps, large foliaceous subclavates are the most frequent spicular form. Colour: rose-red.

Nephthya polaris, n. sp.
Tab. XIII. Fig. 2—45.

Zoanthodemet indtil 35ᵐᵐ høit. Stammen rund, blød, omtrent 20ᵐᵐ i Omfang ved Grunden, men aftager lidt i Tykkelse op imod Toppen, der er tæt besat med Polyper. Den nederste Trediedel — paa enkelte Exemplarer den nederste Halvdel — blottet for Grene, og her er den mere eller mindre tæt besat med Globigeriner i forskjellig Størrelse, Fig. 2. 3. 4. Paa enkelte Steder staa disse Foraminiferer saa tæt, at det ser ud, som om Stammen var sandstrøet, Fig. 2; de ligge ligesom indgravede i Sarcosomaet, saa at de ofteriade en Grube, naar de fjernes og kunne vistnolig ikke frivillig komme bort, da de maa graves ud med fine Naale. Der er en hel Del ganske smaa, der staa som hvide Punkter i Sarcosomaet, men tillige sees en Mængde alt større og større Individer, der eftersom de tiltage i Størrelse, voxe sig dybere ind i Huden, hvor de vistnok forblive som Pseudoparasiter hele Livet igjennem. Det er vel at lægge Mærke til, at disse Foraminiferer findes paa alle Exemplarer, der dog ere fra tre langt fra hinanden liggende Lokaliteter. Kun paa et Par yderst smaa Exemplarer sees de ikke. Basaldelen er skiveformigt udvidet, temmelig tyk og læderagtig; paa et Exemplar deler Stammen sig i to strax ovenfor Basaldelen, men hver af Stammerne ere grenløse paa den nederste Trediedel, Fig. 2. Grenene staa rundt Stammen, ere temmelig tykke og tæt besatte med Polyper, der give dem et kugleformet Udseende, Fig. 5. Baade Basalen, Stammen og Grenene ere rige paa Kalk.

Polyperne udspringe direkte fra Grenen og ere tildels stillede kredsformigt rundt om samme, — som oftest ere de isolerede, men af og til sees to og tre Polyper at være sammenvoxede ved Grunden, Fig. 6. De ere 4ᵐᵐ lange, traktformige, med en yderst kort flagkrop, en bred Forkrop og med temmelig flad Mundskive, Fig. 6. 7, i hvis Midte sees en lang Mundaabning. Tentaklerne ere 1,5ᵐᵐ lange med stumpe Ender; Pinnulerne korte, tykke.

Hele Polypkroppen er rig paa Kalkspikler; især er dette Tilfældet med Rygsiden og de aborale Flader af Tentaklerne, hvor de danne næsten et Kalkpantser, Fig. 7; paa Bugsiden ere Spiklerne derimod sparsommere, hvorfor Polyperne gjerne bøie sig imod denne Side, Fig. 6; Pinnulerne ere uden Kalk.

Stammen og Grenene ere halv gjennemsigtige. Polyperne ere saa gjennemsigtige, at saavel Svælget, der er uden Spikler, som Mesenterialfilamenterne ere synlige,

Nephthya polaris. n. sp.
Pl. XIII. figs. 2—15.

The Zoanthodem measures up to 35ᵐᵐ in height. The stem is cylindrical, soft, and about 20ᵐᵐ in circumference at the base, but diminishes a little in thickness up towards the summit, which is closely beset with polyps. The lowest third part — in a few specimens the lowest half part — is devoid of branches, and it is, here, more or less closely, beset with globigerina of variable size (Pl. XIII, figs. 2. 3. 4). In a few places these foraminifera are placed so close, that the stem acquires a granular appearance (Pl. XIII, fig. 2). They appear as if embedded in the sarcosoma, so that when they are removed a cavity is left, and they could evidently not voluntarily come away, as they require to be dug out with fine needles. There are a great many very minute ones, which appear as white points in the sarcosoma, but, besides these, a multitude of individuals of progressive size are seen, which, as they progress in size, grow deeper into the integument, and where they most certainly remain as pseudo-parasites all throughout life. It must be carefully borne in mind that these foraminifera are found in all the specimens, which are, however, from three localities at a great distance apart from each other. It is only in a couple of extremely small specimens that they are not observed. The basal part is discoidally dilated, and is pretty thick and coriaceous. The stem, in one specimen, ramifies into two parts, immediately above the basal part, but each of these stems is branchless on the lowest third part (Pl. XIII, fig. 2). The branches are placed around the stem and are pretty thick; they are closely beset with polyps, which gives to them a globular appearance (Pl. XIII, fig. 5). Both, the base and the stem with its branches, are rich in calcium.

The polyps spring direct from the branch and are, partly, situated in rings round it; they are most frequently isolated, but, now and then, two and three polyps are seen, concreted together at the base (Pl. XIII, fig. 6). They measure 4ᵐᵐ in length, and are infundibuliform; they have an extremely short posterior body, a broad anterior body, and a rather flat oral disk (Pl. XIII, fig. 7) in whose middle an oblong oral aperture is visible. The tentacles measure 1,5ᵐᵐ in length, and have blunt extremities. The pinnules are short.

The entire polyp-body is rich in calcareous spicules; this is particularly the case on the dorsal side and the aboral surfaces of the tentacles, where they form, almost, a calcareous shield (Pl. XIII, fig. 7). On the ventral side, on the other hand, the spicules are more sparing, for which reason the polyps are inclined to curve to that side (Pl. XIII, fig. 6). The pinnules are noncalcareous.

The stem and the branches are semi-transparent. The polyps are transparent that, both, the gullet, which is devoid of spicules, and the mesenterial filaments are

naar Dyrene ere udstrakte. Kjønsorganerne findes dels i selve Kropshulheden, dels i dennes Forlængelser ned i Grenen. Hos Hunnen faandtes i Regelen 3—5 mere eller mindre udviklede Embryoner i det udvidede Svælg.

Stammen, Grenene, Polypkroppen og den nederste Halvdel af Tentaklerne er farvet svag brunrød, imedens den øverste Halvdel og Pinnulerne ere mørk kastaniebrune.

Paa Basaldelen ligge Spiklerne temmelig kompakte paa hverandre og fremtræde hyppigst under Form af Dobbeltstjerner, som dog variere adskilligt, saaledes at enkelte nærme sig de mere sammensatte Stjerner; de ere fra 0,092—0,140ᵐᵐ lange og fra 0,060—0,080ᵐᵐ brede i Enderne; det nøgne Midtparti er fra 0,020—0,028ᵐᵐ bredt, Fig 8—11. Iblandt Dobbeltstjernerne sees en og anden Spikel, der nærmest maa henføres til dem, men som alviger ved, at der fra den ene Ende udgaar en Mængde bladformede Straaler, som ere mere eller mindre takkede; disse Spikler ere fra 0,116—0,152ᵐᵐ lange og fra 0,060—0,096ᵐᵐ brede i den tykke, bladede Ende, imedens det nøgne Midtparti er fra 0,020—0,024ᵐᵐ bredt, Fig. 12, 13. Øverst paa Stammen og paa Grenene ligge Spiklerne mere spredte; her findes vel Dobbeltstjerner, som ere fra 0,124—0,132ᵐᵐ lange og fra 0,072—0,084ᵐᵐ brede i Enderne, og det nøgne Midtparti fra 0,024—0,028ᵐᵐ bredt, Fig. 14—16; men langt hyppigere end dem sees mere enkle, mesten spindelformede, takkede Spikler med afstumpede, tildels takkede Ender, som ere 0,108ᵐᵐ lange og 0,052ᵐᵐ brede, Fig. 17, 18; imellem disse findes ikke saa ganske sjeldent smaa Spikler, der dels ere delte i den ene Ende, 0,092ᵐᵐ lange, 0,044ᵐᵐ brede, Fig. 19, dels have takkede Ender og et nogent Midtpunkt, hvorved de nærme sig Dobbeltstjernen, og som ere 0,056ᵐᵐ lange, 0,032ᵐᵐ brede i Enderne, med et nogent, 0,012ᵐᵐ bredt Midtbelte, Fig. 20.

Paa Polyperne ere Køller og Klubber de almindeligste. Køllerne ere dels lige, dels noget krummede og mere eller mindre takkede; de ere fra 0,214—0,260ᵐᵐ lange og fra 0,080—0,084ᵐᵐ brede i den tykke Ende, Fig. 21—24. Klubberne ere paa den øverste, tykke Del besatte med Blade, der ere takkede; de ere fra 0,176—0,224ᵐᵐ lange og fra 0,068—0,107ᵐᵐ brede i den tykke Ende, Fig. 25—29. Imellem de nævnte Spikler sees Spindler, dels krumme, dels lige med større eller mindre Takker og med spidse eller afstumpede Ender; de ere fra 0,200—0,220ᵐᵐ lange og fra 0,036—0,053ᵐᵐ brede omtrent paa Midten. Fig. 30—34.

visible when the animals are extended. The genital organs are situated, partly in the body cavity itself, and partly in its prolongations down into the branch. In the female were found, usually, 3—5, more or less developed embryons.

The stem, the branches, the polyp-body, and the lowest half-part of the tentacles, are coloured pale brown-red, whilst the upper half-part, and the pinnules are dark chestnut-brown.

In the basal part, the spicules are situated rather compactly upon each other, and most frequently appear in the form of bistellates, which, however, vary considerably, so that a few approach to the more complex stellates. They measure from 0,092—0,140ᵐᵐ in length, and from 0,060—0,080ᵐᵐ in breadth at the extremities; the bare mesial part measuring from 0,020—0,028ᵐᵐ in breadth (Pl. XIII. figs. 8—11). Amongst the bistellates, an occasional spicule is observed, that must, in essential features, be classed along with them, although it is different, in so far, that from the one extremity a multitude of more or less spicate foliaceous rays proceed. These spicules measure from 0,116—0,152ᵐᵐ in length, and from 0,060—0,096ᵐᵐ in breadth at the thick foliate extremity, whilst the bare mesial part measures from 0,020—0,024ᵐᵐ in breadth (Pl. XIII. figs. 12, 13). In the superior part of the stem, and on the branches, the spicules are situated more scatteredly. In this situation were observed, it is true, bistellates, measuring from 0,124—0,132ᵐᵐ in length, from 0,072—0,084ᵐᵐ in breadth at the extremities, and the mesial part measuring 0,024—0,028ᵐᵐ in breadth (Pl. XIII. figs. 14—16); but far more frequently than them, plainer, almost fusiform, spicate spicules, with blunted, partly spicate, extremities were observed; these measured 0,108ᵐᵐ in length, and 0,052ᵐᵐ in breadth (Pl XIII, figs. 17, 18) and between these are found, not so very rarely, small spicules which are, sometimes, divided at the one extremity; these last measure 0,092ᵐᵐ in length, and 0,044ᵐᵐ in breadth (Pl. XIII, fig. 19), sometimes they have spicate extremities and a bare mesial point, and thus approach to the bistellate form; these measure 0,056ᵐᵐ in length, and 0,032ᵐᵐ in breadth at the extremities, and have a bare mesial stripe 0,012ᵐᵐ broad (Pl. XIII, fig. 20).

On the polyps, subclavates and clavates are the most frequent spicular forms. The subclavates are partly straight, partly somewhat curved, and more or less spicate. They measure from 0,214—0,260ᵐᵐ in length, and from 0,080—0,084ᵐᵐ in breadth at the thick extremity (Pl. XIII, figs. 21—24). The clavates are, on the superior thick part, beset with leaves which are spicate, and they measure from 0,176—0,224ᵐᵐ in length, and from 0,068—0,107ᵐᵐ in breadth at the thick extremity (Pl. XIII, figs. 25—29). Between the aforenamed spicules, fusces are observed, partly curved, partly straight, having larger or smaller spikes, and with acuminate or truncate extremities; they measure from 0,200—0,220ᵐᵐ in length, and from 0,036—0,053ᵐᵐ in breadth at about the middle (Pl. XIII, figs. 30—34).

Findested.

Station 237. Nogle meget smaa Exemplarer.
Station 267. 2 Exemplarer.
Station 275. 4 Exemplarer.

Habitat.

Station No. 237. A few very small specimens.
Station No. 267. Two specimens.
Station No. 275. Four specimens.

Artskarakter.

Zoanthodemet indtil 35^{mm} høit, busket. Basaldelen skiveformigt udvidet, fast, meget kalkholdig. Stammen rund, den nederste Halvdel blottet for Grene, men tæt besat med Foraminiferer. Grenene tykke, rigt besatte med Polyper, ordnede saaledes, at hver Gren danner næsten en Kugle. Stammen og Grenene spikelrige. Polyperne, der udspringe direkte fra Grenene, ere 4^{mm} lange, traktformige med en kort Bagkrop. Tentaklerne 1.5^{mm} lange, tykke og noget afstumpede. Polypkroppen, især paa Rygsiden og paa Tentaklerne, er meget rig paa Kalk; Pinnulerne uden denne. Paa Basaldelen og nederst paa Stammen er Dobbeltstjernen almindeligst. Paa Stammens øvrige Del og Grenene er Dobbeltstjernen meget sjeldnere, men her er enklere, næsten spindelformige Spikler hyppigst; paa Polyperne ere Koller og Klubber almindeligst.

Specific characteristics.

The Zoanthodem measures up to 35^{mm} in height, fruticose; the basal part discoidally dilated, hard, very calcareous. The stem cylindrical, the lowest half part devoid of branches but closely occupied by foraminifera. The branches thick, richly beset with polyps, arranged so that each branch forms, almost, a ball. The stem, and the branches, rich in spicules. The polyps spring direct from the branches, measure 4^{mm} in length, are infundibuliform, with a short posterior body. The tentacles measure 1.5^{mm} in length, are thick and somewhat truncated. The polypbody, especially on the dorsal side and upon the tentacles, is very rich in calcium. The pinnules noncalcareous. In the basal part, and lowest part of the stem, the bistellate spicular form is the most frequent. On the rest of the stem, and the branches, the bistellate form is much rarer, and, here, plainer, nearly fusiform, spicules are the most frequent. On the polyps, subclavates, and clavates, are the most usual forms.

Farven.

Stammen, Grenene, Polypkroppen og den nederste Halvdel af Tentaklerne svag brunrød; den øverste Halvdel samt Pinnulerne mørk kastaniebrun.

Colour.

The stem, the branches, the polyp-body, and the inferior half-part of the tentacles are faint brownish-red. The superior half-part, and the pinnules, dark chestnut-brown.

Embryologiske Undersøgelser.

De ovenfor beskrevne Arter af Slægten Nephthya fødeur levende Unger, hvilket forøvrigt er det Almindeligste blandt Alcyoniderne. Hos alle fandtes forskjellige Udviklingsstadier af de i Mave- og Svælghulheden indesluttede Æg og Embryoner: men da Exemplarerne vare opbevarede i Spiritus, er det selvsagt, at Undersøgelserne maa blive mangelfulde og ikke mindst derved, at det er ugjørligt at fremstille en sammenhængende Række i Udviklingen. Paa Nordhavsexpeditionen havde jeg hverken Tid, ei heller var Søen saa rolig, at jeg kunde anstille embryologiske Undersøgelser; imidlertid tør de paa Spiritusexemplarer foretagne Iagttagelser have nogen Interesse derved, at de udfylder enkelte Huller i Alcyonidernes Embryogeni og for en Del konstaterer de af Kowalevsky og Marion[1] anstillede Observationer over Alcyonidernes Udvikling.

Embryological Examination.

Both the above described species of the genus *Nephthya* give birth to living young, which is, also, the usual case amongst the Alcyonoids. In both of them, different developed stages in the ova and embryos contained in the ventral cavity were found, but as the specimens were preserved in alcohol, it is a matter of course that the examinations must be imperfect, none the less so, that it is impracticable to procure a continuous series in development. On the North-Atlantic Expedition, neither had I time, nor was the ocean so calm that I could undertake embryological examinations. However, the observations made, upon the specimens preserved in alcohol, may have some interest, because they serve to fill up some voids in the embryogeny of the Alcyonoids, and to some extent they confirm the observations made by Kowalevsky and Marion[1] upon the development of the Alcyonoids.

---

[1] A. Kowalevsky et A. F. Marion: Documents pour l'histoire embryogénique des Alcyonaires. Annales du Musée d'histoire naturelle de Marseille. — Zoologie. Tome I. Mémoire No. 4. Marseille 1883.

[1] A. Kowalevsky et A. F. Marion: Documents pour l'histoire embryogénique des Alcyonaires. Annales du Musée d'histoire naturelle de Marseille. - Zoologie. Tome I. Mémoire No. 4. Marseille 1883.

Det er hovedsagelig paa Clavularia crassa og Petricola samt Sympodium coralloides de to nævnte Naturforskere have anstillet deres Iagttagelser, og da Clavularia crassa er æglæggende have de kunnet forfølge Udviklingen Skridt for Skridt, indtil Ungerne have sat sig fast. Den Omstændighed, at Alcyoniderne i Reglen føde levende Unger, og at Blommedelingen foregaar i yderst kort Tid. — allerede efter en halv Times Forløb er Morbærstadiet indtraadt hos Clavularia crassa — har hidtil lagt de største Hindringer iveien for at kunne observere de første Stadier af Udviklingen. Det er derfor, at Clavularia crassa har leveret et yderst brughart Materiale, idet Æggene, netop befrugtede og indesluttede i en seig Slim, udgydte gjennem Munden, strax kunne iagttages, og altsaa fra den Stund Observationerne kunne anstilles fra Minut til Minut.

Af de mangfoldige Æg, jeg havde til Undersøgelse, var en god Del ikke undergaaet nogen Deling, og hvor denne var indtraadt, havde den naaet Morbærformen, Tab. XII, Fig. 60; de mellem denne og det begyndende Embryo liggende Stadier kunde ikke opdages, uden hos nogle faa Æg, hvor Delingen var fuldendt og et peripherisk Cellelag, Ectoblast, dannet, Tab. XIII, Fig. 35, a. Indenfor dette ydre Kimblad saaes paa Tværsnit en Samling af Blommemasse uden Ordning, Fig. 35, b. I det peripherere Cellelag havde Cellerne en noget aflang Form og vare forsynede med en tydelig, næsten rund Kjerne, der fremtraadte skarpt ved Farvning af Hamanns eddikesure Karmin, Fig. 35, a. Paa et lidt mere udvoxet Embryo, hvis hele Overflade bar Cilier, Tab. XII, Fig. 62, viste Tværsnittet en dobbelt Række peripherere Celler med Kjerner, en tydelig Ectodermdannelse, Tab. XIII, Fig. 36. 37, a, samtidig med, at en skarp, gjennemsigtig Linie var opstanet, Tab. XIII, Fig. 37, b. 38, a, inden for hvilken saaes dannet en Cellerække, bestaaende af runde Celler med Kjerne, Entoderm (indre Kimblad), Fig. 38. b. Efter dette at dømme ser det ud, som om den nævnte Linie, der repræsenterer den saakaldte Membrana propria, er et Sekret af Ectodermet og ikke, som af Kowalevsky og Marion antaget, af Entodermet; thi paa et Par Æg saa det ud, som om den var dannet før det indre Kimblad. Imidlertid maa det erindres, at jeg kun har haft med Spiritusexemplarer at gjøre, imedens de nævnte Forskere have anstillet sine Undersøgelser paa levende Individer og have saaledes kunnet forfølge Udviklingen ganske anderledes, end jeg har været istand til. Men hvorom Alting er, sau er denne Fundamentalmembran (Membrana propria) et virkeligt Sekret af et af de to Kimblade og kan ikke betragtes som et tredie, oprindeligt opstaaet, cellulært Kimblad (Mesoderm, Mesenchym); den undergaar heller ikke nogen væsentlige Forandringer, men adskiller skarpt de to Kimblade fra hinanden, og synes endog senere hen i Udviklingen at kunne delvis forsvinde. Hos ældre Larver, Tab. XII, Fig. 63, 65, saaes paa Tværsnit et smalt, hyalint, gelatinøst Bælte, der ufeilbarligt var afsondret af Ectodermcellerne og havde skudt Fundamentalmembranen indad

It is, principally, upon *Clavularia crassa* and *petricola*, also *Sympodium coralloides*, that the two Naturalists, above-named, have made their observations, and as *Clavularia crassa* is oviparous, they have been able to follow up the development, stage by stage, until the young have become firmly adherent. The circumstance that the alcyonoids, usually, produce living young, and that the segmentation takes place with extreme rapidity — in the course of half an hour, even, the morula stage is attained in *Clavularia crassa* — has, hitherto, placed the greatest difficulties in the way of observing the first stages of development. It is for this reason, therefore, that *Clavularia crassa* has furnished an extremely useful material, because the ova just impregnated, and enclosed in a tough mucous discharged through the oral aperture, may immediately be observed and, consequently, from that moment, observations may be made from minute to minute.

Of the innumerable ova which I had for examination, a large number had undergone no segmentation, and when this had appeared, it had attained the morula form (Pl. XII. fig. 60). The stages between that and the initial embryonal stage could not be detected, except in a few ova where the segmentation was completed and a peripherical cellular layer (epiblast) formed (Pl. XIII, fig. 35, a). Inside of this epiblast was seen, upon transversal section, a collection of yoke-substance devoid of arrangement (Pl. XIII, fig. 35, b). In the peripherical cellular layer, the cells had a somewhat oblong form, and were furnished with a distinct, almost globular, nucleus, which came prominently out on colouration by Hamanns acetic carmine (Pl. XIII, Fig. 35, a). In a somewhat more developed embryo, whose entire surface was covered with cilia (Pl. XII, fig. 62), the transversal section showed a double series of peripherical cells with nuclei, a distinct ectodermformation (Pl. XIII, fig. 36. 37, a). and at same time, also, a clearly defined, translucent, line had appeared (Pl. XIII, fig. 37, b. 38, a) inside of which a cellular series was seen to be formed, consisting of globular cells with nucleus (hypoblast) (Pl. XIII. fig. 38, b). To judge from this, it appears as if the line referred to, which represents the so-called *membrana propria*, is a secretion of the ectoderm, and not of the hypoblast as supposed by Kowalevsky and Marion, because, in a couple of ova it appeared as if it had been formed previous to the hypoblast. However, it must be remembered that I have only had to do with specimens preserved in alcohol, whilst the Naturalists above-named have made their observations on living individuals, and have thus been in a position to follow up the development in a perfectly different manner from what I have been able to do. But however the case may be, this fundamental membrane (*membrana propria*) is a genuine secretion of the germinative bladder and can not be considered to be a third original cellular germ (Mesoblast, Mesenchym): neither does it undergo any essential changes, but sharply separates the epiblast from the hypoblast, and seems, even at a later stage of the development, capable of partially disappearing. In older larvæ (Pl. XII, figs. 63 65), there

Tab. XIII. Fig. 39. 40, a. I dette Belte, der er Bindevævslaget, iagttoges paa et temmeligt udviklet Embryo, der forresten endnu laa indesluttet i Ægget, enkelte nedsænkede Ectodermceller, samt i Ectodermet spredte, smaa, glindsende Kalkkorn og enkelte Aabninger for udfaldne Spikler, Tab. XIII, fig. 40, b. Kowalevsky og Marion have observeret, at Spikeldannelsen foregaar indeni selve Ectodermcellerne, hvilket ikke har været muligt for mig at konstatere.

Allerede hos det ganske unge Embryo, der i Reglen havde en oval Form, saaes Midtpartiet at være meget mindre opakt end Peripherien, og i den ene Ende iagttoges en liden Indsænkning af Ectodermet, Tab. XII, Fig. 61. Paa Tværsnit af et saadant Embryo viste der sig indenfor Endodermet en begyndende Mund og en Hule, hvori laa Blommekorn, altsaa en Gastrula; paa ældre Embryoner viste der sig en tydelig Gastrulamund, omgiven af Celler, Tab. XII, fig. 68—70, ligesom der kunde iagttages Antydninger til Skillevæggene. Tab. XIII, fig. 40. c, 41, a. Med Hensyn til disse finder man her den samme mærkelige Udviklingsmaade, som Kowalevsky og Marion har paavist at finde Sted hos Clavularia petricola, hvor der, førend Mund og Svælg er dannet, sees i Bunden af Mavehulheden indtil 26 Skillevægge. Sansnart Svælget er dannet, formindskes Antallet, indtil det regulære bliver tilbage. Hos de tre Arter af Slægten Nephthya, som ovenfor ere beskrevne, fandtes Embryonerne, paa nogle faa Undtagelser nær, indesluttede i Ægget; intet Svælg var dannet hos nogen af dem, selv ikke hos de enkelte, der havde forladt Ægget, men fra Mavehulens Væg udgik hos de mest udviklede en Mængde Skillevægge, som ragede langt ind i Hulheden, Tab. XIII. Fig. 40. 41. Disse Skillevægge, Mesenterier, bestode af en gelatinøs, halvgjennemsigtig Masse, afsondret af begge Kimbladene med Fundamentalmembranen som Støtte og vare beklædte med et Endothel, Tab. XIII, fig. 41. b, dannet af Endodermcellerne. Paa det mest udviklede Embryo, der laa frit i Mavehulheden, Tab. XII, Fig. 70, havde Ectodermcellerne, især omkring Mundpartiet, antaget en meget langstrakt Form og vare forsynede med lange Cilier. Tab. XIII, Fig. 42.

Ligesom Udviklingen var den samme hos alle 3 Arter, saaledes var ogsaa Embryonernes Form den samme; kun Spikelformerne viste sig noget forskjellige. I Begyndelsen var Embryonet noget kantet, Tab. XII, Fig. 61, senere blev det ægformet og var meget tidligt beklædt med Cilier, Fig. 62. Naar den ovale Form blev noget mere langstrakt, saaes hist og her enkelte Spikler i Ectodermet; kun paa Midten laa de noget tættere sammen, forresten vare de overalt yderst spredte, enkelte vare meget smaa, saa de vanskelig kunde maales, saaes kun med meget

was seen, on transversal section, a narrow, hyaline, gelatinous stripe, which was infallibly excreted from the ectoderm cells and had pushed the fundamental membrane inwards (Pl. XIII. figs. 39. 40, a). In this stripe, which is the connective tissue layer, there was observed upon a pretty well developed embryon which, otherwise, lay, still enclosed in the ovum, a few deeply embedded ectoderm cells, and in the ectoderm, scattered, small, shining calcareous grains, and a few gaps left by spicules fallen out (Pl. XIII, fig. 40, b). Kowalevsky and Marion have remarked that the spicular formation takes place inside the ectoderm cells themselves, but this it has been impossible for me to confirm.

Already in the quite young embryon which, as a rule, had an ovate form, the mesial part was observed to be much less opaque than the periphery, and in the one extremity a small depression of the epiblast was observed. (Pl. XII. fig. 61). In the transversal section of such an embryon, inside of the hypoblast, a rudimentary oral aperture, and a cavity in which lay yoke-grains, showed themselves — a gastrula therefore. In older embryons, a gastrula aperture surrounded by cells showed itself (Pl. XII. figs. 68—70) whilst, also, indications of the divisional walls could be observed (Pl. XIII, figs. 40, c. 41, a). With regard to these, we find, here, the same remarkable mode of development which Kowalevsky and Marion have pointed out takes place in *Clavularia petricola*, where, previous to the formation of the oral aperture and gullet, as many as 26 divisional walls are seen at the bottom of the ventral cavity. As soon as the gullet is formed, the number becomes diminished, until only the usual number remains. In both the two species of the genus *Nephthya* which are above described, the embryons were found, with a few exceptions, enclosed in the ovum; no gullet was formed in any of them, not even in the few that had abandoned the ovum, but from the wall of the ventral cavity in the most developed ones, numerous divisional walls proceeded, and these stretched far into the ventral cavity (Pl. XIII. figs. 40. 41). These divisional walls (mesenteries) consisted of a gelatinous, semitransparent, substance, excreted from both the epiblast and hypoblast, with the fundamental membrane as support, and were clad with an endothelium (Pl. XIII. fig. 41, b) formed by the endodermic cells. On the most developed embryon, which lay loose in the ventral cavity (Pl. XII, fig. 70), the ectoderm cells, especially about the oral portion, had assumed a very elongated form, and were furnished with long ciliæ (Pl. XIII. fig. 42).

Just as the development was, in the 3 species, the same, so also was the embryonal form the same; the spicular forms alone showed themselves to be somewhat different. At the commencement, the embryon was somewhat angular (Pl. XII, fig. 61), subsequently it became oviform, and was very early covered with ciliæ (Pl. XII, fig. 62). When the oval form became somewhat more elongate, a few spicules were seen, here and there, in the ectoderm, and only in the middle did they lie somewhat closer together, otherwise, they were, everywhere, extremely scattered; a few were so

stærk Forstørrelse og da som korte, fine Linier eller Punkter; andre havde næsten antaget Spindelformen, vare svagt tornede og nanede indtil 0.080^{mm} i Længde og 0.008^{mm} i Bredde. Tab. XII, Fig. 63. 64. De optraadte saa tidligt, at kun Ectoderm- og Endodermlaget var dannet med den disse Lag skarpt adskillende Fundamentalmembran. Spiklerne laa aabenbart i Ectodermlaget, imellem dettes Celler og ligesom afsondret af dem. Alt eftersom Embryonet voxede, antog det først Pæreformen. Cilierne vare længere i den brede Ende, ligesom Spiklerne vare større, tiltagne i Mængde og viste sig mere udprægede som tornede og bladede Spindler, Tab. XII, Fig. 68—71; senere under Væxten havde Embryonet bøiet sig indeni Ægget og fik Formen af en Halvmaane, Tab. XII, Fig. 65; toges det ud af Æggehylsteret, havde det i sit Ydre overmaade megen Lighed med en ung Planarie. Tab. XII. Fig. 66; Spiklerne laa nu tættere og havde antaget flere Former, saaledes foruden Spindelens, timeglas- og korsdannede Firlingers, Fig. 67. Men jo mere Embryonet havde voxet i Længden, jo mere bøiet var det, Tab. XII, Fig. 69, saa at det tilsidst dannede et indeni Ægget sammentrykt S, Tab. XII, Fig. 43. 44. Spiklerne havde tiltaget noget i Størrelse, saa at de naaede en Længde af 0.095^{mm}, laa tæt sammen, havde mere udprægede Former, Tab. XII, Fig. 72, og ved Tværsnit viste det sig, at enkelte Spikler laa nedsænkede i den af Ectodermet afsondrede, gelatinøse Masse, Tab. XIII, Fig. 39, b. Foruden de nævnte Spikelformer saaes ogsaa enkelte meget sinaa Dobbeltstjerner og Køller, samt begyndende sammensatte Stjerner, Tab. XII, Fig, 72. a. b. c. Det vilde blive for vidtløftigt at beskrive hver enkelt Spikelform hos disse Embryoner, hvorfor jeg man henvise til Tegningerne. De her omtalte Spikelformer gjælde væsentligt for Nephthya rosea; hos den anden Art, Nephthya polaris, viste Spiklerne sig saa forskjellige, at jeg paa dem let kunde skjelne et Embryo af denne fra et af Neph. rosea, og det samme var Tilfældet med den tredie Art. Spiklerne hos Embryonet af Neph polaris varierede ikke saa stærkt i Former; de vare ikke saa stærkt tornede, men mere vingeformede, og Firlinger manglede ganske, Tab. XIII, Fig. 45. Jeg havde til Sammenligning Embryoner fra begge Arter, hvilke havde opnaaet det samme Udviklingstrin og havde samme Form, men paa Spiklerne kunde jeg allerede paa dette Stadium, medens de endnu laa i Ægget, bestemme Arten. Paa de stærkt sammenbøiede Embryoner saaes altid i den brede Ende en oval Aabning, omgivet af lange Cilier, og som førte ned til en aflang Hulhed, Tab. XIII, Fig. 43. 44, hvori ved Tværsnit viste sig et storkornet Indhold (Blommekorn).

Paa et Embryo, der havde forladt Ægget, men opholdt sig i Mavehulheden og var næsten ganske udstrakt, havde Larvemunden en trekantet Form med temmelig brede Læber, Tab. XII. Fig. 70. Om hvorledes det gaar disse

Den norske Nordhavsexpedition. D. C. Danielssen: Alcyonida.

very small that they could with difficulty be measured, and were only visible on powerful magnification, and then they appeared as minute lines or points; others had almost assumed the fusi-form, and were faintly aculeated, and attained up to 0.080^{mm} in length, and 0.008^{mm} in breadth (Pl. XII, figs. 63. 64). They appeared so early that only the ectoderm- and the endoderm layers were formed, along with the fundamental membrane which so sharply divides these layers. The spicules lay disclosed in the ectoderm layer, between its cells and as if excreted from them. As the embryon advanced in growth it first assumed the piriform. The ciliæ were longer in the broad extremity, whilst, also, the spicules were larger and increased in number, and they showed themselves more distinctly as aculeated and folinted fusees (Pl. XII, figs. 68. 71). Subsequently, during its growth, the embryon had curved itself inside the ovum and taken the form of a crescent (Pl. XII, fig. 65). When removed from the ovum-covering it had, in its external appearance, very great resemblance to a young Planaria (fig. 66). The spicules, now, lay closer, and had assumed several forms, such as, besides the fusiform, also, hourglass, and cruciform quadruplets (Pl. XII, fig. 67). But the more the embryon had increased in length, the more curved was it (Pl. XII, fig. 69), so that it, eventually, formed, inside the ovum, a compressed S (Pl. XIII, fig. 43. 44). The spicules had increased, somewhat, in size, so that they attained a length of 0.095^{mm}, lay close in to each other and had more clearly defined forms (Pl. XII, fig. 72), and on transversal section it was seen that a few spicules lay embedded in the gelatinous substance excreted from the ectoderm (Pl. XIII, fig. 39, b). Besides the spicular forms named, there were, also, seen, a few very small bistellates and subclavates, also rudimentary complex stellates (Pl. XII, fig. 72, a. b. c.) It would be too prolix to describe, here, each individual form of spicule in these embryons, and I must, therefore, refer the reader to the illustrations. The spicular forms spoken of, here, refer especially to Nephthya rosea. In the other species, Nephthya polaris, the spicules showed themselves so different that, in it, I was able to distinguish, easily, an embryon of it from one of Neph. rosea, and the same with the third species. The spicules of the embryon of Nephthya polaris did not differ so greatly in form. They were not so strongly aculeated, but were more pennate, and quadruplets were quite absent (Pl. XIII, fig. 45). I had, for comparison, embryons of both the species, which had attained the same stage of development, and had the same form, but from the spicules I could, even at this stage, whilst they were still in the ovum, determine the species. In the strongly curved-together embryons there was always seen, at the broad extremity, an oval aperture surrounded by long ciliæ, and which led down to an oblong cavity (Pl. XIII, fig. 43. 44) in which, on transversal section, a coarse granular substance (Yoke-granules) appeared.

In an embryon which had abandoned the ovum, but still remained in the ventral cavity, and was almost quite extended, the larva mouth had a triangular form with rather broad labiæ (Pl. XII, fig. 70). What happens to these

13

Unger, eiterat de have forladt Moderen, kan jeg ingen Besked give; thi jeg har ikke kunnet følge dem saa langt. Men Kowalevsky og Marion have iagttaget, at Ungerne hos de Arter, de have observeret, altid satte sig fast ved den brede Ende, som de forresten vare tilbøielige til at antage for Ungens Hovedparti (region céphalique), naar de toge Hensyn til den Maade, paa hvilken dem bevægede sig, nemlig altid med den brede Del foran. De angive ikke, at der i den brede Ende var en Mundaabning, men tvertimod, at Mundaabningen dannede sig i den smale Del, først efter at Ungerne havde fæstet sig. Dersom de af mig iagttagne Unger skulde fæste sig ved den brede Ende, maatte Larvemunden forsvinde og en ny Mund dannes, en Forvandling, der jo ikke er fremmed for de lavere Dyr, men endog temmelig almindelig hos de fra Coelenternerne ikke saa fjernt staaende Echinodermer. De nysnævnte Forskeres Udtalelser med Hensyn til Befæstningsmaade staar forresten i Strid med Kowalevsky's tidligere gjorte Iagttagelser over Udviklingen af Sympodium coralloides; thi i hans Afhandling: „Zur Entwickelungsgeschichte der Alcyoniden"¹ udtrykker han sig snaledes: „Während der Verwandlung heftet sich die Larve bekanntlich mit ihrem vorderen zugespitzten Ende an und zieht den hinteren mehr ausgebreiteten Pol ein, wobei aus demselben der Magen entsteht." — Jeg er dog tilbøielig til at antage, at mine Larver fæster sig ved den smale Ende, at Larvemunden bliver permanent, og at, idet den tidligere omtalte Indkrængning af Ectodermet forlænger sig og danner Svælget, fæste Skillevæggene (Mesenterierne) sig paa dette. Jeg paaviste, at i et temmelig fremrykket Larvestadium udgik der fra Mavehulheden en Mængde listeformige Forlængelser: de begyndende Mesenterier. Enten smelter flere af disse sammen, eller flere af dem forsvinde (absorberes), saa at Antallet bliver det regulære, nemlig 8. Det er jo netop i Larvens brede Ende, at disse Skillevægge optræde, og det ter ogsaa af den Grund være antageligt, at Ungen fæster sig ved den smale Ende og altsaa ikke undergaar den Metamorphose, som vilde være Tilfældet, om Befæstelsen skede ved den tykke Del (Hoveddelen).

Det er ganske mærkeligt, at Spikeldannelsen hos disse Arter optræder saa overordentlig tidligt, længe før Larven har forladt Ægget, hvilket ikke tidligere har været observeret; thi ifølge Kowalevskys og Marions Iagttagelser indtræder Spikeldannelsen, først efter at den fritsvømmende Unge har sat sig fast. Men den Omstændighed, at Spiklerne optræde saa tidligt hos den i Ægget indesluttede Larve, kort Tid efter Ectodermet er dannet, og førend nogen Antydning til Bindevæv kunde iagttages er, saa forekommer det mig, et stærkt Bevis for, at Spiklerne ere Produkter af Ectodermcellerne og ikke af Bindevævet.

¹ Zoologischer Anzeiger. 2 Jahrg. pag. 401.

young ones, after they have abandoned the parent animal, is a subject upon which I can give no information, as I have been unable to follow them so far. But Kowalevsky and Marion have remarked, that the young of the species which they have observed always became adherent by the broad extremity, which, however, they were disposed to assume to be the cephalic part of the young one (region céphalique), when they regarded the manner in which it moved itself, that is, always with the broad extremity in advance. They do not state that there was an oral aperture in the broad extremity but, on the contrary, that the oral aperture was formed in the narrow part, and not till after the young ones had secured themselves fast. If the young ones, observed by me, were to secure themselves fast by the broad extremity, the larva mouth would necessarily disappear and a new mouth be formed, a change which, indeed, is not unknown in the lower animals, but is, even, rather common in the *Echinodermata*, not so very distantly related to the *Coenterulata*. The report of the Naturalists just named, with reference to the mode of attachment stands, however, in opposition to the observations previously made by Kowalevsky, on the development of *Sympodium coralloides*, because in his Memoir „Zur Entwickelungsgeschichte der Alcyoniden"¹ he thus expresses himself. „Während der Verwandlung heftet sich die Larve bekanntlich mit ihrem vorderen zugespitzten Ende an und zieht den hinteren mehr ausgebreiteten Pol ein, wobei aus demselben der Magen entsteht." I am, however, disposed to assume that my larvæ fasten themselves by the narrow extremity, and that the larva mouth is permanent; further, that whilst the depression in the ectoderm, previously spoken of, becomes prolonged and forms the gullet, the divisional walls (Mesenteries) secure themselves to it. I showed that, in a tolerably advanced larva-stage, there proceeded from the ventral cavity a number of filiet-formed prolongations — the rudimentary mesenteries. Either, several of these pass into each other, or several of them disappear (are absorbed) so that the number becomes the usual one, that is 8. It is just in the broad extremity of the larva that these divisional walls appear, and it may, for that reason, be presumed that the young one fastens itself by the narrow extremity and, therefore, does not undergo such a metamorphosis as would be the case if the attachment was made by the thick part (the cephalic part).

It is quite remarkable that the spicular formation in these species appears so extremely early, long before the larva has abandoned the ovum. a fact which has not been previously observed; according to Kowalevsky and Marion's observations, the spicular formation does not appear, till after the freely-swimming young one has secured itself fast. But the circumstance that the spiculus appear so early in the larva enclosed in the ovum, a short time after the formation of the ectoderm, and previous to any indication of connective-tissue being observed is, it appears to me, a strong proof that the spiculus are products of the ectoderm cells, and not of the connective-tissue.

¹ Zoologischer Anzeiger. 2 Jahrg., pag. 401.

Gersemiopsis arctica, n. g. et n. sp.

Tab. XIV. Tab. XV. Fig. 1—13.

Zoanthodemet er indtil 40^{mm} højt. Stammen er grenet, rund, temmelig haard, riflet efter Længden og omtrent 20^{mm} i Omkreds ved Grunden, men aftager successivt af imod Toppen, hvor den næppe er 5^{mm} i Omfang, og hvor den ender med en større eller mindre Gruppe Polyper, Fig, 1. Paa et Exemplar er Stammen rig paa Grene lige fra Grunden og op til Toppen, Fig. 1; paa to andre er den nederste Del af Stammen nøgen, saa at Grenene først begynde omtrent 15^{mm} ovenfor Basaldelen, Fig. 2. Denne er fast, membranagtigt udvidet og omfatter dels døde Koralstumper, dels Grus eller Sinaasteno. Grenene staa rundt Stammen, temmelig langt fra hverandre og ere af forskjellig Længde og Tykkelse; de længste ere fra 12—15^{mm} lange og omtrent 2^{mm} brede ved Grunden, de ere runde, svagt riflede og bære paa Enden en Gruppe Polyper; de udsende flere Smaagrene, der ere korte, tynde og ende hver i 3—6 Polyper, hvoraf dels 2, dels 3 ere sammenvoxede ved Grunden.[1] Fig. 3, imedens ved Siden af disse hyppigt sees en enkelt, isoleret Polyp, Fig. 3, a. Hos det ene Exemplar ingtinges paa de fleste Grene, næsten lige ved deres Udspring, dels en enkelt Polyp, dels to, der forene sig ved Grunden, for at gaa over i Grenen, ligesom der fra selve Stammen udspringe dels enkelte, dels 2 eller 3 samlede Polyper, Fig. 1. Paa de to Exemplarer, hvor den nederste Del af Stammen er nøgen, udspringe ingen Polyper directe fra dem[1]. Baade Stammen og Grenene ere rige paa Spikler.

Polyperne ere cylindriske, men udvide sig noget mod Tentakelskiven, Fig 4; de ere ikke retraktile, 8—9^{mm} lange med en udpræget Bagkrop, der er 4^{mm} lang; Forkroppen er 2,5^{mm} lang og Tentaklerne omtrent 3^{mm} lange. Paa Kroppen, der er temmelig rig paa Spikler, ordne disse sig i Længderækker, som fortsættes over paa Tentaklernes aborale Flade, hvor de danne en tyk Kjøl, Fig. 4, imedens Siderandene, ligesom Pinnulerne, ere uden Spikler, men derimod besatte med Nematocyster, der ogsaa findes paa den noget hvælvede Mundskive. Munden er aflang med tykke Læber.

[1] Der findes næsten hos hver Art denne Slags Variationer og ofte endnu større, som i de fleste Tilfælde gjør det vanskeligt, for ikke at sige umuligt, alene efter Zoanthodemets Ydre at kunne bestemme Arten.

Gersemiopsis arctica, n. g. et n. sp.

Pl. XIV. Pl. XV, figs. 1—13.

The Zoanthodem measures up to 40^{mm} in height. The stem is ramous, cylindrical, pretty hard, grooved longitudinally, and measures about 20^{mm} in circumference at the base, but diminishes gradually, in thickness towards the summit, at which point it measures, barely, 5^{mm} in circumference, and terminates in a larger or smaller group of polyps (Pl. XIV, fig. 1). In one specimen the stem is rich in branches, quite from the base and up to its summit (Pl. XIV, fig. 1). In two other specimens the inferior part of the stem is bare, and the branches appear, first, about 15^{mm} above the basal part (Pl. XIV, fig. 2). This part is hard and membranaceously dilated, and it includes, partly, moribund coral lumps, partly, coarse sand or gravel. The branches are placed around the stem, pretty far apart from each other, and are of variable length and thickness; the longest ones measure from 12—15^{mm} in length, and about 2^{mm} in thickness at the base. They are cylindrical, faintly grooved, and carry on the extremity a group of polyps. They send out several branchlets, which are short, first, and slender; each of these, again, terminates in 3—6 polyps, of which, sometimes 2, and sometimes 3, are concreted together at the base (Pl. XIV, fig. 3): whilst at the side of these, there is frequently seen a single isolated polyp (Pl. XIV, fig. 3, a). In the one specimen there is observed, upon most of the branches, almost quite at their root, sometimes a single polyp, sometimes two which unite together in order to become produced into the branch, whilst, also, their spring from the branch itself, sometimes a few, sometimes 2 or 3 polyps placed together (Pl. XIV, fig. 1). In the two specimens, where the inferior part of the stem is bare, no polyps spring direct from it[1]. Both the stem and the branches are rich in spicules.

The polyps are cylindrical, but become somewhat dilated towards the tentacular disk (Pl. XIV, fig. 4). They are non-retractile, and measure 8—9^{mm} in length: they have a well marked posterior body measuring 4^{mm} in length, and an anterior body measuring 2.5^{mm} in length. The tentacles are about 3^{mm} in length. Upon the body, which is pretty rich in spicules, the spicules are arranged in longitudinal series continued over into the aboral surface of the tentacles, where they form a thick ridge (Pl. XIV, fig. 4), whilst the lateral margins, as also the pinnules, are devoid of spicules but, on the other hand, are beset with nematocysts, which also are observed upon the somewhat arcuate oral disk. The oral aperture is oblong, and has thick labiæ.

[1] There are found in almost every species variations of this nature, and frequently still greater variations, which, in most cases, makes it difficult, if not impossible, to determine the species from the exterior of the Zoanthodem alone.

Paa Spiritusexemplarer antage Polyperne en mere langstrakt Form og ere stærkt bøiede efter Bugen.

In specimens preserved in alcohol the polyps assume a more elongate form, and are strongly curved along the ventrum.

Anatomisk-histologisk Undersøgelse.

Stammen og Grenene ere beklædte med et Ectoderm, der bestaar af flere Lag polyædriske Celler, Fig. 5, a, indenfor hvilket der er et temmelig bredt, hyalint Bindevævslag, Fig. 5, b, imedens selve Coenenchymet er tyndt, Fig. 5, c, hvorved Længdekanalerne blive forholdsvis meget vide, Fig. 5, d.

Paa Basaldelen ligge Spiklerne tæt pakkede paa hverandre, ere temmelig smaa, og de hyppigste Former, hvorunder de optræde, ere sammensatte Stjerner og Klubber. De sammensatte Stjerner variere noget, idet enkelte ere mindre udviklede, medens andre have et nøgent Belte; de ere fra 0.100—0.132ᵐᵐ lange og fra 0.048—0.084ᵐᵐ brede; det nøgne Belte er 0.039ᵐᵐ bredt, Fig. 6—9. Klubberne ere enten stærkt takkede eller bladede og have et kort, tildels takket Skaft; de ere fra 0.088—0.140ᵐᵐ lange og fra 0.048—0.096ᵐᵐ brede i den tykke Ende, Fig. 10—13. Imellem de nævnte to Former sees hyppigt mere eller mindre udviklede Dobbeltstjerner med et nøgent Midtbelte; de ere fra 0.076—0.112ᵐᵐ lange og fra 0.032—0.060ᵐᵐ brede, og Midtbeltet er fra 0.012—0.020ᵐᵐ bredt, Fig. 14—17; men yderst sjeldent træffes en næsten korsformet Firling, 0.084ᵐᵐ lang, 0.092ᵐᵐ bred, Fig. 18, samt en vortebesat, bredendet, takket Spikel, nærmende sig noget Dobbeltstjernen, 0.132ᵐᵐ lang, 0.080ᵐᵐ bred i Enderne og 0.048ᵐᵐ paa Midten, Fig. 19.

Stammen er ikke i den Grad pakket med Spikler som Basaldelen, men de ligge dog, især paa dens nederste Del, tæt sammen. Det er fornemmelig Klubbeformen, som er den fremtrædende, men der varierer temmelig meget. Klubberne ere mere eller mindre stærkt bladede og have et kort, dels nøgent, dels takket Skaft; de ere fra 0.100—0.160ᵐᵐ lange og fra 0.060—0.108ᵐᵐ brede i den tykke Ende, Fig. 20—25. Imellem Klubberne sees Dobbeltstjerner, enkeltvis mere eller mindre udviklede, sammensatte Stjerner med eller uden nøgent Midtbelte, enkelte smaa, takkede Keller, samt nogle næsten kuglerunde, bladede Rosetter. Dobbeltstjernerne ere fra 0.076—0.084ᵐᵐ lange, fra 0.044—0.048ᵐᵐ brede i Enderne og Midtbeltet fra 0.016—0.020ᵐᵐ bredt, Fig. 26—28; de sammensatte Stjerner ere fra 0.112—0.148ᵐᵐ lange og fra 0.052—0.076ᵐᵐ brede og Midtbeltet fra 0.020—0.028ᵐᵐ bredt, Fig. 29—31. Kellerne ere 0.092ᵐᵐ lange, 0.036ᵐᵐ brede foroven, Fig. 32. Rosetterne ere stærkt indbullerede i Ectodermcellerne, fra hvilke det

Anatomo-histological examination.

The stem and the branches are clad with an ectoderm, consisting of several layers of polyhedrical cells (Pl. XIV, fig. 5, a), inside of which there is a rather broad, hyaline connective-tissue layer (Pl. XIV, fig. 5, b), whilst the sarcosoma, itself, is thin (Pl. XIV, fig. 5, c) owing to which, the longitudinal ducts become, relatively, very wide (Pl. XIV, fig. 5, d).

In the basal part, the spicules are situated closely packed upon each other, and they are rather small. The most frequent forms in which the spicules appear, are complex stellates and clavates. The complex stellates differ somewhat, inasmuch, that a few are imperfectly developed, whilst others have a bare stripe. They measure from 0.100—0.132ᵐᵐ in length, and from 0.048—0.084ᵐᵐ in breadth. The bare stripe is 0.039ᵐᵐ broad (Pl. XIV, figs. 6—9). The clavates are, either, strongly spicate, or foliated, and have a short, partly spicate, shaft; they measure from 0.088—0.140ᵐᵐ in length, and from 0.048—0.096ᵐᵐ in breadth at the thick extremity (Pl. XIV, figs. 10—13). Between the two forms named, there are seen, frequently, more or less developed bistellates with a bare mesial stripe; these measure from 0.076—0.112ᵐᵐ in length, and from 0.032—0.060ᵐᵐ in breadth, and the mesial belt measures from 0.012—0.020ᵐᵐ in breadth (Pl. XIV, figs. 14—17); and, extremely rarely, an almost cruciform quadruplet is met with, measuring 0.084ᵐᵐ in length, and 0.092ᵐᵐ in breadth, (Pl. XIV, fig. 18) also a warty, spicate, spicule with broad extremity, approaching in form somewhat to the bistellate, and which measures 0.132ᵐᵐ in length, 0.080ᵐᵐ in breadth at the extremities, and 0.048ᵐᵐ in breadth at the middle (Pl. XIV, fig. 19).

The stem is not packed with spicules to the same extent as the basal part, but they are situated, however, especially upon its inferior part, close together. It is principally the claviform which is here prominent, but it varies very much. The clavates are, more or less strongly, foliated, and have a short, sometimes bare, sometimes spicate, shaft; they measure from 0.100—0.160ᵐᵐ in length, and from 0.060—0.108ᵐᵐ in breadth at the thick extremity (Pl. XIV, figs. 20—25). Between the clavates, bistellates are seen; sometimes, more or less developed complex stellates are seen, with or without a bare mesial stripe; a few, small, spicate subclavates, also, a few, almost globular, foliated rosettes. The bistellates measure from 0.076—0.084ᵐᵐ in length, and from 0.044—0.048ᵐᵐ in breadth at the extremities, and their mesial belt measures from 0.016—0.020ᵐᵐ in breadth (Pl. XIV, figs. 26—28). The complex stellates measure from 0.112—0.148ᵐᵐ in length, and from 0.052—0.076ᵐᵐ in breadth, and have a mesial stripe measuring from 0.020—0.028ᵐᵐ in breadth

er meget vanskeligt at bestemme; de ere 0.108ᵐᵐ lange, 0.084ᵐᵐ brede, Fig. 33.

I Grenene og Smaagrenene ligge Spiklerne mere spredte og ere her betydeligt større end paa Stammen. Køller, Klubber og Spindler ere de hyppigste. Køllerne ere som oftest tornede, af og til træffes en bladet; de ere fra 0.240—0.364ᵐᵐ lange og fra 0.060—0.132ᵐᵐ brede i den tykke Ende, Fig. 34—36. Klubberne ere tornede, fra 0.116—0.144ᵐᵐ lange og fra 0.056—0.060ᵐᵐ brede i den tykke Ende, Fig. 37. 38. Spindlerne ere temmelig forskjellige; enkelte smaa, lidet udviklede, ere takkede, fra 0.068—0.144ᵐᵐ lange og fra 0.024—0.028ᵐᵐ brede, Fig. 39. 40, og ligge som oftest ved Siden af Køllerne og de store Spindler, hvilke sidste ere jævnligt noget krummede og bladede med afstumpede Ender; de ere 0.296ᵐᵐ lange, 0.080ᵐᵐ brede, Fig. 41; imellem de nævnte Spikler sees enkelte sammensatte Stjerner, der ere fra 0.112—0.120ᵐᵐ lange og fra 0.048—0.064ᵐᵐ brede, Fig. 42. 43.

Paa Polypens Bagkrop findes væsentligst Køller og Spindler, sjeldnere sees her Klubber. Køllerne ere dels lige, dels krumme, bladede, fra 0.192—0.296ᵐᵐ lange og fra 0.068—0.100ᵐᵐ brede i den tykke Ende, Tab. XV, Fig 1—3. Spindlerne ere takkede med mere eller mindre tilspidsede Ender, fra 0.116—0.268ᵐᵐ lange og fra 0.028—0.052ᵐᵐ brede, Fig. 4. 5. Klubberne ere bladede, nærme sig noget Køllen, ere fra 0.148—0.160ᵐᵐ lange og fra 0.048—0.072ᵐᵐ brede i den tykke Ende, Fig. 6. 7.

Paa Polypens Forkrop er det, foruden de paa Bagkroppen omtalte Spikler, især store, smukke, bladede Køller, der ere mest fremtrædende; de danne hovedsagelig den tykke Kam paa Tentaklernes aborale Flade. Disse Køller ere 0.400ᵐᵐ lange, 0.108ᵐᵐ brede i den tykke Ende og have et langt Skaft, Fig. 8. Imellem disse sees enkelte krumme, bladede eller takkede Klubber, der ere 0.148ᵐᵐ lange, fra 0.036—0.056ᵐᵐ brede i den tykke Ende, Fig 9, og, fornemmelig paa Tentaklerne, forskjelligtformede, mere eller mindre flade, takkede Spikler, hvoraf yderst faa nærme sig Korsformen; de ere fra 0.048—0.148ᵐᵐ lange, og fra 0.016—0.048ᵐᵐ brede, Fig. 10—13.

Polyperne ere paa deres ydre Væg beklædte med et Ectoderm, bestaaende af to Lag polyedriske Celler, Tab. XIV, Fig. 44, a, indenfor hvilket findes et bredt, hyalint

(Pl. XIV, figs. 29—31). The subclavates measure from 0.092ᵐᵐ in length, and 0.036ᵐᵐ in breadth above (Pl. XIV, fig. 32). The rosettes are strongly enveloped in the ectoderm cells, from which it is very difficult to release them; they measure 0.108ᵐᵐ in length, and 0.084ᵐᵐ in breadth (Pl. XIV, fig. 33).

In the branches and branchlets, the spicules are placed more scattered, and are, here, considerably larger than on the stem. Subclavates, clavates, and fusces are the most frequent forms. The subclavates are, most frequently, neulcated; now and then a foliated one is met with; they measure from 0.240—0.364ᵐᵐ in length, and from 0.060—0.132ᵐᵐ in breadth at the thick extremity (Pl. XIV, figs. 34—36). The clavates are aculeated, and measure from 0.116—0.144ᵐᵐ in length, and from 0.056—0.060ᵐᵐ in breadth at the thick extremity (Pl. XIV, figs. 37. 38). The fusces are rather variable in form; some small imperfectly developed ones are spicate, and measure from 0.068—0.144ᵐᵐ in length, and from 0.024—0.028ᵐᵐ in breadth (Pl. XIV, figs. 39. 40), and, most frequently, lie alongside the subclavates and the large fusces, which last are, usually, somewhat curved and foliated, and have truncate extremities; they measure 0.296ᵐᵐ in length, and 0.080ᵐᵐ in breadth (Pl. XIV, fig. 41). Between these spicules, occasional complex stellates are seen, measuring from 0.112—0.120ᵐᵐ in length, and from 0.048—0.064ᵐᵐ in breadth (Pl. XIV, figs. 42. 43).

On the posterior body of the polyp, subclavates and fusces are, principally, found. Clavates are seen, here, less frequently. The subclavates are, sometimes straight, sometimes curved and foliated, and they measure from 0.192—0.296ᵐᵐ in length, and from 0.068—0.100ᵐᵐ in breadth at the thick extremity (Pl. XV, figs. 1—3). The fusces are spicate, and have more or less acuminate extremities; they measure from 0.116—0.268ᵐᵐ in length, and from 0.028—0.052ᵐᵐ in breadth (Pl. XV, figs. 4—5). The clavates are foliated, and approach in form somewhat to the subclavate; they measure from 0.148—0.160ᵐᵐ in length, and from 0.048—0.072ᵐᵐ in breadth at the thick extremity (Pl. XV, figs. 6—7).

The spicules of the anterior body of the polyp, besides those spoken of as pertaining to the posterior body, which are most prominent, are, especially, large, beautiful, foliated subclavates. They form, principally, the thick ridge on the aboral surface of the tentacles. These subclavates measure 0.400ᵐᵐ in length, and 0.108ᵐᵐ in breadth at the thick extremity, and have a long shaft (Pl. XV, fig. 8). Between them, a few curved, foliate, or spicate clavates are seen; these measure 0.148ᵐᵐ in length, and from 0.036—0.056ᵐᵐ in breadth at the thick extremity (Pl. XV, fig. 9); and there are seen, especially upon the tentacles, variously formed, more or less flat, spicate spicules, of which extremely few approach the cruci-form; they measure from 0.048—0.148ᵐᵐ in length, and from 0.016—0.048ᵐᵐ in breadth (Pl. XV, figs. 10—12).

The polyps, upon their exterior wall, are clad with an ectoderm, consisting of two layers of polyhedrical cells (Pl. XIV, fig. 44, a), inside of which, there is found a

Bindevævslag, hvori Spiklerne ere indleirede, Fig. 44, b; men de Hulheder, hvori Spiklerne ligge, ere forsynede med Ectodermcellcr, Fig. 44, c, der som oftest omslutte Spiklerne saa intimt, at de gjerne følge med dem, naar de fjernes. Indenfor Bindevævet er det almindelige Muskellag, der beklædes af et Endothel, dannet af et Lag runde Celler med Kjerne og Kjernelegeme, Fig. 44, d, hvilket Endothel ogsaa tapetserer Septa og Svælgets ydre Flade, Fig. 44, e.

Hvad der især man tiltrække sig Opmærksomheden, er Svælgets særegne Bygning, som nu nærmere skal beskrives[1]. Strax nedenfor Mundaabningen begynder paa Bugsiden Svælgrenden, der har en oval Form og strækker sig lige ned til Svælgets frie Ende, Fig. 44, f. Saavel Svælgrenden som den øvrige Del af Svælget er beklædt med Epithel; men medens Svælgrendens Epithel dannes af meget lange, smale Celler, der ere forsynede med Kjerne og Kjernelegeme, og som have paa deres fri Ende en lang Pidsk (Cilie), Fig 44, g, dannes den øvrige Del af Svælgepithelet af kortere Celler med almindelige Cilier, ligesom der i dette Epithel er indleiret kolbeformede, encellede Slimkjertler, Fig. 44, h.

Strax ovenfor Svælgrendens Begyndelse udgaar i en skraa Retning fra høire Væg, nærmere Rygsiden, et listeformigt, ovalt, omtrent 2ᵐᵐ langt Fremspring. Dets øverste Del er meget høit, tykt og rager langt ind i Svælget mod dettes venstre Væg, Tab. XV, Fig. 13, a, men bliver alt lavere og lavere, jo længere det strækker sig ned, Tab. XV, Fig. 13, b. Det er dannet af en Fortykkelse af Svælgepithelet, hvis Celler paa dette Sted antagce en overordentlig Længde, Tab. XIV, Fig. 45, a. Noget Bindevæv synes ikke at være tilstede, derimod sees spredte Muskelfibre at gaa over fra Svælgvæggen ind i Fremspringet. Lidt nedenfor dette Fremspring sees et lignende, der udgaar ogsaa fra høire Væg, men gaar strax over Rygsiden til venstre Væg, hvor det antager næsten S-Formen og forlænger sig næsten lige ned til Svælgets Ende. Opad ved dets Begyndelse er dette Fremspring meget lavt og smalt, Tab. XV, Fig. 13, c, men bliver høiere og høiere jo længere det strækker sig ned og rager da langt ind i Svælget, saa at det naar dettes høire Væg, Tab. XV, Fig. 13, d.

Disse mærkelige Fremspring synes at virke som Klapper, der ikke godt kan have nogen anden Bestemmelse end at lukke for Svælgrenden, hvorved Svælget i dets største Længde deles i to Kanaler, saaledes nemlig, at den ene Kanal kan virke som Spiserør, hvorigjennem Føde-

[1] For bedre at kunne orientere sig inddeler jeg Svælget i en Bug- og Rygside, i en høire og venstre Side.

broad, hyaline connective-tissue layer, in which the spicules are entrenched (Pl. XIV, fig. 44, b), but the cavities in which the spicules are placed are furnished with ectoderm cells (Pl. XIX, fig. 44, c) which, usually, inclose the spicules so tightly that these often remain attached to them when they are removed. Inside of the connective-tissue layer, the usual muscular layer is found; this is covered by an endothelium, formed of a layer of globular cells with nucleus and nucleus body (Pl. XIV, fig. 44, d); this endothelium also coats the septa and the gullets external surface (Pl. XIV, fig. 44, e).

What must attract special attention, is the peculiar structure of the gullet, which I shall now describe more particularly[1]. Immediately below the oral aperture, on the ventral side, the gullet-passage begins; it has an ovate form, and extends right down to the free extremity of the gullet (Pl. XIV, fig. 44, f). The gullet-passage, as well as, also, the remainder of the gullet, is clad with epithelium, but whilst the epithelium of the gullet-passage is formed of very long narrow cells, furnished with nucleus and nucleus-body and carrying on their free extremities a long whip (Cilium) (Pl. XIV, fig. 44, g), the remainder of the gullet-epithelium is formed of shorter cells with the usual cilia, whilst, also, there are entrenched in this epithelium, subclaviform, unicellular mucous glands (Pl. XIV, fig. 44, h).

Immediately above the commencement of the gullet-passage, there proceeds, in a diagonal direction, from the dextral wall nearest to the dorsal side, a fillet-formed oval protuberance about 2ᵐᵐ in length. Its uppermost part is very high and thick, and it projects far into the gullet, towards its sinistral wall (Pl. XV, fig. 13, a), but becomes less and less in height the further down it extends (Pl. XV, fig. 13, b). It is formed by a tumefaction of the epithelium of the gullet, whose cells, in this situation, acquire an extreme length (Pl. XIV, fig. 45, a). There does not appear to be any connective-tissue present, but, on the other hand, scattered muscular fibres are seen to proceed from the gullet-wall into the protuberance. Slightly below this protuberance a similar one is visible, which, also, proceeds from the dextral wall, but passes immediately across the dorsal side to the sinistral wall, where it almost assumes the S-form, and becomes prolonged nearly right down to the extremity of the gullet. Upwards, at its commencement, this protuberance is very low and narrow, (Pl. XV, fig. 13, c) but becomes higher and higher the further it extends down, and it then projects far into the gullet, so that it reaches to its dextral wall (Pl. XV, fig. 13, d).

These remarkable prominences appear to operate as flaps, and they can scarcely have any other purpose than to close the gullet-passage, causing the gullet, for the greater part of its length, to be divided into two canals, in such manner, that the one canal can serve as an alimentary

[1] In order to simplify the description, I divide the gullet, into ventral and dorsal sides, and dextral and sinistral sides.

midlerne og Søvandet føres fra Munden igjennem Svælgrenden ned i Mavehulheden, den anden som Tarm. Det synes, som om her er paabegyndt et Arbeide med en høiere Organisation; hvor langt det vinder sig frem, faar staa derhen, men yderst mærkeligt er under alle Omstændigheder dette Forhold. For at gjøre dette nogenlunde forstaaeligt, følge Tversnittene under hverandre i den Orden, de ere fremstillede. Tab. XIV, Fig. 45, er et Tversnit fra den øverste Del af Polypen med sit Svælg, strax ovenfor Svælgrendens Begyndelse; her sees det listeformige, ovale Fremspring fra høire Væg, Fig. 45, a, hvilket, idet det slutter sig til venstre Væg, dækker Svælgrenden, Fig. 45, b, imedens den øvrige Del af Svælget er aaben. Fig. 46 fremstiller et lignende Tværsnit noget under det første, paa hvilket ikke alene Fremspringet fra høire Væg sees, Fig. 46, a, men ogsaa Begyndelsen af det 2det Fremspring, Fig. 46, b. Fig. 47 fremstiller et Tversnit lidt under det foregaaende, hvilket viser begge Fremspringene i deres største Udbredning, saaledes at høire Fremspring, Fig. 47, a, slutter sig tæt til venstre Væg, imedens venstre Fremspring, Fig. 47, b, naar næsten hen til høire Væg. Fig. 48 fremstiller et Tversnit endnu længere nede, og her sees kun den nederste, smale Del af Fremspringet fra høire Væg, Fig. 48, a, imedens det fra venstre Væg endnu har sin fulde Høide og rager lige hen til høire Væg, Fig. 48. b. Fig. 49 fremstiller et Tversnit fra Svælgets nederste Ende, paa hvilket der endnu sees en liden Rand af Fremspringet paa venstre Væg, Fig. 49, a, imedens det paa høire Væg er ganske forsvundet, Fig. 49, b. De mange mellemliggende Tversnit har jeg ikke fundet nødvendigt at gjengive, da de egentlig intet yderligere oplyser.

tube, by which the food and seawater are led from the oral aperture, through the gullet-passage, down into the ventral cavity; and the other as an intestine and rectum. It appears as if there was, here, originated a step towards a higher organisation; how far it proceeds remains unsolved, but this relation is, under all circumstances, very remarkable. In order to make this the more intelligible, the sections are arranged, under each other, in the order that they are presented. Pl. XIV, fig. 45 is a transverse section, from the uppermost part of the polyp, with its gullet, immediately above the commencement of the gullet-passage. Here is seen the fillet-formed oval protuberance from the dextral wall (Pl. XIV, fig. 45, a) which, as it passes up to the sinistral wall, covers the gullet-passage (Pl. XIV, fig. 45, b) whilst the remaining part of the gullet is open. Pl. XIV, fig. 46 shows a similar transverse section, from a little below the first one; on it is seen, not only the protuberance from the dextral wall (Pl. XIV, fig. 46, a) but also the commencement of the second protuberance (Pl. XIV, fig. 46, b). Pl. XIV, fig. 47 shows a protuberance a little below the preceding one, and shows both the protuberances in their greatest width, so that the dextral protuberance (Pl. XIV, fig. 47, a) closes tight to the sinistral wall, whilst the sinistral protuberance (Pl. XIV, fig. 47, b) reaches almost to the dextral wall. Pl XIV, fig. 48 shows a transverse section still lower down, and here, is seen only the lowest narrow part of the protuberance from the dextral wall (Pl. XIV, fig. 48, a) whilst that from the sinistral wall still retains its entire height and projects quite up to the dextral wall (Pl. XIV, fig. 48, b). Pl. XIV, Fig. 49 shows a transverse section from the lowest extremity of the gullet, upon which there is still seen a small margin of the protuberance on the sinistral wall (Pl. XIV, fig. 49, a), whilst upon the dextral wall it has quite disappeared (Pl. XIV, fig. 49, b). I have not found it necessary to supply the numerous intermediate sections as they do not, really, give any further information.

Farven.

Farven er gul, spillende noget i det Røde, især gjælder dette sidste Polyperne, som udstrakte ere meget klare.

Colour.

The colour is yellow, shading somewhat to red. This is especially the case with the polyps, which, when extended, are very pellucid.

Findested.

Station 312. 3 Exemplarer.

Habitat.

Station No. 312. Three specimens.

Slægtskarakter.

Zoanthodemet træformet. Stammen grenet. Grenene dele sig i flere Smaagrene. Coenenchymet sparsomt. Kanalerne vide. Polyperne cylindriske med en laug Bagkrop, ikke retraktile. Svælget forsynet med to listeformige Fremspring (Klapper). Stammen, Grene, Smaagrene og Polyper rige paa Spikler, hvoraf Kølle- og Klubbeformen er mest fremtrædende.

Generic characteristics.

The Zoanthodem arborescous. The stem ramous. The branches ramify into several branchlets. The Sarcosoma sparing. The ducts wide. The polyps cylindrical, with a long posterior body, non-retractile. The gullet furnished with two fillet-formed protuberances (Flaps). The stem, branches, branchlets, and polyps, rich in spicules, of which subclavates and clavates are the most prominent forms.

Artskarakter.

Zoantholemet indtil 40ᵐᵐ høit. Basaldelen membranagtig udvidet, fast. Stammen rund, riflet paalangs, grenet. Grenene staa langt fra hverandre, ere temmelig lange og dele sig i flere, korte Smaagrene, der hver bære 3—6 Polyper, hvor dels 2, dels 3 ere sammenvoxede ved Grunden. Polyperne ere cylindriske, noget udvidede mod Tentakelskiven, ikke retraktile, med en lang Bagkrop og forsynede med Spikler. Tentaklerne have paa Midten af den aborale Side en tyk Kjøl af Spikler; Siderandene og Pinnulerne ere uden Spikler, men tæt besatte med Nematocyster, som ogsaa findes paa den hvælvede Mundskive. Basaldelen særdeles rig paa Spikler, der optræde væsentlig som Klubber og sammensatte Stjerner. Stammen, Grenene og Smaagrenene ligeledes spikelrige; Formerne ere her hovedsagelig Klubber, Dobbeltstjerner og Køller. Paa Polyperne optræde fornemmelig store Køller og Klubber som karakteristiske Former. Farven gul, spillende noget i det Røde.

Specific characteristics.

The Zoanthodem measures up to 40ᵐᵐ in height. The basal part membranaceously dilated, hard. The stem cylindrical, longitudinally furrowed, ramous. The branches placed far apart from each other, are pretty long, ramify into several short branchlets, each of which carries 3—6 polyps, of which, sometimes two, sometimes three are concreted together at the base. The polyps cylindrical, somewhat dilated towards the tentacular disk, non-retractile, have a long posterior body, and are furnished with spicules. The tentacles have, in the middle of the aboral side, a thick ridge of spicules. The lateral margins, and the pinnules, devoid of spicules but closely beset with nematocysts, which, also, are found upon the arcuate oral disk. The basal part particularly rich in spicules, appearing, most frequently, as clavates and complex stellates. The stem, the branches, and the branchlets, also, rich in spicules. The forms in this situation are, principally, clavates, bistellates, and subclavates. On the polyps, the characteristic forms which occur, are large subclavates, and clavates. The colour yellow, shading a little to red.

Barathrobius¹ digitatus, n. g. et sp.

Tab. XV, Fig. 14—70. Tab. XVI, Fig. 1—41.

Zoanthodemet indtil 70ᵐᵐ høit. Stammen er rund, stærkt riflet efter Længden, grenet og ved Grunden omtrent 45ᵐᵐ i Omfang, men aftager successivt i Tykkelse op til Toppen, hvor den i Regelen deler sig i flere tykke Grene, Tab. XV, Fig. 14. 15. Kun sjelden sees Stammen at være udelt lige til dens øverste Ende; naar dette er Tilfældet, er den besat med en større eller mindre Gruppe Polyper. Basaldelen er fast, udvider sig membranagtigt og danner hyppigt et Rør, der er udfyldt med Ler eller Grus, alt efter Beskaffenheden af Bunden, hvortil den er fæstet; tildels udgaar der fra denne Basaldel en eller to Stoloner, der ligeledes ere fyldte med samme Masse som Basalen, og ved hvis Hjælp Kolonien yderligere befæster sig til Bunden. Grenene udspringe som oftest rundt Stammens to øverste Trediedele, staa temmelig langt fra hverandre, ere meget tykke og dele sig ofte i to eller flere mindre Grene, der enten dele sig i Enden i flere Smaagrene, der hver bære 2—4 Polyper, eller hvor Enden er udelt, er denne optaget af flere Polyper, Tab. XV, Fig. 14. 15. 16. Den nederste Trediedel af Stammen er hyppigst nøgen, naar undtages, at en eller et Par Polyper kunne af og til sees der. Fra Grenene udgaa dels enkelte Polyper, dels Smaagrene, der staa meget tætte, ere korte men brede og bære

Barathrobius¹ digitatus, n. g. et sp.

Pl. XV, figs. 14—70. Pl. XVI, figs. 1—41.

The Zoanthodem measures up to 70ᵐᵐ in height. The stem is cylindrical, strongly furrowed longitudinally, ramous, and it measures about 45ᵐᵐ in circumference at the base, but diminishes, gradually, in thickness towards the summit, where, as a rule, it ramifies into several thick branches (Pl. XV, figs. 14. 15). Only rarely is the stem seen to be undivided throughout its length right up to its summit. When that is the case, the summit is beset with a, smaller or larger, group of polyps. The basal part is hard, and is membranaceously dilated, and often forms a tube that is stuffed with clay or coarse sand, according to the nature of the sea-bottom to which it is attached. Sometimes there proceed, from this basal part, one or two stolons which are, likewise, filled with the same material as the base, and by the aid of which the Zoanthodem still further secures itself to the sea-bottom. The branches shoot out, most frequently, round about the superior two-third parts of the stem, and are placed pretty far apart from each other; they are very thick, and frequently ramify into two or more smaller branches that, again, either ramify at the extremity into several branchlets, each of them carrying 2—4 polyps, or, which, in the case of the extremity remaining unramified, is occupied by several polyps

---

¹ βάραθρον = en Afgrund, βίόω = lever.

¹ βάραθρον = a precipice, βίόω = lives.

dels 2, dels 4 Polyper, der som oftest ere sammenvoxede ved Grunden og antage derved et fingerformet Udseende, Fig. 15. 16. Fra Stammen udspringe standom en enkelt, stundom 2 Polyper, men hyppigere mindre Polypgrupper, bestaaende af 3—6 Polyper, som forene sig i en kort, temmelig tynd Stilk, Fig. 15. Stammen, Grenene og Smaagrenene ere rige paa Spikler.

Polyperne ere cylindriske, retraktile, 10—12^{mm} lange, temmelig klare med en 5^{mm} lang Forkrop og 3^{mm} lang Bagkrop, Fig. 17. Hele Kroppen er inkrusteret af Spikler, der paa Bagkroppen ligge paatvers, men paa Forkroppen paalangs, hvor de danne stærkt fremspringende Ribber, som gaa over paa Tentaklerne, der ere omtrent 4^{mm} lange og forsynede med Pinnuler, som ligeledes ere rige paa Spikler, Fig. 18. Munden danner en Tverspalte; Mundskiven næsten flad. Naar Polypen trækker sig ind, danner Bagkroppen dens Celle, der sees da som en halvrund Forhøining over Stammens eller Grenens Niveau, Fig. 16. a.

(Pl. XV, figs. 14. 15. 16). The lowest third part of the stem is most frequently bare, with the exception that occasionally one or a couple of polyps may be seen there. From the branches there proceed, partly, a few polyps, partly branchlets placed very close to each other; these branchlets are short, but thick, and carry, sometimes 2, and sometimes 4, polyps which, most frequently, are concreted together at the base, and thus acquire a digital appearance (Pl. XV, figs. 15. 16). From the stem there proceed, occasionally, a single, sometimes two polyps, but more frequently small groups of polyps, consisting of 3—6 polyps which unite together into a short, pretty thin stalk (Pl. XV, fig. 15). The stem, the branches, and the branchlets are rich in spicules.

The polyps are cylindrical, retractile, and measure 10—12^{mm} in length; and they are rather pellucid. They have an anterior body 5^{mm} in length, and a posterior body 3^{mm} in length (Pl. XV, fig. 17). The entire body is encrusted with spicules which, on the posterior body, are placed transversally, but on the anterior body longitudinally, where they form strongly protuberant ribs which pass over to the tentacles; these latter measure about 4^{mm} in length, and are furnished with pinnules which are also rich in spicules (Pl. XV, fig. 18). The oral aperture forms a transversal fissure, and the oral disk is almost flat. When the polyps retract themselves, the posterior body forms the cell for them, and they then appear as a convex projection beyond the surface of the stem or branch (Pl. XV, fig. 16, a).

Anatomisk-histologiske Undersøgelser.

Stammen og Grenene ere udvendigt beklædte med et Ectoderm, der bestaar af flere Lag store, polyedriske Celler med en stor, aflang Kjerne og et rundt Kjernelegeme, Fig. 19, a; imellem disse Cellers inderste Lag iagttages aflange, encellede Slimkjertler. Indenfor Ectodermet er et bredt, hyalint Bindevævslag, Fig. 19, b, der sender sine Forlængelser indad, og som, idet de anastomosere med hverandre, danne Skillevægge for Kanalerne, Fig. 20, a. Saavel det ydre Bindevævslag som de anastomoserende ere ualmindelig rige paa store Ernæringskanaler, beklædte og tildels ganske udfyldte af noget langstrakte Epithelceller, Fig. 19, c. 20, b. Paa Bindevævets indre Flade, ligesom paa Skillevæggene, ligger som sædvanlig Muskellaget forsynet med cilierende Endothel. I Ectodermets dybere Lag, i Bindevævet og dets Forlængelser, der danne Skillevæggene (det egentlige Coenenchym), findes Spikelafleiringer. I Ectodermet ligge Spiklerne tæt paa hverandre, omsluttede af Ectodermceller, og i enkelte Tilfælde ere de ligeledes omgivne af Ectodermceller, Fig. 19, d; dette sees kun, naar Stammen eller Grenen er afkalket, og fine Tversnit ere udpræparerede og farvede. Det hele Coenenchym viser sig da at være forsynet med Spikler, Fig. 20, c.

Den norske Nordhavsexpedition. D. C. Danielssen: Alcyonida.

Anatomo-histological Examination.

The stem and the branches are, exteriorly, clad with an ectoderm, consisting of several layers of large polyhedrical cells containing a large oblong nucleus, and a globular nucleus body (Pl. XV, fig. 19, a). Between the innermost layers of these cells, there are observed oblong unicellular mucous glands. Inside the ectoderm, there is a broad hyaline connective-tissue layer (Pl. XV. fig. 19, b) which sends its prolongations inwards, and which, whilst they anastomoze with each other, form the divisional walls of the ducts (Pl. XV, fig. 20, a). Both, the exterior connective-tissue layer as well as the divisional walls, have the usual wealth of large nutritory ducts; these are clad, and in some cases quite stuffed, with somewhat elongated epithelial cells (Pl. XV, fig. 19, c. 20, b). On the inner surface of the connective-tissue, as well as, also, upon the divisional walls, is placed, as usual, the muscular layer, which is furnished with ciliating endothelium. In the deeper layers of the ectoderm, in the connective-tissue, and also in its prolongations forming the divisional walls (the sarcosoma proper), spicular deposits are found. In the ectoderm, the spicules are situated close to each other enclosed by the ectoderm cells, and in the connective-tissue itself, where the spicules are found more

14

Paa Basaldelen fremtræde Spiklerne hyppigt under Form af Dobbeltstjernen og den sammensatte Stjerne. Dobbeltstjernerne ere meget varierende, ofte ere Enderne delte og Straalerne takkede, hvorved de næsten tabe Stjerneformen; de have i Almindelighed et nogent Midtbelte og ere fra 0.088—0.096ᵐᵐ lange og fra 0.044—0.072ᵐᵐ brede i Enderne; Midtbeltet er fra 0.012—0.024ᵐᵐ bredt, Fig. 21—23. De sammensatte Stjerner ere mere eller mindre udviklede; ogsaa paa disse ere undertiden Enderne delte og meget takkede; de ere fra 0.096—0.116ᵐᵐ lange og fra 0.048—0.060ᵐᵐ brede i Enderne; flere af de sammensatte Stjerner have et smalt Midtparti, der som oftest er nogent, Fig. 24—26. Næsten ligesaa hyppigt som de to nævnte Spikelformer træffes Firlinger, hvoraf de fleste have en mere eller mindre udpræget Korsform. Størrelsen er yderst forskjellig; enkelte ere meget smaa, kun lidet besatte med Kalkpapiller, 0.044ᵐᵐ lange og brede, Fig. 27; andre ere rigt ornamenterede med Takker og Blade, fra 0,080—0.112ᵐᵐ lange og fra 0.056—0.124ᵐᵐ brede, Fig. 28—30. Imellem samtlige disse Spikler sees enkelte smaa, tynde Spindler med faa Takker, 0.080ᵐᵐ lange, 0,012ᵐᵐ brede, Fig. 31.

Nederst paa Stammen er Dobbeltstjernen og Klubben den almindeligste Spikelform. Dobbeltstjernerne ere dog noget forskjellige fra dem, som findes paa Basaldelen; de ere fra 0.064—0.100ᵐᵐ lange og fra 0.048—0.060ᵐᵐ brede i Enderne; Midtbeltet er som oftest nogent og fra 0.012—0.020ᵐᵐ bredt, Fig. 32—34. Klubberne have en forunderlig Form; nogle have ligesom et Kors i den ene Ende, andre ere stærkt bladede og nærme sig adskilligt til den sammensatte Stjerne; Skaftet er paa dem alle besat med Takker; de ere fra 0.064—0.112ᵐᵐ lange, og fra 0.048—0.056ᵐᵐ brede i den tykke Ende, Fig. 35—39. Imellem disse Spikler findes enkelte, takkede Spindler fra 0.092—0.120ᵐᵐ lange og 0.036ᵐᵐ brede, Fig. 40. 41.

Øverst paa Stammen finder man hyppigst sammensatte Stjerner og takkede Spindler, sjeldnere Dobbeltstjerner og endnu sjeldnere Firlinger, takkede Køller og Klubber. De sammensatte Stjerner ere af og til spaltede i Enderne og stærkt takkede, noget lig dem, som findes paa Basaldelen; stundom ere de meget langstrakte og nærme sig Spindlerne; de ere fra 0.112—0.140ᵐᵐ lange og fra 0.048—0.060ᵐᵐ brede, Fig. 42—44. Dobbeltstjernerne have bladede Straaler og et nogent Midtbelte, ere 0.084ᵐᵐ dispersed, they are also surrounded by ectoderm cells (Pl. XV, fig. 19, d), This is not seen until the stem, or the branch, has been freed of calcium and minute dissections made and coloured. The entire sarcosoma, then, shows itself to be furnished with spicules (Pl. XV, fig. 20, c).

In the basal part, the spicules appear, most frequently, in the form of the bistellate and the complex stellate. The bistellates are very various in form; the extremities are frequently split, and the rays spicate, so that they almost lose the stellate form. They, usually, have a bare mesial stripe, and measure from 0.088—0.096ᵐᵐ in length, and from 0.044—0.072ᵐᵐ in breadth at the extremities; the mesial stripe measures from 0.012—0.024ᵐᵐ in breadth (Pl. XV, figs. 21—23). The complex stars are more or less developed, and, also in these, the extremities are, sometimes, split and very spicate; they measure from 0.096—0.116ᵐᵐ in length, and from 0.048—0.060ᵐᵐ in breadth at the extremities. Several of the complex stellates have a narrow mesial stripe which, most frequently, is bare (Pl. XV, figs. 24—26). Almost as frequently as the two spicular forms just mentioned, quadruplets are met with, of which the greater number have a more or less marked cruci-form. The size is extremely variable, some are very small, and only sparingly beset with calcareous papillæ; these measure 0.044ᵐᵐ in length and breadth (Pl. XV, fig. 27). Others are richly embellished with spikes, and leaves; and these measure from 0.080—0.112ᵐᵐ in length, and from 0.056—0.124ᵐᵐ in breadth (Pl. XV, figs. 28. 30). Between all these spicules, a few small thin spicules, with only few spikes, are seen; these measure 0.080ᵐᵐ in length, and 0.012ᵐᵐ in breadth (Pl. XV, fig. 31).

On the lowest part of the stem, the bistellate, and clavate are the most common spicular forms. The bistellates are, however, somewhat different from those that are found on the basal part; they measure from 0.064—0.100ᵐᵐ in length, and from 0.048—0.060ᵐᵐ in breadth at the extremities. The mesial stripe is generally bare, and measures from 0.012—0.020ᵐᵐ in breadth (Pl. XV, figs. 32—34). The clavates have a strange form; some have, as it were, a cross in the one extremity; others are strongly foliated, and approach, considerably, to the complex stellates in form. In all of them, the shaft is beset with spikes; they measure from 0.064—0.112ᵐᵐ in length, and from 0.048—0.056ᵐᵐ in breadth at the thick extremity (Pl. XV, figs. 35—39). Between these spicules, a few spicate fusees are found, measuring from 0.092—0.120ᵐᵐ in length, and 0.036ᵐᵐ in breadth (Pl. XIV, figs. 40. 41).

In the uppermost part of the stem, complex stellates, and spicate fusees are the spicules most frequently met with, more rarely bistellates, and, still more rarely, quadruplets, spicate subclavates, and clavates. The complex stellates are, now and then, fissured at the extremities, and are strongly spicate, somewhat like those found in the basal part; sometimes they are very elongated, and approach to the fusiform; they measure from 0.112—0.140ᵐᵐ in length, and from 0.048—0.060ᵐᵐ in breadth (Pl. XV, figs. 42. 44).

lange, 0.056ᵐᵐ brede i Enderne og 0.020ᵐᵐ brede paa Midten, Fig. 45. Spindlerne ere ofte stærkt takkede og temmelig udvidede paa Midten; de ere fra 0.080—0.144ᵐᵐ lange og fra 0.028—0.048ᵐᵐ brede, Fig. 46—48. Klubberne ere takkede næsten lige ned til Enden af Skaftet; de ere fra 0.080—0.132ᵐᵐ lange og fra 0.040—0.064ᵐᵐ brede i den tykke Ende, Fig. 49—52. Kollerne ere smale, 0.104ᵐᵐ lange, 0.036ᵐᵐ brede i den tykke Ende; Skaftet er temmeligt langt og sparsomt besat med Takker, Fig. 53. Af de enkelte Firlinger, som findes, er den ene Form 0.092ᵐᵐ lang, 0.060ᵐᵐ bred og kun lidet forsynet med Takker, Fig. 54; den anden er meget rig paa Takker, Fig. 55, omtrent lige lang som bred og nærmer sig meget enkelte korsformede Firlinger, der findes paa Basaldelen, Fig. 29.

Paa Grenene træffes hyppigst Klubber, kun sjeldent en Firling og en enkelt, stilket, trearmet Stjerne, samt en monstrøs Dobbeltstjerne. Klubberne ere dels takkede, dels bladede med takket Skaft; de ere fra 0.116—0.142ᵐᵐ lange og fra 0.040—0.056ᵐᵐ brede i den tykke Ende, Fig. 56—60. Firlingen danner et smukt ornamenteret Kors med en Længdestok, 0.132ᵐᵐ, og en Tverstok, 0.064ᵐᵐ lang, Fig. 61. Den stilkede, trearmede Stjerne er omtrent lige lang som bred, Fig. 62. Dobbeltstjernen er 0.072ᵐᵐ lang, 0.040ᵐᵐ bred i Enderne og 0.012ᵐᵐ bred paa Midten, Fig. 63.

Overalt i Coenenchymet findes udbredte Spikelaflejringer. Det er i Skillevæggene langs de store Saftkanaler, Spiklerne ere afsatte, og her ligge de som oftest i Rækker nærmest Epithelialbeklædningen, Fig. 20, c. Det Epithel, der beklæder Saftkanalerne, dannes som tidligere omtalt af nogle aflange Celler, som stundom antager Ellipseformen, have en stor Kjerne og ere sandsynligvis en noget omdannet Form af Ectodermcellerne.

I Coenenchymet nederst paa Stammen ere Firlinger og takkede Spindler almindeligst, imellem dem findes enkeltvis gaffelformede Klubber, samt monstrøse Dobbeltstjerner. Firlingerne ere meget forskjellige, men de fleste nærme sig dog mere eller mindre Korsformen og ere besatte snart med Vorter, snart med Takker; deres Længdestok er fra 0.120—0.148ᵐᵐ lang og Tverstok fra 0.088—0.148ᵐᵐ bred, Fig. 64—67; enkelte Firlinger, der forresten ere yderst sjeldne, have Timeglasformen, ere næsten glatte, 0.068ᵐᵐ lange, 0.044ᵐᵐ brede i Enderne, og 0.020ᵐᵐ brede paa Midten, Fig. 68. Spindlerne ere overordentlig stærkt takkede; Takkerne ere ofte delte og faa da et bladet Udseende,

The bistellates have foliated rays and a bare mesial stripe; they measure from 0.084ᵐᵐ in length, 0.056ᵐᵐ in breadth at the extremities, and 0.020ᵐᵐ in breadth at the middle (Pl. XV, fig. 45). The fusees are, frequently, strongly spicate, and pretty much dilated in the middle; they measure from 0.080—0.144ᵐᵐ in length, and from 0.028—0.048ᵐᵐ in breadth (Pl. XV, figs. 46, 48). The clavates are spicate almost right down to the extremity of the shaft; they measure from 0.080—0.132ᵐᵐ in length, and from 0.040—0.064ᵐᵐ in breadth at the thick extremity (Pl. XV, figs. 49—52). The subclavates are narrow, and measure 0.104ᵐᵐ in length, and 0.036ᵐᵐ in breadth at the thick extremity; their shaft is pretty long, and sparingly beset with spikes (Pl. XV, fig. 53). Of the few quadruplets which are found, the one form measures 0.092ᵐᵐ in length, and 0.060ᵐᵐ in breadth, and is only sparingly supplied with spikes (Pl. XV, fig. 54). The other form is very rich in spikes (Pl. XV, fig. 55); it measures about the same in length as in breadth, and approaches, much, in form to a few cruciform quadruplets that are found in the basal part (Pl. XV, fig. 29).

On the branches, clavates are most frequently met with; only rarely is a quadruplet and a solitary pedunculated three-rayed stellate met with, also an immense bistellate. The clavates are, partly, spicate, partly foliate, with a spicate shaft; they measure from 0.116—0.142ᵐᵐ in length, and from 0.040—0.056ᵐᵐ in breadth at the thick extremity (Pl. XV, figs. 56—60). The quadruplet forms a beautifully embellished cruciﬁx, with a longitudinal arm measuring 0.132ᵐᵐ in length, and a transversal arm measuring 0.064ᵐᵐ in length (Pl. XV, fig. 61). The pedunculated three-rayed stellate is about as long as it is broad (Pl. XV, fig. 62). The bistellate measures 0.072ᵐᵐ in length, 0.040ᵐᵐ in breadth at the extremities, and 0.012ᵐᵐ in breadth at the middle (Pl. XV, fig. 63).

Everywhere, in the sarcosoma, spicular deposits are found spread out. It is in the divisional walls along the course of the large nutritory ducts that the spicules are deposited, and they are, there, most frequently, situated in series next the epithelial covering (Pl. XV, fig. 20, a). The epithelium which clothes the nutritory ducts is formed, as previously spoken of, of somewhat oblong cells which, sometimes, assume elliptic form and contain a large nucleus; they are probably a somewhat altered form of the cells of the ectoderm.

In the sarcosoma, lowest down on the stem, quadruplets and spicate fusees are commonest; between them, occasional furcate clavates are found, also immense bistellates. The quadruplets are very various, but most of them, however, approach more or less to the cruci-form, and are beset, sometimes, with warts, sometimes with spikes. Their longitudinal arm measures from 0.120—0.148ᵐᵐ in length, and their transversal arm from 0.088—0.148ᵐᵐ in length (Pl. XV, figs. 64—67). A few quadruplets, but these are very rare however, have the sandglass form, and are almost smooth; they measure 0.068ᵐᵐ in length, 0.044ᵐᵐ in breadth at the extremities, and

Fig. 69. 70. Den gaffelformige Klubbe er takket, 0.136"" lang, 0.056"" bred foroven, Tab. XVI, Fig. 1, og den monstrøse Dobbeltstjerne med lange Udløbere er 0.124"" lang, 0.081"" bred i Enderne og 0.020"" bred paa Midten, der næsten er nøgen, Tab. XVI, Fig. 2.

Øverst i Stammens Coenenchym sees væsentligst meget store, takkede Koller og Spindler; de første ere 0.236"" lange, 0.076"" brede foroven, Tab. XVI, Fig. 3, de sidste ere 0.212"" lange, 0.064"" brede, Tab. XVI, Fig. 4. I Grenenes Coenenchym sees yderst sparsomt en Firling i fordreiet Korsform men rigt ornamenteret, hvis Længdestok er 0.140"" og Tværstok 0.092"", Fig. 5, enkelte tynde, takkede Spindler, 0.132"" lange, 0.036"" brede, Fig. 6, samt enkelte Dobbeltstjerner med bladede Straaler, 0.132"" lange, 0.092"" brede i Enderne, 0.028"" brede paa Midten, Fig. 7.

Polyperne have paa deres udvendige Side et Ectoderm, ligt det, som findes paa Stammen, kun danne Cellerne neppe mere end to Lag; indenfor Ectodermet er det sædvanlige Bindevævslag, fra hvis indre Flade udgaa Septa, der fæste sig paa Svælgets ydre Flade. Paa Septa iagttages de almindelige Muskler, saaledes nemlig, at paa den ene Flade sidde Længdemuskler og paa den anden Tvermuskler, hvilke begge Musklelag gaa over paa Svælget. Hele den indre Flade af Bindevævet, Septa og Svælgets ydre Side er beklædt med Endothel, bestaaende af runde Celler med en rund Kjerne og Kjernelegeme, Tab. XV, Fig. 19, e. Tab. XVI, Fig. 29, a.

I Ectodermet og tildels nedsænket i Bindevævet er en meget rig Spikelafsætning, Tab. XVI, Fig. 29, c. Paa Bagkroppen findes hovedsagelig Spindler og Klubber. Spindlerne ere i Almindelighed lige og takkede, kun enkelte ere næsten glatte, ligesom en Tog anden er krummet; de ere fra 0.060—0.184"" lange og fra 0.008—0.036"" brede, Tab. XVI, Fig. 8—12. Klubberne ere stærkt takkede, dels lige, dels krummede; de ere fra 0.120—0.196"" lange og fra 0.048—0.076"" brede foroven, Tab. XVI, Fig. 13—15. Forkroppen har for Størstedelen baade krumme og lige, takkede Spindler, samt enkelte takkede Køller, forøvrigt nærme Spindlerne sig af og til Kølleformen. Spindlerne ere fra 0.136—0.264"" lange og fra 0.028—0.044"" brede paa Midten, Tab. XVI, Fig. 16—20. Køllerne ere 0.328"" lange, 0.044"" brede foroven, Fig. 21.

.0020"" in breadth at the middle (Pl. XV, fig. 68). The fusees are extremely spicate; the spikes are frequently split, and then acquire a foliated appearance (Pl. XV, figs. 69. 70). The furcate clavates are spicate, and measure 0.136"" in length, and 0.056"" in breadth above (Pl. XVI, fig. 1); the immense bistellate, with long projections, measures 0.124"" in length, 0.081"" in breadth at the extremities, and 0.020"" in breadth at the middle, which is almost bare (Pl. XVI, fig. 2).

In the sarcosoma of the uppermost part of the stem, very large, spicate subclavates and fusees are the forms principally met with; the subclavates measure 0.236"" in length, and 0.076"" in breadth above (Pl. XVI, fig. 3); the fusees measure 0.212"" in length, and 0.064"" in breadth (Pl. XVI, fig. 4). In the sarcosoma of the branches there is observed, very rarely, a quadruplet having a twisted cruciform, but richly embellished; its longitudinal arm measures 0.140"", and its transversal arm 0.092"" in length (Pl. XVI, fig. 5); also, some thin spicate fusees measuring 0.132"" in length, and 0.036"" in breadth (Pl. XVI, fig. 6) and, further, some bistellates with foliate rays, measuring 0.136"" in length, 0.092"" in breadth at the extremities, and 0.028"" in breadth at the middle (Pl. XVI. fig. 7).

The polyps have, on their exterior side, an ectoderm similar to that found on the stem, except that the cells form scarcely more than two layers. Inside of the ectoderm, there is the usual connective-tissue layer, from whose inner surface septa proceed, which secure themselves to the outer surface of the gullet. On the septa, the usual muscles are observed thus, on the one surface the longitudinal muscles are placed, and on the other surface the transversal muscles, both of which muscular layers pass over to the gullet. The entire inner surface of the connective-tissue, the septa, and the outer surface of the gullet, is clothed with endothelium, consisting of globular cells containing a globular nucleus and nucleus body (Pl. XV, fig. 19, e. Pl. XVI. fig. 29, a).

In the ectoderm, and partly embedded in the connective tissue, there is a very abundant spicular deposit (Pl. XVI, fig. 29, c). The spicules found on the posterior body are, principally, fusees and clavates. The fusees are generally straight and spicate, only a few of them are almost smooth, whilst, also, now and again, there is a curved one; they measure from 0.060—0.184"" in length, and from 0.008—0.036"" in breadth (Pl. XVI, figs. 8—12). The clavates are strongly spicate, partly straight, partly curved; they measure from 0.120—0.196"" in length, and from 0.048—0.076"" in breadth above (Pl. XVI, fig. 13—15). The greater part of the anterior body has both curved and straight spicate fusees, also a few spicate subclavates; the fusees in other respects approach, occasionally, to the subclaviform. The fusees measure from 0.136—0.264"" in length, and from 0.028—0.044"" in breadth at the middle (Pl. XVI, figs. 16—20). The subclavates measure 0.328"" in length, and 0.044"" in breadth above (Pl. XVI, fig. 21).

Paa Tentaklerne findes foruden Spindler, lig dem paa Forkroppen, men mindre, takkede Klubber og enkelte andre, noget fladere, takkede Spikler, der ere fra 0.048—0.088^{mm} lange og fra 0.012—0.024^{mm} brede, Tab. XVI, Fig. 22—24. Klubberne ere fra 0.064—0.096^{mm} lange og fra 0.020—0.036^{mm} brede foroven, Fig. 25—28.

Foruden Kropsvæggen er Septa og Svælget udstyret med Spikler. I Septa ligge Spiklerne omtrent i Midten af Bindevævsbladet, følge Ernæringskanalerne og ere omgivne af Celler, lig dem, der beklæde Kanalerne, Tab. XVI, Fig. 29. Formen af Spiklerne er noget forskjellig; hyppigst sees smaa, takkede Spindler og Klubber. Fig. 29, b.

Svælget er cylindrisk og forsynet med 6 Dobbeltrækker og to Enkeltrækker Spikler, Fig. 30. Det er mod Bugsiden, at de to enkle Rækker findes, og i disse ligge Spiklerne langt fra hverandre, Fig. 30, a. Spiklerne paa Svælget have Formen at Spindler, Klubber, Tapper, Drueklaser og Kors. Spindlerne ere fra 0.096—0.168^{mm} lange og fra 0.020—0.028^{mm} brede, Fig. 31—34. Klubberne ere fra 0.112—0.116^{mm} lange og fra 0.040—0.056^{mm} brede foroven, Fig. 35—38. Drueklaserne ere 0.160^{mm} lange, 0.064^{mm} brede paa Midten, Fig. 39. Tapperne ere 0.086^{mm} lange, 0.036^{mm} brede foroven, Fig. 40, og Korsene, der ere yderst sjeldne, have en Længdestok, som er 0.104^{mm} og en Tværstok, 0.056^{mm}, Fig 41.

Paa Svælgets indre Flade, der er foldet paatværs, findes langs Bugsiden Svælgrenden, som er temmelig vid, forsynet med Pidskeceller, Tab. XVI, Fig. 29, d. Den øvrige Del af Svælget er beklædt med et cilierende Epithel, der for Størstedelen er Fortsættelse af Ectodermet, og imellem hvis Celler sees aflange, encellede Slimkjertler, som tidligere ere omtalte for Svælgets Vedkommende.

On the tentacles there are found, besides fusces like those of the anterior body but smaller, also, spicate clavates, and a few other, somewhat flatter, spicate spicules; they measure from 0.048—0.088^{mm} in length, and from 0.012—0.024^{mm} in breadth (Pl. XVI, figs. 22—24). The clavates measure from 0.064—0.096^{mm} in length, and from 0.020—0.036^{mm} in breadth above (Pl. XVI, figs. 25—28).

Besides the wall of the body, the septa and the gullet are also furnished with spicules. In the septa, the spicules are placed about the middle of the connective-tissue membrane and follow the course of the nutritory ducts, and they are surrounded by cells like those that cloth the ducts (Pl. XVI, fig. 29). The form of the spicules is somewhat variable, but is most frequently spicate fusi- and clavi-form (Pl. XVI, fig. 29, b).

The gullet is cylindrical, and it is furnished with 6 double series, and 2 single series of spicules (Pl. XVI. fig. 30). It is towards the ventral side that the 2 single series are found, and, in these, the spicules are placed far apart from each other (Pl. XVI, fig. 30, a). The spicules on the gullet have the forms of fusces, clavates, cones, racemates, and crucifixes. The fusces measure from 0.096—0.168^{mm} in length, and from 0.020—0.028^{mm} in breadth (Pl. XVI, figs. 31—34). The clavates measure from 0.112—0.116^{mm} in length, and from 0.040—0.056^{mm} in breadth above (Pl. XVI, figs. 35—38). The racemates measure 0.160^{mm} in length, and 0.064^{mm} in breadth at the middle (Pl. XVI, fig. 39). The cones measure 0.086^{mm} in length, and 0.036^{mm} in breadth above (Pl. XVI, fig. 40) and the crucifixes, which are very rare, have a longitudinal arm which measures 0.104^{mm}, and a transversal arm which measures 0.056^{mm} in length (Pl. XVI, fig. 41).

On the inner surface of the gullet, which is transversely folded, the gullet-groove is found along the ventral side; it is pretty wide, and is furnished with flagelliformcells (Pl. XVI, fig. 29, d). The remainder of the gullet is clad with a ciliating epithelium which, for the greater part, is a continuation of the ectoderm, and between whose cells oblong unicellular mucous glands are observed, which, as regards the gullet, have already been referred to.

Farven.

Farven gul, spillende lidt i det Brune.

Colour.

The colour is yellow, shading a little to brown.

Findested.

Station 35. Mange Exemplarer.

Habitat.

Station No. 35. Many specimens.

Slægtskarakter.

Zoanthodemet træ- eller buskformet. Stammen grenet. Grenene dels udelte, dels delte i Smaagrene. Polyperne cylindriske, retraktile, med en lang og spikelrig Forkrop. Stammen og Grenene samt deres Coenenchym

Generic characteristics.

The Zoanthodem, arboraceous, or fruticose. The stem ramous. The branches, partly, unramified, partly, ramified into branchlets. The polyps cylindrical, retractile, with a long anterior body rich in spicules. The stem and

rige paa Spikler. Septa spikelholdige. Svælget forsynet med Spikelrækker.

the branches, and also their sarcosoma, rich in spicules. The septa contain spicules. The gullet furnished with spicular series.

Artskarakter.

Zoanthodemet indtil 70^{mm} høit. Stammen rund, grenet. Basaldelen fast, membranøgtig udvidet, dannende ofte et Rør, udfyldt med Grus, og fra hvilket stundom Stoloner udgaa. Grenene sidde i Regelen paa Stammens to øverste Trediedele, staa langt fra hverandre, bære tildels enkelte Polyper og dele sig i flere Smaagrene, der hver bære flere Polyper, sammenvoxede ved Grunden. Polyperne retraktile, cylindriske med en lang Forkrop og rige paa store, takkede, spindelformede Spikler. Tentaklerne ere paa deres aborale Side ligesom Pinnulerne forsynede med Spikler. Basaldelen pakket med Spikler, hvor Dobbeltstjernen og den sammensatte Stjerne er den hyppigste Form. Stammen og Grenene spikelrige, hvor de samme Former ere almindeligst. I Stammens og Grenenes Coenenchym forskjelligt formede Spikler, af hvilke Firlinger ere hyppigst. I Septa Spikler, og paa Svælget 6 Dobbeltrækker og 2 Enkeltrækker Spikler. Farven gul, spillende noget i det Brune.

Specific characteristics.

The Zoanthodem measures up to 70^{mm} in height. The stem cylindrical, ramous. The basal part hard, membranaceously dilated, often forming a tube stuffed with coarse sand, and from which stolons sometimes proceed. The branches, as a rule, situated on the uppermost twothird parts of the stem, placed far apart from each other, carry, partly, a few polyps, ramify into several branchlets, each of which carries several polyps concreted together at the base. The polyps retractile, cylindrical, with a long anterior body, and rich in large spicate fusiform spicules. The tentacles, on their aboral side, as also the pinnules, are furnished with spicules. The basal part packed with spicules, of which the bistellate, and the complex stellate are the most frequent forms. The stem and the branches rich in spicules, and here also the same forms are the most common ones. In the sarcosoma of the stem and the branches, variously formed spicules, of which quadruplets are most frequent. In the septa spicules, and on the gullet, 6 double series and 2 single series of spicules. The colour yellow, shading somewhat to brown.

Barathrobius palmatus, n. sp.

Tab. XVI, Fig. 42—94.

Zoanthodemet er busket, indtil 25^{mm} høit. Stammen er rund, furet paalangs, lidt tykkere ved Grunden end i øverste Ende, rigt besat med Grene ligefra Basaldelen og op til Toppen, der optages af 3—4 Polypgrupper. Basaldelen er fast, tynd, membranøgtig og skiveformigt udvidet, Fig. 42. Grenene ere korte, tykke og i Regelen tykkere i Enden end ved deres Udspring, Fig. 42. 43. De staa tæt sammen, ere udelte og bære paa deres Ende enten enkeltvis 5—7 Polyper, Fig. 43, eller flere Polypgrupper med 3—4 Polyper i hver, Fig. 42. Ikke saa sjeldent udspringe midt paa Grenen en enkelt Polyp, og hist og her fra Stammen, ja endogsaa fra selve Basaldelen, sees en enkelt Polyp ut tage sit Udspring, Fig. 42.

Polyperne ere retraktile, cylindriske, omkring 10^{mm} lange med en 4^{mm} lang Forkrop, der er forsynet med 8 Længderibber, som gaa over paa Tentaklernes aborale Side. Bagkroppen er omtrent 3^{mm} lang, og her ligge Spiklerne paatvers. Tentaklerne ere mellem 3—4^{mm} lange

Barathrobius palmatus, n. sp.

Pl. XVI, figs. 42—94.

The Zoanthodem is fruticose, and measures up to 25^{mm} in height. The stem is cylindrical, furrowed longitudinally, and somewhat thicker at the base than at the superior extremity; it is richly beset with branches, quite from its basal part up to the summit, which is occupied by 3—4 groups of polyps. The basal part is hard, thin, and membranaceous, and it is discoidally dilated (fig. 42). The branches are short and thick, and are, usually, thicker at their extremity than at their root (figs. 42. 43). They are placed closely together, are non-ramous, and on their extremities they carry, either, 5—7 isolated polyps (fig. 43), or several groups of polyps, with 3—4 polyps in each group (fig. 42). Not infrequently, a single polyp springs from the middle of the branch, and, here and there, from the stem, even from the basal part itself, a single polyp is seen to spring (fig. 42).

The polyps are cylindrical and retractile; they measure about 10^{mm} in length. They have an anterior body 4^{mm} long, furnished with 8 longitudinal ribs which pass over into the aboral side of the tentacles. The posterior body is about 3^{mm} long, and the spicules are, here, placed

med temmelig lange Pinnuler, der have Spikler. I Bagkroppen og i Grenene Æg i forskjellig Udvikling. Hele Zoanthodemet spikelrigt.

Paa Basaldelen ligge Spiklerne pakkede paa hverandre. og her træffes hyppigst smukke, sammensatte Stjerner, hvis Straaler ere brede og indskaarne i Randen; de ere fra 0.100—0.144ᵐᵐ lange og fra 0.056—0.088ᵐᵐ brede; imellem hver 2 Straalekrandse er der som oftest et smalere, nøgent Belte, der er fra 0.020—0.040ᵐᵐ bredt, Fig. 44—46. Foruden de sammensatte Stjerner sees bladede Spindler, der ere 0.232ᵐᵐ lange og 0.036ᵐᵐ brede, Fig 47, samt yderst sjeldent enkle Stjerner med brede, i Randen indskaarne Straaler og omtrent lige saa lange som brede, 0.072ᵐᵐ i Gjennemsnit, Fig. 48.

Paa Stammen ligge Spiklerne ikke saa tæt som paa Basaldelen, og paa dens midterste Del ere takkede Klubber almindeligst; de ere fra 0.056—0.156ᵐᵐ lange og fra 0.032—0.072ᵐᵐ brede forøven, Fig. 49—51. Imellem disse sees lidt knudede Spindler, 0.104ᵐᵐ lange og 0.028ᵐᵐ brede, Fig. 52, samt enkelte, besynderlige, bladformede Firlinger, der ere 0.096ᵐᵐ lange og 0.056ᵐᵐ brede i den ene Ende, den anden Ende danner en tynd Stilk, Fig. 53.

Øverst paa Stammen optræde atter de sammensatte Stjerner hyppigst, men ere dog forskjellige fra dem, som findes paa Basaldelen; de ere fra 0.100—0.200ᵐᵐ lange og fra 0.048—0.084ᵐᵐ brede, Fig. 54. Næsten ligesaa hyppigt som de sammensatte Stjerner sees særegne, timeglasformede Spikler, der nærme sig noget Dobbeltstjernen, og som synes egentlig at være Firlinger; de ere 0.072ᵐᵐ lange, 0.060ᵐᵐ brede i Enderne og 0.024ᵐᵐ brede paa Midten, Fig. 55. Imellem de nævnte Former findes store, bladede Klubber fra 0.184—0.200ᵐᵐ lange og fra 0.048—0.072ᵐᵐ brede forøven, Fig. 56—58, samt meget sjeldent enkelte, korsformede Firlinger, hvis Længdestok er 0.100ᵐᵐ og Tværstok 0.084ᵐᵐ, Fig. 59.

Paa Grenene sees om hverandre bladede Valser og Spindler, sammensatte Stjerner og Klubber. Valserne ere 0.236ᵐᵐ lange, 0.084ᵐᵐ brede paa Midten, Fig. 60. Spindlerne ere temmelig tykke, nærme sig Valseformen, 0.184ᵐᵐ lange og 0.060ᵐᵐ brede paa Midten, Fig. 61. De sammensatte Stjerner have brede Straaler med indskaarne Rande; de ere fra 0.140—0.204ᵐᵐ lange og fra 0.060—0.068ᵐᵐ brede; imellem Straaleringene findes nøgne Belter, Fig. 62. 63. Klubberne ere ogsaa besatte med Blade, indskaarne i Randen; de ere 0.132ᵐᵐ lange, 0.048ᵐᵐ brede forøven, Fig. 64.

transversally. The tentacles measure between 3—4ᵐᵐ in length, and have long pinnules containing spicules. Ova in various stage of development are met with in the posterior body and in the branches. The entire Zoanthodem is rich in spicules.

In the basal part, the spicules lie packed upon each other and, here, we most frequently meet with beautiful complex stellates, with broad rays which are indented in the margins; they measure from 0.100—0.144ᵐᵐ in length, and from 0.056—0.088ᵐᵐ in breadth. Between each two radiating annuli, there is, most frequently, a narrowish bare stripe, measuring from 0.020—0.040ᵐᵐ in breadth (figs. 44—46). Besides the complex stellates, foliaceous fusees are seen, measuring 0.232ᵐᵐ in length, and 0.036ᵐᵐ in breadth (fig. 47); also, extremely rarely, a few stellates having broad rays indented in their margins; these measure about the same in length as in breadth, and are 0.072ᵐᵐ in diameter (fig. 48).

In the stem, the spicules are not situated so closely as in the basal part, and in its mesial part spicato clavates are most frequent; they measure from 0.056—0.156ᵐᵐ in length, and from 0.032—0.072ᵐᵐ in breadth above (fig. 49—51). Between these are seen somewhat protuberated fusees, measuring 0.104ᵐᵐ in length, and 0.028ᵐᵐ in breadth (fig. 52); also, a few, strange, foliate quadruplets, measuring 0.096ᵐᵐ in length, and 0.056ᵐᵐ in breadth at the one extremity, whilst the other extremity forms a thin stalk (fig. 53).

In the uppermost part of the stem, the complex stellates again make their appearance as the most frequent form, but are, however, different from those found in the basal part; they measure from 0.100—0.200ᵐᵐ in length, and from 0.048—0.084ᵐᵐ in breadth (fig. 54). Almost quite as frequently as the complex stellates, peculiar sand-glass formed spicules are seen; these approach somewhat to the bistellate, and appear to be really quadruplets; they measure 0.072ᵐᵐ in length, 0.060ᵐᵐ in breadth at the extremities, and 0.024ᵐᵐ in breadth at the middle (fig. 55). Between the two spicular forms just mentioned, large foliaceous clavates are found, measuring from 0.184—0.200ᵐᵐ in length, and from 0.048—0.072ᵐᵐ in breadth above (figs. 56—58); also, but very rarely, a few cruciform quadruplets, whose longitudinal arm measures 0.100ᵐᵐ and the transversal arm 0.084ᵐᵐ (fig. 59).

In the branches, foliaceous rollers and fusees, complex stellates, and clavates, are seen mixed together. The rollers measure 0.236ᵐᵐ in length, and 0.084ᵐᵐ in breadth at the middle (fig. 60). The fusees are rather thick, and approach to the roller form; they measure 0.184ᵐᵐ in length, and 0.060ᵐᵐ in breadth at the middle (fig. 61). The complex stellates have broad rays with indented margins; they measure from 0.140—0.204ᵐᵐ in length, and from 0.060—0.068ᵐᵐ in breadth; bare stripes are visible between their radiating annuli (figs. 62. 63). The clavates are also beset with leaves which are indented in the margin; they measure 0.132ᵐᵐ in length, and 0.048ᵐᵐ in breadth above (fig. 64).

1 Stammens og Grenenes Coenenchym findes i Skillevæggene langs Ernæringskanalerne, ligesom paa den foregaaende Art, Spikler afsatte, hvoraf de sammensatte Stjerner synes at være de hyppigste, imedens der dog imellem disse sees forskjelligtformede, dels Spindler, dels andre Spikler med bladede Besætninger. De sammensatte Stjerner have bredbladede Straaler med tungede Rande og nogne Midtbelter, ere fra 0.172—0.192^{mm} lange og fra 0.076—0.088^{mm} brede, Fig. 65, 66. Spindlerne ere i Almindelighed lidt krummede, enten knudede eller bladede og dels med afskaarne, dels med mere eller mindre tilspidsede Ender; de ere fra 0.092—0.184^{mm} lange og fra 0.032—0.050^{mm} brede, Fig. 67—71. Iblandt de andre Spikler er der enkelte, yderst sjeldne, langstrakte Firlinger, der nærme sig Korsformen, ere stærkt takkede, 0.120^{mm} lange, 0.048^{mm} brede omtrent paa Midten, Fig. 72, og andre, som nærme sig Dobbeltstjernen, med brede, bladformede Straaler, 0.076^{mm} lange og 0.044^{mm} brede, Fig. 7ó.

Paa Polypens Bagkrop ligge Spiklerne temmelig tæt og danne Tværrækker med smale Mellemrum. Det er fornemmelig Spindel- og Klubformen, som her er fremtrædende — kun langst bag, hvor den gaar over i Grenen, findes sammensatte Stjerner. Spindlerne ere lige eller krumme, kun svagt takkede, fra 0.152—0.216^{mm} lange og fra 0.016 —0.018^{mm} brede, Fig. 74—76. Klubberne ere heller ikke meget takkede, enkelte nærme sig Tapformen; de ere fra 0.136—0.220^{mm} lange og fra 0.040—0.048^{mm} brede foroven, Fig. 77—79.

Paa Forkroppen findes omtrent lignende Spikler som paa Bagkroppen; de ere her længere og tildels mere takkede og mere krummede. Spindlerne ere fra 0.136— 0.336^{mm} lange og fra 0.028—0.036^{mm} brede, Fig. 80—82. Paa Tentaklerne og deres Pinnuler ere Spiklerne hyppigt glattere, mindre end paa Kroppen og lidt forskjellige i Form; de ere fra 0.088—0.224^{mm} lange og fra 0.024— 0.036^{mm} brede, Fig. 83—86.

Svælget har 4 Rækker Spikler, Fig. 87. En stor Del af disse ere saa stærkt takkede i den ene Ende, at de faa et grenet Udseende; enkelte have Formen af smaa Koller, kun lidet takkede. De stærkt takkede Spikler ere fra 0.080—0.160^{mm} lange, og fra 0.028—0.044^{mm} brede, Fig. 88—93. Kollerne ere 0.068^{mm} lange, 0.020^{mm} brede i den tykke Ende, Fig. 94.

Overalt i Zoanthodemet have Spiklerne en svagt brunlig Farve.

Farven.

Farven hvidgul med et svagt brunligt Skjær.

In the divisional walls of the sarcosoma of the stem and the branches, alongside the nutritory ducts, as in the preceding species, spicules are found deposited; of these the complex stellate-form appears to be the most frequent, whilst, however, there are seen between them, variously formed spicules, sometimes fusees, sometimes other spicules with foliate ornations. The complex stellates have broad foliaceous rays with linguate margins and bare mesial stripes; they measure from 0.172—0.192^{mm} in length, and from 0.076 —0.088^{mm} in breadth (figs. 65, 66). The fusees are generally a little curved, and are either protuberated or foliated, and have partly, truncate, partly more or less acuminate, extremities; they measure from 0.092—0.184^{mm} in length, and from 0.032—0.050^{mm} in breadth (fig. 67—71). Between the other spicules, there are a few — extremely rarely — ulongate quadruplets, which approach to the cruciform and are greatly spicate; they measure 0.120^{mm} in length, and 0.048^{mm} in breadth near the middle (fig. 72); and, again, others which approach to the bistellate-form, with broad foliate rays; these measure 0.076^{mm} in length, and 0.044^{mm} in breadth (fig. 73).

In the posterior body of the polyp, the spicules are placed pretty closely, and form transverse series with small intervals. It is principally the fusiform and claviform spicules that predominate here, and it is, only, in the ulterior-posterior extremity, where it passes into the branch, that complex stellates are found. The fusees are straight or curved, and only faintly spicate; they measure from 0.152—0.216^{mm} in length, and from 0.016—0.018^{mm} in breadth (figs. 74, 76). Neither are the clavates much spicate; a few of them approach to the cruciform, and they measure from 0.136—0.220^{mm} in length, and from 0.040—0.048^{mm} in breadth above (fig. 77—79).

In the anterior body, spicules of nearly the same kind as in the posterior body are found, but they are here, longer, and, partly, more spicate and more curved. The fusees measure, from 0.136—0.336^{mm} in length, and from 0.028—0.036^{mm} in breadth (figs. 80—82). In the tentacles and their pinnules, the spicules are generally smoother and smaller than on the body, and a little different in form; they measure from 0.088—0.224^{mm} in length, and from 0.024—0.036^{mm} in breadth (figs. 83—86).

The gullet has 4 series of spicules (fig. 87). A large number of these are so strongly spicate at the one extremity that they acquire a ramous appearance; a few have the form of small subclavates, only slightly spicate. The strongly spicate spicules measure from 0.080—0.160^{mm} in length, and from 0.028—0.044^{mm} in breadth (figs. 88—93). The subclavates measure 0.068^{mm} in length, and 0.020^{mm} in breadth at the thick extremity (fig. 94).

Everywhere, in the Zoanthodem, the spicules have a pale brownish colour.

Colour.

The colour is whity-yellow, with a faint-brownish tinge.

Findested.

Station 192. To Exemplarer, hvoraf det ene er kun lidet udviklet.

Habitat.

Station No. 192. Two specimens, of which one is only slightly developed.

Artskarakter.

Zoanthodemet busket, indtil 25ᵐᵐ høit. Stammen rund, furet, haard, grenet. Basaldelen membranøgtig, skiveformet udvidet. Grenene indtage hele Stammen lige fra Grunden til Toppen, ere korte, tykke, udelte og bære paa deres Ende flere Polyper, som dels staa enkeltvis, dels i Grupper. Polyperne ere cylindriske, retraktile; paa Forkroppen 8 Længderibber, dannede af lange, smale, næsten glatte, spindelformede Spikler, der gaa over paa Tentaklerne; saavel disse som Pinnulerne spikelholdige. Bagkroppen kortere; Spiklerne ligge her paatvers, og Spindelog Klubformen er mest fremtrædende. Basalens Spikler ere væsentlig sammensatte Stjerner med bladformede Straaler, samt bladede Spindler. Stammen og Grenene ere ligelodes rige paa Spikler, og her findes almindeligst takkede Klubber, sammensatte Stjerner, bladede Valser og Spindler. I Stammens og Grenenes Coenenchym (paa Skillevæggene) Spikelafsætninger, bestaaende af sammensatte Stjerner med bredbladede Straaler med tungede Rande, bladede Spindler og Koller. Septa spikelholdige og paa Svælget 4 Rækker Spikler. Farven hvidgul med et svagt brunligt Skjær.

Specific characteristics.

The Zoanthodem fruticose, measures up to 25ᵐᵐ in height. The stem cylindrical, furrowed, hard, ramous. The basal part. membranaceous, discoidally dilated. The branches occupy the entire stem, right from the base to the summit; they are short, thick, non-ramous, and carry on their extremity several polyps, which are situated, partly singly, partly in groups. The polyps are cylindrical, retractile. In the anterior body, 8 longitudinal ribs, formed of long, narrow, almost smooth fusiform spicules, which pass over into the tentacles; these as well as the pinnules contain spicules. The posterior body shorter; the spicules. here, placed transversally, and the fusiform and claviform most predominant. The spicules of the basal part are. principally, complex stellates with foliated rays. also foliated fusees. The stem and the branches are, likewise, rich in spicules and, here, the forms most frequently found are. spicate clavates, complex stellates. foliated rollers and fusees. In the divisional walls of the sarcosoma of the stem and the branches. spicular deposits, consisting of complex stellates, with broad foliate rays having linguate margins, also foliate fusees and subclavates. Septa spicular. and in the gullet 4 series of spicules. Colour whity-yellow, with a faint brownish tinge.

Sarakka[1] crassa, n. g. et sp.

Tab. XVII, Fig. 1–54.

Zoanthodemet er indtil 25ᵐᵐ høit. Basaldelen er membranagtigt udvidet og omfatter de Gjenstande, hvortil den fæster sig. Fig. 1. Stammen er fast, furet paalangs, læderagtig og henved 30ᵐᵐ i Omfang ved Grunden, men smalner successivt af op imod Midten, hvorfra den udvider sig lidt op til Toppen, der er næsten kolbeformig og tæt besat med Polyper, Fig. 2. Den nederste Del af Stammen er nogen; men omtrent 8ᵐᵐ fra Basaldelen sees paa den ene Side en Række af 5–6 enkeltstaaende Polyper. Fig. 1; lidt længere oppe begynde Grenene, som staa uregelmæssigt og langt fra hverandre, ere meget tykke, korte og have næsten kugleformede Ender, der ere en god Del tykkere end Udspringet og temmelig tæt besatte med Polyper, Fig. 2. 3 Der er kun faa Grene, 3–4, og disse tage sit

Sarakka[1] crassa, n. g. et sp.

Pl. XVII, figs. 1–54.

The Zoanthodem measures up to 25ᵐᵐ in height. The basal part is membranaceously dilated, and encloses the objects to which it attaches itself (fig. 1). The stem is hard, longitudinally grooved. and coriaceous, and it measures about 30ᵐᵐ in circumference at the base, but diminishes. gradually, up towards the middle, from whence it again dilates a little up towards the summit, which is almost claviform and closely beset with polyps (fig. 2). The lowest part of the stem is bare, but about 8ᵐᵐ from the basal part, upon one of the sides, there is seen a series of 5–6 polyps. placed separately (fig. 1). A little further up the stem, the branches begin to occur, and these are placed irregularly. and far apart from each other. They are very thick and short, and have almost globular extremities which are

---

[1] Sarakka kaldes af Lapperne Underverdenens Gudinde.

[1] Sarakka is the designation given by the Laps to the Goddess of the infernal regions.

Udspring nærmere Stammens Sideparti, saa at en Del af denne synes at være nogen i en lang Strækning. Fig. 2.

Polyperne ere langstrakt-cylindriske, retraktile, 8—10ᵐᵐ lange. Forkroppen omtrent 3ᵐᵐ lang, har 8 stærke Længderibber, dannede af Kalkspikler og imellem disse Ribber sees ligesaa mange, noget nedsænkede Felter, i hvis nedre Del Spiklerne ligge temmelig tætte, imedens de ere noget mere spredte i den øvre, lidt bredere Del; men Spiklerne i disse Felter ligge ikke tættere, end at Mavehulheden meget godt kan sees, hvilket ikke er Tilfældet med Ribberne, Fig. 4. Bagkroppen er noget længere end Forkroppen, og her ligge Spiklerne paatvers og danne ligesom Guirlander omkring den, Fig. 4. Tentaklerne ere 3--4ᵐᵐ lange; hele deres aborale Side er bepantsret med Kalkspikler, Fortsættelse fra Kroppens Ribber, Fig. 4. Pinnulerne ere korte, tykke og ligeledes forsynede med Spikler, Fig. 4.

Polypcellen er oval; naar Polypen er stærkt indtrukken, næsten rund; den har 8 Ribber, der giver den et i Randen tandet Udseende, naar Polypen er halvt indtrukken, Fig. 4, a, men danner en ottestraalet Stjerne, naar den er fuldt indesluttet i Cellen, Fig. 3. Hvor den ene Polypcelle støder til den anden, er der en saa intim Sammenvoxning af Cellernes Vægge, at der imellem dem er sparsomt Coenenchym, og da Polyperne staa i Regelen i Grupper, er der i det Hele taget paa de Steder, de indtage, yderst lidet Coenenchym, der dog, hvor det findes, er forsynet med Spikler, Fig. 5.

much thicker than the root, and are pretty closely beset with polyps (figs. 2, 3). There are only a few branches — 3—4 in all — and these have their root nearer to the lateral part of the stem, so that a part of the stem appears as if bare for a considerable extent (fig. 2).

The polyps are elongato-cylindrical, retractile, and measure 8—10ᵐᵐ in length The anterior body measures about 3ᵐᵐ in length, and has 8 strong longitudinal ribs formed of calcareous spicules, and between these ribs a similar number of somewhat depressed areas are seen, in whose lower part spicules lie pretty compactly, whilst they are somewhat more scattered in the upper, somewhat broader, part; but the spicules in these areas do not lie closer, than that the gastral cavity can very well be observed, which is not the case with the ribs (fig. 4). The posterior body is somewhat longer than the anterior body, and the spicules, here, lie transversally and, as it were, form garlands about it (fig. 4). The tentacles measure 3—4ᵐᵐ in length, and their entire aboral side is ensheathed with calcareous spicules, which are a continuation of the ribs of the body (fig. 4). The pinnules are short, thick, and likewise furnished with spicules (fig. 4).

The polyp-cell is oval, but when the polyp is strongly retracted it is almost round; it has 8 ribs, which impart to it a dentated appearance in the margin when the polyp is semi-retracted (fig. 4, a), but when the latter is quite enclosed in the cell (fig. 3) it forms an eight-rayed star. Where the one polyp-cell joins to the other, there is such an intimate concreating of the walls of the cells that, there is only a thin sarcosoma-visible between them, and as the polyps are placed in groups, as a rule, there is, upon the whole, at the places where they occur, extremely little sarcosoma, which however is furnished with spicules at the places where it is found (fig. 5).

Anatomisk-histologiske Undersøgelser.

Stammen og Grenene ere udvendigt beklædte med et Epithel, der dannes af flere Lag polyædriske Celler, som have en næsten central Kjerne, et rundt Kjernelegeme og et fintkornet, temmelig tyndt Protoplasmaindhold. I det yderste Lag ere Cellerne næsten klare, meget fattige paa Protoplasma, men ere dunklere og rigere paa dette i det indre Lag, hvor der iagttages hist og her imellem Epithelcellerne aflange, kolbeformige, encellede Slimkjertler med en temmelig lang Udløber, lig dem, som oftere have været omtalte. Indenfor dette Ectoderm er et Lag af hyalint Bindevæv, hvori findes Ernæringskanaler samt Bindevævslegemer med en eller flere Udløbere, — og fra hvis indre Væg udgaa de sædvanlige Forlængelser, der danne Skillevæggene for de store Kanaler. I Ectodermet ligesom i det øvre Bindevævslag ere Spiklerne leirede saaledes, at den største Mængde findes i de indre Cellelag af Epitholet, — hvor de ere tilstede i Bindevævet, er der altid en Sænkning af Ectodermets Celler, saa at disse omgive dem.

Anatomo-histological Examination.

The stem and the branches are exteriorly clad with an epithelium, formed of several layers of polyhedrical cells, which contain an almost central nucleus, a round nucleolus, and a minutely granular, pretty thin, protoplasmic substance. In the outermost layer, the cells are almost pellucid, and very poor in protoplasm, but they are less pellucid and richer in protoplasm in the inner layer, where, also, there are, here and there, observed between the epithelial cells, oblong, claviform, unicellular mucous glands with a pretty long prolongation, resembling those that have, already, frequently been referred to. Inside of this ectoderm, there is a layer of hyaline connective-tissue in which nutritory ducts are found, also connective-tissue corpuscles having one or more prolongations, and from whose inner wall issue, the usual prolongations which form the divisional walls of the large ducts. In the ectoderm, as well as in the outer connective-tissue layer, the spicules are embedded in such manner, that the greatest number are

I Kanalernes Skillevægge er der Længderækker af Spikler, som ere i størst Mængde tilstede, der hvor Skillevæggen tager sit Udspring fra den indre Væg af Bindevævet; men ogsaa paa Midten af Skillevæggen sees sunn, spredte Spikler. Polyperne ere paa deres ydre Flade beklædte med et Epithel, som bestaar af 2 3 Lag polyædriske Celler, Fig. 6, a, lig dem, som findes paa Stammen og Grenene, og imellem disse Celler indtages encellede Slimkjertler, der dog ere temmelig sparsomme. Indenfor Ectodermet er et hyalint Bindevævslag med sine Bindevævslegemer samt Nutritionskanaler, og fra hvis indre Væg udgaa de sædvanlige 8 Septa, der fæste sig paa Svælgets ydre Væg, Fig. 7, a. I Ectodermet og det ydre Lag af Bindevævet ere Spiklerne leirede. Fig. 6, b; i Septa er ingen saadanne.

Svælget er næsten cylindrisk; dets ydre Flade er beklædt med Epithel, dannet af et Lag runde Celler med en rund Kjerne og Kjernelegeme, Fig. 6, c; fuldkommen lig disse Celler, der ogsaa beklæde Kamrene, sees andre Celler, liggende isolerede indeni Kamrene, og som synes at tilhøre den Ernæringssaft, der gjennemstrømmer Kanalerne, Fig. 6, d. Jeg har næsten bestandig iagttaget, at den Vædske, som findes i Kamrene og i de store Kanaler, indeholder Celler, der have saa særdeles meget tilfælles med de Endothelceller, som beklæde dem, at de synes at være et Produkt af dem, med andre Ord, at Saftcellerne dannes af Endothelet. Indenfor Epithelet er et hyalint Bindevævslag, som paa Bugsiden danner flere listeformige Fremspring, der rage ind i Svælghulheden, Fig. 6, e. 7. b; saavel disse, som den øvrige Del af Bindevævets indre Flade, er beklædt med Epithel, der er Svælgets Epithel og som bestaar af et Lag lange, cylindriske Celler, forsynede med Cilier, Fig. 7, c. Langs Svælgets Bugside er Svælgrenden, der her har flere Fremspring eller Folder, som rage temmelig langt ind i Hulheden, og der, hvor Svælgruben til Siderne ophører, er en Indsnøring, der ligesom deler Svælget i to Længdehulheder, Fig. 7, d; den ene, som følger Bugsiden, er Svælgruben med sine store Folder, Fig. 7, e, og den anden, som følger Rygsiden, er uden synderlige Folder og kan, naar Svælgrenden er lukket, betragtes som Tarm. Fig. 7, f. Svælgrenden har meget lange Cylinderceller, der hver er forsynet med en lang Pidsk. Fig. 6, f, fuldkommen lig dem, som tidligere have været beskrevne.

Det synes ikke at være tvivlsomt, at Svælgruben her virker som virkelig Øsophagus og lukker sig, snsnart den har ført ind i Maven de til Ernæringen nødvendige Fødemidler, imedens den anden Del af Svælget, Rygpartiet,

found in the inner cellular layer of the epithelium. Where spicules are present in the connective-tissue, there is always a depression of the cells of the ectoderm, so that these surround them.

In the divisional walls of the ducts, there are longitudinal series of spicules, which are present in greatest number at the point where the divisional walls issue from the inner wall of the connective-tissue, but scattered spicules are, also, observed in the middle of the divisional wall. The polyps are, upon their exterior surface, clad with an epithelium which consists of 2—3 layers of polyhedrical cells (fig. 6, a) similar to those found on the stem and the branches, and, between these cells, unicellular mucous glands are observed, which however are rather rare; inside of the ectoderm, there is a layer of hyaline connective-tissue, with its connective-tissue corpuscles and nutritory ducts, from whose inner wall, the usual 8 septa issue and attach themselves to the external wall of the gullet (fig. 7, a). The spicules are embedded (fig. 6, b) in the ectoderm and the outer layer of connective-tissue. There are no spicules in the septa.

The gullet is almost cylindrical; its outer surface is clad with epithelium, formed of a layer of cylinder-cells containing a round nucleus and nucleolus (fig. 6, c); other cells, exactly similar to those cells which, also, clothe the chambers, are seen, placed isolatedly, within the chambers, and these appear to pertain to the nutritory fluid that flows through the ducts (fig. 6, d). I have, almost invariably, observed that the fluid which is found in the chambers, and in the large ducts, contains cells which have such very particular resemblance to the endothelial cells that clothe the ducts, that they appear to be a product of them — in other words, that the cells of the fluid are formed from the endothelium. Inside of the epithelium, there is a hyaline connective-tissue layer which, on the ventral side, forms several filletformed prominences that project into the gullet-cavity; (fig. 6, e, 7. b) both, these, as well as the remaining part of the inner surface of the connective tissue, are clad with an epithelium, which is the epithelium of the gullet, and consists of a layer of long, cylindrical cells, furnished with ciliæ (fig. 7, c). The gullet-passage appears along the ventral side of the gullet, and has, here, several prominences, or folds, which extend pretty far into the cavity, and at the point where the gullet-cavity, at the sides, ceases, there is a constriction which, as it were, divides the gullet into two longitudinal cavities (fig. 7, d) — the one, of these, which runs along the ventral side is the gullet-cavity with its large folds (fig. 7, e), and the other, which runs along the dorsal side, has no particular folds, and may, when the gullet-passage is closed, be considered as an intestine (fig. 7. f). The gullet-passage has very long cylinder-cells, each of which is furnished with a long flagellum (fig. 6, f) exactly like those which have been previously described.

It does not appear to be doubtful, that the gullet cavity, here, operates as a genuine œsophagus, and closes itself as soon as it has passed the necessary nourishment into the stomach, whilst the other division of the gullet —

aabner sig for at udføre Excrementerne. — I Sværgepithelet, nærmest Bindevævslaget, er der 4 Dobbeltrækker Spikler. Fig. 8.

Kjønsprodukterne udvikle sig i Marehulheden; de fleste Polyper havde mere eller mindre udviklede Æg, og hos en Polyp var Fosterdannelsen begyndt. Embryonerne havde en langagtig Form, i hvis ene, brede Ende saaes en temmelig dyb Indsænkning, Gastralmunden, der førte ned til en Hulhed. Ingen Spikeldannelse var endnu at opdage, saa Spikler dannes, ifølge dette, senere end hos Nephthya-Slægten.

Paa Basaldelen, der er temmelig haard af den sammenpakkede Kalk, fremtræde Spiklerne almindeligst under Form af elliptiske Spindler, Dobbeltstjerner og Drueklaser; sjeldnere som Klubber og sammensatte Stjerner, men yderst sjeldent som en Firling. Spindlerne ere stærkt takkede, og hver Tak har en temmelig bred Ende, der enten er tandset eller straalet; de ere som oftest tilspidsede i Enderne, men disse kunne ogsaa være lidt afstumpede; de ere fra 0.140—0.184^{mm} lange og fra 0.060—0.084^{mm} brede paa Midten, Fig. 9, 10. Dobbeltstjernerne have et nøgent Midtparti; Straalerne ere brede, ende som oftest i en liden, 4—5 straalet Stjerne; de ere fra 0.084—0.116^{mm} lange og fra 0.044—0.060^{mm} brede; det nøgne Parti er fra 0.016—0.028^{mm} bredt, Fig. 11, 12, 13, 14. Druespiklerne dannes af et Konglomerat af Kalkkugler, der stundom hviler paa en bred Basis, stundom synes at være uden nogen saadan; enkelte ere næsten runde, andre aflange; de første ere 0.052^{mm} i Bredde og Længde, Fig. 15; de sidste ere fra 0.080—0.096^{mm} lange og fra 0.048—0.056^{mm} brede paa Midten, Enderne ere noget smalere, Fig. 16, 17. Klubberne ere besatte snart med ruude, fremragende Papiller med et næsten nøgent, kort Skaft, snart med bredbladede Papiller; de ere fra 0.124—0.144^{mm} lange og fra 0.056—0.072^{mm} brede i den øverste Ende, Fig. 18, 19, 20. De sammensatte Stjerner ere temmelig uregelmæssige og nærme sig tildels Spindelformen; de ere 0.152^{mm} lange og 0.068^{mm} brede, Fig. 21. Firlingerne nærme sig Korsformen, ere besatte med Papiller, 0.080^{mm} lange, 0.060^{mm} brede, Fig. 22.

Nederst paa Stammen ere lignende Druespikler og elliptiske Spindler, som ovenfor omtalt, de almindeligste. Ogsaa her ere de sammensatte Stjerner sjeldnere, imedens Klubber og Dobbeltstjerner ere hyppigere, men dog ikke saa hyppige som paa Basaldelen. Desforuden findes enkelte Firlinger og ikke saa ganske sjeldent runde Konglomerater af Kalkkugler samt lige Spindler besatte med Papiller. Af de faa Firlinger, som findes, ere enkelte korsformede og besatte med runde Papiller, 0.096^{mm} lange med en Tværstok, der er 0.088^{mm}, Fig. 23; andre have en meget uregelmæssig Form, ere besatte med store Takker og Knuder og 0.096^{mm}

the dorsal portion — opens itself to expel the excrements. In the epithelium of the gullet, next to the layer of connective-tissue, there are 4 double series of spicules (fig. 8).

The sexual products develope themselves in the gastral-cavity; most of the polyps had more or less developed ova, and in one polyp the fœtal formation had commenced. The embryons have an elongated form; and a pretty deep depression — the gastrula mouth — was visible in the one, broad extremity, leading down to a cavity. No spicular formation was as yet to be observed, so that it would appear, as if the spicules are formed at a later stage than in the *Nephthya* genus.

In the basal part, which is pretty hard owing to the packing together of the calcium, the spicules most frequently appear in the form of elliptic fusees, bistellates and racemates (grape-like clusters) more rarely, as clavates and complex stellates, and as a quadruplet extremely rarely. The fusees are strongly spicate, and each spike has a pretty broad extremity which is, either, dentated or rayed. Most frequently, they are acuminated at the extremities, but these may also be a little obtuse; they measure from 0.140—0.184^{mm} in length, and from 0.060—0.084^{mm} in breadth at the middle (figs. 9—10). The bistellates have a bare mesial part; their rays are broad and, most frequently, terminate in a small 4—5 rayed star; they measure from 0.084—0.116^{mm} in length, and from 0.044—0.060^{mm} in breadth; the bare portion measures from 0.016—0.028^{mm} in breadth (figs. 11, 12, 13, 14). The spicules of the racemates are formed of a conglomeration of calcareous globules which, occasionally, rests upon a broad basis, and sometimes appears to be without any basis; a few are almost round, others are oblong; the first-named measure 0.052^{mm} in breadth and length (fig. 15), and the lastnamed measure from 0.080—0.096^{mm} in length, and from 0.048—0.056^{mm} in breadth at the middle. The extremities are somewhat narrower (figs. 16—17). The clavates are beset, sometimes, with round, projecting, papillæ which have an almost bare, short, shaft, and sometimes with broad foliaceous papillæ; they measure from 0.124—0.144^{mm} in length, and from 0.056—0.072^{mm} in breadth at the uppermost extremity (figs. 18, 19, 20). The complex stellates are rather irregular in form, and approach, partly, to the fusiform: they measure 0.152^{mm} in length, and 0.068^{mm} in breadth (fig. 21). The quadruplet approaches to the cruciform, and is beset with papillæ; it measures 0.080^{mm} in length, and 0.060^{mm} in breadth (fig. 22).

On the lowest part of the stem, racemates and elliptic fusees, similar to those spoken of above, are the most frequent forms. Here, also, the complex stellates are more rare, whilst clavates and bistellates are more frequent, but, yet, not so frequent as in the basal part. Besides these, a few quadruplets are found, and not so very rarely, also, globular conglomerations of calcareous spheres, and straight fusees beset with papillæ. Of the few quadruplots which are found, some are cruciform and beset with round papillæ; they measure 0.096^{mm} in length, and have a transversal arm measuring 0.088^{mm} (fig. 23); others have a very irre-

lange og 0.076mm brede, Fig. 24. Kuglehobene ere 0.064mm i Diameter, Fig. 25. De lige Spindler have afstumpede Ender; de Takker eller Knuder, hvormed de ere forsirede, ende hyppigst i en liden, firestraalet Stjerne; de ere fra 0.104 —0.128mm lange og fra 0.032—0.064mm brede, Fig. 26. 27.

Øverst paa Stammen ere sammensatte Stjerner og Dobbeltstjerner hyppigst, enkelte ere mindre udviklede. Klubber, rigt udstyrede med Papiller, tildels monstrøse i Formen, ere ikke saa ganske sjeldne; men overordentlig sjeldent sees her en Firling. De sammensatte Stjerner ere uregelmæssige; enhver Straale ender i en liden, firestraalet Stjerne; de ere 0.096mm lange, 0.060mm brede, Fig. 28. Dobbeltstjernerne have ogsaa paa deres Straaleender smaa Stjerner; de ere 0.088mm lange, 0.044mm brede med et nogent Midtbelte, som er 0.016mm bredt, Fig. 29. Klubberne ere smukt ornamenterede med store Papiller, der ende i firestraalede Stjerner; de ere fra 0.108—0.140mm lange og fra 0.056—0.092mm brede, Fig. 30. 31. 32. 33. Enkelte Klubber ere indsnørede paa Midten; de ere 0.124mm lange, 0.068mm brede foroven og 0.016mm brede paa det nøgne, indsnørede Sted, Fig. 34. Firlingerne ere sparsomt besatte med Takker, men disse ende ligeledes i en firestraalet Stjerne; de ere 0.008mm brede og 0.092mm lange, Fig. 35.

Paa Grenene ere Køller almindeligst; de ere dels krumme, dels lige og rigt besatte med store Takker eller Blade, som have snart afrundede, snart firestraalede Ender; de ere fra 0.090—0.216mm lange og fra 0.036—0.080mm brede foroven, Fig. 36. 37. 38. Yderst sjeldent sees en Firling, der nærmer sig Korsformen og er rigt besat med Knuder og Takker, hvoraf enkelte ende i en liden Stjerne og er 0.084mm lang 0.080mm bred, Fig. 39.

Paa Polypernes Bagkrop ere Spindler og valseformede Spikler almindeligst. Spindlerne have dels tilspidsede, dels afstumpede Ender, ere takkede og fra 0.180—0.256mm lange og fra 0.044—0.060mm brede, Fig. 40. 41. 42. De valseformige Spikler synes at være nogot fladtrykte med brede, afskaarne Ender og besatte med Takker; de ere fra 0.120—0.128mm lange og fra 0.048—0.060mm brede, Fig. 43. 44; desforuden sees en og anden næsten klubbeformet, takket Spikel, der er 0.104mm lang og 0.020—0.040mm bred, Fig. 45.

Paa Forkroppen og Tentaklerne ere Spindlerne mest fremherskende; de danne de omtalte Ribber og indtage for en stor Del Tentaklernes aborale Flade. Imellem Spindlerne sees tapformede Spikler og mindre, lidt fladtrykte, uregelmæssige Spikler; disse sidste findes dog hyppigst

gular form and are beset with large spikes and nodules; they measure 0.096mm in length, and 0.076mm in breadth (fig. 24). The spherical conglomerations measure 0.064mm in diameter (fig. 25). The straight fusces have blunted extremities, and the spikes, or nodules, with which they are adorned, terminate, generally, in a small four-rayed star; they measure from 0.104—0.128mm in length, and from 0.032—0.064mm in breadth (figs. 26—27).

On the uppermost part of the stem, complex stellates and bistellates are the most frequent spicular forms, and a few of them are imperfectly developed. Clavates, richly adorned with papillæ, and sometimes monstrous in form, are not so very rare, but a quadruplet is extremely rarely observed here. The complex stellates are irregular, and each ray terminates in a small four-rayed star; they measure 0.096mm in length, and 0.060mm in breadth (fig. 28). The bistellates, also, have small stars on their radial extremities; they measure 0.088mm in length, and 0.044mm in breadth, and have a bare mesial stripe measuring 0.016mm in breadth (fig. 29). The clavates are richly ornamented with large papillæ which terminate in four-rayed stars; they measure from 0.108—0.140mm in length, and from 0.056—0.092mm in breadth (figs. 30. 31. 32. 33). A few clavates are constricted at the middle; these measure 0.124mm in length, 0.068mm in breadth above, and 0.016mm in breadth at the bare constricted part (fig. 34). The quadruplets are sparingly beset with spikes, but these also terminate in a four-rayed star; they measure 0.088mm in breadth, and 0.092mm in length (fig. 35).

On the branches, subclavates are the most frequent spicular form; they are sometimes curved, sometimes straight, and are richly beset with large spikes or leaves which, sometimes, have rounded, sometimes four-rayed extremities; they measure from 0.090—0.216mm in length, and from 0.036—0.080mm in breadth above (figs. 36. 37. 38). A quadruplet is seen, extremely rarely, which approaches in form to the cruciform, and is richly beset with nodules and spikes, of which some terminate in a small star; it measures 0.084mm in length, and 0.080mm in breadth (fig. 39).

On the posterior body of the polyps, fusces and cylindrical spicules are the most common forms. The fusces have, partly acuminated, partly, blunted extremities, and are spicate; they measure from 0.180—0.256mm in length, and from 0.044—0.060mm in breadth (figs. 40. 41. 42). The cylindric spicules appear to be somewhat flattened, have broad truncate extremities, and are beset with spikes; they measure from 0.120—0.128mm in length, and from 0.048—0.060mm in breadth (figs. 43. 44). Besides these, an occasional claviform spicate spicule is seen, which measures 0.104mm in length, and from 0.020—0.040mm in breadth (fig. 45).

On the anterior body and the tentacles, fusces are the most predominant forms; they form the ribs spoken of, and occupy, in a great measure, the aboral surface of the tentacles. Between the fusces, coniform spicules are observed and, also, small, somewhat flattened, irregular,

paa Tentaklernes Sider og mod deres Ender. Pinnulerne have enten tynde, dels spatelformede, dels spindelformede Spikler. De store Spindler ere enten lige eller krummede og ere stærkt takkede. Krumningen har som oftest Baandform, kun sjeldent nærmer den sig S-Formen; men ogsaa paa disse ende stundom Takkerne i en liden Stjerne; de ere fra 0.236—0.272^{mm} lange og omtrent 0.040^{mm} brede paa Midten. Fig. 46, 47, 48. Tapperne have en tversafskaaren, tyk Ende og lignende Takker som Spindlerne; de ere 0.228^{mm} lange og 0.044^{mm} brede foroven. Fig. 49. De mindre Spikler, som findes imellem de nu nævnte, ere forskjellige i Form og Størrelse, ere alle takkede og fra 0.004—0.104^{mm} lange og fra 0.020—0.040^{mm} brede. Fig. 50. Paa Tentaklernes Pinnuler ere enkelte Spikler takkede og flade med indskaarne Rande, andre næsten glatte; de ere fra 0.052—0.072^{mm} lange og fra 0.008—0.016^{mm} brede. Fig. 51.

Svælgets Spikler ere takkede, lidt fladtrykte og have hyppigst Spindelformen. Imellem Spiklerne findes enkelte brede, temmelig flade Spikler med brede, takkede Ender; de ere 0.112^{mm} lange, 0.028^{mm} brede, Fig 52. Spindlerne ere 0.080^{mm} lange og 0.020^{mm} brede, Fig. 53.

Spiklerne i Coenenchymet have næsten udelukkende Spindelformen og ere mere eller mindre stærkt takkede. Takkerne ende ofte i en liden Stjerne, en Ordning, der synes at være gjennemgaaende for Spiklerne hos dette Dyr. Coenenchymspiklerne ere fra 0.044—0.164^{mm} lange og fra 0.020—0.048^{mm} brede, Fig. 54.

spicules; these last are, however, most frequently found on the sides and towards the extremities of the tentacles. The pinnules carry small, thin, partly spatulate, and partly fusiform spicules. The large fusees are, either, straight or curved, and are strongly spicate. The curve has, usually, the cymbiform, and only rarely does it approach to the S-form, but, also, in these the spikes occasionally terminate in a small star; they measure from 0.236—0.272^{mm} in length, and about 0.040^{mm} in breadth at the middle (figs. 46, 47, 48). The copiform spicules have a truncated, thick, extremity, and have spikes similar to those of the fusees: they measure 0.228^{mm} in length, and 0.044^{mm} in breadth above (fig. 49). The smaller spicules, which are observed amongst those that have just been spoken of, are variable in form and size, but are all spicate; they measure from 0.004—0.104^{mm} in length, and from 0.020—0.040^{mm} in breadth (fig. 50). On the pinnules of the tentacles, some spicules are spicate and flat, and have dentated margins, others, again, are almost smooth; they measure from 0.052—0.072^{mm} in length, and from 0.008—0.016^{mm} in breadth (fig. 51).

The spicules of the gullet are spicate, and a little flattened; most frequently they have the fusi-form. Between the fusees, there are a few broad, pretty flat, spicules, with broad, spicate, extremities; they measure 0.112^{mm} in length, and 0.028^{mm} in breadth (fig. 52). The fusees measure 0.080^{mm} in length, and 0.020^{mm} in breadth (fig. 53).

The spicules in the sarcosoma have, almost exclusively, the fusiform, and are, more or less strongly, spicate. The spikes frequently terminate in a small star, an arrangement which appears to be universal for the spicules of this animal. The spicules of the sarcosoma measure from 0.044—0.164^{mm} in length, and from 0.020—0.048^{mm} in breadth (fig. 54).

Farven.

Farven er gulhvid; Polyperne ere lidt mørkere end Stammen og spille lidt stærkere i det Gule.

Colour.

The colour is yellowish white; the polyps are a little darker in colour than the stem and shade a little more towards yellow.

Findested.

Station 31. To Exemplarer.

Habitat.

Station No. 31. Two specimens.

Slægtskarakter.

Stammen fattig paa Grene med en næsten kolleformet Top, rigt besat med Polyper. Grenene tykke, korte med næsten kugledannede Ender, tæt besatte med Polyper. Polyperne retraktile, cylindriske, rige paa Spikler, forsynede med stærke Ribber og en udpræget Celle. Polypcellerne korte, sammenvoxede, saa at der imellem dem

Generic characteristics.

The stem poor in branches, has an almost subclaviform summit richly beset with polyps. The branches thick, short, with nearly globular extremities closely beset with polyps. The polyps retractile, cylindrical, rich in spicules, furnished with strong ribs, and a prominent coll. The polyp-cells short, concreted together in such manner that,

findes lidet Coenenchym, der dog har Spikler. Stammen, Grenene og deres Coenenchym rigt paa Spikler. Svælget forsynet med Spikler.

between them, little sarcosoma can be observed; it, however, contains spicules. The stem, the branches and their sarcosoma, rich in spicules. The gullet furnished with spicules.

Artskarakter.

Zoanthodemet indtil 25ᵐᵐ højt. Basaldelen membranagtigt udvidet. Stammen fast, furet, nogen i større Strækninger. Grenene yderst faa, 3—4, korte, endende i en tyk Klump, rigt besat med Polyper. Disse ere langstrakte, cylindriske, staa tæt sammen og forsynede med 8 Længderibber, imellem hvilke 8 nedsænkede Felter. Tentaklerne, omtrent halvt saa lange som Kroppen, have Spikelbeklædning paa hele deres aborale Flade. Pinnulerne spikelholdige. Polypcellen halvrund, otteribbet og spikelrig. Svælget har 4 Dobbeltrækker Spikler. Paa Basaldelen almindeligst elliptiske, takkede Spindler, Dobbeltstjerner og Druespikler. Paa Stammen hyppigst sammensatte Stjerner, Dobbeltstjerner, Spindler og Druespikler. Paa Grenene takkede Koller. Paa Polypkroppen lige og krummede, takkede Spindler og takkede Valser. Svælg- og Coenenchymspiklerne væsentlig takkede Spindler.

Specific characteristics.

The Zoanthodem measures up to 25ᵐᵐ in height. The basal part is membranaceously dilated. The stem hard, grooved, and bare over a considerable extent. The branches extremely few in number (3—4 short ones), terminate in a thick clump richly beset with polyps. Those are elongato-cylindrical, placed closely together, and are furnished with 8 longitudinal ribs, between which there are 8 depressed areas. The tentacles about half the length of the body, and furnished with a spicular sheathing on their aboral surface. The pinnules contain spicules. The polyp-cell semi-circular, eight-ribbed, and contains spicules abundantly. The gullet has four double series of spicules. In the basal part, elliptic, spicate fusees, bistellates, and racemiform spicules are the most frequent. In the stem, complex stellates, bistellates, fusees, and racemate spicules are, most usually, observed. On the branches, spicate subclavates. On the polyp-body, straight, and curved, spicate fusees, and spicato cylinders. The gullet and sarcosoma spicules are principally spicate fusees.

Nidalia arctica, n. sp.

Tab. XXI, Fig. 29—66. Tab. XXII. Fig. 67—83.

Zoanthodemet indtil 35ᵐᵐ højt. Basaldelen membranøs, rørformigt udvidet, dannende en større eller mindre Hulhed, udfyldt med en mørk Lermasse, Fig. 29, a. Stammen, omtrent 25ᵐᵐ høj og 6ᵐᵐ bred ved Overgangen fra fra Basaldelen, er i en Strækning af 10ᵐᵐ nøgen, rund, lidt furet paalangs, Fig. 29, b, men udvider sig nu til en Bredde af 10ᵐᵐ, Fig. 29, c, imedens den mod Toppen smalner lidt af. Det er denne udvidede Del af Stammen, der bærer Polyperne, og som, naar disse ere lidt sammenfaldne, antage Formen af en Strobilus.

Polypcellerne staa tæt sammen, ere temmelig vide, runde, med 8 stærke Ribber, der aftage noget i Styrke, idet de gaa over paa Polypens Bagkrop og ere adskilte ved ligesaa mange spikelløse Furer, Fig. 30, b.

Nidalia arctica, n. sp.

Pl. XXI, figs. 29—66. Pl. XXII, figs. 67—83.

The Zoanthodem measures up to 35ᵐᵐ in height and forms a larger or smaller cavity filled with a dark-coloured aluminous substance (Pl. XXI, fig. 29, a). The stem measures about 25ᵐᵐ in height, and 6ᵐᵐ in breadth at the transition from the basal part. Through an extent of 10ᵐᵐ the stem is bare; it is cylindrical, slightly grooved longitudinally (Pl. XXI, fig. 29, b), but then becomes dilated to a breadth of 10ᵐᵐ (Pl. XXI, fig. 29, c), whilst, towards the summit it diminishes in thickness a little. It is upon this dilated part of the stem that the polyps occur, and when the polyps are a little retracted they acquire the form of a Strobil.

The polyp-cells are placed closely together, and are pretty wide; they are cylindrical, and have 8 strong ribs which diminish in strength, somewhat, as they pass over to the posterior body of the polyp, and they are separated from each other by an equal number of spicule-free grooves (Pl. XXI, fig. 30, b.)

Polyperne ere omtrent 4′′′ lange, cylindriske, retraktile, lidt udvidede op imod Tentakelskiven og forsynede med 8 Ribber, dannede af paatversliggende Spikler; imellem Ribberne sees en svag Linie, der synes at være nogen, og som antyder Insertionerne for Septa, Fig. 30, *b*. Opimod Mundskiven antage Spiklerne en mere skraa Retning, og idet de gaa over paa Tentaklerne, dannes et triangulært, nogent Felt, hvis spidse Vinkel vender nedad, og i hvis Midte ligger en Række Spikler, der dejer Feltet i to Dele. Fig. 30, *c*. Tentaklerne ere omtrent halvt saalange som Kroppen, temmelig tykke ved Grunden og paa deres aborale Side rige paa Spikler. Pinnulerne ere forholdsvis korte, tykke og ligeledes forsynede med Spikler. Fig. 30.

Naar Polypen med sin Celle er fuldt udstrakt, og Tentaklerne udslaaede, er Alt temmeligt gjennemsigtigt, og den indtager da en Længde af omtrent 8′′′, hvoraf mindst 3′′′ kommer paa Cellen; men imellem denne og Polypens Bagkrop viser sig da ingen anden Grændse, end at Ribberne paa Cellen blive noget mindre fremtrædende ved Overgangen til Kroppen, ligesom denne i det Hele taget er noget mere gjennemsigtig.

The polyps measure about 4′′′ in length; they are cylindrical, retractile, and somewhat dilated in the proximity of the tentacular disc; they are furnished with 8 ribs formed of transversally placed spicules; a faint line is observed between the ribs, which appears to be bare, and which indicates the insertions of the septa (Pl. XXI, fig. 30, *b*). In the proximity of the oral disk, the spicules assume a more diagonal direction and, as they pass over on to the tentacles, a triangular bare area is formed, whose acute angle faces downwards, and in whose middle there is placed a series of spicules that divides the area into two parts (Pl. XXI, fig. 30, *c*). The tentacles are about half the length of the body, and are pretty thick at the base; on their aboral side they are rich in spicules. The pinnules are relatively short, and thick, and are likewise furnished with spicules (Pl. XXI, fig. 30).

When the polyp, with its cell, is fully extended and the tentacles opened out, the whole is pretty transparent, and then has a length of about 8′′′, of which, at least 3′′′ are taken up by the cell; but between the cell and the posterior body of the polyp there, then, appears no other margin than, that the ribs of the cell become somewhat less prominent at the transition to the body, whilst, also, the latter altogether becomes somewhat more transparent.

Anatomisk-histologisk Undersøgelse.

Basalen og Stammen er beklædt med et Ectoderm, der dannes af mange Lag polyædriske Celler, som ere 0,007′′′ i Gjennemsnit med en rund, lidt excentrisk Kjerne, 0,002′′′ med sit Kjernelegeme, og omgiven af en næsten klar Protoplasmamasse. Fig. 31, *a*. Cellemembranen er tynd, og i disse Cellelag ere talrige Spikler leirede, Fig. 31, *b*. Indenfor Ectodermet er et temmelig bredt, hyalint Bindevævslag, Fig. 31, *c*, hvori Bindevævslegemer og Saftkanaler, og fra hvis indre Flade udgaa Forlængelser, som danne Kanalernes Skillevægge, og hvorved det egentlige Coenenchym, der er spikelløst, fremstaar. Kanalerne ere tapetserede med et Lag Endothelceller, der ere runde med rund Kjerne.

Polypcellerne, ligesom Polyperne, have et Ectoderm, der bestaar af lignende Celler, som de paa Stammen, men som her synes at ligge i kun to Lag, Fig. 32, *a*, hvori Spiklerne ligge, Fig. 32, *b*. Slimkjertler har det ikke været muligt at opdage, hverken paa Stammen eller Polyperne. Indenfor Ectodermet er et ikke meget bredt, hyalint Bindevævslag, Fig. 32, *c*, fra hvis indre Flade udgaa de 8 Septa, der fæste sig paa Svælget, Fig. 32, *d*. Septa have som sædvanligt Længde- og Tværmuskler, der gaa over paa Svælgrøret, ligesom Kammervæggene overalt ere bekklædte med et Lag runde Endothelceller, lig dem i Stammens Kanaler. Fig. 32, *e*. Svælgrøret er meget vidt, cylindrisk, forsynet

Anatomo-histological Examination.

The base and the stem are clad with an ectoderm that is formed of numerous layers of polyhedrical cells measuring 0,007′′′ in diameter, and which contain a globular, somewhat eccentrically placed nucleus, measuring 0,002′′′, their nucleus body being surrounded by an almost pellucid protoplasmic substance (Pl. XXI, fig. 31, *a*). The cellular membrane is thin, and in these cellular layers numerous spicules are embedded (Pl. XXI, fig. 31, *b*). Inside of the ectoderm, there is a pretty broad, hyaline connective-tissue layer (Pl. XXI, fig. 31, *c*), in which connective-tissue corpuscles and nutritory ducts are found, and from whose inner surface prolongations issue and form the divisional walls of the ducts, and by whose means the sarcosoma-proper — which is devoid of spicules — is presented. The ducts are coated with a layer of endothelial cells, which are globular and contain globular nuclei.

The polyp-cells, and the polyps as well, have an ectoderm composed of cells similar to those of the stem, but which appear, here, to be placed in only two layers (Pl. XXI, fig. 32, *a*) in which the spicules are situated (Pl. XXI, fig. 32, *b*). It has not been possible to detect mucous glands either upon the stem or the polyps. Inside of the ectoderm, there is a not very broad hyaline connective-tissue layer (Pl. XXI, fig. 32, *c*), from whose inner surface the 8 septa, which attach themselves to the gullet, issue (Pl. XXI, fig. 32, *d*). The septa have, as usual, longitudinal and transversal muscles which pass over on to the gullet-tube, whilst, also, the chamber-walls are

med 8 Rækker Spikler, Fig. 33. og paa dets indre Flade sees langs Bugsiden en temmelig smal, halvrund Svælggrube, der er beklædt med lange Pidskeceller, som ikke afvige i Form fra de ved saa mange Arter tidligere beskrevne Geisselceller, imedens de her dog synes at være noget kortere, Fig. 32. *f*. Der, hvor Svælggruben begrændses til Siderne, er en Fold, som danner et Fremspring i Svælghulheden, Fig. 32, *g*, hvorved denne under Svælgets Sammensnøring ligesom deles i to Længdehulheder, saaledes at den meget videre Hulhed følger Rygsiden og kan betragtes som Tarmrør, imedens den smalere udgjør Svælggruben eller det egentlige Spiserør (Øsophagus). I Mavehulheden er langs Septula Kjønsorganerne, der som sædvanligt bestaa af stilkede Kapsler, hvori Kjønsproduktet udvikles, og som her bestod af Æg i forskjellige Stadier, uden at nogen Embryodannelse synes at være begyndt.

Paa Basaldelen ligge Spiklerne pakkede tæt sammen. Dobbeltstjernen og Firlingen er den hyppigste Form, hvorunder de optræde, men imellem dem sees enkelte Spindler; Dobbeltstjernerne ere dels 3-, dels 4—6straalede; undertiden er den ene Ende af Spikelen mere udviklet end den anden. Straalerne ere mere og mindre brede, mere og mindre takkede i Enderne; de have som oftest et nogenlunde Midtbelte, men stundom kan dette ogsaa være indtaget af en Tak eller Straale; de ere fra 0.056—0.084"" lange og fra 0.024—0.064"" brede i Enderne med et fra 0.008—0.036"" bredt Midtbelte. Fig. 34. 35. 36. 37. 38. 39. Firlingerne vise sig dels i mere eller mindre udpræget Korsform, dels som smukke Stjerner, hvis Straaler stundom ere delte, og dels som Rosetter; men alle ere besatte med mere større eller mindre Papiller; de korsformede ere fra 0.060—0.064"" lange med en Tværstok fra 0.044—0.056"", Fig. 40. 41; de stjernedannede ere omtrent lige lange som brede, fra 0.056—0.080"" i Tværsnit, Fig. 42. 43, og Rosetterne ere 0.060"" lange, 0.056"" brede, Fig. 44. 45. Spindlerne ere uregelmæssige med som oftest afstumpede Ender og takkede, 0.112"" lange og 0.060"" brede. Fig. 46.

Paa Stammen ligge Spiklerne paa hverandre uden egentlig at være sammenpakkede som paa Basalen. Ogsaa her synes Dobbeltstjernen at være den hyppigste; Firlinger forekomme noget sjeldnere, men langt sjeldnere er den sammensatte Stjerne og Spindelen, og kun enkeltvis sees en Klubbe. Dobbeltstjernerne variere her meget; nogle have overordentlig

Den norske Nordhavsexpedition. I. C. Danielssen: Alcyonida.

everywhere, clad with a layer of globular endothelial cells like those found in the ducts of the stem (Pl. XXI. fig. 32, *e*). The gullet-tube is very wide and cylindrical: it is furnished with 8 series of spicules (Pl. XXI. fig. 33), and on its inner surface, along the ventral side, there is seen a pretty narrow, semicircular, gullet-groove which is clad with long flagelliform cells not differing in form from those (Geissel-cells) previously described in connection with so many species, whilst they, here, however. appear to be somewhat shorter (Pl. XXI, fig. 32, *f*). At the point at the sides, where the gullet-groove ceases, there is a fold which forms a projection into the gullet-cavity (Pl. XXI, fig. 32. *g*), causing the latter, on the gullet contracting together, to be, as it were, divided into two longitudinal cavities, in such manner, that the very much widest of these two cavities runs along the dorsal side, and may be considered as an intestinal canal, whilst the smaller one serves as the gullet-passage, or the real alimentary-tube (Oesophagus). The reproductive organs are found along the septula, in the gastral cavity, and they, as usual, consist of pedunculated capsules in which the sexual product is developed, and which, here, consisted of ova in various stages of development without, however, any embryonal formation appearing to have begun.

On the basal part, the spicules are situated closely packed together. Bistellates and quadruplets are the most frequent forms in which they appear, but between these a few fusees are, also, seen. The bistellates are, partly 3-, partly 4—6 rayed; sometimes the one extremity of the spicule is more developed than the other, and the rays are more or less broad and more or less spicate in the extremities; they have most frequently a bare middle stripe but, sometimes, that may also be occupied by a spike or ray; these bistellates measure from 0.056—0.084"" in length, and from 0.024—0.064"" in breadth at the extremities, and they have a middle stripe measuring from 0.008—0.036"" in breadth (Pl. XXI, figs. 34. 35. 36. 37. 38. 39). The quadruplets present themselves in more or less distinct cruciforms, partly, as beautiful stars whose rays are sometimes ramous, and partly as rosettes, but all of them are beset with larger or smaller papillæ; the cruciforms measure from 0.060—0.064"" in length, and have a transversal arm which measures from 0.044—0.056"" (Pl. XXI, fig. 40. 41); the stelliforms measure about the same in length as in breadth, being from 0.056—0.080"" in diameter (Pl. XXI, figs. 42. 43) and the rosettes measure 0.060"" in length, and 0.056"" in breadth (Pl. XXI, figs. 44. 45). The fusees are irregular but, most usually, have blunted extremities, and are spicate; they measure 0.112"" in length, and 0.060"" in breadth (Pl. XXI, fig. 46).

On the stem, the spicules are placed upon each other without really being packed together, as is the case on the base. Also, here, the bistellate appears to be the most frequent spicular form met with. Quadruplets appear somewhat more rarely, but the complex stellate and fusee are far more rare, and quite exceptionally is a clavate

brede, bladformede Straaler med takkede Rande og i det nogne Midtbelte et Kors, hvorved de nærme sig Firlingen; andre ere mere langstrakte med et længere, nogenl Midtbelte uden Kors; de ere fra 0.096—0.120ᵐᵐ lange og fra 0.044—0.080ᵐᵐ brede i Enderne med et Midtbelte, der er fra 0.024—0.040ᵐᵐ bredt, Fig. 47. 48. 49. 50. Firlingerne danne dels Kors, dels Rosetter, dels Stjerner, ere rigt forsirede med Papiller og Blade, der ofte have takkede Rande; Korsene ere fra 0.092—0.104ᵐᵐ lange med en Tværstok, fra 0.088—0.100ᵐᵐ, Fig. 51. 52 53. Stjernerne ere omtrent lige lange som brede; de ere 0.080ᵐᵐ i Tværsnit. Fig. 54. Rosetterne ere fra 0.108—0.112ᵐᵐ lange og fra 0.088—0.110ᵐᵐ brede, Fig. 55. 56. De sammensatte Stjerner have brede, bladformede Straaler med takkede Ender, ere 0.156ᵐᵐ lange, 0.080ᵐᵐ brede, Fig. 57. Spindlerne ere takkede med tildels takkede eller spaltede, brede Ender; de ere 0.152ᵐᵐ lange, 0,048ᵐᵐ brede, Fig. 58. Klubberne, der ere sjeldnest, ere besatte med Blade med takkede Rande og 0.080ᵐᵐ lange, 0.060ᵐᵐ brede foroven, Fig. 59.

Paa Collen og Bagkroppen er det væsentligst sammensatte Stjerner, der ere hyppigst, noget sjeldnere ere Spindler, Koller og Klubber, men meget sjeldne ere her Firlinger. De sammensatte Stjerner have temmelig korte men brede Straaler med tandede Rande; de ere fra 0.148—0.164ᵐᵐ lange og 0.064ᵐᵐ brede, Fig. 60. 61. 62. Spindlerne ere dels krumme, dels lige, takkede med mere eller mindre tilspidsede Ender; de ere fra 0.108—0.360ᵐᵐ lange og fra 0.020—0.052ᵐᵐ brede, Fig. 63. 64. 65. 66. Kollerne ere næsten alle lige, kun enkelte sees krummede, men disse have ogsaa tabt Størstedelen af Kolleformen og nærme sig noget Spindelen; Kollerne ere dels bladede, dels takkede, med et mere eller mindre langt Skaft; de ere fra 0.188—0.308ᵐᵐ lange og 0.044ᵐᵐ brede foroven, Tab. XXII, Fig. 67. 68. 69. Klubberne ere bladede, enkelte have i den øverste Ende næsten en Korsform; de ere fra 0.120—0.144ᵐᵐ lange og 0.052ᵐᵐ brede foroven, Fig. 70. 71. Firlingerne have Rosetform, ere rigt forsirede med Blade og 0.152ᵐᵐ lange, 0.092ᵐᵐ brede, Fig. 72.

Paa Forkroppen ere Spindler og Koller hyppigst; sjeldne sees her sammensatte Stjerner. Spindlerne ere baade krumme og lige med tilspidsede Ender og takkede; de ere fra 0.180—0.320ᵐᵐ lange og fra 0.028—0.048ᵐᵐ brede, Tab. XXII, Fig. 73. 74. 75. Kollerne ere besatte med Blade med tandede Rande og et forholdsvis kort

observed. The bistellates are, here, very variable; some have extremely broad, foliform rays with spicate margins, and a cross in the bare middle stripe, in which features they approach to the quadruplet; others are more elongate and have a longish, bare, stripe in the middle, without any cross; they measure from 0.096—0.120ᵐᵐ in length, and from 0.044—0.080ᵐᵐ in breadth at the extremities, and have a middle stripe which measures from 0.024—0.040ᵐᵐ in breadth (Pl. XXI, figs. 47. 48. 49. 50). The quadruplets form, partly cruciforms, partly rosetiforms, partly stellates; they are richly adorned with papillæ, and leaves which frequently have spicate margins; the cruciforms measure from 0.092—0.104ᵐᵐ in length, and have a transversal arm which measures from 0.088—0.100ᵐᵐ (Pl. XXI, figs. 51. 52. 53). The stellates measure about the same in length as in breadth, being 0.080ᵐᵐ in diameter (Pl. XXI, fig. 54). The rosetiforms measure from 0.108—0.112ᵐᵐ in length, and from 0.088—0.110ᵐᵐ in breadth (Pl. XXI, figs. 55. 56). The complex stellates have broad, foliform, rays with spicate extremities; they measure 0.156ᵐᵐ in length, and 0.080ᵐᵐ in breadth (Pl. XXI, fig. 57). The fusces are spicate, and have, partly, spicate or fissured, broad, extremities; they measure 0.152ᵐᵐ in length, and 0.048ᵐᵐ in breadth (Pl. XXI, fig. 58). The clavates, which are the rarest, are beset with leaves having spicate margins, and measure 0.080ᵐᵐ in length, and 0.060ᵐᵐ in breadth above (Pl. XXI, fig. 59).

Upon the cell and posterior body, it is, principally, complex stellates that are most frequently met with; fuseos, sub-clavates, and clavates are somewhat rarer, and quadruplets are, here, very rarely met with. The complex stellates have rather short, but broad, rays with dentated margins; they measure from 0.148—0.164ᵐᵐ in length, and 0.064ᵐᵐ in breadth (Pl. XXI, figs. 60. 61. 62). The fusces are partly curved, partly straight, with more or less acuminated extremities; they measure from 0.168—0.360ᵐᵐ in length, and from 0.020—0.052ᵐᵐ in breadth (Pl. XXI, figs. 63. 64. 65. 66). The subclavates are nearly all straight, only a few of them are seen to be curved, but these ones have also lost the greater part of the sub-clavate form, and approach in form somewhat to the fusæ; the subclavates are, partly, foliaceous, partly spicate, and have a more or less long shaft; they measure from 0.188—0.308ᵐᵐ in length, and 0.044ᵐᵐ in breadth above (Pl. XXII, figs. 67. 68. 69). The clavates are foliated, and a few have almost the cruciform at the uppermost extremity; they measure from 0.120—0.144ᵐᵐ in length, and 0.052ᵐᵐ in breadth above (Pl. XXII, figs. 70. 71). The quadruplets are rosetiform, and are richly adorned with leaves; they measure 0.152ᵐᵐ in length, and 0.092ᵐᵐ in breadth (Pl. XXII, fig. 72).

On the anterior body, fuseos and subclavates are the most usual spicular forms; complex stellates are more here. The fusces are, both, curved and straight, with acuminated extremities, and are spicate; they measure from 0.180—0.320ᵐᵐ in length, and from 0.028—0.048ᵐᵐ in breadth (Pl. XXII, figs. 73. 74. 75). The subclavates are beset

Skaft; de ere 0.172mm lange og 0.048mm brede foroven. Fig. 76. 77. De sammensatte Stjerner ere lidet udviklede; Straalerne ere bladformede og uregelmæssige; de ere fra 0.112—0.140mm lange og 0.064mm brede, Fig. 78. 79.

Paa Tentaklerne sees væsentligst Spindler, der især paa Pinnulerne ere meget tynde, næsten spydformige; imellem Spindlerne sees Koller, lig dem paa Forkroppen. Spindlerne ere dels krumme, dels lige, tandede, fra 0.116—0.144mm lange og fra 0.012—0.028mm brede, Fig. 80. 81. 82. Kollerne ere 0.196mm lange, 0.056mm brede foroven, Fig. 83.

Spiklerne paa Svælgrøret have fordetmeste Spindelformen; af og til sees Firlinger i Korsform.

Farven.

Stammen er svag gulbrun. Polyperne gule, spillende lidt i det Røde.

Findested.

Station 273. 3 Exemplarer.

Artskarakter.

Zoanthodemet indtil 35mm høit. Basaldelen membranøs, tragtformigt udvidet. Stammen omtrent 25mm høi, 6mm bred, hvor den udgaar fra Basalen, rund og nøgen i en Strækning af 10mm, hvorefter den udvider sig til en Bredde af 10mm, bærende paa denne udvidede Del Polyperne. Polypcellerne staa tæt sammen, ere temmelig vide med 8 stærke Ribber, adskilte ved ligesaa mange Furer. Polyperne omtrent 4mm lange, cylindriske, retraktile, forsynede med 8 Ribber, imellem disse 8 svage Furer. Opimod Tentakelranden 8 triangulære, nøgne Felter, i hvis Midte en Spikelrække. Tentaklerne omtrent halvt saalange som Kroppen, temmelig korte og spikelrige. Pinnulerne forsynede med Spikler. Svælgrøret har 8 Rækker Spikler. Paa Basaldelen danne Spiklerne væsentligst Dobbeltstjerner og Firlinger. Paa Stammen er ligeledes Dobbeltstjernen hyppigst, medens Firlingerne ere noget sjeldnere. Paa Polypkroppen ere Spindler og Koller almindeligst. Farven gul. Polyperne spillende lidt i det Røde.

with leaves having dentated margins, and they have a relatively short shaft; they measure 0.172mm in length, and 0.048mm in breadth above (Pl. XXII, fig. 76. 77). The complex stellates are little developed, and their rays are foliform and irregular; they measure from 0.112—0.140mm in length, and 0.064mm in breadth (Pl. XXII, figs. 78. 79).

Upon the tentacles fusces are principally seen, which, especially on the pinnules, are very thin and almost hastiform; between the fusces, subclavates, like those upon the anterior body, are seen. The fusces are, partly, curved, partly straight, and dentated; they measure from 0.116—0.144mm in length, and from 0.012—0.028mm in breadth (Pl. XXII, figs. 80. 81. 82). The subclavates measure 0.196mm in length, and 0.056mm in breadth above (Pl. XXII, fig. 83).

The spicules on the gullet-tube have, most of them, the fusiform, but now and then a cruciform quadruplet is observed.

Colour.

The stem is pale yellowish-brown; the polyps yellow shading towards red.

Habitat.

Station No. 273. Three specimens.

Specific characteristics.

The Zoanthodem measures up to 35mm in height. The basal part membranaceous, dilated in infundibuliform. The stem measures about 25mm in height, and 6mm in breadth at the point where it issues from the base; it is cylindrical, and bare for an extent of 10mm, becoming subsequently dilated to a breadth of 10mm, and the dilated part is occupied by polyps. The polyp-cells are placed closely together and are pretty wide; they have 8 strong ribs separated by the same number of grooves. The polyps measure about 4mm in length, are cylindrical, retractile, and furnished with 8 ribs; between these ribs there are 8 faint grooves. In the proximity of the tentacular margin, there are 8 triangular bare areas in whose middle a spicular series is placed. The tentacles measure about half the length of the body; they are rather short and rich in spicules. The pinnules are furnished with spicules. The gullet-tube has 8 series of spicules. Upon the basal part, the spicules meet with are, principally, bistellates and quadruplets. Upon the stem, bistellates are also the most frequent spicular form, whilst quadruplets are somewhat rarer. On the polyp-body, fusces and subclavates are the most common. The colour yellow; the colour of the polyps shading a little towards red.

16*

Krystallofanes¹ polaris, n. g. et sp.

Tab. XIX. Fig. 1—45.

Zoanthodemet indtil 20ᵐᵐ høit. Stammen omtrent 12ᵐᵐ i Omkreds ved Grunden, men udvider sig næsten kolleformigt i Toppen, der er godt besat med Polyper, blød og gjennemsigtig, svagt riflet paalangs af de store Længdekanaler og paa dens nederste Del nøgen i en Høide af 5ᵐᵐ fra Basaldelen, Fig. 1. Denne er tynd, fast, membranagtig og kun lidet udvidet. Grenene danne tykke, korte, meget brede, gjennemsigtige Lapper, der omgive Stammen næsten krandsformigt med store Mellemrum, idet nemlig hver Krands, hvoraf der høist 3, staa langt fra hverandre, saa at Stammen stykkevis bliver blottet, Fig. 1. Enhver Gren er nøgen og noget smal ved sit Udspring, men bliver bredere mod Enden og bærer en Samling af 6—8 Polyper, hvis Celler staa tæt i hverandre uden at være sammenvoxede, idet et smalt Coenenchym adskiller dem.

Polypcellerne ere halvkugledannede, tæt besatte med Kalk, og naar Polypen begynder at trække sig ind, ser det ud, som om Cellens Rand har 8 Tænder; er Polypen fuldt udstrakt, sees vanskelig nogen Grændse mellem dens Bagkrop og Cellen; thi de gaa saagodtsom umærkeligt over i hinanden; kun derved, at Spiklerne paa Cellen ligge tættere til eller paa hverandre, end paa Bagkroppen, kan de ved Hjælp af Loupe eller stærkere Forstørrelse adskilles, Fig. 2, a.

Polyperne ere retraktile, cylindriske, omtrent 10—12ᵐᵐ lange, med en udviklet Bagkrop. Denne er omtrent 5ᵐᵐ lang, forsynet med 8 Længderækker Spikler, som ere vel adskilte ved et nøgent, gjennemsigtigt Mellemrum. I hvert Spikelfelt er der i Regelen 3 Rækker Spikler, som ligge lidt paaskraas, Fig. 2, b. Forkroppen er 3—4ᵐᵐ lang og lidt indknøben, hvor den gaar over i Bagkropen, men udvider sig op mod Tentakelskiven og er vel forsynet med Spikler, der her ligge paatvers i Begyndelsen, men skraane stærkt af mod Tentakelskiven, hvor de ordne sig i Rækker, som forend de gaa over paa Tentaklerne, vige fra hverandre og danne triangulære Felter, fra hvis spidse Vinkel udgaar en kort Række Spikler, Fig 2, c. Mundskiven er næsten flad med en aflang Mundspalte. Tentaklerne 3—4ᵐᵐ lange, temmelig tykke ved Grunden og paa deres aborale Side pantsret med Spiklerne; Pinnulerne staa temmelig tæt, ere tykke og forsynede med Spikler, Fig. 2.

¹ Af κρύσταλλος, en Krystal og φανης, lysende. Paa Tavle XIX staar Chryxofanes, skal være Krystallofanes.

Krystallofanes¹ polaris, n. g. et sp.

Pl. XIX. figs. 1—45.

The Zoanthodem measures up to 20ᵐᵐ in height. The stem measures about 12ᵐᵐ in circumference, at the base, but becomes somewhat dilated, in subclaviform, at the top, which is well covered with polyps. It is soft and transparent, slightly grooved longitudinally, by the large longitudinal ducts, and, in its lowest part, is bare for a height of 5ᵐᵐ from the base (fig. 1). The basal part is thin, hard, and membranaceous, and it is only slightly dilated. The branches occur as short, thick, very broad, transparent excrescences, which surround the stem almost in wreaths, having wide intervals between them owing to each wreath, of which there are 3 at the most, being situated far apart from the adjacent one, causing the stem, in portions, to be exposed (fig. 1). Every branch is bare, and rather narrow at its root, but becomes broader towards the extremity and bears a collection of 6—8 polyps, whose cells are placed close up to each other without, however, being concreted together, as a slender sarcosoma separates them.

The polyp-cells are semispherical in form, and are closely covered with calcium; when the polyp begins to retract itself, it appears as if the margin of the cell has 8 teeth, but when the polyp is fully extended, it is with difficulty that any margin can be seen between its posterior body and the cell, because they pass into each other, or are absorbed the one into the other, almost imperceptibly. The transition or margin can only be recognised with the assistance of a magnifier, or on considerable magnification, from the fact that the spicules of the cell lie closer to, or upon, each other than on the posterior body (fig. 2, a).

The polyps are retractile, cylindrical, and measure about 10—12ᵐᵐ in length, and they have a developed posterior body which measures about 5ᵐᵐ in length, and is furnished with 8 longitudinal series of spicules, well separated by a bare, transparent, interval. In each spicular area there are, as a rule, 3 series of spicules, which are placed a little diagonally (fig. 2, b). The anterior body measures 3—4ᵐᵐ in length, and is a little constricted at the point where it passes over into the posterior body, but it becomes dilated in the proximity of the tentacular disc, and is well supplied with spicules which, here, are placed, at the commencement, transversally, but slope quickly off towards the tentacular disk, where they become arranged in series which, before they pass over to the tentacles, diverge from each other and form triangular spaces, from whose acute angle a short series of spicules issues (fig. 2, c). The oral disk is almost flat,

¹ From κρύσταλλος = a crystal — φανης = gleaming. Erratum: Owing to a clerical error, the appellation Chrysofanes is erroneously printed on Pl. XIX instead of the correct one, Krystallofanes.

and has an oblong oral fissure. The tentacles measure 3—4″″ in length, and are pretty thick at the base, and, on their aboral side, are sheathed with spicules. The pinnules are placed pretty close to each other, and they are thick and furnished with spicules (fig. 2).

Anatomisk-histologisk Undersøgelse.

Stammen og Grenene ere paa deres udvendige Flade forsynede med Epithel, der bestaar af 2 Lag polyædriske Celler, som med sin Kjerne og Kjernelegeme indeholder kun sparsomt en halvgjennemsigtig, næsten homogen Protoplasmamasse, Fig. 3, a. 4. a. Imellem Ectodermcellerne sees, foruden Spikler, isolerede, pæreformige, encellede Slimkjertler, dels med et kornet Indhold, der omgiver Kjernen, dels ganske tomme, af Udseende som Vacuoler. Indenfor Ectodermet er et ganske eiendommeligt, hyalint Bindevæv, hvis ydre Lag danner et fuldstændigt Næt med store Masker, hvori Spikler ere afleirede, Fig. 3, b. 4, b, og hvis indre Lag udgjør et temmeligt bredt Bælte, hvori sees fine Ernæringskanaler og Bindevævslegemer, og fra hvis indre Flade udsendes Forlængelser, der danne Skillevæggene for Kanalsystemet eller det egentlige Coenenchym, og hvori findes en hel Del Spikler, Fig. 3, d. De store Maskers Vægge ere beklædte med Ectodermceller, saaledes at Spiklerne, som udfylde Maskerne, ere omgivne af dem. Fig. 4, c. Paa den indre Flade af Bindevævet, der danner de store Kanaler, findes paaskraas- og paalangsgaaende Muskelfibre, som paa Septula samle sig til Muskelbunter, der paa den ene Side danne Længde- og paa den anden Tværmuskler, hvilke følge Septula i deres hele Længde for at gaa over paa Septa hos de Polyper, som staa i umiddelbar Forbindelse med saadanne Kanaler, der i saa Tilfælde udgjøre Polypernes forlængede Mavehuleder. Der er kun faa af disse Kanaler, og ret ofte findes langt nede i dem Generationsorganerne med fuldt [udviklede Kjønsprodukter.

Stammens og Grenenes Længdekanaler ere i det Hele taget faa i Forhold til Polypernes Antal; snaledes samler den øverste Polypgruppe sig i 4 meget vide Hovedkanaler, ligesom Grenenes Polyper samle sig i 2—3, alt efter Grenens Tykkelse og Polypernes Antal. Fig. 3. For hver Krands af Grene faar Stammen en Tilvæxt af Længdekanaler, som dog blive trangere og trangere, jo mere de nærme sig Basaldelen. Kanalerne ere tapetserede med et Endothel, der bestaar af et Lag runde Celler med Kjerne og Kjernelegeme. De runde Legemer, som indeholdes i den i Kanalerne cirkulerende Ernæringsvædske, have dels samme Form, Størrelse og Indhold som Endothelcellerne, dels ere de noget forskjellige fra disse, idet de ere fyldte med en

Anatomo-histological Examination.

The stem and the branches are - upon their exterior surfaces — furnished with an epithelium which consists of 2 layers of polyhedrical cells, that besides their nucleus and nucleolar corpuscles, contain, but sparingly, a semi-transparent, almost homogeneous protoplasmic mass (figs. 3, a. 4, a). Between the ectoderm-cells there is, also, observed, besides spicules, isolated, piriform, unicellular mucous glands containing, partly, a granular substance which surrounds the nucleus, and, partly quite empty, and which have the appearance of vacuoli. Inside of the ectoderm, there is a quite peculiar hyaline connective-tissue, whose exterior layer forms a complete reticulation of large meshes in which the spicules are embedded (fig. 3, b. 4, b), and whose inner layer forms a pretty broad stripe, in which minute nutritory ducts and connective-tissue corpuscles are observed, and from whose inner surface prolongations issue forming the divisional walls of the ductiferous system, or the sarcosoma-proper, and in which there is found a great number of spicules (fig. 3, d). The walls of the large meshes are clad with ectodermic cells in such a manner, that the spicules which fill out the meshes are surrounded by them (fig. 4, c). On the inner surface of of the connective-tissue which forms the large ducts, muscular fibres are found, running diagonally, and longitudinally, and which, on the septula, collect into bundles of muscles, that on the one side form longitudinal, and on the other side transversal, muscles, accompanying the septula throughout their entire length and then passing over to the septa of such polyps as are placed in immediate connection with those ducts, and in that case they compose the prolongated gastral cavities of the polyps. There are not many of these ducts, and very frequently, far down in them, the reproductive organs are met with, containing fully developed sexual products.

The longitudinal ducts of the stem and the branches are, upon the whole, few in number in proportion to those of the polyps; for instance, the uppermost polyp group collects itself into 4 very wide main ducts, whilst, also, the polyps of the branches collect themselves into 2—3 ducts, according to the thickness of the branches and the number of the polyps (fig. 3). For every wreath of branches the stem acquires an addition of longitudinal ducts, which however become narrower and narrower the nearer they approach to the basal part. The ducts are lined with an epithelium, consisting of a layer of round cells containing nucleus and nucleolus. The globular corpuscles which are contained in the nutritory fluids circulating in

kornet Masse, uden at nogen Kjerne kan iagttages i dem og ligne meget de hvide Blodlegemer hos de høiere Dyrklasser.

Polypkroppen er udvendigt beklædt med et Ectoderm, meget ligt det, som findes paa Stammen og Grenene, Fig. 4, *a*, og hvori encellede Slimkjertler og Spikler ere leirede. Indenfor Ectodermet er et Bindevævslag, Fig. 4, *e*, der svarer fuldkomment til det, som er beskrevet ved Stammen. Det samme Maskenæt findes her; Maskernes Vægge ere overtrukne med Ectodermceller, Fig. 4, *c*, og Hulhederne fyldte med Spikler. Fra Bindevævets indvendige Flade udgaa 8 Septa, der fæste sig paa Svælget og danne Kamrene. Muskelanordningen paa Septa er som sædvanlig; ligeledes ere Kamrene overalt forsynede med et Lag runde Celler med Kjerne og Kjernelegeme, Fig. 4, *f*.

Svælget er langt, cylindrisk, uden Spikler. Fig. 5, *a*; paa dets indre Flade er langs Bugsiden en temmelig vid, halvrund Svælgrende, forsynet med lange Pidskeceller, Fig. 4, *g*; den øvrige Del af Svælget er beklædt med ciliererende Celler, hvoraf de i den øverste Del nærme sig meget Ectodermcellerne uden at være san kantede, imedens de i den nedre Del maa betragtes som Cylinderceller. Overalt i Svælgepithelet, undtages Svælgrenden, er indplantet dels pæreformige, dels ægformige, encellede Slimkjertler i temmelig stor Mængde; Fig. 4, *h*. Disse Slimkjertler have en smal Udførselsgang, der munder ud i Svælghulheden.

Kjønsorganerne sidde langt nede i Mavehulheden og, som tidligere nævnt, træffes de ogsaa i Kanalerne saavel i Stammen som i Grenene og have den samme Bygning, som oftere er omtalt. Kjønnet er adskilt. Hos flere Polyper vare Embryonerne endnu indesluttede i Ægget, hvor de lan stærkt boiede, Fig. 6; hos andre havde de forladt Ægget, lan frit i Mavehulheden, vare temmelig lange, ormformige, overalt beklædte med Cilier og forsynede med Gastrulamave og Mund. Hos disse frigjorte Embryoner iagttoges endnu ikke nogen Spikeldannelse, saaledes som Tilfældet var hos Embryonerne af Slægten Nephthya, og der er Grund til at antage, at Spiklerne først optræde, efter at Ungen har forladt Moderen for at føre et selvstændigt Liv; thi hos en Polyp var netop en saadan spikelløs Unge iførd med at passere igjennem det trange Svælg for at paabegynde sit individuelle Liv, Fig. 5, *b*.

Paa Basaldelen ligge Spiklerne pakkede paa hverandre, og de hyppigste Former, hvorunder de her optræde, ere Firlinger, Dobbeltstjerner og Spindler. Firlingerne ere meget forskjellige, kors-, tuneglas- eller rosetformede; de ere dels glatte, dels svagt besatte med Papiller, dels rigt

the ducts have, partly, the same form, size, and substance as the endothelial cells or, partly, they are a little different from them, owing to their being filled up with a granular mass in which no nuclei can be detected, and much resembling the white blood-corpuscles found in the higher classes of animals.

The polyp-body is, externally, clad with an ectoderm much resembling that found on the stem and the branches. (fig. 4, *a*), and in which unicellular mucous glands and spicules are embedded. Inside of the ectoderm, there is a connective-tissue layer (fig. 4, *e*) which exactly corresponds with that described in connection with the stem. The same reticulation of meshes is found here; the walls of the meshes are coated with ectodermic cells (fig. 4, *c*), and the cavities are filled with spicules. From the interior surface of the connective-tissue, 8 septa issue and attach themselves to the gullet, and form the ducts. The muscular arrangement on the septa is the usual one, and the chambers are, also, everywhere supplied with a layer of globular cells containing nucleus and nucleoli (fig. 4, *f*).

The gullet is long, cylindrical, and devoid of spicules (fig. 5, *a*). On its inner surface, along the ventral side, there is a pretty wide, semi-circular, gullet-passage furnished with long flagelliform cells (fig. 4, *g*). The remaining part of the gullet is clad with ciliated cells, of which, those in the uppermost part approach much, in form, to the ectodermic cells, without, however, being so angular, whilst those in the lower part must be considered to be cylindercells. Everywhere, in the epithelium of the gullet, with exception of the gullet-passage, there are planted, partly piriform, partly oviform, unicellular mucous glands in pretty great abundance (fig. 4, *h*). These mucous glands have a narrow excretory duct which opens into the gullet-cavity.

The generative organs are placed far down in the gastral cavity, and, as previously stated, they are also met with in the ducts of. both, the stem and the branches, and have the same structure as that already frequently spoken of. The sexes are separated. In many polyps, the embryons were still enclosed in the ovum, where they lay strongly curved (fig. 6). In others, they had emerged from the ovum and lay loose in the gastral cavity, appearing pretty long, flat and vermiform, and clad all over with cilia; and also furnished with a true gastrula stomach and mouth. In these independent embryons, no spicular formation was yet visible, like the case of the embryons of the genus *Nephthya*, and there is reason to suppose that the spicules first appear after the young one has abandoned the mother in order to lead its independent life, because, in one polyp, one of these spicule-free young ones was just engaged in passing through the narrow gullet in order to start upon its individual existence (fig. 5, *b*).

In the basal part, the spicules are placed packed upon each other, and the most frequent forms in which they appear, here, are quadruplets, bistellates and fusees. The quadruplets are very various in form, as they are met with in cruciform, sand-glass form, or rosetiform; they

ornamenterede; de korsformede ere fra 0,080—0,084ᵐᵐ lange med en Tverstok fra 0,064—0,076ᵐᵐ Fig. 7—8; de timeglasformede ere de hyppigste; de ere fra 0,072—0,128ᵐᵐ lange og fra 0,044—0,084ᵐᵐ brede ved Enderne og fra 0,028—0,044ᵐᵐ brede paa Midten, Fig. 9. 10. 11. 12; de rosetformede ere de sjeldneste, 0,076ᵐᵐ lange, 0,088ᵐᵐ brede, Fig. 13. Dobbeltstjernerne ere mere eller mindre udviklede; enkelte nærme sig mere sammensatte Stjerner, Straalerne ere brede, bladede med takkede Ender; de ere fra 0,016—0,128ᵐᵐ lange, fra 0,042—0,072ᵐᵐ brede mod Enderne og fra 0,020—0,036ᵐᵐ brede paa Midten, der stundom er nogen, stundom besat med enkelte Papiller, Fig. 14. 15. Spindlerne ere ikke meget takkede, enkelte ere ganske tynde med takkede Ender, 0,084ᵐᵐ lange, 0,032ᵐᵐ brede, Fig. 16; andre ere tykkere, have vingeformede Udvæxter, ere fra 0,088—0,104ᵐᵐ lange og fra 0,036—0,052ᵐᵐ brede, Fig. 17. 18. 19.

Paa Stammen og Grenene ligge Spiklerne meget mere spredte end paa Basalen, og her ere Valser, Koller og Spindler de hyppigste, sjeldnere Klubber og Dobbeltstjerner, men yderst sjeldent Firlinger. Valserne have brede, næsten paatvers afskaarne, takkede Ender og ere overalt temmelig tæt besatte med brede, bladformige, i Randen udskaarne Takker; de ere 0,212ᵐᵐ lange, 0,084ᵐᵐ brede, Fig. 20. Kollerne ere ligeledes overalt prydede med meget brede, bladformede, i Randen stærkt indskaarne Takker; indimellem disse sees Takker, der ende i en liden Stjerne; de ere 0,308ᵐᵐ lange, og 0,088ᵐᵐ brede foroven, Fig. 21. Spindlerne ere snart lige, snart krummede, næsten haandformede, takkede, og paa enkelte ere Takkerne brede med indskaarne Rande; de ere fra 0,176—0,244ᵐᵐ lange og fra 0,028—0,060ᵐᵐ brede paa Midten, og Enderne ere mere eller mindre tilspidsede, Fig. 22. 23. 24. Klubberne ere meget varierende; Skaftet er kort, tildels takket, men den øvrige Del er rigt forsiret med store, fremragende, brede Blade, hvis Rande ere mere eller mindre tandede; enkelte af Klubberne nærme sig noget Valsen, andre sammensatte Stjerner; de ere fra 0,156—0,196ᵐᵐ lange og fra 0,088—0,096ᵐᵐ brede foroven, Fig. 25. 26. 27. Dobbeltstjernerne ere temmelig uformelige, da de ulige stillede Straaler ere brede med takkede Ender; de ere fra 0,124—0,140ᵐᵐ lange og fra 0,052—0,076ᵐᵐ brede med et Midtbelte, der tildels har smaa Papiller og er fra 0,024—0,036ᵐᵐ bredt, Fig. 28. 29. Endelig er den paa dette Sted saa sjeldne Firling rigt ornamenteret og staar imellem Kors- og Timeglasformen, nærmest den sidste; den er 0,092ᵐᵐ lang, 0,080ᵐᵐ bred i Enderne og 0,036ᵐᵐ bred paa Midten, Fig. 30.

are, partly, smooth, partly faintly beset with papillæ, and are sometimes richly ornamented. The cruciforms measure from 0,080—0,084ᵐᵐ in length, and have a transversal arm measuring from 0,064 0,076ᵐᵐ (figs. 7. 8). The sand-glass forms are the most frequent; they measure from 0,072—0,128ᵐᵐ in length, from 0,044—0,084ᵐᵐ in breadth at the extremities, and from 0,028—0,044ᵐᵐ in breadth at the middle (figs. 9. 10. 11. 12). The rosetiform are the rarest, and they measure 0,076ᵐᵐ in length, and 0,088ᵐᵐ in breadth (fig. 13). The bistellates are more or less developed; a few approach more in form to the complex stellates; the rays are broad and foliaceous, and have spicate extremities; they measure from 0,116—0,128ᵐᵐ in length, from 0,042—0,072ᵐᵐ in breadth, towards the extremities, and from 0,020—0,036ᵐᵐ in breadth at the middle, which occasionally is bare, or is, occasionally, beset with a few papillæ (figs. 14. 15). The fusces are not much spicate, some are quite thin and have spicate extremities; these measure 0,084ᵐᵐ in length, and 0,032ᵐᵐ in breadth (fig. 16). Others, again, are thicker, and have pennate excrescences; these measure from 0,088—0,104ᵐᵐ in length, and from 0,036—0,052ᵐᵐ in breadth (figs. 17. 18. 19).

On the stem and the branches, the spicules are placed much more scatteredly than on the basal part and, here, cylinders, subclavates, and fusces are the most frequent forms met with; clavates and bistellates are met with more rarely, and quadruplets extremely rarely. The cylinders have broad, almost transversely-truncated spicate extremities and are, everywhere, pretty closely beset with broad, foliaceous spikes, having dentated margins; they measure 0,212ᵐᵐ in length, and 0,084ᵐᵐ in breadth (fig. 20). The subclavates are, also, everywhere adorned with very broad foliform spikes strongly dentated in the margins, and between these spikes others, terminating in a small star, are seen; these subclavates measure 0,308ᵐᵐ in length, and 0,088ᵐᵐ in breadth above (fig. 21). The fusces are, sometimes straight, and sometimes curved, almost cymbiform, and spicate, and in a few of them the spikes are broad, with dentated margins; they measure from 0,176—0,244ᵐᵐ in length, and from 0,028—0,060ᵐᵐ in breadth at the middle. The extremities are more or less acuminated (figs. 22. 23. 24). The clavates are very various in form; the shaft is short and partly spicate, but the remaining part is richly adorned with large, projecting, broad leaves whose margins are more or less dentated. A few of the clavates approach, somewhat, in form to that of the cylinders, others to that of the complex stellates; they measure from 0,156—0,196ᵐᵐ in length, and from 0,088—0,096ᵐᵐ in breadth above (figs. 25. 26. 27). The bistellates are rather misshapen, and the irregularly placed rays are broad and have spicate extremities; they measure from 0,124—0,140ᵐᵐ in length, and from 0,052—0,076ᵐᵐ in breadth, and have a mesial stripe partly occupied by small papillæ, which measures from 0,024—0,036ᵐᵐ in breadth (fig. 28. 29). Finally, the quadruplet so rarely met with in this situation, is richly ornamented, and appears to be

Paa Polypernes Bagkrop og Celle ere Køller og sammensatte Stjerner almindeligst; Spindler og Klubber ere sjeldnere, men sjeldnest Firlinger, — dog træffes disse sidste hyppigere end paa Stammen og Grenene. Køllerne ligne særdeles meget de paa Stammen; de ere kanske noget rigere paa bladformede Takker, ligesom de stjerneformede Takker ere mere fremtrædende; de ere fra 0.252 —0.348"" lange og fra 0.064—0.084"" brede foroven, Fig. 31. 32. Men imellem disse Køller sees andre, der ere kun sparsomt smaatakkede; de have et næsten glat Udseende, nærme sig noget Spindelformen og ere 0.256"" lange og 0.048"" brede foroven, Fig. 33. De sammensatte Stjerner have brede, i Enderne takkede Straaler og imellem Straalerne som oftest et smalt, nøgent Belte; de ere 0.156"" lange, 0.064"" brede, og Midtbeltet 0.032"" bredt, Fig. 34. Klubberne ere ikke saa rige paa Bladbesætning som de paa Stammen; Bladene ere mere bugtede end tandede og staa længere fra hverandre; de ere 0.140"" lange, 0.084"" brede foroven, Fig. 35. Firlingerne ere her to Slags; det ene har Korsformen, er overordentligt smukt prydet med Blade og Stjerner, 0.224"" langt og har en Tverstok, der er 0.180"" og ligesom Længdestokken meget bred, Fig. 36; det andet nærmer sig Timeglasformen, er besat med temmelig smaa Papiller og er 0.092"" langt, 0.064"" bredt i Enderne og 0.028"" bredt paa Midten, Fig. 37.

Paa Forkroppen ere Spindlerne og Køllerne almindeligst, Klubber og Dobbeltstjerner sjeldnere. Spindlerne ere dels lige, dels mere eller mindre krummede og takkede; men Takkerne ere baade smaa og staa temmelig langt fra hverandre; de ere fra 0.192—0.224"" lange og fra 0.024 —0.028"" brede, Fig. 38, 39. Køllerne ere enten lige, hvilket er det hyppigste, eller noget krumme; de lige ere tæt besatte med smaa Takker, 0.260"" lange, 0.056"" brede foroven, Fig. 40; de krumme ere kun svagt besatte med smaa Takker, som staa temmelig langt fra hverandre, ere 0.188"" lange, 0.044"" brede foroven, Fig. 41. Klubberne have et kort, takket Skaft og ere forresten forsynede med brede, bladformede Takker, der staa temmelig langt fra hverandre; Rummene mellem Bladene ere tildels nøgne; de ere fra 0.124—0.164"" lange og fra 0.064—0.072"" brede foroven, Fig. 42. 43. Dobbeltstjernerne have næsten kugledannede Ender, hvis 4—6 Takker danne Stjernen; Takkerne (Straalerne) ende tildels i en liden Stjerne og Midtpartiet er nøgent. De nærme sig meget Dobbeltkuglen, ere 0.096"" lange og 0.008"" brede i Enderne med et 0.036"" bredt Midtbelte, Fig. 44.

intermediate between the cruciform and the sand-glass form, but nearest to the latter; it measures 0.092"" in length, and 0.080"" in breadth at the extremities, and 0.036"" in breadth at the middle (fig. 36).

On the posterior body of the polyps and cell, sub-clavates and complex stellates are the most frequent forms; fusces and clavates are more rare, and quadruplets are the rarest of all, but these last are met with, however, more frequently than is the case on the stem and the branches. The subclavates particularly resemble those of the stem; they are perhaps a little richer in foliform spikes, whilst, also, the stelliform spikes are more prominent; they measure from 0.252—0.348"" in length, and from 0.064—0.084"" in breadth above (figs. 31. 32). But between these subclavates others are seen which are only sparingly supplied with small spikes; they have an almost smooth appearance, and approach in form somewhat to the fusiform; they measure 0.256"" in length, and 0.048"" in breadth above (fig. 33). The complex stellates have broad rays, spicate in the extremities, and between their rays they generally have a narrow bare stripe; they measure 0.156"" in length, and 0.064"" in breadth, the mesial stripe measuring 0.032"" in breadth (fig. 34). The clavates are not so rich in foliaceous ornamentation as those of the stem, the leaves are more linguated than dentated, and are placed further apart from each other; they measure 0.140"" in length, and 0.084"" in breadth above (fig. 35). The quadruplets are, here, of two kinds; the one is cruciform, and is extremely beautifully adorned with leaves and stars; it measures 0.224"" in length, and has a transversal arm which measures 0.180"", and which, like the longitudinal arm, is very broad (fig. 36); the other kind approaches in form to the sand-glass form, and is beset with rather small papillæ; it measures 0.092"" in length, 0.064"" in breadth at the extremities, and 0.028"" in breadth at the middle (fig. 37).|

On the anterior body, the fusces and subclavates are the most frequent forms met with; clavates and bistellates are more rare; the fusces are, partly straight, and partly more or less curved and spicate, but the spikes are, both, small and placed pretty far apart from each other; they measure from 0.192—0.224"" in length, and from 0.024 —0.028"" in breadth (figs. 38. 39). The subclavates are either straight — which is the most usual form — or they are somewhat curved; the straight ones are closely beset with small spikes, and measure 0.260"" in length, and 0.056"" in breadth above (fig. 40); the curved ones are only faintly beset with small spikes, which are placed pretty far apart from each other; the spaces between the leaves are, partly, bare; they measure from 0.124—0.164"" in length, and from 0.064—0.072"" in breadth above (figs. 42. 43). The bistellates have almost globular extremities whose 4—6 spikes form the star. The spikes

Paa Tentaklerne sees almindeligst lignende Køller og Spindler som paa Forkroppen; men desforuden træffes især til Siderne og op mod Enden mindre, mere fladtrykte, takkede Spikler, der ere fra 0.120—0.160"" lange og fra 0.020—0.036"" brede, Fig. 45. Paa Pinnulerne ere Spiklerne mest spindelformede og smaa.

De Spikler, som forekomme i Coenenchymet, ere for Størstedelen takkede Spindler.

Med Undtagelse af et eneste Exemplarer, som bleve fundne paa Expeditionen, fæstede til døde Skaller af Astarte crenata, Gray.

Farven.

Farven er hvid, men naar Polyperne ere fuldt udstrakte, er Zoanthodemet vandklart, spillende lidt i det Gule

Findested.

Station 338. 5 Exemplarer.

Slægtskarakter.

Stammen har faa, men udprægede Længdekanaler; dens Top er rig paa Polyper. Grenene korte, stillede i Krandse omkring Stammen med nøgne Mellemrum, bærende paa de udvidede Ender Polyperne. Polypcellerne adskilte ved et bredt Coenenchym. Polyperne retraktile. Stamme, Grene, Coenenchym og Polyper spikelholdige. Svælget uden Spikler.

Artskarakter.

Zoanthodemet indtil 20"" højt, gjennemsigtigt. Stammen blød, omtrent 12"" i Omkreds ved Grunden, udvidende sig kølleformigt i Toppen, der er tæt besat med Polyper; dens nederste Del nøgen. Basaldelen lidt udvidet, fæstet til døde Skaller. Grenene korte, tykke, brede ved Grunden, udvidende sig mod Enderne, som hver bærer 6—8 Polyper og stillede kransformigt om Stammen med nøgne Mellemrum. Polypcellerne halvrunde, vel adskilte ved Coenenchym. Polyperne retraktile, cylindriske, 10—12"" lange med 8 adskilte Længderækker Spikler, samt en udviklet Bagkrop. Opimod Tentakelranden et triangulært, nøgent Felt imellem hver 2 Tentaklers Grund, hvori 2—3 Spikler. Tentaklerne 3—4"" lange, pantsrede med Spikler. Pinnulerne staa tæt

Den norske Nordhavsexpedition. D. C. Danielssen; Alcyonida.

(the rays) terminate, partly, in a small star, and the middle part is bare. They approach, much, in form to the doublesphere, and measure 0.096"" in length, and 0.068"" in broadth at the extremities, and have a mesial stripe 0.036"" in breadth (fig. 44).

On the tentacles, clavates and fusees similar to those of the anterior body are, most frequently, observed, but, besides these, especially to the sides and in proximity to the extremities, small, more flattened, spicate spicules are met with, which measure from 0.120—0.160"" in length, and from 0.020—0.036"" in breadth (fig. 45). On the pinnules, the spicules are principally fusiform, and small.

The spicules which occur in the sarcosoma are, for the greater part, spicate fusees.

With the exception of a single one, all the specimens which were obtained on the expedition were adherent to the dead shells of *Astarte crenata*, Gray.

Colour.

The colour is white, but when the polyps are fully extended the Zoanthodem is pellucid, shading a little towards yellow.

Habitat.

Station No. 338. Five specimens.

Generic characteristics.

The stem has few, but distinct, longitudinal ducts; its summit is rich in polyps. The branches short, placed in wreaths around the stem so as to leave bare intervals, and they carry the polyps on their dilated extremities. The polyp-cells are separated by a broad sarcosoma. The polyps retractile. The stem, branches, sarcosoma, and polyps contain spicules. Gullet devoid of spicules.

Specific characteristics.

The Zoanthodem measures up to 20"" in height, transparent. The stem soft, measures about 12"" in circumference at the base, becomes dilated in subclaviform at the summit, which is closely beset with polyps; the lowest part bare. The basal part a little dilated and adherent to dead shells. The branches short, thick, broad at the root, become dilated towards the extremities, each of which carries 6—8 polyps, and they are placed in wreaths, around the stem, so as to leave bare intervals. The polyp-cells retractile, cylindrical, 10—12"" in length, have 8 separated longitudinal series of spicules, and a dilated posterior body. Up towards the tentacular margin, a triangular

17

130

sammen, ere tykke og forsynede med Spikler. Paa Basaldelen er Spikelformen hyppigst Firlinger, Dobbeltstjerner og Spindler; paa Stammen, Valser og Køller; paa Polyperne Køller, Spindler, Klubber og i Coenenchymet Spindler.

bare area between the bases of each 2 tentacles, occupied by 2—3 spicules. The tentacles 3—4″″ in length, sheathed with spicules. The pinnules placed close to each other, thick and furnished with spicules. On the basal part, the spicular forms which are most frequent are quadruplets, bistellates, and fuscos; the most frequent forms on the stem are cylinders and subclavates. On the polyps, the most frequent spicular forms are subclavates, fuscos, and clavates; and in the sarcosoma fuscos.

Underfamilie Organinæ, mihi.

Organidus[1] Nordenskjöldi, n. g. et sp.

Tab. XIX, Fig. 40—70. Tab. XX, Fig. 1—44.

Zoanthodemet indtil 20″″ høit. Stammen er lige tyk overalt, omtrent 25″″ i Omfang og dannet af en Samling Polyper, hvis lange, rørformige Celler ere sammenvoxede efter hele Længden, hvorved det Hele faar nogen Lighed med en Samling Orgelpiber, Tab. XIX, Fig. 46. Ikke alle Celler (Calyx) ere lige lange, hvorved der dannes ligesom Afsatser paa Stammen; men hvad enten de ere korte eller lange,; løbe de lige ned til Basaldelen. De længste og rideste Celler ere noget indknebne paa Midten, omtrent der, hvor de korte Celler ende foroven. Fig. 46. a, men udvide sig meget snart igjen, for senere at beholde sin tidligere Vidde.

Cellerne, der ere cylindriske, glatte og glindsende, løbe ikke ganske parallelle ved Siden af hverandre, men bugte sig tildels temmelig meget, uden dog at den ene Celle omslynger den anden. De ere i udstrakt Tilstand fuldkommen vandklare og saa gjennemsigtige, at Septula sees tydeligt i hele Længden; de kunne trække sig lidt sammen og blive da mindre klare; men naar Polyperne ere fuldt udstrakte, svulme Cellerne stærkt op, og da er hele Zoanthodemet gjennemsigtigt; kun ved Hjælp af Loupen sees Kalkafsætningerne i Huden, hvilke ordne sig i Rækker. Cellens øverste Ende gaar over i Polypen, eller, om man vil, denne gaar over i Cellen, og der, hvor Overgangen finder Sted, er en liden Indsnøring, idet Polypkroppen her udvider sig noget; men nogen tydelig Grændse er der ikke, Fig. 46, b. Cellen kan derfor betragtes som Polypens Bagkrop; thi i den forlænger Mavehulheden sig lige ned til Basalen. Cellernes Antal er væsentlig afhængigt af Koloniens Størrelse. Paa største Exemplarer er der henved 40.

Sub-Section Organinæ, mihi.

Organidus[1] Nordenskjöldi, n. g. et sp.

Pl. XIX, figs. 40—70. Pl. XX, figs. 1—44.

The Zoanthodem measures up to 20″″ in height. The stem is uniform in thickness throughout, and measures about 25″″ in circumference; it is formed of a collection of polyps whose long tubular cells are concreted together throughout their entire length, giving to the whole structure, somewhat, the appearance of a collection of organ pipes (Pl. XIX, fig. 46). The cells (Calyx) are not all uniform in length, forming, thus, as it were, terraces upon the stem, but whether they are short or long they extend quite down (to the basal part. The longest and widest cells are somewhat constricted at the middle, at about the point where the short cells terminate above (Pl. XIX, fig. 46, a), but they very soon become dilated again so as to, subsequently, retain their previous width.

The cells, which are cylindrical, smooth, and shining, do not run quite parallel alongside of each other, but bulge out, sometimes, a good deal, without, however, the one cell entwining the other. In the extended state they are quite pellucid and are, then, so transparent that the septula can be distinctly observed throughout the entire length; they are capable of contracting together a little, and are, then, not quite so pellucid, but when the polyps are fully extended the cells swell strongly up and, then, the entire Zoanthodem is transparent; with the assistance of a magnifying glass, alone, can the calcareous deposits in the integument be observed; these are arranged in series. The uppermost extremity of the cell passes over into the polyp, or it may be said that the latter passes over into the cell, and at the point where the transition occurs there is a small constriction, caused by the body of the polyp becoming somewhat dilated there, but there is no distinct margin (Pl. XIX, fig. 46, b). The cell may, therefore,

---

[1] ὄργανον = Orgel.

[1] ὄργανον = Organ.

Polyperne ere med Tentaklerne 10—12ᵐᵐ lange, retraktile, cylindriske, glatte og aldeles gjennemsigtige, saa at Svælget, Gastralfilamenterne, Septa og Generationsorganerne kunne sees; de ere temmelig udvidede, der hvor Bagkroppen gaar over i Cellen; men smalner af opimod Tentakelskiven, Tab. XIX, Fig. 47. Polypkroppen er forsynet med 8, vel adskilte Længderibber, der fortsættes over paa Cellen og ere dannede af Kalkspikler; imellem disse Ribber er en temmelig bred Fure, som er uden Kalk, Fig. 47. Opimod Tentakelskiven vige Ribberne længere fra hverandre, hvorved dannes trekantede Felter, der ere bredest mod Mundskiven, men har en spids Vinkel nedad; fra denne udgaar en Pyramide af Spikler, der indtager Feltets Midtparti, imedens den øvrige Del er nogen, men besat med Nematocyster, Fig. 47, a. Tentaklerne ere 5—6ᵐᵐ lange, meget brede ved Grunden, men tilspidse sig traadformigt, have paa deres aborale Side en Kjøl af Spikler, Fortsættelse af Kroppens Ribber, og ere forsynede med tætstaaende, temmeligt tynde Pinnuler, som ere spikelholdige, Fig. 47. 48. Mundskiven, der i Forhold til Kroppens bagre Del er smal, kun lidet hvælvet, har en tverspaltet Mundaabning og er overalt besat med Nematocyster, hvilket ogsaa er Tilfældet med Tentaklernes adorale Side.

Ved Grunden af enkelte Polyper, just der, hvor to sandanne støde sammen, sees yderst smaa Polyper, som ere dannede ved Udbugtning (Knopskydning) af Polypvæggen og staar saaledes i Forbindelse med Mavehulheden, Fig. 46, c; ligesaa iagttages ved Stammens Grund flere temmelig smaa Polyper med deres Celler, der synes at være skudte op af Basaldelen, Fig. 46. Naar Polypen trækker sig ind i sin Celle, krænger den øverste Del af denne sig ind, og da faar Randen et ottetandet Udseende, som Følge af de 8 Spikelrækker, der findes i Cellens Væg, — og naar Polypen er fuldkommen indtrukken, er Cellen noget forkortet, lidt rynket og fremlyder da paa sin øverste, afrundede Ende en ottestraalet Stjerne, i hvis Midte sees en yderst fin, rund Aabning, Fig. 46. En enkelt Polyp kan ikke trække sig fuldkommen ind i sin Celle, uden at dennes Naboceller forkortes lidt; men have samtlige Polyper trukket sig sammen, er hele Stammen forkortet paa Grund af Cellernes intime Sammenvoxning, hvorom vi senere skulle faa Besked.

be considered as the posterior body of the polyp, as in it the gastral cavity becomes prolonged right down to the base. The number of the cells is principally dependent on the size of the colony. In the largest specimens there are nearly 40 of them.

The polyps, with their tentacles, measure 10—12ᵐᵐ in length; they are contractile, cylindrical, smooth, and perfectly transparent, so that the gullet, gastral filaments, septa and generative organs, may be observed; at the point where the posterior body passes over into the cell, they are pretty much dilated, but diminish in thickness, again, up towards the tentacular disk (Pl. XIX, fig. 47). The polyp-body is furnished with 8, well-separated, longitudinal ribs which are continued over upon the cell, and are formed of calcareous spicules; between these ribs there is a pretty broad groove devoid of calcium (Pl. XIX, fig. 47). In the proximity of the tentacular disk, the ribs diverge considerably from each other, causing triangular areas to be formed, which are broadest towards the oral disk and have an acute angle downwards; from that, a pyramid of spicules issues, which occupies the mesial part of the area, whilst the remaining part is bare, but beset with nematocysts (Pl. XIX, fig. 47, a). The tentacles measure 5—6ᵐᵐ in length, and are very broad at the base but become filamentously acuminated; on their aboral side they have a carina of spicules which are a continuation of the ribs of the body, and they are furnished with closely-placed, rather thin, pinnules containing spicules (Pl. XIX, fig. 47. 48). The oral disk, which, in proportion to the posterior part of the polyp, is narrow, is only slightly arcuate, and it has a transversally-fissured oral aperture; it is everywhere beset with nematocysts, which is, also, the case with the adoral side of the tentacles.

At the base of some polyps, just at the point where two of them join each other, extremely minute polyps are seen, formed by budding of the polyp wall and therefore in connection with the gastral cavity (Pl. XIX, fig. 46, c). There is observed, also, at the base of the stem, several rather small polyps with their cells, which appear to have sprouted up from the basal part (Pl. XIX, fig. 46). When the polyp retracts into its cell, the uppermost part of the cell curves inwards, and the margin then acquires an octodentate appearance, owing to the 8 spicular series which are found in the wall of the cell; and when the polyp is completely retracted, the cell is somewhat shortened and becomes a little wrinkled, but if all the polyps have contracted themselves together, the entire stem then becomes shortened, owing to the intimate concretion of the cells, and of this we will subsequently speak.

Anatomisk-histologisk Undersøgelse.

Stammen, det vil sige de sammenvoxede Polypceller, er udvendigt beklædt med et Epithel, bestaaende af 2—3 Lag polyædriske Celler, hier ere 0.006ᵐᵐ og have en lidt excentrisk Kjerne med Kjernelegeme, omgiven af en temmelig sparsom Protoplasmamasse, Tab. XX, Fig. 1, a. Imellem disse Ectodermceller sees hist og her pæreformige, encellede Slimkjertler, lig dem, der tidligere ere beskrevne, samt en Mængde Spikler, Tab. XX, Fig. 1, a. Dette gjælder dog kun de ydre Vægge af Polypcellerne. De indre ere sammenvoxede og [uden Ectoderm, Tab. XIX, Fig. 49. Sammenvoxningen er saa intim mellem 2 og 2 Cellers Bindevævslag, Fig. 49, a, at dette ikke er tykkere, men endog noget tyndere `end den ydre Vægs Bindevæv, Fig. 49, b, hvori der indtlages Bindevævslegemer med Udløbere og fine Ernæringskanaler, forsynede med Epithel; Bindevævet er hyalint. Der, hvor 5—6 Celler støde sammen, er gjerne et noget bredere, hyalint Bindevæv, hvori sees 2 større, runde Ernæringskanaler, beklædte med Epithel, hvilke gaa igjennem hele Stammen og synes at danne det egentlige Coenenchym eller Forstøtningsmaterial for Kolonien, Fig. 49, c. Betragter man hele Zoanthodemet som bestaaende af en Stamme, hvorfra Polyperne udspringe, saa svare de sammenvoxede [Vægge af Polypcellerne til Skillevæggene, der danne Hovedkanalerne hos Alcyoniderne i Almindelighed; men som man ved, er der altid hos disse et større eller mindre udbredt Coenenchym imellem Kanalerne, imedens her intet saadant findes. Det er ogsaa denne store Mangel paa Coenenchym som gjør, at hele Zoanthodemet, naar Polyperne ere fuldt udstrakte, er ganske gjennemsigtigt og meget bøieligt.

Paa den indre Flade af Polypcellens hyaline Bindevæv sees i hele Længden 8 listeformige Frenspring, som ere de fra Polypkroppen udgaaende Septula, der strække sig lige til Cellens (den forlængede Mavehulheds) Bund, Fig. 49, d, Til 2 af disse Septulers Rand ere de dorsale Gastralfilamenter fæstede. Septula ere forsynede med Muskelfibre, som ere saaledes ordnede, at de paa den ene Side danne Længde- og paa den anden mere paaskraas gaaende Muskler; begge Muskellag, ligesom hele den indvendige Flade af Polypcellerne, er beklædt med et Endothel, der dannes af et Lag meget smaa, runde, temmelig klare Celler med Kjerne og Kjernelegeme. Paa enkelte Tversnit syntes det, som om hele den indre Flade havde Muskelfibre, der vare meget spredte, men som paa Septula samlede sig til Længde- og Skraamuskler, og det tør vel hænde, at dette Forhold er det rette. Enhver Celle strækker sig ned til Basaldelen, der danner dens Bund, og imedens den øverste Del er ganske afsluttet, saa er

Anatomo-histological Examination.

The stem, that is to say the concreted polyp cells, is externally clad with an epithelium, consisting of 2—3 layers of polyhedrical cells measuring 0.006ᵐᵐ, and containing a somewhat eccentric nucleus with nucleolus, surrounded by a pretty thin protoplasmic mass. Between these ectoderm cells there are, here and there, seen, piriform, unicellular, mucous glands like those which have been previously described, and also a multitude of spicules (Pl. XX, fig. 1, a). That refers, however, only to the external walls of the polyp-cells: the inner walls are concreted together and have no ectoderm (Pl. XIX, fig. 49). The concretion is so intimate between the connective-tissue layer of double pairs of cells (that is 2 and 2 cells) (Pl. XIX, fig. 49, a), that the layer is no thicker, but even somewhat thinner, than the connective-tissue of the outer wall (Pl. XIX. fig. 49, b), in which there are observed, connective-tissue corpuscles with prolongations, and minute nutritory ducts furnished with epithelium. The connective-tissue is hyaline. At the point where 5—6 cells join together, there is, sometimes, a somewhat broader hyaline connective-tissue, in which ,2, large, round, nutritory ducts are seen, clad with epithelium, traversing the entire stem and appearing to form the true sarcosoma or structural material of the colony (Pl. XIX, fig. 49, c). If we consider the entire Zoanthodeum as consisting of a stem from which the polyps spring, the concreted walls of the polyp-cells will, then, correspond to the divisional walls which form the chief ducts of the Alcyonoids in general, but, as we know, there is always, in these, a more or less extensive sarcosoma between the ducts, whilst there is none found here. It is, consequently, this great deficiency in sarcosoma which causes the entire Zoanthodem, when the polyps are fully extended, to be quite transparent and very flexible.

On the inner surface of the hyaline connective-tissue of the polyp-cell, 8 fillet-formed prominences are seen throughout the entire length; these are the septula issuing from the polyp-body, and they extend right down to the bottom of the cell (that of the prolonged gastral cavity) (Pl. XIX, fig. 49, d). To the margins of 2 of these septula, the dorsal gastral filaments are attached. The septula are furnished with muscular fibres, so arranged, that on the one side they form longitudinal, and on the other side more-diagonally placed muscles. Both the muscular layers, as well as also, the entire inner surface of the polyp-cells, are clad with an endothelium, formed of a layer of very small, round, rather pellucid, cells containing a nucleus and nucleolus. In a few sections it appeared as if the entire inner surface had muscular fibres which were much scattered, but which, upon the septula, collected together into longitudinal and diagonal muscles, and it may, perhaps, be that that is the true relation. Each

der i Cellens nedre Del fine Spalter i de sammenvoxede Vægge, hvorved samtlige Celler kommunicere med hverandre.

Polypkroppen er udvendig beklædt med et Epithel, bestaaende af to Lag polyædriske Celler, fuldkommen lig dem, som findes paa Polypcellerne, Tab. XX, Fig. 1, *a*, og her findes i det indre Lag af Ectodermet pæreformige, encellede Slimkjertler. Indenfor Ectodermet er et tyndt, hyalint Bindevæv, hvori sees yderst fine Ernæringskanaler, udfyldte med Epithel, samt spredte Bindevævslegemer med Udløbere. Imellem Ectodermcellernes indre Lag er en rig Spikelafsætning, ligesom inde i selve Bindevævet sees hist og her Spikler, men altid omgivne af Ectodermceller, Tab. XX, Fig. 1, *b*. Fra den indre Væg af Bindevævet udgaa de 8 Septa, der dannes af Bindevævsforlængelser, og der, hvor de tage sit Udspring, ligesom der, hvor de fæste sig paa Svælgrøret, er Bindevævet triangulært udvidet, Fig. 1, *c*. 2, *a*. Septa ere paa den ene Side forsynede med næsten transverselle Muskelfibre, Fig. 2, *b*, imedens den modsatte Side har longitudinelle Muskler. Fig. 2, *c*; begge gaa ikke alene over paa Svælget, men ogsaa paa omtrent Halvdelen[?] af Mavehulhedens indre Væg (Kammervæg), Fig. 1, *e*. 2, *d*. Muskellagene, Svælget og hele Kammervæggen har et Epitheloverlræk. Endothel, bestaaende af et Lag temmelig smaa, runde Celler med Kjerne og Kjernelegeme, Fig. 1, *d*. 2, *e*. Forholdet er her omtrent det samme, som omtaltes under Polypcellernes Organisation. Septa ere forholdsvis meget lange, hvorved Kamrene blive usædvanligt store, Tab. XX, Fig. 2 *A*, *a*.

Svælgrøret er temmelig langt, næsten cylindrisk, forsynet med 6 enkle Længderækker Spikler, 3 paa hver Side, og har paa sin ydre Flade, foruden Endothelet, et hyalint Bindevævsslag, der er meget bredt paa de Steder, hvor Septa støder til, Tab. XX, Fig. 2, *f*; paa Svælgets indre Flade iagttages langs Bugsiden den brede, ovale Svælgrende, der har en Indbugtning just paa det Sted, hvor Dorsalsiden tager sin Begyndelse, Tab. XX, Fig. 2, *g*. 2 *A*, *b*. Svælget kan her snøre sig saaledes sammen, at Svælgrenden danner en Hulhed for sig selv, som sandsynligvis bliver uberørt af de Excrementer, der udføres af Mavehulheden, og som passerer igjennem den anden større Hulhed langs Rygsiden. Paa flere Exemplarer viste denne Indsnøring af Svælget sig meget tydeligt paa Tversnit, hvorved det ligesom deltes i 2 cylindriske Hulheder. Svælgrenden er beklædt med et Epithel, bestaaende af et Lag lange Cylinderceller, paa hvis Ende er et langt, svingende Haar. (Pidsk, Geissel), Tab. XX, Fig. 2, *h*. 2 *A*, *c*; den øvrige Del af Svælghulheden er ligeledes beklædt med Epithel, men her ere Cellerne kortere, ligesom Cilierne ere baade finere og kortere, Fig. 2, *i*. Imellem disse Epithelceller

cell extends down to the basal part, which serves as the cellular bottom, and, whilst the uppermost part is completely closed, there are, in the lower part of the cell, minute fissures in the concreted walls, by means of which all the cells communicate with each other.

The polyp-body is clad, externally, with an epithelium, consisting of two layers of polyhedrical cells exactly resembling those found on the polyp-cells (Pl. XX, fig. 1, *a*) and, here, in the inner layer of the ectoderm, piriform, unicellular mucous glands are found. Inside of the ectoderm, there is a thin hyaline connective-tissue in which extremely minute nutritory ducts filled with epithelium are seen, and, also, scattered connective-tissue corpuscles with prolongations. Between the inner layers of the ectoderm-cells there is an abundant spicular deposit, whilst, also, in the connective-tissue itself spicules are, here and there, seen, but always surrounded by ectoderm-cells (Pl. XX, fig. 1, *b*). From the inner wall of the connective-tissue 8 septa issue, which are formed of connective-tissue prolongations, and at the point where they issue, and also at the point where they attach themselves to the gullet-tube, the connective-tissue is triangularly dilated (Pl. XX, figs. 1, *c*. 2, *a*). The septa are furnished, on the one side, with, nearly transversal, muscular fibres (Pl. XX, fig. 2, *b*) whilst the opposite side has longitudinal muscles (Pl. XX, fig. 2, *c*); both pass, not only over on to the gullet, but, also, on to about a half part of the inner wall (chamber wall) of the gastral cavity (Pl. XX, figs. 1, *e*. 2. *d*). The muscular layers, the gullet, and the entire chamber-wall have an epithelial covering (endothelium), consisting of a layer of, pretty minute, round, cells, each containing a nucleus and nucleolus (Pl. XX, figs. 1, *d*. 2, *e*). The relations, here, are much the same as those spoken of in reference to the structure of the polyp-cells. The septa are, relatively, very long, causing the chambers to be unusually large (Pl. XX, fig. 2 *A*, *a*).

The gullet-tube is rather long, almost cylindrical, and it is furnished with 6, single, longitudinal series of spicules, 3 on each side; on the exterior surface, it has, besides the endothelium, a layer of hyaline connective-tissue, which is very broad in the situations where the septula join it (Pl. XX, figs. 2. *f*). On the inner surface of the gullet, along its ventral side, the broad, oval, gullet-passage is observed; it has a concavity, just at the point where the dorsal side commences (Pl. XX, figs. 2, *g*. 2 *A*, *b*). The gullet is, here, capable of so constricting itself, that the gullet-passage forms a cavity for itself, which, probably, is not affected by the excrementa expelled from the gastral cavity, and which pass through the other large cavity along the dorsal side. In several specimens, this constriction of the gullet showed itself very distinctly in the section, by which it was, as it were, divided into 2 cylindrical cavities. The gullet passage is clad with an epithelium, consisting of a layer of long cylinder cells on whose extremities there is a long waving filament (flagellum-goissel) (Pl. XX, fig. 2, *h*, 2 *A*, *c*); the remaining part of the gullet cavity is, likewise, clad with epithelium but, here, the cells are shorter,

sees temmelig regelmæssigt anordnede, pæreformige, encellede Slimkjertler, som med deres smale Udførselsgang munder ud i Svælghulheden, Fig. 2, *k*. I Svælgrenden saaes yderst sjeldent Slimkjertler hos de mange Arter, jeg har undersøgt, men der fandtes dog enkelte.

Paa den næsten papirtynde Basaldel ligge Spiklerne tæt paa hverandre og optræde under Form af sammensatte Stjerner og Dobbeltstjerner, hvilke ere de almindeligste, af Spindler og Klubber, der ere sjeldnere, samt af Firlinger, som ere yderst sjeldne. De sammensatte Stjerner have takkede Straaleender; stundom danner en Straale en liden Stjerne for sig selv; de ere fra 0.132—0.140"" lange og fra 0.056—0.076"" brede, Tab. XIX, Fig. 50. 51. Dobbeltstjernerne ere smaa, have et nogent Midtbelte, ere fra 0.080—0.088"" lange og fra 0.040—0.060"" brede i Enderne, med et Midtbelte fra 0.020—0.032""ʲbredt, Fig. 52. 53. 54. Spindlerne ere forskjellige, nogle smaa og kun lidet takkede, 0.080"" lange, 0.044"" brede, Fig. 55, andre ere stærkt takkede og Takkerne brede, næsten som Blade; de ere 0.160"" lange og 0.064"" brede, Fig. 56. Klubberne have ligeledes bladformede, tandede Takker, ere fra 0.080— 0.148"" lange og fra 0.056—0.076"" brede forovon, Fig. 57. 58. Firlingerne ere smaa, nærme sig Korsformen og mere eller mindre besatte med Knuder; de ere fra 0.056 —0.084"" lange og fra 0.044—0.072"" brede, Fig. 59. 60. 61.

Paa Polypcellerne ligge Spiklerne mere spredte i Rækker; her er det især de sammensatte Stjerner og Dobbeltstjerner, der ere de almindeligste. Spindler og Firlinger ere ikke sjeldne. Af sammensatte Stjerner ere enkelte lidt krumme, men alle have meget brede, bladformede Straaler med indskaarne Rande; de ere fra 0.116—0.184"" lange og fra 0.060—0.092"" brede, Fig. 62. 63. Dobbeltstjernerne ere særdeles smukt ornamenterede; hver Straale ender i en liden Stjerne, ligesom der paa Midten, som ellers pleier at være nøgen, sees smaa ˑStjerner; de ero fra 0.090—0.140"" lange, og fra ˑ0.028—0.080"" brede i Enderne; Midtpartiet er fra 0.028—0.036"" bredt, Fig. 64. 65. Spindlerne ere ogsaa temmelig hyppige, men dog ikke som de foregaaende, og takkede overalt. Takkerne have Bladform og ere tandede i Randen; enkelte Spindler ere lidt tykkere i den ene Ende og nærme sig Kølleformen; de ere fra 0.056—0.192"" lange og fra 0.024—0.060"" brede, Fig. 66. 67. 68. 69. Firlingerne ere de sjeldneste; de have Roset- eller Stjerneform. ere smukt prydede med Blade og Takker og 0.152"" lange, 0.112"" brede, Fig. 70.

whilst, also, the cilia are both slenderer and shorter (Pl. XX, fig. 2, *i*). Between those epithelial cells there are seen. pretty regularly arranged, piriform, unicellular, mucous glands, which open by their narrow excretory duct into the gullet cavity (Pl. XX. Fig. 2, *k*). In the gulletpassage of the many species which I have examined, mucous glands were extremely rarely observed, but here, however, a few were found.

On the paper-like thin basal part, the spicules are placed closely upon each other, and appear in the forms of complex stellates and bistellates, which are the most frequent; of fusces and clavates, which are less frequent; and of quadruplets, which are extremely rare. The complex stellates have spiked radial extremities, and sometimes a ray forms a small star for itself; they measure from 0.132—0.140"" in length, and from 0.056—0.076"" in breadth (Pl. XIX, figs. 50—51). The bistellates are small, and have a bare mesial stripe; they measure from 0.080 - 0.088"" in length, and from 0.040—0.060"" in breadth at the extremities, and. have a mesial stripe measuring from 0.020—0.032"" in breadth (Pl. XIX. figs. 52. 53. 54). The fusces are variable, a few being small and only little spicate; they measure 0.080"" in length, and 0.044"" in breadth (Pl. XIX, figs. 55); others are strongly spicate, the spikes being broad, almost like leaves; they measure 0.160"" in length, and 0.064"" in breadth (Pl. XIX, fig. 56). The clavates likewise, have, foliform, dentated spikes; they measure ʲfrom 0.080—0.148"" in length, and from 0.056—0.076"" in breadth above (Pl. XIX, fig. 57. 58). The quadruplets are small, and approach in form to the cruciformis; they are, more or less beset with nodules. and measure from 0.056—0.084"" in length, and from 0.044— 0.072"" in breadth (Pl. XIX, figs. 59. 60. 61).

In the polyp-cells, the spicules are placed more spread, in series, and here, it is especially the complex stellates and bistellates that are the most frequent forms, although fusces and quadruplets are not rare. Of the complex stellates. a few are a little curved but they all have very broad foliform rays with indented margins; they measure from 0.116—0.184"" in length, and from 0.060—0.092"" in breadth (Pl. XIX, figs. 62. 63). The bistellates are particularly beautifully ornamented; each ray terminates in a small star, whilst, also, in the middle, which otherwise is usually bare. small stars are observed; these bistellates measure from 0.060—0.140"" in length, and from 0.028— 0.080"" in breadth at the extremities, and at the middle part from 0.028—0.036"" in breadth (Pl. XIX, figs. 64. 65). The fusces are, also, pretty frequently met with, but not so often.ˑhowever, as the preceding forms; they are spicate all over. the spikes being foliform and indented in the margins; a few fusces are a little thicker at the one extremity than at the other, and approach in form to the subclaviform; they measure from 0.056—0.192"" in length, and from 0.024—0.060"" in breadth (Pl. XIX figs. 66. 67. 68. 69). The quadruplets are the rarest; they are rosetiform or stelliform, and are richly adorned with

Paa Polypens Bagkrop træffes hyppigst sammensatte Stjerner, mere eller mindre udviklede Dobbeltstjerner, samt Spindler og Valser, sjeldnere Klubber og yderst sjeldent Firlinger. De sammensatte Stjerner ere temmelig uregelmæssige og tildels forskjellige fra dem paa Polypcellen; Straalerne ere ogsaa her brede og tandede; de ere 0.168ᵐᵐ lange, 0.052ᵐᵐ brede, Tab. XX, Fig. 3. Dobbeltstjernerne nærme sig tildels de sammensatte Stjerner, men adskille sig dog ved det nøgne Midtparti; Straalerne ere omtrent som paa de sammensatte Stjerner, og selv paa de mindre udviklede gjentager dette sig; de ere fra 0.088—0.100ᵐᵐ lange og fra 0.040—0.052ᵐᵐ brede, med et 0.028ᵐᵐ bredt Midtbelte, Fig. 4. 5. 6. Spindlerne ere dels krumme, dels lige, dels med tilspidsede, dels med afstumpede Ender og stærkt takkede; Takkerne ere brede og tandede; de ere fra 0.076 —0.320ᵐᵐ lange og fra 0.028—0.076ᵐᵐ brede, Fig. 7. 8. 9. 10. 11. 12. 13. Valserne have tversafskaarne, takkede Ender, overalt besatte med bladformede, tandede Takker og ere 0.164ᵐᵐ lange og 0.052ᵐᵐ brede, Fig. 14. Klubberne ere rige paa bladformede, tandede Takker og have et yderst kort Skaft; de ere fra 0.080—0.172ᵐᵐ lange og fra 0.036 —0.080ᵐᵐ brede foroven, Fig. 15. 16. De faa Firlinger, som findes, have Korsformen, ere sunda, men overalt forsynede med bladformede Papiller; de have en Længdestok fra 0.056—0.080ᵐᵐ og en Tverstok, der er 0.068ᵐᵐ, Fig. 17 18.

Paa Polypens Forkrop er Spindelformen den dominerende; Dobbeltstjerner og Valser ere sjeldnere, men hyppigere end disse er dog Køllerne, sjeldnest ere Firlinger. Spindlerne ere snart krumme, snart lige, tæt besatte med bladformede, tandede Takker, undertiden spaltede i den ene Ende, der da altid er noget tykkere; de ere fra 0.088— 0.396ᵐᵐ lange og fra 0.028—0.056ᵐᵐ brede, Fig. 19. 20. 21. 22. 23. Dobbeltstjernerne have brede, takkede Straaler og et nøgent Midtbelte; de ere 0.092ᵐᵐ lange, 0.044ᵐᵐ brede med et 0.020ᵐᵐ bredt Midtbelte, Fig. 24. Køllerne have som oftest en tversafskaaren Ende og nærme sig derved Tapformen; de ere stundom lidt krummede og mere eller mindre tæt besatte med bladformede, tandede Takker; de ere fra 0.104—0.244ᵐᵐ lange og fra 0.028—0.060ᵐᵐ brede foroven, Fig. 25. 26. Valserne ere her noget krummede, forresten lig dem paa Bagkroppen, men noget mindre; de ere 0.112ᵐᵐ lange, 0.044ᵐᵐ brede, Fig. 27. Firlingerne ere korsformede og forskjellige baade indbyrdes og fra de tidligere omtalte; den ene Form er tæt besat med Papiller og har en Tverstok, hvoraf den ene Arm er liden og tilspidset, den anden bred og tversafskaaren for Enden; Længdestokken er 0.204ᵐᵐ, Tverstokken 0.128ᵐᵐ, Fig. 28; den anden Form er noget mere regelmæssig; men ogsaa her er Tverstokken paa den ene Arm bredere end paa den anden; hele Korset er prydet med tætstaaende, blad-

leaves and spikes; they measure 0.152ᵐᵐ in length, and 0.112ᵐᵐ in breadth (Pl. XIX. fig. 70). On the posterior body of the polyp, complex stellates are most frequently met with, and, also, more or less developed bistellates, as well as fusces and cylinders; more rarely clavates; and quadruplets extremely rarely. The complex stellates are pretty irregular, and are, to a certain extent, different from those of the polyp-cell; the rays are, here, broad and dentated; these complex stellates measure 0.168ᵐᵐ in length, and 0.052ᵐᵐ in breadth (Pl. XX, fig. 3). The complex stellates approach in form, in a measure, to the complex stellates, but are distinguished however by their bare middle part; the rays are nearly similar to those of the complex stellates; even on the imperfectly developed ones this is, also, the case; they measure from 0.088— 0.100ᵐᵐ in length, and from 0.040—0.052ᵐᵐ in breadth, and have a middle stripe measuring 0.028ᵐᵐ in breadth (Pl. XX, figs. 4. 5. 6). The fusces are, sometimes curved, sometimes straight, and sometimes they have accuminate, sometimes blunt extremities; they are strongly spicate, the spikes being broad and dentated; they measure from 0.076 —0.320ᵐᵐ in length, and from 0.028—0.076ᵐᵐ in breadth (Pl. XX, figs. 7. 8. 9. 10. 11. 12. 13). The cylinders have truncate, spicate, extremities beset, everywhere, with foliform, dentated, spikes; they measure 0.164ᵐᵐ in length, and 0.052ᵐᵐ in breadth (Pl. XX, fig. 14). The clavates are rich in foliform, dentated, spikes, and have an extremely short shaft; they measure from 0.080—0.172ᵐᵐ in length, and from 0.036—0.080ᵐᵐ in breadth above (Pl. XX, figs. 15. 16). The few quadruplets that are found have the cruciform, but are small, and furnished, everywhere, with foliform papillæ; they have a longitudinal arm measuring from 0.056—0.080ᵐᵐ, and a transversal arm measuring 0.068ᵐᵐ (Pl. XX, figs. 17. 18). On the anterior body of the polyps, the fusiform is the most predominant form, bistellates and cylinders are rarer, subclavates are more frequent than them, but quadruplets are more rare. The fusces are, sometimes curved, sometimes straight, and are closely beset with foliform, dentated, spikes occasionally fissured in the one extremity, which, then, is always somewhat thicker; they measure from 0.108—0.396ᵐᵐ in length, and from 0.028— 0.056ᵐᵐ in breadth (Pl. XX, figs. 19. 20. 21. 22. 23). The bistellates have broad spicate rays and a bare mesial stripe; they measure 0.092ᵐᵐ in length, 0.044ᵐᵐ in breadth, and have a middle stripe 0.020ᵐᵐ in breadth (Pl. XX, fig. 24). The subclavates have, most frequently, a truncated extremity, and approach somewhat, from that cause, to the coniform; they are sometimes a little curved, and are, more or less closely beset with foliform, dentated, spikes; they measure from 0.104—0.244ᵐᵐ in length, and from 0.028— 0.060ᵐᵐ in breadth above (Pl. XX, figs. 25. 26). The cylinders are, here, somewhat curved, but they are, otherwise, like those on the posterior body, only somewhat smaller; they measure 0.112ᵐᵐ in length, and 0.044ᵐᵐ in breadth (Pl. XX, fig. 27). The quadruplets are cruciform, and differ, both, amongst themselves, and from those pre-

formede, tandede Takker; Længdestokken er 0.168mm og Tverstokken 0.100mm, Fig. 29.

Tentaklerne ere vel bepantsrede med Spikler, og her er Spindelformen den hyppigste; men imellem Spindlerne sees baade Køller, Klubber og enkelte Firlinger. Spindlerne ere stærkt takkede og ofte forsynede med lange Takker i en eller begge Ender, hvorved de faa et grenet Udseende; de ere fra 0.196—0.216mm lange og fra 0.028 —0.040mm brede, Fig. 30. 31. 32. Køllerne ere som Spindlerne vel forsynede med Takker, der her ere bredere og mere tandede, forresten gaa Spindlerne og Køllerne meget over i hverandre. Køllerne ere fra 0.176—0.188mm lange og fra 0.036—0.040mm brede foroven, Fig. 33. 34. Firlingerne ere korsformede, meget smaa, næsten glatte; Længdestokken er 0.044mm, Tverstokken 0.036mm. Fig. 35. Paa Pinnulerne ere Spiklerne meget mindre; de ere dels tynde, sparsomt takkede Spindler, fra 0.084—0.116mm lange og fra 0.016—0.020mm brede, Fig. 36. 37; dels smaa, takkede, fladtrykte Klubber fra 0.080 -0.116mm lange og fra 0.036—0.040mm brede foroven, Fig. 38. 39.

Paa Svælget er 6 enkle Spikelrækker, 3 paa hver Side med et bredt, spikelfrit Mellemrum, der danner Ryg- og Bugpartiet, Fig. 40. Spiklerne ere temmelig flade, have mest Spindelformen, ere mere eller mindre takkede og stundom spaltede i den ene Ende; de ere fra 0.056— 0.188mm lange og fra 0.012—0.044mm brede, Fig. 41. 42. 43. 44.

viously spoken of; the one form is closely beset with papillæ, and has a transversal arm of which the one half is small and acuminated and the other broad and truncate at the extremity. The longitudinal arm measures 0.204mm, and the transversal arm 0.128mm (Pl. XX, fig. 28). The other form is somewhat more regular but, here, also, the transversal arm has its one half broader than the other half. The entire cross is adorned with closely placed, foliform, dentated spikes. The longitudinal arm measures 0.168mm and the transversal arm 0.100mm (Pl. XX, fig. 29).

The tentacles are well sheathed with spicules and, here, the fusiform is the most frequent spicular form, but between the fusees, both subclavates and clavates are seen, and also a few quadruplets. The fusees are strongly spicate and, often, are furnished with long spikes in one or both of the extremities, which imparts to them a ramous appearance; they measure from 0.196—0.210mm in length, and from 0.028—0.040mm in breadth (Pl. XX, figs. 30. 31. 32). The subclavates are, like the fusees, well supplied with spikes which are, here, broader and more dentated; the fusees and subclavates pass, otherwise, very much into each other. The subclavates measure from 0.176—0.188mm in length, and from 0.036—0.040mm in breadth above (Pl. XX. figs. 33. 34). The quadruplets are cruciform, very small, and almost smooth; the longitudinal arm measures 0.044mm, and the transversal arm 0.036mm (Pl. XX, fig. 35). On the pinnules the spicules are much smaller, they are, partly, thin, sparingly-spicate, fusees, measuring from 0.084—0.110mm in length, and from 0.016—0.020mm in breadth (Pl. XX, figs. 36. 37) and partly, small, spicate, flattened clavates measuring from 0.080—0.116mm in length, and from 0.036—0.040mm in breadth above (Pl. XX, figs. 38. 39).

On the| gullet, there are 6 single spicular series, 3 on each side, with a broad intermediate space devoid of spicules, which forms the dorsal and ventral part (Pl. XX, fig. 40). The spicules are pretty flat and, generally, are of fusiform; they are more or less spicate, and are occasionally fissured in the one extremity; they measure from 0.056—0.188mm in length, and from 0.012—0.044mm in breadth (Pl. XX, figs. 41. 42. 43. 44).

Farven.

Hele Zoanthodemet er hvidt og fuldstændigt vandklart.

Colour.

The entire Zoanthodem is white and completely pellucid.

Findested.

Station 363. Nogle Exemplarer, siddende paa Rørene af Onuphis conchylega, hvori Dyret levede, og i Regelen paa den Del af Røret, hvor Analenden vendte hen, uden at Basaldelen dækkede for Rørets Aabning. Ved at observere Polypkolonien i et Glaskar viste det sig, at efter nogen Tids Forløb begyndte Anneliden at krybe et Stykke

Habitat.

Station No. 363. A few specimens seated on the tubes of Onuphis conchylega, in which the animal lived, and, in general, on that part of the tube where the anal extremity pointed, without the aperture of the tube being however obstructed by the basal part. On observing the polyp-colony in a glass vessel, it appeared, that on the

ud af sit Rør, formodentlig for at søge Føde, og da maatte Alcyoniden spadsere med, alt eftersom Røret blev draget henover Karrets Bund, uden at den paa nogen Maade syntes at generes deraf; thi Polyperne vedblcve at være fuldt udstrakte. Det falder ellers ikke i denne Dyreforms Lod at kunne bevæge sig fra Sted til Sted: men Organidus Nordenskjöldi synes at høre til de faa Lykkelige.

Af den givne Beskrivelse viser det sig, at Organidus Nordenskjöldi ikke alene maa danne en ny Slægt, men at den ikke godt kan henføres til nogen af de Underfamilier, hvoraf den store Alcyonidefamilie bestaar. Den synes at nærme sig noget Underfamilien Tubiporinæ ved de lange, i Knipper sammenvoxede Polypceller, men den adskiller sig næsten i alle andre Henseender fra den, saa dertil kan den ikke henføres, men maa grunde en ny Underfamilie, Organinæ.

expiry of some time, the annelid commenced to creep a little distance out of its tube, probably in search of nourishment and, then, the alcyonoid was compelled to accompany it accordingly as the tube was drawn along the bottom of the glass vessel without it appearing to be in any way inconvenienced thereby as the polyps continued to be fully extended. It does not, generally, pertain to the lot in life of this animal species to be capable of migrating from place to place, but *Organidus Nordenskjöldi* appears to belong to the few fortunate ones.

From the description given, it is evident that not only must *Organidus Nordenskjöldi* form a new genus, but that it cannot well be assigned to any of the sub-sections of which the large family of Alcyonoids consists. It appears to be related, somewhat, to the sub-section *Tubiporinæ*, from its long, in bunches, concreted polyp-cells, but it distinguishes itself in almost all other respects from that sub-section so that it cannot be assigned to it but must serve as the type of a new sub-section, *Organinæ*.

Underfamilie Organinæ.

Zoanthodemet fattigt paa Coenenchym. Polypcellerne lange, sammenvoxede til en Stamme.

The Sub-section Organinæ.

The Zoanthodem poor in sarcosoma. The polyp-cells long, concreted together into a stem.

Slægtskarakter.

Zoanthodemets Stamme dannes af sammenvoxede Polypceller. Disse ere lange, cylindriske, bløde, kalkholdige, havende Basaldelen til Bund. Polyperne retraktile; baade Polypkrop og Tentakler vel forsynede med Spikler. Svælget kalkholdigt. Kjønnene adskilte.

Generic characteristics.

The stem of the Zoanthodem is formed of the concreted polyp-cells. These are long, cylindrical, soft, calcareous, and the basal part of the stem serves as their bottom. The polyps retractile; both, polyp-body and tentacles well supplied with spiculæ. The gullet calcareous. The sexes separated.

Artskarakter.

Zoanthodemet indtil 20^{mm} høit. Stammen lige tyk overalt, omtrent 25^{mm} i Omfang. Basaldelen tynd, membranagtig, men kun lidet udvidet. Stammen indkneben paa Midten. Polypcellerne, sammenvoxede ved deres indre Væg i hele deres Længde, ere meget lange, gjennemsigtige, cylindriske, bløde og forsynede med Spikler, der ordne sig i Rækker. En stor Del af Polypcellerne indtage Stammens hele Længde; andre naa kun halvt op paa Stammen, hvorved denne faar Udseende af at have Afsatser. Polyperne med Tentaklerne 10—12^{mm} lange, kontraktile, cylindriske, men noget udvidede, hvor de gaa over i Cellen, glatte og fuldstændigt gjennemsigtige. Polypkroppen forsynet med 8 adskilte Længderibber, dannede af Kalkspikler; imellem Ribbene en bred, nøgen Fure, der opimod Tentakelskiven udvides til trekantale Felter, hvis Midtparti indtages af en Pyramide af Spikler. De nøgne Partier, Mundskiven og Tentaklernes adorale Side, rige paa Nematocyster. Tentaklernes aborale Side og Pinnulerne rige paa Spikler. Ved

Specific characteristics.

The Zoanthodem measures up to 20^{mm} in height. The stem is uniform in thickness throughout, and measures about 25^{mm} in circumference. The basal part, thin, membranaceous, and only slightly dilated. The stem constricted at the middle. The polyp-cells concreted together along the entire length of their inner wall; are very long, transparent, cylindrical, soft, and furnished with spiculæ arranged in series. A large number of the polyp-cells occupy the whole length of the stem; others extend only half way up the stem imparting to it thus, the appearance of being terraced. The polyps with their tentacles measure 10—12^{mm} in length, contractile, cylindrical, but somewhat dilated at the point where they pass over into the cell, smooth and quite transparent. The polyp-body furnished with 8 separated longitudinal ribs formed of calcareous spiculæ; between the ribs, a broad bare groove which in proximity of the tentacular disk becomes dilated, forming triangular areas whose middle portion is occupied by a pyramid of spiculæ.

Den norske Nordhavsexpedition. D. C. Danielssen: Alcyonida.

Grunden af to Polyper hyppig en liden Polyp, dannet ved Knopdehydning. Spiklerne paa Basaldelen ere almindeligst sammensatte Stjerner og Dobbeltstjerner, sjeldnere takkede Spindler; disse blive hyppigere paa Stammen (Polypcellerne) og endnu hyppigere paa Polypkroppen, især dennes forreste Del, hvor ogsaa særegne, korsformede Firlinger træffes, der dog ere temmelig sjeldne. Hele Zoanthodemet, naar det er fuldt udstrakt, aldeles vandklart og egentlig uden Farve; naar Polyperne trække sig ind, og Cellerne forkortes, er Farven hvid. Svælget har 6 Spikelrækker.

The bare portions, the oral disk and adoral side of the tentacles, rich in nematocysts. The aboral side of the tentacles and the pinnules rich in spicules. At the base of two polyps there is, frequently, a small polyp formed by budding. The spicules on the basal part are generally complex stellates and bistellates, and more rarely spicate fuses; these become more numerous on the stem (the polyp-cells) and still more numerous on the polyp-body, especially on its anterior part, where, also, peculiar cruciform quadruplets are met with, but rather rarely. The entire Zoanthodem, when it is fully extended, is perfectly pellucid and is really colourless; when the polyps retract, and the cells are shortened, the colour is white. The gullet has 6 spicular series.

Underfamilie Cornularinæ.

Clavularia frigida, n. sp.

Tab. XXII, Fig. 1—3).

Zoanthodemet uden Stamme. Basaldelen, der er tynd, halvgjennemsigtig, udbreder sig baandformigt over de Gjenstande, hvortil den er fæstet, Fig. 1, a. Fra Basaldelen reise sig isolerede Polyper med deres Celler med større eller mindre Mellemrum. Cellerne ere 3—4ᵐᵐ lange, noget udvidede ved deres Grund, forsynede med 8 temmelig stærke Ribber, dannede af Spikler, samt imellem Ribberne dybe Furer, som ligeledes ere spikelholdige, Fig. 1, 2, a. Hvor Cellen gaar over i Polypkroppen, smahner den lidt af, Ribberne blive mindre fremtrædende, og der sees en strandet Rand, Fig. 2, b, der betegner Overgangen, og som især bliver tydelig, naar Polypen er begyndt at trække sig lidt sammen.

Polypkroppen er 3ᵐᵐ lang; den bagerste Del er smal, cylindrisk, rig paa Spikler, som ligge paatvers; den forreste Del udvider sig næsten traktformigt op imod Tentakelranden og er forsynet med 8 Ribber, imellem hvilke sees en meget smal Fure; baade denne og Ribberne ere særdeles rige paa Spikler, der opimod Mundskiven ligge paalangs, idet de gaa over paa Tentaklerne, Fig. 2. Disse ere omtrent 2ᵐᵐ lange og paa deres aborale Side beklædte med Spikler Pinnulerne ere ogsaa forsynede med Spikler.

Sub-Section Cornulariae.

Clavularia frigida, n. sp.

Pl. XXII, figs. 1—3.

The Zoanthodem has no stem. The basal part is thin and semi-transparent, and it extends itself, in bands, over the objects to which it is attached (fig. 1, a). Isolated polyps, with their cells, stand up from the basal part, having larger or smaller intervals between them. The cells measure 3—4ᵐᵐ in length, and are somewhat dilated at their base; they are furnished with 8, pretty strong, ribs formed of spicules; and deep furrows, which also contain spicules (fig. 1, 2, a), occur between the ribs. At the point where the cell passes over into the polyp-body it diminishes a little in thickness, the ribs become less prominent, and a rounded margin is observed (fig. 2, b) which indicates the transition, and which is specially distinct when the polyp has commenced to contract itself a little together.

The polyp-body measures 3ᵐᵐ in length; its posterior part is narrow and cylindrical, and is, also, richly supplied with spicules which are placed transversally; the anterior part becomes dilated, in almost infundibuliform, in the neighbourhood of the tentacular margin, and is furnished with 8 ribs between which a very narrow furrow is observed: both, it as well as the ribs, are particularly richly supplied with spicules which, in the proximity of the oral disk, are placed longitudinally as they pass over to the tentacles (fig. 2). The tentacles measure about 2ᵐᵐ in length and, on their aboral side, they are clad with spicules. The pinnules are, also, furnished with spicules.

Anatomisk-histologisk Undersøgelse.

Polypcellerne ere [beklædte med et Ectoderm, dannet af flere Lag polyædriske Celler, der have en aflang Kjerne

Anatomo-histological Examination.

The polyp-cells are clad with an ectoderm, formed of several layers of polyhedrical cells which contain an oblong

med Kjærnelegeme, omgiven af en finkornet, temmelig mørk Protoplasmamasse, Fig. 3, a. Imellem Cellerne ere, især i de dybere Lag, Kalkspikler leirede. Indenfor Ectodermet er et bredt, hyalint Bindevævslag, forsynet med Bindevævslegemer med Udløbere og fine Ernæringskanaler, Fig. 3, b. Paa den indvendige Flade af Bindevævet sees de 8 Septula med sine Muskellag, samt et Endothelovertræk, der bestaar af runde Celler, forsynede med store Kjerner med deres Kjernelegemer, hvilke ere omgivne af Protoplasma, Fig. 4. Svælgrøret er cylindrisk, har 8 uregelmæssige Spikelrækker, der dog ere ordnede snalodes, at Midtpartiet paa Bug- og Rygside er spikelfrit, Fig. 5. Paa dets indre Væg langs Bugsiden sees Svælggruben, forsynet med sine lange Pidskeceller. Kjønsorganerne udvikles paa 6 Septula og dannes som sædvanligt af stilkede Kapsler, hvori Kjønsprodukterne udvikles.

Paa Basaldelen findes hyppigst særegne Dobbeltstjerner, Spindler og Klubber; sjeldnere Firlinger. Dobbeltstjernerne have brede, noget krummede Straaler med indskaarne Rande og et kort Midtparti, der stundom er besat med Blade; de ere fra 0.080—0.088^{mm} lange og 0.044^{mm} brede: Midtpartiet er fra 0.016—0.024^{mm} bredt, Fig. 6. 7. 8. Spindlerne have mere eller mindre spidse Ender, ere næsten regelmæssigt besatte med takkede Blade og nærme sig noget de sammensatte Stjerner; de ere fra 0.132—0.172^{mm} lange og fra 0.048—0.064^{mm} brede, Fig. 9. 10. Klubberne ere korte, rigt udstyrede med Takker, 0.096^{mm} lange, og fra 0.048—0.060^{mm} brede foroven, Fig. 11. 12. Firlingerne indtage snart Korsformen, ere besatte med Papiller og fra 0.072—0.088^{mm} lange med en Tværstok fra 0.060—0.088^{mm} lang, Fig. 13. 14. 15. 16, — snart nærme de sig Timeglasformen, ere ligeledes besatte med Papiller og fra 0.076—0.100^{mm} lange, 0.064^{mm} brede i Enderne med et omkring 0.020^{mm} bredt Midtparti, Fig. 17.

Paa Polypcellerne ere elliptiske Spindler, der tildels nærme sig de sammensatte Stjerner, hyppigst; Klubber ere sjeldnere, ligesaa Firlinger, og enkeltvis sees nogle Spikler, der ere ganske særegne. Spindlerne ere rigt besatte med tandede Blade; dette er især Tilfældet med dem, der nærme sig de sammensatte Stjerner; de have afrundede Ender og ere fra 0.116—0.150^{mm} lange og fra 0.044—0.068^{mm} brede, Fig. 18. 19; de øvrige Spindler ere takkede med tilspidsede Ender; disse ere 0.128^{mm} lange og 0.044^{mm} brede, Fig. 20. Klubberne ere temmelig tæt besatte med Blade, ere fra 0.136—0.156^{mm} lange og fra 0.060—0.088^{mm} brede foroven, Fig. 21. 22. Firlingerne ere dels i Form af Kors, besatte med Blade og fra 0.076—0.092^{mm} lange, med en 0.072^{mm} lang Tværstok, Fig. 23. 24, dels nærme de sig Formen af Time-

nucleus with its nucleus-corpuscle, surrounded by a minutely granular, rather dark, protoplasmic substance (fig. 3, a). Between the cells, especially in the deeper layers, calcareous spicules are found embedded. Inside of the ectoderm there is a broad, hyaline, connective-tissue layer, furnished with connective-tissue corpuscles having prolongations, and also with minute nutritory ducts (fig. 3, b). On the exterior surface of the connective-tissue, 8 septula, with their muscular layers, are observed, and, also, an endothelial covering consisting of round cells containing large nuclei, with their nucleus-corpuscles, which are surrounded by protoplasm (fig. 4). The gullet-tube is cylindrical, and has 8 irregular series of spicules which are, however, arranged in such manner that the mesial part of the ventral and dorsal sides is devoid of spicules (fig. 5). On the inner wall of the gullet-tube, along the ventral side, the gullet-cavity, furnished with its long flagelliform cells, is seen. The reproductive organs are developed upon the 6 septula, and are formed, as usual, of pedunculated capsules in which the sexual products are developed.

Upon the basal part, the spicular forms which are most frequently met with are peculiar bistellates, fusces, and clavates; quadruplets are more rare. The bistellates have broad, somewhat curved, rays with indented margins, and a short mesial part which, occasionally, is beset with leaves; they measure from 0.080—0.088^{mm} in length, and 0.044^{mm} in breadth; the mesial part measures from 0.016—0.024^{mm} in breadth (figs. 6. 7. 8). The fusces have more or less acuminated extremities, are, almost regularly, beset with spicate leaves, and approach in form somewhat to the complex stellates; they measure from 0.132—0.172^{mm} in length, and from 0.048—0.064^{mm} in breadth (figs. 9. 10). The clavates are short, and richly furnished with spikes; they measure 0.096^{mm} in length, and from 0.048—0.060^{mm} in breadth above (figs. 11. 12). The quadruplets sometimes assume the cruciform, and are beset with papillæ; they measure from 0.072—0.088^{mm} in length, and have a transversal arm, measuring from 0.060—0.068^{mm} in length (figs. 13. 14. 15. 16) sometimes they approach to the sand-glass form, and are, also, in this case beset with papillæ; they measure from 0.076—0.100^{mm} in length, 0.064^{mm} in breadth at the extremities, and have a mesial part measuring about 0.020^{mm} in breadth (fig. 17).

Upon the polyp-cells, the spicular forms most frequently met with are elliptic fusces, which, in a measure, approach in form to the complex stellates; clavates are more rarely met with, and that is, also, the case as regards quadruplets; a few occasional quite peculiar spicules are also observed. The fusces are richly beset with dentated leaves, and this is specially the case with those that approach the complex stellates in form; they have rounded extremities, and measure from 0.116—0.150^{mm} in length, and from 0.044—0.068^{mm} in breadth (figs. 18. 19); the remaining fusces are spicate, and have acuminated extremities; they measure 0.128^{mm} in length, and 0.044^{mm} in breadth (fig. 20). The clavates are pretty closely beset with leaves; they measure from 0.136—0.156^{mm} in length, and from

glasset og ere 0.080"" lange, 0.052"" brede i Enderne, og 0.028"" brede paa Midten, Fig. 25. De meget sjeldnere, særegne Spikler, der findes hist og her imellem de øvrige Spikler, nærme sig noget Klubben, ere rigt ornamenterede med store, stærkt fremspringende Blade, der ere dybt indskaarne i Randen; de ere 0.176"" lange, 0.080"" brede omtrent paa Midten, Fig. 26.

Paa Polypkroppen er det fornemmelig Spindelformen, der er fremherskende; imellem Spiudlerne sees hist og her Køller og Klubber, samt enkelte Valser. Spindlerne ere dels lige, dels krummede og have mere eller mindre tilspidsede Ender; de krummede ere rigt besatte med Blade og indtil .0.332"" lange og 0.072"" brede, Fig. 27; de lige Spindler ere sparsommere besatte med temmelig smaa Papiller og have tilspidsede Ender, ere 0.160"" lange, 0.036"" brede, Fig. 28. Køllerne ere mere eller mindre krummede, stundom rigt prydede med store Blade, men ellers besatte med smaa, takkede Papiller; de ere fra 0.160— 0.240"" lange og fra 0.036—0.052"" brede foroven, Fig. 29. 30. Klubberne ere forskjelligt formede; enkelte nærme sig Dobbeltstjernen, andre Tapformen, atter andre have to Udløbere i den tykke Ende, men alle ere takkede; de ere fra 0.100—0.124"" lange og fra 0.032—0.064"" brede foroven, Fig. 31. 32. 33. Valserne ere takkede, 0.160"" lange, 0.040"" brede, Fig. 34.

Paa Spiserøret ere takkede Spindler hyppigst, Fig. 35.

Farven.

Farven svagt gul, spillende i det Brune.

Findested.

Station 363. Et Exemplar med yderst faa Polyper, siddende paa Røret af Onuphis conchylega.

Artskarakter.

Zoanthodemet uden Stamme. Basaldelen krybende baandformigt henover den Gjenstand, hvortil den er fæstet. Fra Basaldelen reiser sig faa Polyper med deres Celler. Disse staa mere eller mindre langt fra hverandre, ere 3—4"" lange, cylindriske, noget udvidede ved Grunden, med 8 Ribber, hvorimellem temmelig dybe Furer. Snavel Ribber

0.060—0.088"" in breadth above (fig. 21. 22). The quadruplets are, partly, of cruciform, and are beset with leaves; they measure from 0.076—0.092"" in length, and have a transversal arm measuring 0.072"" in length (figs. 23. 24); partly, they approach in form to the sand-glass, and measure 0.080"" in length, 0.052"" in breadth at the extremities, and 0.028"" in breadth at the middle (fig. 25). The more rare, peculiar spicules, which are here and there found between the other spicules, approach somewhat to the clavates in form, and are richly adorned with large, strongly projecting, leaves which are deeply indented in the margin; they measure 0.176"" in length, and 0.080"" in breadth about the middle (fig. 26).

Upon the polyp-body, it is principally the fusiform spicule that is predominant; between the fusees, subclavates and clavates are, here and there, observed, and also a few cylinders. The fusees are sometimes straight, sometimes curved, and have more or less acuminated extremities; the curved ones are richly beset with leaves, and measure up to 0.332"" in length, and 0.072"" in breadth (fig. 27); the straight fusees are sparingly beset with rather small papillæ, and have acuminated extremities; they measure 0.160"" in length, and 0.036"" in breadth (fig. 28). The subclavates are more or less curved, and are, occasionally, richly adorned with large leaves, but, otherwise, they are beset with small spicate papillæ; they measure from 0.160 —0.240"" in length, and from 0.036—0.052"" in breadth above (figs 29. 30). The clavates are variously formed; a few approach in form to the bistellates, others to the cuniform; others, again, have two prolongations at the thick extremity, and all of them are spicate; they measure from 0.100—0.124"" in length, and from 0.032—0.064"" in breadth above (figs. 31. 32. 33). The cylinders are spicate, and measure 0.160"" in length, and 0.040"" in breadth (fig. 34).

On the gullet-tube, the spicate fusee is the most frequent spicular form (fig. 35).

Colour.

The colour is pale yellow, shading towards brown.

Habitat.

Station, Nr. 363. One specimen with extremely few polyps, seated on the tube of Onuphis conchylega.

Specific characteristics.

The Zoanthodem without stem. The basal part extended in bands over the object to which it is attached. From the basal part, a few polyps with their cells stand up; these are placed, more or less far, apart from each other, and measure 3—4"" in length; they are cylindrical, somewhat dilated at the base, have 8 ribs, with rather deep

som Furer ere spikelholdige. Polypkroppen 3ᵐᵐ lang, dens bagre Del smal, cylindrisk; dens forreste Del udvider sig trakformigt imod Tentakelskiven og er forsynet med 8 Ribber, imellem hvilke et lignende Antal smale Furer. Tentaklerne omtrent 2ᵐᵐ lange, rige paa Spikler; Pinnulerne have ogsaa Spikler. Paa Basaldelen ere Dobbeltstjerner, Spindler og Klubber hyppigst. Paa Polypcellerne ere elliptiske Spindler og paa Polyperne større og mindre Spindler, samt Køller almindeligst. Svælgrøret har 8 Spikelrækker. Farven gul, spillende i det Brune.

furrows between them. Both, the ribs and the furrows, contain spicules. The polyp-body measures 3ᵐᵐ in length; its posterior part is narrow and cylindrical; its anterior part becomes dilated, in infundibuliform, in the neighbourhood of the tentacular disk, and is furnished with 8 ribs, between which there are a similar number of narrow furrows. The tentacles measure about 2ᵐᵐ in length, and are rich in spicules. The pinnules have, also, spicules. On the basal part, bistellates, fuscos, and clavates, are the most frequent forms. On the polyp-cells, elliptic fuscos, and on the polyps, larger and smaller fuseos, and subclavates, are the most frequent spicular forms. The gullet-tube has 8 spicular series. Colour yellow, shading towards brown.

Sympodium abyssorum, n. sp.

Tab. XXIII.

Zoanthodemet er uden Stamme. Basaldelen er fast, membranøs og indkapsler ganske i omtrent 150ᵐᵐ's Længde den 200ᵐᵐ lange Stilk af Bathycrinus Carpenteri, Dan. & Kor., Fig. 1. Selve Roden med dens Forgreninger er omspændt af Basalmembranen, Fig. 1, a. Fra denne rejser Polyperne med deres Celler sig dels i Grupper, dels enkeltvis, Fig. 1. Hvor Polypgrupperne findes, er Basalmembranen flere Millimeter tyk, imedens den forøvrigt er tynd, ikke synderligt over 1ᵐᵐ i Tykkelse. I Grupperne sidde Polyperne meget tæt sammen og ligne Drueklaser, og hyppigt ere Cellerne lige ved Grunden sammenvoxede.

Polypcellerne ere fuldstændigt retraktile, cylindriske, 5—6ᵐᵐ lange og forsynede med 8 stærke Længderibber, dannede af paatværsliggende Spikler, og ligesaamange Furer, der synes at være nøgne, Fig. 2, a. Hvor Cellen gaar over i Polypkroppen, blive Ribberne mindre fremtrædende, og naar den er noget indtrukken, fremstaar paa dens Rand 8 Tænder, der kun antyde de indbøiede Ribber foroven, Fig. 2, b; er Cellen ganske indtrukken, danner den enten en skarp, tyk Rand omkring Polypen, eller naar denne ogsaa er indtrukken, lukker Cellen sig ganske og danner da en liden, halvkuglerund Ophøining i Form af en Stjerne, i hvis Midte sees en yderst liden, rund Aabning. Naar saaledes en hel Gruppe af Polyper med deres Celler ere indtrukne, tabes Drueformen, og den ligner da en Samling af stjerneformede Halvkugler, Fig. 1, b.

Polyperne ere cylindriske, retraktile, 6ᵐᵐ lange; paa deres Bagkrop, nærmest Cellen, sees kun svage Ribber, hvor Spikler ligge endnu paatvers, Fig. 2, c, men noget mere fremover træde Ribberne stærkere frem, saa at Forkroppen har 8 Ribber, hvori Spiklerne ligge paalangs; imellem

Sympodium abyssorum, n. sp.

Pl. XXIII.

The Zoanthodem has no stem. The basal part is hard and membranaceous, and it completely encloses, for about 150ᵐᵐ of its length, the 200ᵐᵐ long stalk of Bathycrinus Carpenteri, Dan. & Kor. (fig. 1). The root itself, with its branches, is encompassed by the basal membrane (fig. 1, a). From the membrane, the polyps with their cells, stand up, partly in groups, and partly singly (fig. 1). Where the polyp-groups occur, the basal membrane is several millimetres in thickness, but, otherwise, it is thin, being not much in excess of 1ᵐᵐ in thickness. In the groups, the polyps are placed very closely together and resemble clusters of grapes, and, frequently, the cells are concreted together close to the base.

The polyp-cells are completely retractile; they are cylindrical, and measure 5—6ᵐᵐ in length; they are furnished with 8, strong, longitudinal ribs, formed of spicules placed transversally, and a similar number of furrows which appear to be bare (fig. 2, a). At the point where the cell passes over into the polyp-body, the ribs become less prominent, and when the polyp is somewhat retracted 8 teeth appear upon its margin, but these solely indicate the curving inwards of the ribs above (fig. 2, b). When the cell is quite retracted it forms, either, a sharp thick margin around the polyp, or when the polyp, also, is retracted, the cell completely shuts itself, and then forms a semi-globular prominence in the form of a star, in whose middle an extremely minute circular aperture is observed. When an entire group of polyps with their cells are thus retracted the racemous form disappears, and it then resembles a collection of stelliform semi-spheres (fig. 1, b).

The polyps are cylindrical and retractile, and measure 6ᵐᵐ in length; on their posterior body, nearest to the cell, faint ribs only are observed, whose spicules are still placed transversally (fig. 2, c), but a little further forward the ribs become more prominent, so that the anterior

Ribberne sees en yderst smal Fure, Fig. 2, d. 3, a, der udvider sig noget opimod Tentakelranden og danner her et langagtigt, trekantet Rum, der er nøgent til Siderne, men i hvis Midte er en Længdestribe af Spikler, Fig. 3, b. Tentaklerne ere 2.5ᵐᵐ lange, tykke ved Grunden og paa deres aborale Side vel bepantsrede med Spikler; ogsaa Pinnulerne ere forsynede med saadanne.

body has 8 ribs on which the spicules are placed longitudinally; between the ribs, an extremely minute furrow is seen (fig. 2, d. 3, a), which becomes somewhat dilated in the proximity of the tentacular margin, and forms, there, an elongate triangular space which is bare at the sides, but in whose middle there is a longitudinal stripe of spicules (fig. 3, b). The tentacles measure 2.5ᵐᵐ in length at the base; on their aboral side they are well sheathed with spicules: the pinnulæ are also furnished with spicules.

Anatomisk-histologisk Undersøgelse.

Hele Zoanthodemet er beklædt med et Ectoderm, der bestaar af polyœdriske Celler med en temmelig stor, næsten rund, lidt excentrisk liggende Kjerne med sit Kjernelegeme, og omgiven af et fintkornet, halv gjennemsigtigt Protoplasma. Indenfor Ectodermet er et hyalint Bindevævslag, fra hvis ydre Flade udgaar en Mangfoldighed af fine Udløbere, der danne et Net, hvis Masker ere beklædte med Ectodermceller og optagne af Spikler, saaledes at i hver Maske ligger en Spikel, Fig. 4, a. Fra dette Bindevævs indre Flade udgaa Forlængelser imellem Cellerne og danne her et smalt Coenenchym, hvori ikke alene sees Bindevævslegemer og Ernæringskanaler med deres Epithel, men ogsaa Spikelaflejringer, Fig. 4, b.

Paa Polypcellernes indre Væg sees de 8 Septula at strække sig ned til Cellens Bund; paa de 6 af dem iagttages Kjønsorganerne, der bestaa som sædvanligt af stilkede Kapsler, hvori sees Æg i forskjellige Udviklingsstadier, Fig. 4, c.

Polypernes ydre Bekhædning adskiller sig fra den øvrige Del af Zoanthodemet kun derved, at Ectodermet har to Lag polyœdriske Celler, og at disse synes at være rigere paa Protoplasmaindhold, Fig. 5, a. Indenfor Ectodermet er et lignende Bindevæv med sit Maskenet; Maskerne ere her større, Fig. 5, c. Ectodermcellerne, der beklæde Maskevæggene, ere tydeligere, Fig. 5, b, og det seer ud, som om der i nogle Masker ligge flere Spikler sammen. Fra den indvendige Flade af Bindevævet udgaa de 8 Septa, som fæste sig paa Svælgrørets ydre Side og ere forsynede med Tver- og Længdemuskler, samt beklædte med et Lag runde, temmelig klare Endothelceller, der ogsaa give Svælgrøret sin ydre Beklædning, Fig. 5, d.

Svælgrøret har 8 tæt liggende Spikelrækker, Fig. 6, c, dog saaledes ordnede, at 4 Rækker ligge paa hver Side af Bugfladen, som er spikelfri, Fig. 6, b. Paa Svælgets indre Væg, langs Bugsiden, sees en halvrund, temmelig dyb Grube (Svælgruben), der er beklædt med lange Pidskeceller, Fig. 5, e; den øvrige Del af Svælget er beklædt med kortere Celler med temmelig korte Cilier. Imellem disse Celler sees hist og her isolerede, pæreformige, encellede Slimkjortler

Anatomo-histological Examination.

The entire Zoanthodem is clad with an ectoderm, which consists of polyhedrical cells containing a pretty large, almost globular, somewhat eccentrically placed, nucleus and nucleus-corpuscle, surrounded by a minutely granular, semi-transparent protoplasm. Inside of the ectoderm there is a hyaline connective-tissue layer, from whose outer surface a multitude of prolongations issue forming a reticulation whose meshes are clad with ectoderm-cells, and are occupied by spicules in such a manner, that one spicule is situated in each mesh (fig. 4, a). From the inner surface of this connective-tissue prolongations issue between the cells, and form here a narrow sarcosoma, in which are observed, not only connective-tissue corpuscles and nutritory ducts with their epithelium, but also spicular deposits (fig. 4, b).

On the inner wall of the polyp-cells, 8 septula are observed to extend down to the bottom of the cell; on 6 of these the reproductive organs are seen, consisting, as usual, of pedunculated capsules in which ova in various stages of development are observed (fig. 4, c).

The outer covering of the polyps is distinguished from the rest of the Zoanthodem, only by the fact that the ectoderm has two layers of polyhedrical cells, and that these appear to be richer in protoplasmic substance (fig. 5, a). Inside of the ectoderm there is a similar connective-tissue with its reticulation; in this the meshes are larger (fig. 5, c), the ectoderm-cells which clothe the walls of the meshes are more distinct (fig. 5, b), and it appears as if in several meshes numerous spicules lie together. From the inner surface of the connective-tissue issue the 8 septa which attach themselves to the outer side of the gullet-tube, and these are furnished with transversal and longitudinal muscles, and are clad with a layer of globular, pretty pellucid, endothelial cells which also serve as the outer covering of the gullet-tube (fig. 5, d).

The gullet-tube has 8, closely placed, spicular series (fig. 6, a) arranged, however, in such a manner, that 4 series lie on each side of the ventral surface, which is devoid of spicules (fig. 6, b). On the inner wall of the gullet, along the ventral side, a semi-circular, rather deep, groove, (the gullet-groove) is observed, which is clad with long flagelliform cells (fig. 5, e). The remaining part of the gullet is clad with shorter cells which have rather short

med deres korte Udførselskanaler, der munde ud i Svælghulheden.

Spiklerne i Coenenchymet optræde i Form af Spindler, Klubber og Firlinger. Spindlerne ere de hyppigste, men variere stærkt i Formen, idet nogle nærme sig Dobbeltstjernerne, ere 0.140^{mm} lange, 0.060^{mm} brede med Enderne og have et nogent Midtparti, 0.012^{mm} bredt, Fig. 7, andre nærme sig de sammensatte Stjerner, have en Længde af 0.196^{mm} og en Brødde af 0.060^{mm}, Fig. 8, men de fleste have dog den lige Spindelform, ere mere eller mindre besatte med Takker, og fra 0.104—0.160^{mm} lange og fra 0.028—0.044^{mm} brede, Fig. 9, 10, 11. Firlingerne ere meget sjeldnere og have Korsformen; enkelte ere næsten glatte, 0.064^{mm} lange, 0.056^{mm} brede, Fig. 12, andre ere rigt besatte med Papiller og 0.148^{mm} lange med en 0.096^{mm} lang Tværstok, Fig. 13. Klubberne ere sjeldnest og besatte med Blade, der ere takkede i Randen; de ere 0.148^{mm} lange, 0.072^{mm} brede foroven, Fig. 14.

Paa Basaldelen ligge Spiklerne tæt paa hverandre, men danne neppe mange Lag, da den er halv gjennemsigtig. Dobbeltstjerner ere almindeligst, sjeldnere Køller og Klubber og yderst sjeldent en Firling. Dobbeltstjernerne have brede Straaler med som oftest takkede Ender og et nøgent Midtbelte, men mange af dem have Straaler af ulige Længde med stjerneformede Ender; de første Former ere fra 0.080—0.092^{mm} lange og fra 0.048—0.052^{mm} brede i Enderne med et 0.020^{mm} bredt Midtbelte, Fig. 15, 16; de sidste ere fra 0.112—0.128^{mm} lange og fra 0.068—0.076^{mm} brede Midtbeltet er 0.028^{mm} bredt, Fig. 17, 18, 19. Klubberne ere mere eller mindre besatte med Blade, der have takkede Rande, ere fra 0.100—0.120^{mm} lange og fra 0.060—0.076^{mm} brede foroven, Fig. 20, 21. Køllerne ere almindeligere end Klubberne; ogsaa de ere forsynede med Blade, der ere meget brede, sidde næsten krandsformigt paa Køllen og have tandede Rande; de ere fra 0.124—0.176^{mm} lange og fra 0.052—0.064^{mm} brede opad, Fig. 22, 23, 24. Firlingerne have Timeglasform, ere prydede med Papiller og 0.008^{mm} lange, 0.060^{mm} brede i Enderne og 0.024^{mm} brede paa Midten, Fig. 25.

Paa Cellen ligge Spiklerne tæt paa hverandre i de 8 Ribber; her ere Spindler, Klubber og Køller hyppigst, sjeldnere Firlinger. Spindlerne ere lige med dels afstumpede, dels tilspidsede Ender og forsynede enten med Blade eller mindre Takker; de ere fra 0.132—0.224^{mm} lange og fra 0.028—0.044^{mm} brede, Fig. 26, 27, 28, 29. Klubberne ere temmelig forskjellige; enkelte nærme sig Dobbeltstjernen, andre Spindelen, samtlige ere takkede og fra

cilia. Between these cells, isolated, piriform unicellular mucous glands are observed, with their short excretory ducts opening into the gullet-cavity.

The spicules of the sarcosoma appear in the form of fusees, clavates, and quadruplets. The fusees are most frequent, and they vary greatly in their form; some approach in form to the bistellate, and measure 0.140^{mm} in length, and 0.060^{mm} in breadth at the extremities, with a bare mesial part measuring 0.012^{mm} in breadth (fig. 7); whilst others approach in form to the complex stellates, and measure 0.196^{mm} in length, and 0.060^{mm} in breadth (fig. 8); but most of them have, however, the straight fusiform and are more or less beset with spikes; they measure from 0.104—0.160^{mm} in length, and from 0.028—0.044^{mm} in breadth (fig. 9, 10, 11). The quadruplets are much more rare, and have the cruciform; a few of these are almost smooth, and measure 0.064^{mm} in length, and 0.056^{mm} in breadth (fig. 12); others, of them, are richly beset with papillæ, and measure 0.148^{mm} in length, and have a transversal arm measuring 0.096^{mm} in length (fig. 13). The clavates are the rarest spicular form and they are beset with leaves which are spicate in the margin; they measure 0.148^{mm} in length, and 0.072^{mm} in breadth above (fig. 14).

On the basal part, the spicules lie close upon each other but can scarcely form many layers, as it is semitransparent. Bistellates are the most frequent spicular form, more rarely do subclavates and clavates appear, and still more rarely does a quadruplet appear. The bistellates have broad rays, and, usually, have spicate extremities and a bare mesial part, but many of them have rays of unequal length, with stelliform extremities; the first named forms measure, from 0.080—0.092^{mm} in length, and from 0.048—0.052^{mm} in breadth at the extremities, and their mesial part measures 0.020^{mm} in breadth (figs. 15, 16); the lastnamed measure, from 0.112—0.128^{mm} in length, and from 0.068—0.076^{mm} in breadth, the mesial part measuring 0.028^{mm} in breadth (figs. 17, 18, 19). The clavates are more or less beset with leaves, having spicate margins, and measure from 0.100—0.120^{mm} in length, and from 0.060—0.076^{mm} in breadth above (figs. 20, 21). The subclavates are met with more frequently than the clavates, and they, also, are furnished with leaves, which are very broad and are placed almost in wreath-form on the bulb, furnished also with dentated margins; they measure from 0.124—0.176^{mm} in length, and from 0.052—0.064^{mm} in breadth above (fig. 22, 23, 24). The quadruplets have the sand-glass form, and are adorned with papillæ; they measure 0.068^{mm} in length, 0.060^{mm} in breadth at the extremities, and 0.024^{mm} in breadth at the middle (fig. 25).

On the cell, the spicules lie close upon each other in the 8 ribs. In this situation, fusees, clavates, and subclavates, are the most frequent spicular forms; quadruplets are more rare. The fusees are straight, and have, partly blunted, partly acuminated extremities, and they are furnished, either with leaves or small spikes; they measure from 0.132—0.224^{mm} in length, and from 0.028—0.044^{mm} in breadth (fig. 26, 27, 28, 29). The clavates are rather various; a

0.108—0.156** lange og fra 0.048—0.064** brede, Fig. 30. 31. 32. 33. 34. 35. Køllerne ere besatte med brede Blade, der ere takkede i Randen; de ere 0.176** lange, 0.048** brede opad, Fig. 36. De enkelte Firlinger have dels Korsformen, dels nærme de sig Timeglasformen; de korsformede ere besatte med Blade og 0.132** lange med en i Enderne noget udskaaren Tverstok, som er 0.100** lang, Fig. 37; de timeglasformede ere besatte med Papiller, i den ene Ende 0.072** og i den anden 0.084** lange og 0.040** brede paa Midten, Fig. 38.

Paa Polypkroppen ere Spindler og Køller almindeligst, sjeldnere ere Valser og Klubber og yderst sjeldent Firlinger. Spindlerne ere takkede med dels stumpe, dels spidse Ender og fra 0.188—0.196** lange og fra 0.024—0.028** brede, Fig. 39. 40. Køllerne ere sparsomt besatte med Takker og 0.184** lange, 0.032** brede foroven, Fig. 41. Valserne ere mere eller mindre takkede; enkelte af dem ere særdeles lange og rigt forsynede med tandede Blade; de ere fra 0.128—0.292** lange og fra 0.032—0.052** brede, Fig. 42. 43. 44. Klubberne ere smaa og besatte med Blade; de ere 0.080** lange og 0.036** brede foroven, Fig. 45. Firlingerne have Korsform, ere besatte med Takker og 0.256** lange med en næsten rudimentær Tverstok, der er 0.072**, Fig. 46.

Paa Svælgrøret findes væsentligst Spindler og Køller. Spindlerne have tilspidsede Ender, ere takkede og have en Længde af 0.132** og en Bredde af 0.032**, Fig. 47. Køllerne ere bladede, stundom lidt krummede, 0.140** lange og 0.044** brede foroven, Fig. 48. 49.

Farven.

Gul, spillende svagt i det Røde.

Findested.

Station 295. Mange Exemplarer.

Artskarakter.

Zoanthodemet uden Stamme. Basaldelen membranøst udbredt i større og mindre Udstrækning over Stilken af Bathycrinus Carpenteri, Dan. & Kor. Fra Basaldelen reiser Polyperne med deres Celler sig dels i Grupper, dels enkeltvis. I Grupperne sidde Polyperne tæt sammen og ligne

few approach in form to the bistellate, whilst others approach the fusiform; they are all spieate, and measure from 0.108 —0.156** in length, and from 0.048—0.064** in breadth (figs. 30. 31. 32. 33. 34. 35). The subclavates are beset with broad leaves which are spicate in the margin: they measure 0.176** in length, and 0.048** in breadth above (fig. 36). The few quadruplets have, partly, the cruciform, or they, partly, approach in form to the sand-glass; the cruciform ones are beset with leaves, and measure 0.132** in length, and their transversal arm, which measures 0.100** in length (fig. 37), has its extremities somewhat indented. The sand-glass formed ones are beset with papillæ, and at the one extremity measure 0.072**, and at the other extremity 0.084** in breadth; at the middle they measure 0.040** in breadth (fig. 38).

Upon the polyp-body, fusces and subclavates are the most frequent spicular forms; cylinders and clavates are more rare, and quadruplets very rare. The fusces are spicate, and have, partly, blunted, partly, acuminated extremities; they measure from 0.188—0.196** in length, and from 0.024—0.028** in breadth (fig. 39. 40). The subclavates are sparingly beset with spikes, and measure 0.184** in length, and 0.032** in breadth above (fig. 41). The cylinders are more or less spicate; a few of them are particularly long, and are richly furnished with dentated leaves; they measure from 0.128—0.292** in length, and from 0.032—0.052** in breadth (figs. 42. 43. 44). The clavates are small, and are beset with leaves; they measure 0.080** in length, and 0.036** in breadth above (fig. 45). The quadruplet is of cruciform, and is beset with spikes; it measures 0.256** in length, and has an almost rudimentary transversal arm which measures 0.072** (fig. 46).

Upon the gullet-tube, fusces and subclavates are the spicular forms most frequently met with. The fusces have acuminated extremities; they are spicate, and measure 0.132** in length, and 0.032** in breadth (fig. 47). The subclavates are foliated, and sometimes they are a little curved; they measure 0.140** in length, and 0.044** in breadth above (figs. 48. 49).

Colour.

Yellow, shading faintly towards red.

Habitat.

Station No. 295. Numerous specimens.

Specific characteristics.

The Zoanthodem has no stem. The basal part is membranaceously extended, for a greater or smaller extent, over the stalk of *Bathycrinus carpenteri* Dan. & Kor. The polyps, with their cells, rise up from the basal part, partly in groups, and partly singly. In the groups, the polyps

Drueklaser; stundom er Cellernes ydre Væg sammenvoxet nederst ved Grunden. Polypcellerne ere cylindriske, fuldstændigt retraktile, 5—6ᵐᵐ lange, forsynede med 8 stærke Længderibber, imellem hvilke dybe Furer. Polyperne cylindriske, retraktile, 6ᵐᵐ lange, med 8 Ribber, især fremtrædende paa Kroppens forreste Del, hvor der opimod Tentakelskiven er imellem hver to Tentaklers Grund et langagtigt, triangulært Felt, nøgent til Siderne, men i Midten en Spikelrække. Tentaklerne ere 2,5ᵐᵐ lange, forsynede med Spikler paa den aborale Side; Pinnulerne have ligeledes Spikler. Paa Basaldelen er Dobbeltstjerner almindeligst; mange af disse ere særegne. Paa Polypcellen ere Spindler, Køller og Klubber hyppigst, paa Polyperne Spindler og Køller. Coenenchymet rigt paa Spikler. Spindelformen den almindeligste her. Svælgrøret har 8 Rækker Spikler. Farven gul, spillende i det Røde.

are placed closely together and resemble clusters of grapes; sometimes the outer wall of the cells is concreted together close to the base. The polyp-cells are cylindrical, completely retractile, and 5—6ᵐᵐ in length; they are furnished with 8 strong longitudinal ribs with deep furrows between them. The polyps are cylindrical, retractile, and 6ᵐᵐ in length; they have 8 ribs, and these are specially prominent in the anterior part of the body, where, in proximity to the tentacular disk, between the base of every two tentacles, there is an elongate, triangular area, bare at the sides but with a series of spicules in the middle. The tentacles are 2,5ᵐᵐ in length, and are furnished with spicules on |the aboral side. The pinnules have also spicules. On the basal part, bistellate spicules are the most frequent, many of them being peculiar. On the polyp-cell, fusees, subclavates, and clavates are the most frequent spicular forms; and on the polyps, fusees and subclavates are the most frequent forms. The sarcosoma is rich in spicules, and the fusiform is, here, the most frequent one. The gullet-tube has 8 series of spicules. Colour: yellow, shading to red.

Fortegnelse

over den Literatur, der væsentlig er benyttet under Udarbeidelsen af denne Afhandling.

(List of the Works chiefly consulted, in the preparation of this Memoir).

1758. Linné. Systema naturæ.
1766. Ellis & Zolander. Zooph.
1767. Linné. Syst. natur. ed. XII.
1788—93. Linné. Syst. natur. ed. XIII. J. A. Gmelin.
1791. Esper. Pflanzenthiere.
1801. Lamarck. Animaux sans vertèbres. 1 Ed.
1806. Müller, Fredrik Otto. Zoologia Danica.
1816. Lamarck. Histoire naturelle des animaux sans vertèbres. 1 Ed.
1824. Quoy et Gaymard. Voyage de l'Uranie. Zoology.
1834. Blainville. Manuél d'Actinologie.
— Quoy et Gaymard. Voyage de l'Astrolabe. Zoology.
— Ehrenberg. Die Korallthiere des rothen Meeres.
1847. Dana. Zoophytes.
— Johnston, G. A history of the British Zoophytes.
1857. Milne-Edwards, H. Histoire naturelle des Coralliaires. Régne anim. Cuvier. Zoophytes.
1857—60. Milne-Edwards et Haime. Histoire naturelle des Coralliaires.
1860. Kölliker. Icones histologicæ.
— Gosse. A history of the British Sea-anemones or Actinologia Britanica.
1862. Gray. Proceedings of the Zoological Society.
1869. — Description of some new genera and species of Alcyonidæ. Annals and Magazine of Natur. history.
1870. — Catalogue of Lithophytes or stony corals.
1865. Wright, Percival. Notes on a genus of Alcyonidæ. Quarterly Journal of Microscopical Science. Vol. 5. New Ser.
1864. Verrill. List of the Polyps and Corals sent by the Museum of comparative Zoology etc. Bulletin of the Museum of comparative Zoology. No. 3.

1864. Verrill. Revision of the Polyps of the East Coast of America. Memoirs of the Boston Society of Nat. History. Vol. 1.
— Lacaze-Duthiers. Histoire naturelle du Corail.
1865. Verrill. Classification of Polyps. Proceedings of the Essex Institute. Vol. IV. No. 5.
1865—70. — Synopsis of Polyps and Corals of the North Pacific exploration. Proceedings of the Essex Institute. Vol. 4. 5. 6.
1868—70. — Notes on Radiata. Review of the Corals and Polyps of the West Coast of America. Transactions of Connecticut Academy. Vol. 1.
1879. — Notice of recent additions to the Marine Invertebrata of the North-Eastern Coast of America. Proceedings of United States National Museum.
— Notice of recent additions to the Marine Invertebrata of the Eastern Coast of North America. Journal of Science and Arts. Vol. XVII.
1882. — Notice of the remarkable marine Fauna occupying the outer banks of the Southern Coast of New-England. Journal of Science and Arts. Vol. XXIII.
1870—71. Pouchet & Myèvre. Contributions à l'anatomie des Alcyonaires. Journal de l'anatomie et de la physiologie. Paris.
1871. Schneider und Röttecken. Ueber den Bau der Actinien und Korallen. Sitzungsberichten der oberhessischen Gesellschaft für Natur- und Heilkunde. Giesen.
1874. Koch, G. v. Anatomie der Orgelkoralle. Jena.

1878.	— Das Skelet der Alcyonarien. Morphologisches Jahrbuch. 4 B.
1882.	Koch, G. v Anatomie der Clavularia prolifera. Morph. Jahrbuch. 7 B.
1876.	Häckel. Arabische Korallen.
1877.	Klunziger, B. C. Die Korallenthiere des rothen Meeres. Berlin.
1879.	Marion. Sur le développement des Clavularia. Communication à la section de Zoologie de l'Assoc. franc. pour l'avancement des Sciences. Session de Montpellier, séance de 3 septembre.
—	Kowalevsky. Zur Entwickelungsgeschichte der Alcyoniden. Zoologischer Anzeiger. 22 Sept.
1878.	Studer, Th. Uebersicht der Anthozoa Alcyonaria, welche während der Reise Sr. M. S. „Gazelle" um die Erde gesammelt wurden. Mit 5 Taf. Berliner Akad. Monatsber. Sept. October.
—	Marenzeller. Die Coelenteraten, Echinodermen und Würmer der K. K. Oesterreichisch-Ungarischen Nordpolexpedition. Denkschriften der K. Akademie der Wissenschaften. 35. B. Wien.
1879.	Hancke. Eine morphologische Studie. Zur Blastologie der Korallen. Zeitschrift für Naturwissenschaften. Jena.
1879.	Moseley, H. N. Report on certain Hydroid, Alcyonarian and Madreporian Corals produced during the Voyage of H. M. S. „Challenger" in the Years 1873—76. Zoology. Vol. 11.
—	Hertwig, Osc. et Hertwig, R. Die Actinien. Jenaische Zeitschrift f. Naturwissenschaften. 13 B.
1881.	Hertwig, Osc. et Hertwig, R. Die Coelomtheorie. Jena.
1882.	Kowalevsky et Marion. Sur le développement des Alcyonaires. Compte-Rendus de l'Institut. Septembre.
1883.	Kowalevsky et Marion. Documents pour l'histoire embryogénique des Alcyonaires. Annales du Musée d'histoire naturelle de Marseille. — Zoologie. Tome 1'.
—	Koren og Danielssen. Nye Alcyonider, Gorgonider og Pennatulider, tilhørende Norges Fauna. Bergens Museum.

Forklaring over Figurerne.

Tab. I. Fig. 1. Væringia mirabilis i naturlig Størrelse.
— 2. En liden Gren af samme, forstørret.
— 3. En Polyp, forstørret.
— 4. En Tentakel, forstørret.
— 5. Polyædriske Ectodermceller, forstørret.
— 6. Aflange Ectodermceller, forstørret.
— 7. Bindevævslegemer, forstørret.
— 8—10. Spikler paa Stammen, forstørret.
— 11. 12. Spikler paa Basaldelen, forstørret.
— 13. Tversnit af en liden Gren, forstørret.
— 14. Spikel paa Grenene, forstørret.
— 15. Tversnit af en Polyp, forstørret. *a*, Ectoderm; *b*, Bindevæv, hvori Spikler; *c*, Muskellaget; *d*, Bindevæv; *e*, Svælggrube.
— 16—18. Spikler paa Forkroppen, forstørret.
— 19. 20. Spikler paa Midtkroppen, forstørret.
— 21—24. Spikler paa Bagkroppen, forstørret.
— 25. Et Tversnit af den øverste Del af Svælget, tegnet under Camera lucida, 550 Gange forstørret. *a*, Endothelceller; *b*, Ganglieceller; *c*, Nerveceller.
— 26. Endothelceller, fremstillet ved Maceration og tegnet under Camera lucida, 550 Gange forstørret.
— 27. Pidskeceller (Geisselcellen) fra Svælggruben, fremstillet ved Maceration, forstørret.
— 28. Sammenhængende Pidskeceller fra Svælggruben, fremstillet ved Maceration, forstørret.
— 29. En isoleret Pidskecelle med sin Svøbe, fremstillet ved Maceration, alt tegnet under Camera lucida, 550 Gange forstørret.

Explanation of the Plates.

Pl. I. Fig. 1. *Væringia mirabilis*; natural size.
— 2. A small branch of the same; magnified.
— 3. A polyp; magnified.
— 4. A tentacle; magnified.
— 5. Polyhedrical ectoderm cells; magnified.
— 6. Oblong ectoderm cells; magnified.
— 7. Connective-tissue corpuscles; magnified.
— 8—10. Spicules of the stem; magnified.
— 11. 12. Spicules of the basal part; magnified.
— 13. Section of a small branch; magnified.
— 14. Spicule of the branches; magnified.
— 15. Transversal section of a polyp; magnified. *a*. Ectoderm. *b*. Connective-tissue containing spicules. *c*. The muscular layer. *d*. Connective-tissue. *e*. Gullet-cavity.
— 16—18. Spicules of the anterior body; magnified.
— 19. 20. Spicules of the mesial body; magnified.
— 21—24. Spicules of the posterior body; magnified.
— 25. Transversal section of the uppermost part of the gullet, drawn under the *camera-lucida*; magnified by 550 powers. *a*. Endothelial-cells. *b*. Ganglial-cells. *c*. Neural-cells.
— 26. Endothelial cells, obtained on maceration; drawn under the *camera-lucida*; magnified by 550 powers.
— 27. Flagelliform cells (the geissel-cell) of the gullet-groove, obtained on maceration; magnified.
— 28. Continuous flagelliform cells of the gullet-groove, obtained on maceration; magnified.
— 29. An isolated flagelliform cell with its flagellum, obtained on maceration; drawn under the *camera-lucida*; magnified by 550 powers.

Tab. I. Fig. 30.	En encellet Slimkjertel, fremstillet ved Maceration, tegnet under Camera lucida, 550 Gange forstørret.
— 31.	En Gangliecelle med Udløber, fremstillet ved Maceration, tegnet under Camera lucida, 550 Gange forstørret.
— 32.	Et Tversnit af en Tentakel, forstørret. *a*, Ectodermceller; *b*, Bindevæv, hvori Spikler; *c*, Muskellag; *d*, Endothelceller.
— 33.	Spikler paa Tentaklerne, forstørret; *a*, et simpelt Kors.
— 34—39.	Spikler paa Tentaklerne, størkere forstørret.
— 40.	Svælget med Spikelrækker, opskaaret efter Længden og udslaaet, forstørret. *a*, Spikler.
Tab. II. Fig. 1.	Tversnit af en Gren af Væringia mirabilis, forstørret. *a*, Ernæringskanal med sit Epithel; *b*, en mindre Saftkanal, der korresponderer med en Bindevævscelles Udløber; *c, d*, Bindevævsceller med Udløbere.
— 2.	Tversnit af Svælgets Midtparti hos Væringia mirabilis, forstørret. *a*, Svælggruben; *b*, den sammenlimede Rand af Pidskecellernes fri Ende, hvorfra Pidsken udgaar; *c*, Pidskecellerne med deres Kjerne; *d*, encellede Slimkjertler ; *e*, Slimkjertelens Udførselsgang.
— 3—10.	Spikler fra Polypkroppen og Tentaklerne hos Væringia fruticosa, forstørret.
— 11.	En Tentakel af Væringia fruticosa, forstørret.
— 12.	Svælget af Væringia fruticosa, spaltet efter Længden og udslaaet mod sine 4 Spikelrækker, forstørret.
— 13.	Spiklerne paa Svælget, forstørret.
— 14.	Væringia abyssicola, naturlig Størrelse.
— 15.	En Gren af samme, forstørret.
— 16.	Endel af Polypkroppen med 3 Tentakler, forstørret. *a*, den nederste Del af Kroppen; *b*, Forkroppen; *c*, Tentakel.
— 17.	En Tentakel, forstørret.
— 18—25.	Spikler paa Stammen, Grenene og tildels paa Polypeus Bagkrop, forstørret.
— 26. 27.	Spikler paa Polypens Bagkrop, forstørret.
— 28—33.	Spikler paa Polypens Forkrop, forstørret.
— 34—36.	Spikler paa Tentaklerne, forstørret.
— 37—40.	Spikler paa Pinnulerne, forstørret.

Pl. I. Fig. 30.	A unicellular mucous gland, obtained on maceration; drawn under the camera-lucida; magnified by 550 powers.
— 31.	A ganglial cell with prolongation, obtained on maceration; drawn under the camera-lucida; magnified by 550 powers.
— 32.	A transversal section of a tentacle; magnified. *a*. Ectoderm cells. *b*. Connective-tissue containing spicules. *c*. Muscular layer. *d*. Endothelial-cells.
— 33.	Spicules of the tentacles; magnified. *a*, A plain cruciform.
— 34—39.	Spicules of the tentacles; considerably magnified.
— 40.	The gullet, with spicular series, dissected longitudinally and folded back; magnified. *a*. Spicules.
Pl. II. Fig. 1.	Transversal section of a branch of Væringia mirabilis; magnified. *a*. Nutritory duct with its epithelium. *b*. A minute nutritory duct, which corresponds with a connective-tissue cells prolongation. *c. d*. Connective-tissue cells with prolongations.
— 2.	Section of the mesial part of the gullet in Væringia mirabilis; magnified. *a*. The gullet-cavity. *b*. The concreted margin of the free extremity of the flagelliform cells from which the flagellum proceeds. *c*. The flagelliform cells with their nuclei. *d*. Unicellular mucous glands. *e*. Excretory duct of the mucous gland.
— 3—10.	Spicules of the body of the polyp, and of the tentacles, in Væringia fruticosa; magnified.
— 11.	A tentacle of Væringia fruticosa; magnified.
— 12.	The gullet of Væringia fruticosa, split longitudinally and folded back, with its 4 spicular series; magnified.
— 13.	The spicules of the gullet; magnified.
— 14	Væringia abyssicola; natural size.
— 15.	A branch of same; magnified.
— 16.	A portion of the polyp-body, with 3 tentacles; magnified. *a*. The lowest part of the body. *b*. The anterior body. *c*. A tentacle.
Fig. 17.	A tentacle; magnified.
— 18—25.	Spicules of the stem, the branches, and also, partly, of the posterior polyp-body; magnified.
— 26. 27.	Spicules of the posterior body of the polyp; magnified.
— 28—33.	Spicules of the anterior body of the polyp ; magnified.
— 34—36.	Spicules of the tentacles; magnified.
— 37—40.	Spicules of the pinnules; magnified.

Tab. II. Fig. 41. Svælget med sine Spikelrækker, forstørret.
— 42—45. Spikler paa Basaldelen hos Duva arborescens, forstørret.
— 46—48. Spikler paa Stammens nedre Del hos Duva arborescens, forstørret.
— 49. Spikel fra Stammens Midtparti hos Duva arborescens, forstørret.
— 50. Spikel fra Stammens øverste Del hos Duva arborescens, forstørret.
— 51—54. Spikler paa Polypkroppen hos Duva arborescens, forstørret.

Tab. III. Fig. 1. Duva arborescens, naturlig Størrelse.
— 2. En Gren af samme, forstørret.
— 3. To Polyper af samme, forstørret.
— 4—8. Spikler fra Stammens øverste Del og tildels fra Hovedgrenene hos den samme, forstørret.
— 9—11. Firlinger og Dobbeltstjerne fra Grenene hos den samme, forstørret.
— 12—17. Spikler fra Smaagrenene hos den samme, forstørret.
— 18. Duva spitsbergensis i naturlig Størrelse.
— 19. En Polyp af den samme, forstørret.
— 20—25. Spikler fra Basaldelen af den samme, forstørret.
— 26—29. Spikler fra Polypkroppen af den samme, forstørret.
— 30. Duva violacea, naturlig Størrelse.
— 31. En Gren af samme, lidt forstørret.
— 32. En Gruppe af 3 Polyper, hvoraf den ene seet fra Rygsiden, forstørret.
— 33. En Polyp seet fra Bugsiden, forstørret.
— 34—41. Spikler fra Basaldelen af den samme, forstørret.
— 42—52. Spikler fra Polypkroppen, forstørret.

Tab. IV. Fig. 1. Duva aurantiaca, naturlig Størrelse.
— 2. En Gren af samme, lidt forstørret.
— 3. To Polyper, sammenvoxede ved Grunden idet de gaa over i Stilken, opskaarne efter Længden og forstørret. Ved Grunden af den ene Polyp sees Æg.
— 4. En Polyp, seet fra Bugen, forstørret.
— 5—13. Spikler fra Basaldelen, forstørret.
— 14—19. Spikler fra Stammen, forstørret.
— 20—28. Spikler paa Grene, Smaagrene og Stilke, forstørret.
— 29—41. Spikler fra Polypkroppen og Tentaklerne, forstørret.
— 42. Duva frigida, noget forstørret.

Pl. II. Fig. 41. The gullet with its spicular series; magnified.
— 42—45. Spicules of the basal part in Duva arborescens; magnified.
— 46—48. Spicules of the lower part of the stem in Duva arborescens; magnified.
— 49. Spicule of the mesial part of the stem in Duva arborescens; magnified.
— 50. Spicule of the uppermost part of the stem in Duva arborescens; magnified.
— 51—54. Spicules of the body of the polyp in Duva arborescens; magnified.

Pl. III. Fig. 1. Duva arborescens, natural size.
— 2. A branch of the same; magnified.
— 3. Two polyps of the same; magnified.
— 4—8. Spicules of the uppermost part of the stem and, partly, of the main branches of the same; magnified.
— 9—11. Quadruplets, and bistellates of the branches of the same; magnified.
— 12—17. Spicules of the branchlets of the same; magnified.
— 18. Duva spitsbergensis; natural size.
— 19. A polyp of the same; magnified.
— 20—25. Spicules of the basal part of the same; magnified.
Fig. 26—29. Spicules of the body of the polyp of the same; magnified.
— 30. Duva violacea; natural size.
— 31. A branch of the same; somewhat magnified.
— 32. A group of 3 polyps, of which one is viewed from the dorsal side; magnified.
— 33. A polyp, viewed from the ventral side; magnified.
— 34—41. Spicules of the basal part of the same; magnified.
— 42—52. Spicules of the body of the polyp; magnified.

Pl. IV. Fig. 1. Duva aurantiaca; natural size.
— 2. A branch of the same; somewhat magnified.
— 3. Two polyps concreted at the base where they become produced into the stem, dissected longitudinally; magnified. At the base of one of the polyps ova are visible.
— 4. A polyp viewed ventrally; magnified.
— 5—13. Spicules of the basal part; magnified.
— 14—19. Spicules of the stem; magnified.
— 20—28. Spicules of the branches, branchlets, and stems; magnified.
— 29—41. Spicules of the body of the polyp and the tentacles; magnified.
— 42. Duva frigida; somewhat magnified.

Tab. IV. Fig. 43. 3 Polyper, sammenvoxede ved Grunden, forstørret.
— 44—54. Spikler fra Basaldelen, forstørret.
— 55—59. Spikler fra Stammen, forstørret.
— 60, a, Spikler fra Tentaklernes Grund og Forkrop; b, Spikler paa den øvrige Del af Tentaklernes aborale Side, forstørret.
— 61—64. Spikler fra Forkroppen, forstørret.
— 65. 66. Spikler fra Tentaklerne, forstørret.
— 67—69. Spikler fra Bagkroppen, forstørret.

Tab. V. Fig. 1. Duva flava, naturlig Størrelse.
— 2. En Gren af samme, forstørret.
— 3. En Polyp af samme, forstørret.
— 4—16. Spikler fra Basaldelen og den nederste Del af Stammen, forstørret.
— 17—20. Spikler fra Stammens øverste Del, forstørret.
— 21—33. Spikler fra Polypkroppen, forstørret.
— 34. Duva glacialis, naturlig Størrelse.
— 35. En Gren af samme, forstørret.
— 36. En Polyp af samme, seet fra Ryggen, forstørret.
— 37. En Polyp af samme, seet halvt fra Bugen, halvt fra Siden, forstørret.
— 38—49. Spikler fra Basaldelen, forstørret.
— 50—58. Spikler fra Stammen, forstørret.
— 59—66. Spikler fra Stammens øvre Del, forstørret.
— 67—75. Spikler fra Polypkroppen, forstørret.
— 76—81. Spikler fra Tentaklerne, forstørret.
— 82. Duva cinerea, forstørret. Den ved Siden staaende Linie betegner den naturlige Højde.
— 83. En Gren af samme, forstørret.
— 84. En Gruppe Polyper, forstørret; i den ene Polyps forlængede Mavehulhed sees et Æg.
— 85—93. Spikler fra Basaldelen, forstørret.

Tab. VI. Fig. 1—8. Spikler fra Basaldelen af Duva cinerea, forstørret.
— 9—13. Spikler fra den nederste Del af Stammen hos Duva cinerea, forstørret.
— 14—22. Spikler fra Polypkroppen, forstørret.
— 23—29. Spikler fra Tentaklerne, forstørret.
— 30. Drifa islandica, naturlig Størrelse.
— 31. En Gren af samme, forstørret.

Pl. IV. Fig. 43. 3 polyps concreted together at the base; magnified.
— 44—54. Spicules of the basal part; magnified.
— 55—59. Spicules of the stem; magnified.
— 60. a. Spicules of the base and anterior body of the tentacles. b. Spicules of the remaining parts of the aboral side of the tentacles; magnified.
— 61—64. Spicules of the anterior body; magnified.
— 65. 66. Spicules of the tentacles; magnified.
— 67—69. Spicules of the posterior body; magnified.

Pl. V. Fig. 1. Duva flava; natural size.
— 2. A branch of the same; magnified.
— 3. A polyp of the same; magnified.
— 4—16. Spicules of the basal part and lowest part of the stem; magnified.
— 17—20. Spicules of the uppermost part of the stem; magnified.
— 21—33. Spicules of the body of the polyp; magnified.
— 34. Duva glacialis; natural size.
— 35. A branch of the same; magnified.
— 36. A polyp of the same, viewed dorsally; magnified.
— 37. A polyp of the same, viewed semi-ventrally and semi-laterally; magnified.
— 38—49. Spicules of the basal part; magnified.
— 50—58. Spicules of the stem; magnified.
— 59—66. Spicules of the upper part of the stem; magnified.
— 67—75. Spicules of the body of the polyp; magnified.
— 76—81. Spicules of the tentacles; magnified.
— 82. Duva cinerea; magnified. The line which is placed at the side indicates the natural height.
— 83. A branch of the same; magnified.
— 84. A group of polyps; magnified. In the prolonged abdominal cavity an ovum is visible.
— 85—93. Spicules of the basal part; magnified.

Pl. VI. Fig. 1—8. Spicules of the basal part of Duva cinerea; magnified.
— 9—13. Spicules of the lowest part of the stem in Duva cinerea; magnified.
— 14—22. Spicules of the body of the polyp; magnified.
— 23—29. Spicules of the tentacles; magnified.
— 30. Drifa islandica; natural size.
— 31. A branch of the same; magnified.

Tab. VI. Fig. 32. Polyper af samme, forstørret.
— 33. En Del af en Polyp, opsknaren efter Længden; a, det triangulære Spatium uden Spikler men rigt paa Nematocyster, forstørret.
— 34. Isolerede Nematocyster.
— 35—42. Spikler fra Basaldelen, forstørret.
— 43—49. Spikler fra Stammen, forstørret.
— 50—54. Spikler fra Stammens øverste Del og Grenene, forstørret.
— 55—59. Spikler fra Smaagrenene, forstørret.
— 60—63. Spikler fra Polypens Forkrop, forstørret.
— 64—68. Spikler fra dens Bagkrop, forstørret.
— 69—71. Spikler fra Tentaklerne, forstørret.

Tab. VII. Fig. 1. Drifa hyalina, naturlig Størrelse.
— 2. En Gren af samme, forstørret.
— 3. En Polyp af samme; ved dens Grund to unge Polyper, forstørret.
— 4. En Polyp af samme, opskaaret efter Længden og udslaaet, forstørret.
— 5. Et Tværsnit af en Gren, forstørret. a, Ectodermceller; b, det indre Lag af samme; c, encellet Slimkjertel med Udførselsgang; d, Bindevæv; e, Bindevævslegemer; f, Spikel.
— 6. Et Tværsnit af Polypkroppens Hud, forstørret. a, Ectodermceller; b, encellede Slimkjertler; c, Spikel.
— 7. Et Tværsnit af en Polyp, forstørret. a, Septum imellem Kropsvæggen og Svælget; b, Længdemuskler paa Septum; c, Tværmuskler paa samme; d, Endothelceller paa den ydre Svælgvæg; e, encellede Slimkjertler paa Svælgets indre Væg; f, Svælghulheden; g, Svælggruben med sine Pidskeceller.
— 8—15. Spikler paa Basaldelen, forstørret.
— 16—26. Spikler paa Stammens øvre Del, forstørret.
— 27—32. Spikler paa Grenene, forstørret.
— 33—37. Spikler paa Polypens Forkrop, forstørret.
— 38—40. Spikler paa Bagkroppen, forstørret.

Pl. VI Fig. 32. Polyps of the same; magnified.
— 33. A portion of a polyp, dissected longitudinally. a. The triangular space devoid of spicules, but abundantly furnished with nematocysts; magnified.
— 34. Isolated nematocysts.
— 35—42. Spicules of the basal part; magnified.
— 43—49. Spicules of the stem; magnified.
— 50—54. Spicules of the uppermost part of the stem and the branches; magnified.
— 55—59. Spicules of the branchlets; magnified.
— 60—63. Spicules of the anterior body of the polyp; magnified.
— 64—68. Spicules of the posterior body of the polyp; magnified.
— 69—71. Spicules of the tentacles; magnified.

Pl. VII. Fig. 1. Drifa hyalina; natural size.
— 2. A branch of the same; magnified.
— 3. A polyp of the same; at its base two young polyps visible; magnified.
— 4. A polyp of the same, dissected longitudinally and folded back; magnified.
— 5. A section of a branch; magnified. a. Ectoderm-cells. b. The interior layer of same. c. Unicellular mucous gland with excretory duct. d. Connective-tissue. e. Connective-tissue corpuscles. f. Spicule.
— 6. A transversal section of the dermal covering of the body of the polyp; magnified. a. Ectoderm-cells. b. Unicellular mucous glands. c. Spicule.
— 7. Transversal section of a polyp; magnified. a. Septum between the wall of the body and the gullet. b. Longitudinal muscles of the septum. c. Transversal muscles of the same. d. Endothelial cells of the exterior gullet-wall. e. Unicellular mucous gland of the interior wall of the gullet. f. The gullet-cavity. g. The gullet-cavity with its flagelliform cells.
— 8—15. Spicules of the basal part; magnified.
— 16—26. Spicules of the remaining parts of the stem; magnified.
— 27—32. Spicules of the branches; magnified.
— 33—37. Spicules of the anterior body of the polyp; magnified.
— 38—40. Spicules of the posterior body of the polyp; magnified.

153

Tab. VII. Fig. 41—44. Spikler paa Tentaklerne, forstørret.
— 45. Nannodendron elegans, forstørret.
— 46. En Gruppe næsten indtrukne Polyper af samme, forstørret.
— 47. En Polyp af samme, forstørret.

Tab. VIII. Fig. 1. Et Stykke af Stammen af Nannodendron elegans med flere Grene, forstørret. a, en kolbeformig Gren med Polyper; b, Zooider.
— 2. Et Stykke af et Tversnit af en Gren, berøvet sin Kalk, forstørret. a, Ectodermceller; b, Hulrum i Ectodermet, hvori Spiklerne ligge; c, Ernæringskanal i det hyaline Bindevæv; d, Bindevævslegeme med Udløbere; e, Saftkanaler med sit Epithel; f, Ernæringskanaler i Bindevævsforlængelserne; g, Zooide.

— 3. Svælget med sine to Rækker Spikler, forstørret.
— 3'3'3'. Spiklerne paa Svælget, forstørret.
— 4—20. Spikler paa Basaldelen, forstørret.

— 21—43. Spikler paa Stammen, forstørret.
— 44—54. Spikler paa Grenene, forstørret.

— 55—65. Spikler paa Polypkroppen, forstørret.
— 66—76. Spikler paa Tentaklerne, forstørret.

Tab. IX. Fig. 1. Væringia polaris, naturlig Størrelse; a, Stolon.
— 2. En Gruppe Polyper af samme, forstørret.

— 3—9. Basaldelens Spikler, forstørret.
— 10. 11. Spikler paa Stammen, forstørret.
— 12—22. Spikler paa Grenene, forstørret.

— 23—28. Spikler paa Polypkroppen, forstørret.
— 29—33. Spikler paa Tentaklerne og deres Pinnuler, forstørret.
— 34. Svælget med dets 8 Rækker Spikler, forstørret.
— 35—40. Svælgets Spikler, forstørret.
— 41. Væringia pygmæa, naturlig Størrelse.
— 42. En Polyp af samme, forstørret.
— 43. En Tentakel af samme, forstørret.
— 44. 45. Sammensatte Stjerner fra Basaldelen, forstørret.
— 46. Dobbeltstjerne fra Basaldelen, forstørret.

Pl. VII. Fig. 41—44. Spicules of the tentacles; magnified.
— 45. Nanodendron elegans; magnified.
— 46. A group of almost retracted polyps of the same; magnified.
— 47. A polyp of the same; magnified.

Pl. VIII. Fig. 1. A portion of the stem of Nanodendron elegans, with several branches; magnified. a. A claviform branch with polyps. b. Zooids.
— 2. A portion of the section of a branch, freed of its calcium; magnified. a. Ectoderm-cells. b. Cavity in the ectoderm, in which the spicules are placed. c. Nutritory duct of the hyaline connective-tissue. d. Connective-tissue corpuscles with prolongations. e. Nutritory ducts with their epithelium. f. Nutritory ducts in the connective-tissue prolongations. g. Zooids.

— 3. The gullet with its two series of spicules; magnified.
— 3'3'3'. Spicules of the gullet; magnified.
— 4—20. Spicules of the basal part; magnified.
— 21—43. Spicules of the stem; magnified.
— 44—54. Spicules of the branches; magnified.
— 55—65. Spicules of the body of the polyp; magnified.
— 66—76. Spicules of the tentacles; magnified.

Pl. IX. Fig. 1. Væringia polaris; natural size. a. The stolon.
— 2. A group of polyps of the same; magnified.
— 3—9. Spicules of the basal part; magnified.
— 10. 11. Spicules of the stem; magnified.
— 12—22. Spicules of the branches; magnified.
— 23—28. Spicules of the body of the polyp; magnified.
— 29—33. Spicules of the tentacles and their pinnules; magnified.
— 34. The gullet with its 8 series of spicules; magnified.
— 35—40. Spicules of the gullet; magnified.
— 41. Væringia pygmæa, life size.
— 42. A polyp of the same; magnified.
— 43. A tentacle of the same; magnified.
— 44. 45. Complex stellates of the basal part; magnified.
— 46. Bistellates of the basal part; magnified.

Tab. IX. Fig. 47. 48. Væringia pygmæa. Mindre udviklede Dobbeltstjerner fra Basaldelen, forstørret.
— 49. En takket Kølle fra Basaldelen, forstørret.
— 50. Bladet Klubbe fra Basaldelen, forstørret.
— 51—57. Firlinger fra Basaldelen, forstørret.

— 58—61. Dobbeltstjerner fra Stammen og Grenene, forstørret.
— 62—64. Firlinger fra Stammen og Grenene, forstørret.
— 65. 66. Spindler fra Stammen og Grenene, forstørret.
— 67. Klubformet Firling fra Stammen og Grenene, forstørret.
— 68—72. Spikler paa Overgangen fra Gren til Polyp, forstørret.
— 73—75. Spikler fra Polypens Bagkrop, forstørret.
— 76. 77. Spikler fra Polypens Forkrop, forstørret.
— 78—83. Spikler fra Tentaklerne, forstørret.
— 86—88. Spikler fra Tentaklernes Sider, forstørret.
— 89. Svælget med dets 4 Spikelrækker, aabnet efter Længden og slaaet til Side, forstørret.
— 84. 85. 90. Spikler fra Svælget, forstørret.

Tab. X. Fulla Schiertzi.
Fig. 1—3. Spikler fra Basaldelens Coenenchym, forstørret.
— 4. 5. Dobbeltstjerner, seet dels fra oven, dels paaskraas fra Basaldelen, forstørret.
— 6—9. Fuldt udviklede Dobbeltstjerner fra Basaldelen, forstørret.
— 10. Mindre udviklede Dobbeltstjerner fra Basaldelen, forstørret.
— 11. 12. Firlinger fra Basaldelen, forstørret.

— 13—15. Spikler fra Stammens nederste Del, forstørret.
— 16—21. Spikler fra Stammens midterste Del, forstørret.
— 22—27. Spikler fra Grenene, forstørret.
— 28—31. Spikler fra Smaagrenene, forstørret.
— 32—38. Spikler fra Polypernes Bagkrop, forstørret.
— 39. 40. Spikler paa Grændsen imellem For- og Bagkrop, forstørret.
— 41—43. Spikler paa Forkroppen, forstørret.

Pl. IX. Fig. 47. 48. *Væringia pygmæa*. Partially developed bistellates of the basal part; magnified.
— 49. A spicate subclavate of the basal part; magnified.
— 50. Foliated clavate of the basal part; magnified.
— 51—57. Quadruplets of the basal part; magnified.

— 58—61. Bistellates of the stem and branches; magnified.
— 62—64. Quadruplets of the stem; and branches; magnified.
— 65. 66. Fuseos of the stem and branches; magnified.
— 67. Claviform quadruplet of the stem and branches; magnified.
— 68—72. Spicules on the transition from the branch to the polyp; magnified.
— 73—75. Spicules of the posterior body of the polyp; magnified.
— 76. 77. Spicules of the anterior body of the polyp; magnified.
— 78—83. Spicules of the tentacles; magnified.
— 86—88. Spicules of the sides of the tentacles; magnified.
— 89. The gullet with its 4 spicular series, dissected longitudinally and folded aside; magnified.
— 84. 85. 90. Spicules of the gullet; magnified.

Pl. X. *Fulla Schiertzi*.
Figs. 1—3. Spicules of the sarcosoma of the basal part; magnified.
— 4. 5. Bistellates of the basal part, viewed partly superiorly, partly diagonally; magnified.
— 6—9. Fully developed bistellates of the basal part; magnified.
— 10. Partially developed bistellates of the basal part; magnified.
— 11. 12. Quadruplets of the basal part; magnified.

— 13—15. Spicules of the lowest part of the stem; magnified.
— 16—21. Spicules of the mesial part of the stem; magnified.
— 22—27. Spicules of the branches; magnified.
— 28—31. Spicules of the branchlets; magnified.
— 32—38. Spicules of the posterior body of the polyp; magnified.
— 39. 40. Spicules of the margin between the anterior and posterior body; magnified.
— 41—43. Spicules of the anterior body; magnified.

155

Tab. X. Fig. 44—51. Spikler paa Tentaklerne og deres Pinnuler, forstørret.
— 52—57. Spikler paa Svælget, forstørret.
— 58. Fulla Schiertzi, seet halvt fra Bugen, halvt fra Siden, naturlig Størrelse.
— 59. Den samme, seet fra Ryggen, forstørret.
— 60. En Gren af den samme, forstørret.
— 61. En Polyp, forstørret. a, Spiklerne paa Bagkroppen.
— 62. Tversnit af Stammens Hud, forstørret. a, Polyædriske Ectodermceller; b, aflange Ectodermceller i det dybere Lag; c, encellede Slimkjertler; d, Rum, hvori Spikler ligge, og paa hvis Rand aflange Ectodermceller kan sees; e. det brede, hyaline Bindevævslag; f. Nutritionskanaler med deres Epithel; g, Bindevævslegemer med Udløbere.

— 63. En Gren, overskaaret for at vise Kanalerne, forstørret. a, 7 Kanaler.
— 64. Et Tversnit af en stor Gren, forstørret. a, det smale Bindevævslag paa Siderne, hvorfra Polyperne udgaa; b, det brede Bindevævslag paa Bug- og Rygside.

— 65. Et Tversnit af en Polyp, omtrent paa Midten, forstørret. a, Ectoderm; b, hyalint Bindevæv; c, Septa; d, Musklerne paa samme; e, Svælggruben.

— 66. Svælget med sine Spikler, forstørret.
Tab. XI. Fig. 1. Nephthya flavescens, forstørret. Stregen ved Siden betegner den naturlige Størrelse.
— 2. En Gren, forstørret.
— 3. En Polyp, forstørret.
— 4. En Tentakel, forstørret.
— 5. En Polyp, hvor Forkroppen er betydeligt opsvulmet, Tentaklerne sammenlimede og deres Ender nedbøiede, forstørret.
— 6. Tversnit af en saadan Polyps Forkrop. a, den fortykkede Svælgvæg; b, Embryoner i forskjellig Udvikling, opholdende sig i Svælghulheden.

— 7—18. Spikler fra Basaldelen, forstørret.

— 19—23. Spikler fra Stammens nederste Del, forstørret.
— 24—28. Spikler fra Stammens øverste Del, forstørret.

Pl. X. Fig. 44—51. Spicules of the tentacles and their pinnules; magnified.
— 52—57. Spicules of the gullet; magnified.
— 58. Fulla Schiertzi, viewed semi-ventrally and semi-laterally; natural size.
— 59. The same, viewed dorsally; magnified.
— 60. A branch of the same; magnified.
— 61. A polyp; magnified. a. Spicules of the posterior body.
— 62. Transversal section of the dermal covering of the stem; magnified. a. Polyhedrical ectoderm-cells. b. Oblong ectoderm-cells of the deeper layers. c. Unicellular mucous glands. d. Cavities in which spicules are placed, and on whose margins oblong ectoderm-cells are visible. e. The broad hyaline connective-tissue layer. f. Nutritory ducts with their epithelium. g. Connective-tissue corpuscles with prolongations.

— 63. A branch cut across to show the ducts; magnified. a. 7 ducts.
— 64. A transversal section of a large branch; magnified. a. The narrow connective-tissue layer on the sides from which the polyps shoot out. b. The broad connective-tissue layer of the ventral and dorsal sides.

— 65. A transversal section of a polyp, about its mesial part; magnified. a. Ectoderm. b. Hyaline connective-tissue. c. Septa. d. Muscles of the same. e. The gullet-cavity.
— 66. The gullet with its spicules; magnified.
Pl. XI. — 1. Nephthya flavescens; magnified. The line at the side indicates the natural size.
— 2. A branch of same; magnified.
— 3. A polyp of same; magnified.
— 4. A tentacle of same; magnified.
— 5. A polyp whose anterior body is considerably expanded; the tentacles glued together, and their extremities curved inwards; magnified.
— 6. Transverse section of a similar polyps anterior body. a. The tumified gullet wall. b. Embryons, in various stages of development, located in the gullet-cavity.

— 7—18. Spicules from the basal part; magnified.
— 19—23. Spicules from the lowest part of the stem; magnified.
— 24—28. Spicules from the uppermost part of the stem; magnified.

20*

— 29—31. Spikler fra Grenene, forstørret.
— 32—36. Spikler fra Polypens Bagkrop, forstørret.
— 37—39. Spikler fra Polypens Forkrop, forstørret.
— 40. Et Embryo, forstørret.
— 41—58. Spikler i Larvens Ectoderm, forstørret.

Tab. XII. Fig. 1. Nephthya rosea i naturlig Størrelse.
— 2. En Gren af samme, forstørret. a, kugleformet Polyp, hvori Yngel.
— 3. En Polyp, forstørret.
— 4. En Polyp, seet fra Ryggen, forstørret. a, det nøgne, triangulære Spatium imellem Tentaklernes Grunddel.
— 5—8. Spikler i Form af bladede Klubber fra Basaldelen, forstørret.
— 9—15. Spikler i Form af sammensatte Stjerner fra Basaldelen, forstørret.
— 16. 17. Spikler i Form af Dobbeltstjerner fra Basaldelen, forstørret.
— 18—20. Spikler i Form af Firlinger fra Basaldelen, forstørret.
— 21. 22. Mindre udviklede Spikler fra Basaldelen, forstørret.
— 23—25. Dobbeltstjerner fra Stammen, forstørret.
— 26—29. Sammensatte Stjerner fra Stammen, forstørret.
— 30—33. Bladede Klubber fra Stammen, forstørret.
— 34. Skaftet Stjerne fra Stammen, forstørret.
— 35. Mindre udviklet Dobbeltstjerne fra Stammen, forstørret.
— 36. 37. Dobbeltstjerner fra Grenene, forstørret.
— 38. Mindre udviklede Dobbeltstjerner fra Grenene, forstørret.
— 39. 40. Sammensatte Stjerner fra Grenene, forstørret.
— 41. 42. Mindre udviklede, sammensatte Stjerner fra Grenene, forstørret.
— 43—47. Bladede Køller fra Polypkroppen, forstørret.
— 48. 49. Takkede Spindler fra Polypkroppen, forstørret.
— 50. 51. Mindre Spikler fra Polypkroppen, forstørret.
— 52—58. Spikler fra Tentaklerne, forstørret.
— 59. Korsformet Spikel fra Polypkroppen, forstørret.

Pl. XI. Fig. 29—31. Spicules from the branches; magnified.
— 32—36. Spicules from the posterior body of the polyp; magnified.
— 37—39. Spicules from the anterior body of the polyp; magnified.
— 40. An embryon; magnified.
— 41—58. Spicules from the ectoderm of the larva; magnified.

Pl. XII. Fig. 1. Nephthya rosea; natural size.
— 2. A branch of same; magnified. a. Globular polyp containing young.
— 3. A polyp; magnified.
— 4. A polyp, dorsal aspect; magnified. a. The bare triangular area between the bases of the tentacles.
— 5—8. Foliaceous clavate spicules from the basal part; magnified.
— 9—15. Complex stellate spicules from the basal part; magnified.
— 16. 17. Bistellate spicules from the basal part; magnified.
— 18—20. Quadruplet spicules from the basal part; magnified.
— 21. 22. Imperfectly developed spicules from the basal part; magnified.
— 23—25. Bistellate spicules from the stem; magnified.
— 26—29. Complex stellate spicules from the stem; magnified.
— 30—33. Foliaceous clavate spicules from the stem; magnified.
— 34. Shafted stellate spicule from the stem; magnified.
— 35. Imperfectly developed bistellate spicules from the stem; magnified.
— 36. 37. Bistellate spicules from the branches; magnified.
— 38. Imperfectly developed bistellate spicules from the branches; magnified.
— 39. 40. Complex stellate spicules from the branches; magnified.
— 41. 42. Imperfectly developed complex stellate spicules from the branches; magnified.
— 43—47. Foliaceous subclavate spicules from the polyp-body; magnified.
— 48. 49. Spicate fusiform spicules from the polyp-body; magnified.
— 50. 51. Smaller spicules from the polyp-body; magnified.
— 52—58. Spicules from the tentacles; magnified.
— 59. Cruciform spicule from the polyp-body; magnified.

Tab. XII. Fig. 60. Et Æg i Moderstadiet fra Nephthya rosea, forstørret.
— 61. Et begyndende Embryo, forstørret.
— 62. Antydning til Gastruladannelse, forstørret.
— 63. En Larve, i hvis Ectoderm begyndende Spikeldannelse, behandlet med kaustisk Kalilud og Glycerin, forstørret.
— 64. Spiklerne fra samme, forstørret.
— 65. En noget videre udviklet Larve, der har krummet sig indeni Ægget, og i hvis Ectoderm sees en rigere Spikeludvikling, behandlet paa samme Maade, forstørret.
— 66. En saadan Larve, udtagen af Ægget, forstørret.
— 67. Spikler fra sammes Ectoderm, forstørret.
— 68—70. Mere udviklede Larver med tydelig Gastrulamund, af hvilke Fig. 68 og 70 ere udtagne af Ægget, imedens 69 endnu ligger i samme. Spikelbeklædningen er meget rigere, Spiklerne større og have antaget bestemte Former, forstørret.
— 71. 72. Spikler fra disse Larver, forstørret.

Tab. XIII. Fig. 1. Tversnit fra omtrent den midterste Halvdel af en Polyp af Nephthya rosea, forstørret. a, Ectoderm, hvori Spikler ere indleirede; b, Bindevæv; c, Septum med sit Endothel; d, Svælggruben med sine Pidskeceller.
— 2. Nephthya polaris, forstørret. Den naturlige Størrelse betegnes ved den ved Siden angivne Linie.
— 3. 4. To Exemplarer af den samme, naturlig Størrelse.
— 5. En Gren af Nephthya polaris, forstørret.
— 6. Tre sammenvoxede Polyper af den samme, seet fra Bugsiden, forstørret.
— 7. En Polyp af den samme, seet fra Ryggen, forstørret.
— 8—11. Dobbeltstjerner fra Basaldelen og den nederste Del af Stammen, forstørret.
— 12. 13. Dobbeltstjerner fra Basaldelen, bladede i den ene Ende, forstørret.
— 14—16. Dobbeltstjerner fra Stammens øverste Del, forstørret.

Pl. XII. Fig. 60. An ovum in the mulberry stage, from *Ammothea rosea*; magnified.
— 61. A sprouting embryon; magnified.
— 62. Indication of gastrula formation; magnified.
— 63. A larva in whose ectoderm the spicular formation is commencing; treated with solution of caustic potash and glycerine; magnified.
— 64. Spicules from the same; magnified.
— 65. A somewhat more developed larva that has curved itself inside the ovum, and in whose ectoderm a richer spicular covering is seen; treated with solution of caustic potash and glycerine; magnified.
— 66. A similar larva removed from the ovum; magnified.
— 67. Spicules from its ectoderm; magnified.
— 68—70. More-developed larvæ with distinct gastrula aperture; of these, figs. 68 and 70 illustrate larvæ removed from the ovum, whilst fig. 69 illustrates a larva in it. The spicular covering is much richer; the spicules larger, and have also attained definite forms; magnified.
— 71. 72. Spicules from these larvæ; magnified.

Pl. XIII. Fig. 1. Transversal section made at about the mesial half part of a polyp of *Nephthya rosea*; magnified. a, Ectoderm in which spicules are entrenched. b, Connective-tissue. c, Septum with its endothelium. d, Gullet-cavity with its flagelliform-cells.
— 2. *Ammothea polaris*; magnified. The natural size is shown by the line exhibited on the right hand side of the illustration.
— 3. 4. Two specimens of the same; natural size.
— 5. A branch of *Nephthya polaris*; magnified.
— 6. Three concreted polyps of the same, ventral aspect; magnified.
— 7. A polyp of the same, dorsal aspect, magnified.
— 8—11. Bistellate spicules from the basal part, and the lowest part of the stem; magnified.
— 12. 13. Bistellate spicules from the basal part, foliated at the one extremity; magnified.
— 14—16. Bistellate spicules from the superior part of the stem; magnified.

Tab. XIII. Fig. 17. 18. Takkede Spindler fra Stammens øverste Del, forstørret.
— 19. 20. Spikler fra Stammens øverste Del, forstørret.
— 21—24. Køller fra Polypen, forstørret.
— 25—29. Klubber fra Polypen, forstørret.
— 30—34. Spindler fra Polypen, forstørret.
— 35. Tversnit af et begyndende Embryo, forstørret. a, Ectoblast; b, Blommekorn.
— 36. Tversnit af et lidt viderekommet Embryo, forstørret. a, Ectoderm.
— 37. Tversnit af et længere fremskredet Embryo, forstørret. a, Ectoderm; b, Fundamentalmembranen (Membrana propria).
— 38. Tversnit af et senere Stadium af et Embryo, forstørret. a, Membrana propria; b, Endoderm.
— 39. Tversnit af et Embryo, lidt længere fremskredet. forstørret. Her har Ectodermet kun et Lag Celler, men disse ere langt større. a, Bindevævslag; b, enkelte smaa Spikler; c, Membrana propria; d, Endoderm.
— 40. Tversnit af et Embryo endnu længere fremskredet i Udviklingen, forstørret. a, Bindevævslag; b, Ectoderm; c, Bindevævsforlængelser (Mesenterier); d, Endothel; e, Aabninger efter udfaldne Spikler.
— 41. Halvt Skraa-, halvt Tversnit af et mere udvoxet Embryo, forstørret. a, Mesenterier; b, Endothel.
— 42. Tversnit af Larvemunden hos et af de længst fremskredne Embryoner, forstørret. a, lange Ectodermceller med Cilier.
— 43. 44. Unger, liggende 8 formigt sammenbøiede i Ægget af Nephthya polaris, forstørret.
— 45. Spikler fra sammes Ectoderm, forstørret.
Tab. XIV. Fig. 1. Gersemiopsis arctica, noget forstørret; Linien betegner den naturlige Størrelse.
— 2. Et andet Exemplar af den samme, naturlig Størrelse.
— 3. En Gren af samme med sine Sinnagrene, forstørret. a, en enkeltstaaende Polyp.

Pl. XIII. Fig. 17. 18. Spicate fusiform spicules from the superior part of the stem; magnified.
— 19. 20. Spicules from the superior part of the stem; magnified.
— 21—24. Subclavate spicules from the polyp; magnified.
— 25—29. Clavate spicules from the polyp; magnified.
— 30—34. Fusiform spicules from the polyp; magnified.
— 35. Transversal section of a sprouting embryon; magnified. a. Epiblast. b. Yoke-grains.
— 36. Transversal section of a somewhat more developed embryon; magnified. a. Ectoderm.
— 37. Transversal section of a further developed embryon; magnified. a. Ectoderm. b. Fundamental membrane (Membrana propria).
— 38. Transversal section in a later stage of the embryon; magnified. a. Membrana propria. b. Endoderm.
— 39. Transversal section of an embryon a little more developed; magnified. In this the ectoderm has only one cellular layer, but the cells are far larger. a. Connective-tissue layer. b. A few small spicules. c. Membrana propria. d. Endoderm.
— 40. Transversal section of an embryon still further advanced in development; magnified. a. Connective-tissue layer. b. Ectoderm. c. Connective-tissue prolongations (Mesenteries) d. Endothelium. e. Gaps left by spicules fallen out.
— 41. Semi-diagonal, semi-transversal section of a more developed embryon; magnified. a. Mesenteries. b. Endothelium.
— 42. Transversal section of the larva-mouth in one of the most advanced embryons; magnified. a. Long ectodermcells with ciliæ.
— 43. 44. Young of Nephthya polaris lying bent together in 8-form in the ovum; magnified.
— 45. Spicules of the ectoderm of same; magnified.
Pl. XIV. Fig. 1. Gersemiopsis arctica; somewhat magnified. The line denotes the natural size.
— 2. Another specimen of the same; natural size.
— 3. A branch of the same, with its branchlets; magnified. a. An isolated polyp.

Tab. XIV. Fig. 4. Enden af en Smaagren med 4 Polyper, hvoraf de 3 ere sammentroxede ved Grunden, forstørret.
— 5. Et Tversnit af en Gren, der viser Coenenchymets Sparsomhed og Kanalernes Vidde. *a*, Ectoderm; *b*, Bindevæv; *c*, Bindevævsforlængelser, der danne Kanalernes Skillevægge; *d*, Kanal, hvori sees et Æg.

— 6—9. Sammensatte Stjernespikler, forstørret.
— 10—13. Takkede og bladede Klubber.
— 14—17. Dobbeltstjerner.
— 18. Firling.
— 19. Bredendet, vortebesat Spikel, forstørret.
— 20—25. Bladede Klubber med tildels takket Skaft, forstørret.
— 26—28. Dobbeltstjerner, forstørret.
— 29—31. Sammensatte Stjerner, forstørret.
— 32. En liden, takket Kølle, forstørret.

— 33. En Roset, forstørret.
— 34—36. Køller fra Smaagrenene, forstørret
— 37. 38. Tornede Klubber fra samme. forstørret.
— 39—41. Takkede Spindler fra samme, forstørret.
— 42. 43. Sammensat Stjerne fra samme, forstørret.
— 44. Tversnit af en afkalket Polyp, forstørret. *a*, Ectodermceller; *b*, Bindevæv, hvori sees Hulheder efter Spikler; *c*, Ectodermceller, der beklæde disse Hulheders Vægge; *d*, *e*, Endothelceller, der beklæde Kamrene, Septa og den udvendige Flade af Svælget; *f*, Svælgrenden; *g*, Svælgrendens Pidsceller; *h*, kolbeformede, encellede Slimkjertler.

— 45. Tversnit af den øverste Del af Polypen med sit Svælg, strax ovenfor Svælgrendens Begyndelse, forstørret. *a*, listeformigt, ovalt Fremspring fra høire Svælgvæg; *b*, Svælgrenden.

— 46. Tversnit lidt længere nede paa Polypen. forstørret. *a*, det ovale, listeformede Fremspring paa høire Svælgvæg; *b*, Begyndelsen af det andet

Pl. XIV. Fig. 4. Extremity of a branchlet carrying 4 polyps, of which 3 are concreted together at the base; magnified.
— 5. Transversal section of a branch, showing the poverty of the sarcosoma, and the width of the ducts. *a* Ectoderm. *b*. Connective-tissue. *c*. Connective-tissue prolongations forming the divisional walls of the ducts. *d*. Duct in which an ovum is visible.
— 6—9. Complex stellate spicules; magnified.
— 10—13. Spicate and foliated clavates.
— 14—17. Bistellates.
— 18. Quadruplet.
— 19. Nodulous spicule with broad extremity; magnified.
— 20—25. Foliated clavates, with partly spicate shaft; magnified.
— 26—28. Bistellates; magnified.
— 29—31. Complex stellates; magnified.
— 32. A small, spicate, subclavate; magnified.
— 33. A rosette; magnified.
— 34—36. Subclavates of the branchlets; magnified.
— 37. 38. Aculeated clavates of the same; magnified.
— 39—41. Spicate fuseés of the same; magnified.
— 42. 43. Complex stellates of the same; magnified.
— 44. Transversal section of a polyp freed from calcium; magnified. *a*. Ectoderm cells. *b*. Connective-tissue; showing cavities left by spicules. *c*. Ectoderm cells which clothe the walls of these cavities. *d*. *e*. Endothelial cells which cloth the chambers, septa, and external surface of the gullet. *f*. The gullet-passage. *g*. Flagelliform-cells of the gullet-passage. *h*. Subclaviform unicellular mucous glands.

— 45. Transversal section of the uppermost part of the polyp with its gullet, immediately above the commencement of the gullet-passage; magnified. *a*. Fillet-formed oval protuberance from the dextral wall of the gullet. *b*. The gullet-passage.

— 46. Transversal section a little further down the polyp; magnified. *a*. The oval fillet-formed protuberance on the dextral wall of the gullet. *b*. The commencement of the second

Tab. XIV. Fig. 47. Tversnit endnu længere nede paa Polypen, hvilket viser begge Fremspringene i deres største Udbredning, forstørret. *a*, Fremspringet fra høire Væg, der rager over Svælgrenden til venstre Væg; *b*, Fremspringet fra venstre Væg, der naar over til høire Væg.

— 48. Tversnit endnu længere nede paa Polypen, hvor kun den nederste, lave Del af Fremspringet fra høire Væg sees, medens det fra venstre Væg har sin fulde Høide, forstørret. *a*, den lave, nederste Ende af høire Fremspring; *b*, venstre Fremspring i sin fulde Høide.

— 49. Tversnit fra Svælgets nederste Ende, paa hvilket der endnu sees en liden Rand af Fremspringet paa venstre Væg, imedens det paa høire Væg er ganske forsvundet. *a*, Rest af venstre Fremspring.

Tab. XV. Gersemiopsis arctica.
Fig. 1—3. Koller fra Polypens Bagkrop, forstørret.
— 4. 5. Takkede Spindler fra samme, forstørret.
— 6. 7. Bladede Klubber fra samme, forstørret.
— 8. Stor, bladet Kølle fra Polypens Forkrop.
— 9. 10. Takkede Klubber fra samme, forstørret.
— 11. 12. Forskjelligtformede Spikler, dels fra Polypens Forkrop, dels fra Tentaklerne, forstørret.
— 13. En schematisk Fremstilling af Svælget med dets to Fremspring. Svælget tænkes aabnet langs Svælgrenden og slaaet til Side, saa at Hulheden træder frem. *a*, den øverste, høie Del af høire Fremspring; *b*, den nederste, lave Del af samme; *c*, den øverste, lave Del af venstre Fremspring; *d*, den nederste, høie Del af samme.

Pl. XIV. Fig. 47. Transversal section still further down the polyp, showing both protuberances in their greatest extent; magnified. *a*. The protuberance from the dextral wall, which projects across the gullet-passage to the sinistral wall. *b*. The protuberance from the sinistral wall, which reaches across to the dextral wall.

— 48. Transversal section still lower down the polyp, where only the inferior low part of the protuberance from the dextral wall is seen, whilst that from the sinistral wall retains its full height; magnified. *a*. The low inferior part of the dextral protuberance. *b*. The sinistral protuberance in its full height.

— 49. Transversal section from the lowest extremity of the gullet, on which there is still seen a small margin of the protuberance on the sinistral wall, whilst that on the dextral wall has quite disappeared. *a*. Remaining part of the sinistral protuberance.

Pl. XV. *Gersemiopsis arctica.*
Figs. 1—3. Subclavates of the posterior body of *Gersemiopsis arctica*; magnified.
— 4. 5. Spicate fusces of same; magnified.
— 6. 7. Foliated clavates of same; magnified.
— 8. Large foliated subclavate of the anterior body of the polyp.
— 9. 10. Spicate clavates of same; magnified.
— 11. 12. Variously formed spicules, partly from the anterior body of the polyp and partly from the tentacles; magnified.
— 13. A diagramatic representation of the gullet with its two protuberances. The gullet is supposed to be dissected along the gullet-passage and then folded back so that the cavity is brought into view. *a*. The superior high part of the dextral protuberance. *b*. The inferior low part of the same. *c*. The superior low part of the sinistral protuberance. *d*. The inferior high part of the same.

Tab. XV. Fig. 14. Barathrobius digitatus, naturlig Storrelse.
— 15. Et andet Exemplar af den samme, forstørret.
— 16. En Gren med dens Forgreninger af den samme, forstørret. a, en indtrukken Polyp.
— 17. En Polyp af samme, forstørret.
— 18. Halvdelen af en opskaaret og udslaaet Polyp af den samme, forstørret.
— 19. Et Stykke af et Tversnit af Stammen, forstørret. a, Ectodermceller; b, hyalint Bindevæv, hvori sees Ernæringskanaler med deres Epithel; c, Ernæringskanal; d, Ectodermceller, der beklæde et Rum i Bindevævet, hvori en Spikel har ligget; e, Endothelceller.

— 20. Tversnit af en Del af Stammen, forstørret. a, Skillevæggene for Længdekanalerne; b, Ernæringskanaler i Bindevævet; c, Spikler i Skillevæggene.
— 21—31. Spikler paa Basaldelen, forstørret.

— 32—41. Spikler nederst paa Stammen, forstørret.
— 42—55. Spikler øverst paa Stammen, forstørret.
— 56—63. Spikler fra Grenene, forstørret.

— 64—70. Spikler fra Coenenchymet nederst paa Stammen, forstørret.

Tab. XVI. Fig. 1—7. Spikler fra Coenenchymet øverst paa Stammen og Grenene af Barathrobius digitatus, forstørret.

— 8—15. Spikler fra Polypens Bagkrop, forstørret.
— 16—21. Spikler fra Polypens Forkrop, forstørret.
— 22—28. Spikler fra Tentaklerne, forstørret.

— 29. Tversnit af en Polyp, forstørret. a, Endothel, der beklæder Kamrene og Septa; b, Spikler i Septa; c, Spikler i Kropsvæggen; d, Svælggruben med sine lange Pidskeceller; e, Spikler fra Svælgets Bindevævslag.

— 30. Det halve Svælg med sine Spikelrækker, forstørret.
— 31—41. Spikler fra Svælget, forstørret.
— 42. Barathrobius palmatus, forstørret.

Pl. XV. Fig. 14. Barathrobius digitatus; natural size.
— 15. Another specimen of the same; natural size.
— 16. A branch of the same, with its ramifications; magnified. a. A retracted polyp.
— 17. A polyp of the same; magnified.
— 18. Half of a dissected and folded back polyp of the same; magnified.
— 19. Portion of a transversal section of the stem; magnified. a. Ectoderm-cells. b. Hyaline connective-tissue, in which nutritory ducts with their epithelium are seen. c. Nutritory duct. d. Ectoderm-cells which clothe a cavity in the connective-tissue in which a spicule has lain. e. Endothelial cells.

— 20. Transverse section of a part of the stem; magnified. a. Divisional walls of the longitudinal ducts. b. Nutritory ducts. c. Connective-tissue. e. Spicules of the divisional walls.
— 21—31. Spicules of the basal part; magnified.

— 32—41. Spicules of the lowest part of the stem; magnified.
— 42—55. Spicules of the uppermost part of the stem; magnified.
— 56—63. Spicules of the branches; magnified.

— 64—70. Spicules of the sarcosoma from the lowest part of the stem; magnified.

Pl. XVI. Figs. 1—7. Spicules of the sarcosoma from the uppermost part of the stem and branches of *Barathrobius digitatus*; magnified.

— 8—15. Spicules of the posterior body of the polyp of same; magnified.
— 16—21. Spicules of the anterior body of the polyp of same; magnified.
— 22—28. Spicules of the tentacles; magnified.

— 29. Transversal section of a polyp; magnified. a. Endothelium which clothes the chambers and septa. b. Spicules of the septa. c. Spicules of the wall of the body. d. The gullet-passage with its long flagelliform cells. e. Spicules of the connective-tissue of the gullet.

— 30. The half gullet with its spicular series; magnified.
— 31—41. Spicules of the gullet; magnified.
— 42. *Barathrobius palmatus*, magnified.

Tab. XVI. Fig. 43. Et Stykke af en Gren af den samme, forstørret.
— 44 - 48. Spikler fra Basaldelen, forstørret.

— 49—53. Spikler fra Stammen, forstørret.
— 54—59. Spikler fra den øvre Del af Stammen, forstørret.
— 60—64. Spikler fra Grenene, forstørret.

— 65—73. Spikler fra Coenenchymet i Stammen og Grenene, forstørret.

— 74—79. Spikler fra Polypens Bagkrop, forstørret.
— 80—82. Spikler fra Polypens Forkrop, forstørret.
— 83—86. Spikler fra Tentaklerne og Pinnulerne, forstørret.
— 87. Svælget med dets 4 Spikelrækker, forstørret.
— 88—94. Spikler fra Svælget, forstørret.

Tab. XVII. Fig. 1. Sarakka crassa i naturlig Størrelse.
— 2. Den samme, forstørret.
— 3. Et andet Exemplar, hvor Polyperne ere mere indtrukne, forstørret.
— 4. En Polyp, næsten udtraadt af sin Celle. a, Cellens tandede Rand; forstørret.

— 5. Et Tversnit af en Gruppe Polypceller for at vise deres Sammenvoxning og det sparsomme Coenenchym imellem de sammenvoxede Celler med dets Spikler, forstørret.
— 6. Et Tversnit af en Polyps Bugside, forstørret. a. ydre Epithelialbeklædning (Ectoderm); b, Spikler, omgivne af Ectodermceller, nedsænkede i Bindevævet; c, Endothelceller, der beklæde Mavehulheden; d, Celler af Ernæringsvædsken; e, Septa; f, listeformige Forlængelser af Svælgets Bindevævs indre Flade; g, Epithelet med sine Pidskeceller, som beklæde Svælggruben. I Svælgets Bindevæv sees Aabninger efter Spikler, der ere fjernede.

— 7. Tversnit af en Polyp, forstørret. a, Septa, som fæste sig paa Svælget; b. Bindevævslister i Svælggruben; c, Epithel med Cilier, der beklæde en Del af Svælghulheden; d, Indsnøring paa Svælget, hvorved Svælggruben li-

Pl. XVI. Fig. 43. Portion of a branch of same; magnified.
— 44—48. Spicules from the basal part; magnified.
— 49—53. Spicules from the stem; magnified.
— 54—59. Spicules from the upper part of the stem; magnified.
— 60—64. Spicules from the branches; magnified.
— 65—73. Spicules from the sarcosoma of the stem and the branches; magnified.
— 74—79. Spicules from the posterior body of the polyp; magnified.
— 80—82. Spicules from the anterior body of the polyp; magnified.
— 83—86. Spicules from the tentacles and pinnules; magnified.
— 87. The gullet with its 4 spicular series; magnified.
— 88—94. Spicules from the gullet; magnified.

Pl. XVII. Fig. 1. Sarakka crassa. Life size.
— 2. Another specimen; magnified.
— 3. Another specimen, shewing the polyps more retracted; magnified.
— 4. A polyp almost emerged from its cell. a. Dentated margin of the cell; magnified.

— 5. A transversal section of a group of polyp-cells, shewing the concretion together, and the thin sarcosoma between the concreted cells with its spicules; magnified.
— 6. A transverse section of the ventral side of a polyp; magnified. a. Exterior epithelial covering (ectoderm). b. Spicules, surrounded by ectodermic cells, depressed in the connective-tissue. c. Endothelial cells which coat the gastral cavity. d. Cells of the nutritory fluid. e. Septa. f. Fillet-formed prolongations of the inner surface of the connective-tissue of the gullet. g. The epithelium, with its flagelliform cells, which coats the gullet cavity. In the connective-tissue of the gullet, apertures left by spicules which have come away, may be seen.

— 7. Transverse section of a polyp; magnified. a. Septa, that attach themselves to the gullet. b. Connective-tissue fillets in the gullet-cavity. c. Epithelium, with its cells, with clothes a part of the gullet-cavity. d. Constriction of

Tab. XVII. Fig. 8. Længdesnit af den halve Del af Svælget, der viser 2 Dobbeltrækker Spikler, forstørret.

— 9—22. Spikler fra Basaldelen, forstørret.
— 23.- 27. Spikler fra Stammens nedre Del, forstørret.
— 28—35. Spikler fra Stammens øvre Del, forstørret.
— 36—39. Spikler fra Grenene, forstørret.
— 40—45. Spikler fra Polypens Bagkrop, forstørret.
— 46—50. Spikler fra Forkroppen med Tentaklerne, forstørret.
— 51. Spikler fra Pinnulerne, forstørret.
— 52. 53. Spikler fra Svælget, forstørret.
— 54. Spikler fra Stammens og Grenenes Coenenchym, forstørret.
— 55. Væringia dryopsis. n. sp., forstørret. Linien ved Siden angiver den naturlige Størrelse. *a*, en ung Koloni, hvor endnu ikke Grenene ere udviklede, lidt forstørret; *b*, en ung Polyp, der nylig har forladt Embryonalstadiet og fæstet sig paa Røret af Tubularia imperialis, lidt forstørret.
— 56—60. Spikler fra Basaldelen, forstørret.

Tab. XVIII. Fig. 1. En Polyp af Væringia dryopsis; den nederste Del viser Overgangen i Cellen, forstørret.
— 2. Svælget med sine Folder, samt Spikelrækkerne; fra den nederste Del udgaa 2 Gastralfilamenter, forstørret.
— 3. Svælget aabnet efter Længden og slaaet til Siden for at vise de 6 enkle Spikelrækker.
— 4—13. Spikler fra Basaldelen, forstørret.
— 14—26. Spikler fra Stammen, forstørret.
— 27. 28. Spikler fra Grenene, forstørret.
— 29 -35. Spikler fra Polypens Bagkrop, forstørret.
— 36—43. Spikler fra Forkroppen, forstørret.
— 44—47. Spikler fra Tentakler og Pinnuler, forstørret.
— 48—54. Spikler fra Svælget, forstørret.

Pl. XVII. Fig. 8. *Sarakka crassa*. Longitudinal section of a half part of the gullet, shewing 4 double series of spicules; magnified.

— 9—22. Spicules of the basal part; magnified.
— 23—27. Spicules of the inferior part of the stem; magnified.
— 28—35. Spicules of the superior part of the stem; magnified.
— 36—39. Spicules of the branches; magnified.
— 40—45. Spicules of the posterior body of the polyp; magnified.
— 46—50. Spicules of the anterior body of the polyp with its tentacles; magnified.
— 51. Spicules of the pinnules; magnified.
— 52. 53. Spicules of the gullet; magnified.
— 54. Spicules of the sarcosoma of the stem and the branches; magnified.
— 55. *Væringia dryopsis*. n. sp.; magnified. The line at the side indicates the life size. *a*. A young colony where the branches are not yet developed; somewhat magnified. *b*. A young polyp which has lately emerged from the embryonal state and attached itself to the tube of *Tubularia imperialis*; somewhat magnified.
— 56—60. Spicules of the basal part; magnified.

Pl. XVIII. Fig. 1. *Væringia dryopsis*. A polyp; the lowest part shows the transition to the cell; magnified.
— 2. The gullet with its folds and spicular series; from its lowest part 2 gastral filaments issue; magnified.
— 3. The gullet, dissected longitudinally and folded to the side to shew the 6 single spicular series; magnified.
Figs. 4—13. Spicules of the basal part; magnified.
— 14—26. Spicules of the stem; magnified.
— 27. 28. Spicules of the branches; magnified.
— 29—35. Spicules of the posterior body of the polyp; magnified.
— 36—43. Spicules of the anterior body; magnified.
— 44—47. Spicules of the tentacles and pinnules; magnified.
— 48—54. Spicules of the gullet; magnified.

Tab. XVIII. Fig. 55. Værringia Jan Mayeni, n. sp., forstørret. Linien ved Siden betegner den naturlige Størrelse.
— 56. En Polyp af den samme, forstørret.
— 56 A. Svælget med sine 8 Rækker Spikler, aabnet efter Længden, forstørret.
— 57—67. Spikler fra Basaldelen, forstørret.
— 68—71. Spikler fra Stammen, forstørret.
— 72—74. Spikler fra Grenene, forstørret.
— 75—81. Spikler fra Polypernes Bagkrop, forstørret.
— 82—85. Spikler fra Polypernes Forkrop, forstørret.
— 86—89. Spikler fra Tentaklerne, forstørret.
— 90. Spikler fra Svælget, forstørret.

Tab. XIX. Fig. 1. Krystallofanes polaris, n. g. et sp., forstørret. Linien ved Siden betegner den naturlige Størrelse.
— 2. En Polyp af den samme, forstørret. a, Polypcellen; b, Polypens Bagkrop; c, dens Forkrop.
— 3. Et Tværsnit af en Gren, forstørret. a, Ectodermceller; b, Bindevævsnet, hvis Masker ere beklædte med Ectodermceller, og hvori tildels Spiklerne ere placerede; c, det indre Lag af Bindevævet; d, Skillevæggen imellem Kanalerne, hvori sees fine Saftkanaler og Spikler.
— 4. Et Stykke af et Tværsnit af Polypens Bugside, forstørret. Præparatet er afkalket. a, Ectodermceller; b, det reticulære Bindevæv; paa Maskernes Vægge sees Ectodermceller; c, d, Ectodermceller; e, det indre Bindevævslag; f, Endothelceller, der beklæde Svælget og Kamrene; g, Svælgrenden med Pidskeepithel; h, encellede Slimkjertler.
— 5. Svælgrøret, hvorigjennem en Unge er begyndt at passere, forstørret. a, Svælget; b, Ungen med sin Gastrulahule og Mund, samt overalt beklædt med Cilier.
— 6. En Unge, taget ud af Ægget, forstørret.
— 7—19. Spikler fra Basaldelen, forstørret.
20—30. Spikler fra Stammen, forstørret.

Pl. XVIII. Fig. 55. Værringia Jan Mayeni, n. sp.; magnified. The line at the side indicates the life size.
— 56. A polyp; magnified.
— 56 A. The gullet with its 8 series of spicules; dissected longitudinally; magnified.
— 57—67. Spicules of the basal part; magnified.
— 68—71. Spicules of the stem; magnified.
— 72—74. Spicules of the branches; magnified.
— 75—81. Spicules of the posterior body of the polyp; magnified.
— 82—85. Spicules of the anterior body of the polyp; magnified.
— 86—89. Spicules of the tentacles; magnified.
— 90. Spicules of the gullet; magnified.

Pl. XIX. Fig. 1. Krystallofanes polaris, n. g. et sp.; magnified. The line at the side indicates the life size.
— 2. A polyp; magnified. a. Polyp-cell. b. Posterior body of the polyp. c. Anterior body of the polyp.
— 3. Transverse section of a branch; magnified. a. Ectodermic cells. b. Connective-tissue reticulation, whose meshes are coated with ectodermic cells and, in which spicules are, partly, situated. c. The inner layer of connective-tissue. d. The divisional wall between the ducts, in which minute nutritory ducts and spicules are seen.
— 4. Fragment of a transverse section of the ventral side of the polyp; magnified. (The preparation is deprived of its calcium). a. Ectodermic cells. b. The reticulated connective-tissue, with ectodermic cells visible on the walls of the meshes. c. d. Ectodermic cells. e. The inner connective-tissue layer. f. Endothelial cells which coat the gullet and chambers. g. The gullet-passage with its flagelliform epithelium. h. Unicellular mucous glands.
— 5. The gullet-tube, through which a young one has begun to emerge; magnified. a. The gullet. b. The young one with its gastrula cavity and mouth covered, everywhere, with cilia.
— 6. A young one taken from the ovum; magnified.
— 7—19. Spicules of the basal part; magnified.
— 20—30. Spicules of the stem; magnified.

Tab. XIX. Fig. 31—37. Spikler fra Polypens Bagkrop, forstørret.
— 38—45, Spikler fra Polypeus Forkrop, forstørret.
— 46. Organidus Nordenskiöldi, n. g. et sp., siddende paa Røret af Onuphis conchylega, forstørret. Linien ved Siden betegner den naturlige Størrelse. a, Polypcelle; b, Polypens Overgang i Cellen; c, en ung Polyp.
— 47. Polyp af samme, forstørret. a, de triangulære Felter imellem Tentaklernes Grund, hvilke strække sig over paa Mundskiven, og paa hvis Midte sees en Pyramide af Spikler.
— 48. En Tentakel af samme, forstørret.
— 49. Et Tversnit af Stammen (en Gruppe af sammenvoxede Polypceller), forstørret. a, Væggen imellem to Celler; b, Cellernes ydre Væg, bestaaende af Ectoderm og hyalint Bindevæv; c, Bindevævslag, hvor fem Polypceller støde sammen, og hvori sees to udprægede Saftkanaler; d, Septula.
— 50—61. Spikler fra Basaldelen, forstørret.
— 62—70. Spikler fra Stammen (Polypcellerne), forstørret.

Tab. XX. Fig. 1. Tversnit af et Septum af Organidus Nordenskiöldi, idet dette udgaar fra Polypkroppens indre Væg. a, Ectoderm; b, Spikler; c, Bindevæv; d, Endothelceller, der beklæde Septumet; e, Muskler paa Kammervæggen.

— 2. Et Tversnit af Polypens Bugside, forstørret; den ydre Væg, hvorfra Septa udgaa, er borttaget. a, det triangulære Bindevævsparti af Septum, hvor dette fæster sig paa Svælgrøret; b, de transverselle Muskler paa Septum; c, de longitudinelle Muskler paa samme; d, Musklernes Forlængelse over paa Svælgrøret; e, Endothelceller paa Svælgets indre Væg; f, Svælgets Bindevævslag; g, Indbugtning paa Svælget, hvilken skiller Bug- fra Rygsiden; h, Svælgrendens Epithelbeklædning (lange Pidskeceller); i, Epithelbeklædningen paa Svælgets Rygside; k, encellede Slimkjertler.

Pl. XIX. Fig. 31—37. Krystallofanes polaris, n. g. et sp. Spicules of the posterior body of the polyp; magnified.
— 38—45. Spicules of the anterior body of the polyp; magnified.
— 46. Organidus Nordenskiöldi, n. g. et sp.; seated on the tube of Onuphis conchylega; magnified. The line at the side indicates the life size. a. Polypcell. b. The polyps transition to the cell. c. A young polyp.
— 47. A polyp; magnified; a. The triangular spaces between the tentacular bases, which extend over to the oral disk and in whose centre a pyramid of spicules is observed.
— 48. A tentacle; magnified.
— 49. Transverse section of the stem (a group of concreted polyp-cells); magnified. a. The wall between two cells. b. Exterior wall of the cells, composed of ectoderm and hyaline connective-tissue. c. Layer of connective-tissue where 5 polyp-cells join together, and in which two well defined nutritory ducts are seen. d. Septula.
— 50—61. Spicules of the basal part; magnified.
— 62—70. Spicules of the stem, (the polyp-cells); magnified.

Pl. XX. Fig. 1. Organidus Nordenskiöldi, n. g. et sp. Fragment of transverse section of a polyp; magnified. a. Ectoderm. b. Spicules. c. The triangular basal part of a septum as it issues from the inner wall of the polyp-body. d. Endothelial cells which cloth the septum. e. Muscles of the chamber-walls.

— 2. Transverse section of the ventral side of the polyp; magnified. The exterior wall from which the septa issue is removed. a. The triangular, connective-tissue portion of the septum, where it is attached to the gullet-tube. b. The transversal muscles of the septum. c. The longitudinal muscles of the septum. d. The muscular prolongation to the gullet-tube. e· Endothelial cells of the exterior wall of the gullet. f. Connective-tissue layer of the gullet. g. Concavity of the gullet which separates the ventral from the dorsal side. h. Epithelial covering of the gullet-passage. i. Long flagelliform cells in the epithelial coating of the dorsal

Tab. XX. Fig. 2 A. Et Tversnit af en Polyp, forstørret. a. Mavekamrene; b. Indbugtning paa Svælget mellem Bug- og Rygsiden; c, Svælgrenden med dens Pidskeepithel.

— 3—18. Spikler fra Polypernes Bagkrop, forstørret.
— 19—29. Spikler fra Polypernes Forkrop, forstørret.
— 30—39. Spikler fra Tentaklerne med deres Pinnuler, forstørret.
— 40. Svælgrøret, aabnet efter Længden fra Rygsiden og slaaet til Siden for at vise de 6 Rækker Spikler og det spikelfri Midtparti paa Bugsiden.
— 41—44. Spikler fra Bugsiden paa Svælgrøret, forstørret.
— 45. Væringia clavata, n. sp., noget forstørret. Linien ved Siden betegner den naturlige Størrelse.
— 46. En Polyp af samme, forstørret.
— 47. Svælgrøret af samme, aabnet efter Længden og slaaet til Side, forstørret.
— 48—56. Spikler fra Basalen, forstørret.
— 57—62. Spikler fra Stammen, forstørret.
— 63—67. Spikler fra Grenene, forstørret.
— 68—74. Spikler fra Polypkroppen, forstørret.
— 75—79. Spikler fra Tentaklerne, forstørret.
— 80—83. Spikler fra Svælgrøret, forstørret.

Tab. XXI. Fig. 1. Væringia capitata, n. sp., forstørret. Linien ved Siden angiver den naturlige Størrelse.
— 2. Den samme, hvor Polyperne ere indtrukne, forstørret.
— 3. En Polyp af den samme, forstørret. a, det nøgne, triangulære Rum paa Cellen; b, Cellens tandede Rand, naar Polypen er lidt indtrukken; c, det nøgne, triangulære Rum paa den forreste Del af Polypkroppen.
— 4. Svælgrøret med sine 2 Rækker Spikler, forstørret. Svælget aabnet efter Længden og slaaet til Siden.

— 5—12. Spikler fra Basalen, forstørret.
— 13—17. Spikler fra Stammen, forstørret.
— 18—21. Spikler fra Cellen, forstørret.

Pl. XX. Fig. 2 A. Organidus Nordenskiöldi, n. g. et sp. Transverse section of a polyp; magnified. a. The gastral chambers. b. Concavity of the gullet between the ventral and dorsal sides. c. Gullet-passage with its flagelliform epithelium.

— 3—18. Spicules of the posterior body of the polyp; magnified.
— 19—29. Spicules of the anterior body of the polyp; magnified.
— 30—39. Spicules of the tentacles and their pinnules; magnified.
— 40. The gullet, dissected longitudinally from the dorsal side, and folded aside to shew the 6 series of tentacles, and the middle part of the ventral side, which is devoid of spicules.
— 41—44. Spicules of the gullet-tube; magnified.
— 45. Væringia clavata, n. sp. somewhat magnified. The line at the side indicates the life size.
— 46. A polyp; magnified.
— 47. The gullet-tube, dissected longitudinally and folded to the side; magnified.
— 48—56. Spicules of the basal part; magnified.
— 57—62. Spicules of the stem; magnified.
— 63—67. Spicules of the branches; magnified.
— 68—74. Spicules of the polyp-body; magnified.
— 75—79. Spicules of the tentacles; magnified.
— 80—83. Spicules of the gullet-tube; magnified.

Pl. XXI. Fig. 1. Væringia capitata n. sp.; magnified. The line at the side indicates the life size.
— 2. Another specimen with the polyps retracted; magnified.
— 3. A polyp magnified. a. The bare triangular space on the cell. b. The cells dentated margin, when the polyp is a little retracted. c. The bare triangular space on the anterior part of the polyp-body.
— 4. The gullet-tube with its 2 series of spicules; magnified. The gullet is dissected longitudinally and folded to the side.

— 5—12. Spicules of the base; magnified.
— 13—17. Spicules of the stem; magnified.
— 18—21. Spicules of the cell; magnified.

Tab. XXI. Fig. 22—25. Spikler fra Polypkroppen, forstørret.
— 26—28. Spikler fra Tentaklerne, forstørret.
— 29. Nidalia (Gray) arctica, n. sp., forstørret. Linien ved Siden angiver den naturlige Størrelse. a, den rørformigt udvidede Basaldel; b, Stammen; c, dennes udvidede Del, bærende Polyperne.
— 30. En Polyp med en Del af Polypcellen af den samme, forstørret. a, Polypcellen; b, Polypkroppen med dens Furer; c. det triangulære, nøgne Felt, i hvis Midte en Spikelrække.
— 31. Tversnit af Polypcellens Ectoderm, forstørret. a, Ectodermceller; b, aabne Rum, som de borttagne Spikler have efterladt i Ectodermet; c, Bindevæv indenfor Ectodermet.

— 32. Tversnit af den midterste Del af Polypkroppen, forstørret. a, Ectodermceller; b, Rum, hvori Spikler have ligget; c, Bindevævslag, indenfor Ectodermet; d, Septa; e, Endothelceller; f, Svælggruben med sine Pidskeceller; g, Fold paa Svælgrørets indre Flade, hvilken rager ind i Hulheden.

33. Svælgrøret med sine 8 Rækker Spikler, aabnet langs Rygsiden; det nøgne Rum er Bugsiden; forstørret.

— 34—46. Spikler fra Basalen, forstørret. Fig. 37 og 39 er Dobbeltstjerner seet fra oven.
— 47- 59. Spikler fra Stammen, forstørret.
— 60—66. Spikler fra Polypcellen og Bagkroppen, forstørret.

Tab. XXII. Fig. 67—72. Spikler fra Polypens Ba ,krop af Nidalia arctica, forstørret.
— 73—79. Spikler fra Polypens Fe kroppe, forstørret.
— 80—83. Spikler fra Tentaklerne, forstørret.
— 1. Clavularia frigida. n. sp., siddende paa Rør af Onuphis conchylega, forstørret. a, Basaldelens baandformige Udbredning.
— 2. En Polyp med sin Celle, forstørret. a, Cellen med sine Ribber og Furer; b. Cellens Rand.
— 3. Tversnit af en Polypcelle. a, Ectodermceller; b, Bindevævslag, hvori

Pl. XXI. Fig. 22—25. Veeringia capitata, n. sp. Spicules of the polyp-body; magnified.
— 26—28. Spicules of the tentacles; magnified.
— 29. Nidalia (Gray) arctica, n. sp.; magnified. The line at the side indicates the life size. a, The tubular dilated basal part. b, The stem. c, Dilated part of the stem carrying the polyps.
— 30. A polyp with a portion of the polypcell; magnified. a, The polyp-cell. b, The polyp-body with its grooves. c, The triangular bare area with a spicular series in its middle.
— 31. Transverse section of the ectoderm of the polyp-cell; magnified. a, Ectoderm cells. b, Open space which the removed spicules have left in the ectoderm. c, Connective-tissue inside of the ectoderm.

— 32. Transverse section of the middle part of the polyp-body; magnified. a, Ectoderm-cells. b, Space in which the spicules have lain. c, Connective-tissue layer inside of the ectoderm. d, Septa. e. Endothelial cells. f, Gullet-groove with its flagelliform cells. g, Fold, on the inner surface of the gullet tube, which projects into the cavity.
33. The gullet-tube, with its 8 series of spicules; dissected along the dorsal side; the bare space is the ventral side; magnified.

— 34—46. Spicules of the base; magnified. Figs. 37 and 39 represent bistellates viewed from above.
— 47—59. Spicules of the stem; magnified.
— 60—66. Spicules of the polyp-cell and the posterior body; magnified.

Pl. XXII. Fig. 67—72. Spicules of the posterior body of the polyp; magnified.
— 73—79. Spicules of the anterior body of the polyp; magnified.
— 80—83. Spicules of the tentacles; magnified.
— 1. Clavularia frigida n. sp., seated on the tube of Onuphis conchylega; magnified. a, The band-form extension of the basal part.
— 2. A polyp with its cell; magnified. a, The cell with its ribs and furrows. b, Margin of the cell.
— 3. Transverse section of a polyp-cell; magnified. a, Ectoderm cells. b, Con-

Tab. XXII. Fig. 4. Bindevævslegemer med Udløbere, forstørret.
— 5. Svælgrøret, aabnet efter Længden, forstørret.
— 6—17. Spikler paa Basaldelen, forstørret.
— 18—26. Spikler paa Polypcellen, forstørret.
— 27—34. Spikler paa Polypkroppen, forstørret.
— 35. Spikler paa Svælgrøret, forstørret.

Tab. XXIII. Fig. 1. Sympodium abyssorum, n. sp., siddende paa Bathycrinus Carpenteri. Dan. & Kor., forstørret. a, Basaldelen, der har omspundet Roden af Bathycrinus Carp.; b, en Gruppe indtrukne Polyper.
— 2. En Polyp med sin Celle, forstørret. a, Cellen med dens Ribber og Furer; b, Cellens Rand; c, den bagerste Del af Polypkroppen; d, dennes forreste Del med sine Ribber og Furer.
— 3. Den forreste Del af Polypkroppen op imod Tentakelskiven, forstørret. a, Furen; b, det triangulære, nøgne Felt med en tynd Spikelrække i Midten.
— 4. Et Tværsnit af en Gruppe Polypceller, forstørret. a, det ydre, retikulære Bindevæv; b, det indre Bindevæv, der danner det egentlige Coenenchym med Bindevævslegemer og Ernæringskanaler; c, Æg i forskjellige Udviklingsstadier.
— 5. Et Tværsnit af en Polyp, forstørret. a, Ectoderm; b, Ectodermceller, der beklæde Maskevæggene i det ydre, retikulære Bindevæv; c, Aabninger for Spikler, som ere fjernede; d, Endothelceller, der beklæde Kamrene; e, Svælggruben med dens lange Pidskeceller.
— 6. Svælgrøret, aabnet fra Rygsiden efter Længden, forstørret. a, de 4 Spikelrækker paa hver Side af Bugfladen; b, Bugfladen.
— 7—14. Spikler i Coenenchymet, forstørret.

Pl. XXII. Fig. 4. nective-tissue layer, in which connective-tissue corpuscles with prolongations.
Clavularia frigida n. sp. Endothelial cells; magnified.
— 5. Gullet-tube, dissected longitudinally; magnified.
— 6—17. Spicules of the basal part; magnified.
— 18 26. Spicules of the polyp-cell: magnified.
— 27—34. Spicules of the polyp-body, magnified.
— 35. Spicules of the gullet-tube; magnified.

Pl. XXIII. Fig. 1. Sympodium abyssorum, n. sp., seated on Bathycrinus Carpenteri, Dan. & Kor.; magnified. a, The basal part entwining the root of Bathycrinus Carp. b, A group of retracted polyps.
— 2. A polyp with its cell; magnified. a, The cell with its ribs and furrows. b, Margin of the cell. c, The posterior part of the polyp-body. d, The anterior part of the polyp-body with its ribs and furrows.
— 3. The anterior part of the polyp body in the proximity of the tentacular disk; magnified. a, The furrow. b, The bare triangular area with a thin spicular series in its middle.
— 4. Transverse section of a group of polyp-cells; magnified. a, The outer reticulated connective-tissue. b, The inner connective-tissue which forms the sarcosoma-proper, with its connective-tissue corpuscles and nutritory ducts. c, Ora in various stages of development.
— 5. Transverse section of a polyp; magnified. a, Ectoderm. b, Ectoderm cells which clothe the walls of the meshes in the outer reticulated connective-tissue. c, Apertures left by spicules which have been removed. d, Endothelial cells wich clothe the chambers. e, The gullet-groove with its long flagelliform-cells.
— 6. The gullet-tube, dissected longitudinally from the dorsal side; magnified. a, The 4 spicular series on each side of the ventral surface. b, The ventral surface.
— 7—14. Spicules of the sarcosoma; magnified.

Tab. XXIII. Fig. 15—25. Spikler fra Basaldelen, forstørret.	Pl. XXIII. Fig. 15—25. *Sympodium abyssorum*, n. sp., Spicules of the basal part; magnified.
— 26—38. Spikler fra Polypcellen, forstørret.	— 26—38. Spicules of the polyp-cell; magnified.
— 39—46. Spikler fra Polypen, forstørret.	— 39—46. Spicules of the polyp; magnified.
— 47—49. Spikler fra Svælgrøret, forstørret.	— 47—49. Spicules of the gullet-tube; magnified.

Translated into English by Thomas M. Wilson.

PLANCHER.

PLATES.

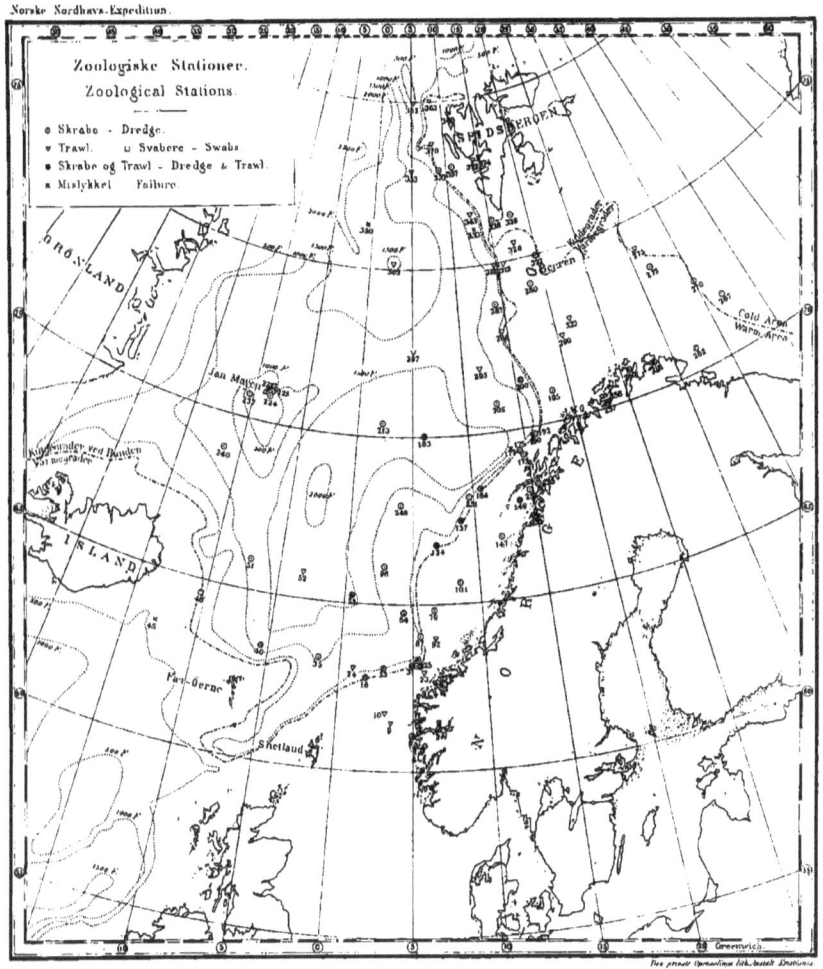

Norske Nordhavs-Expedition. D. C. Danielssen Alcyonida. Tab. I.

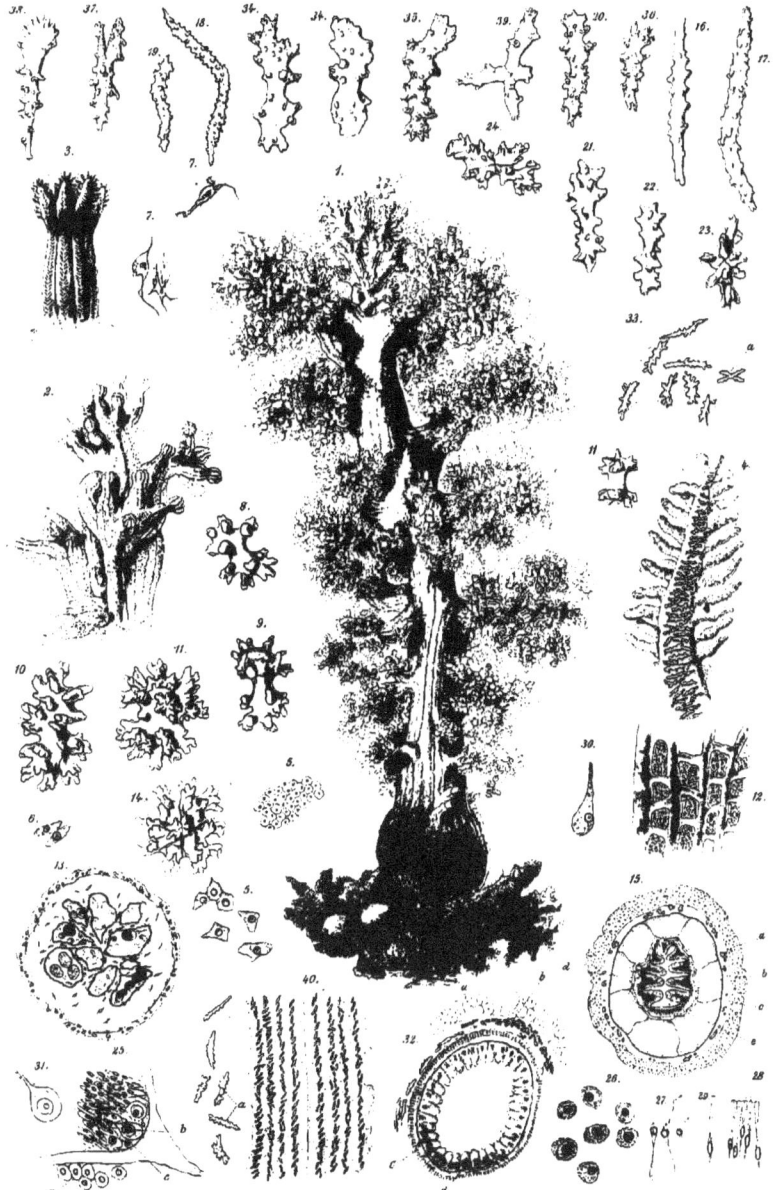

Vöringia mirabilis, n. g. et sp.

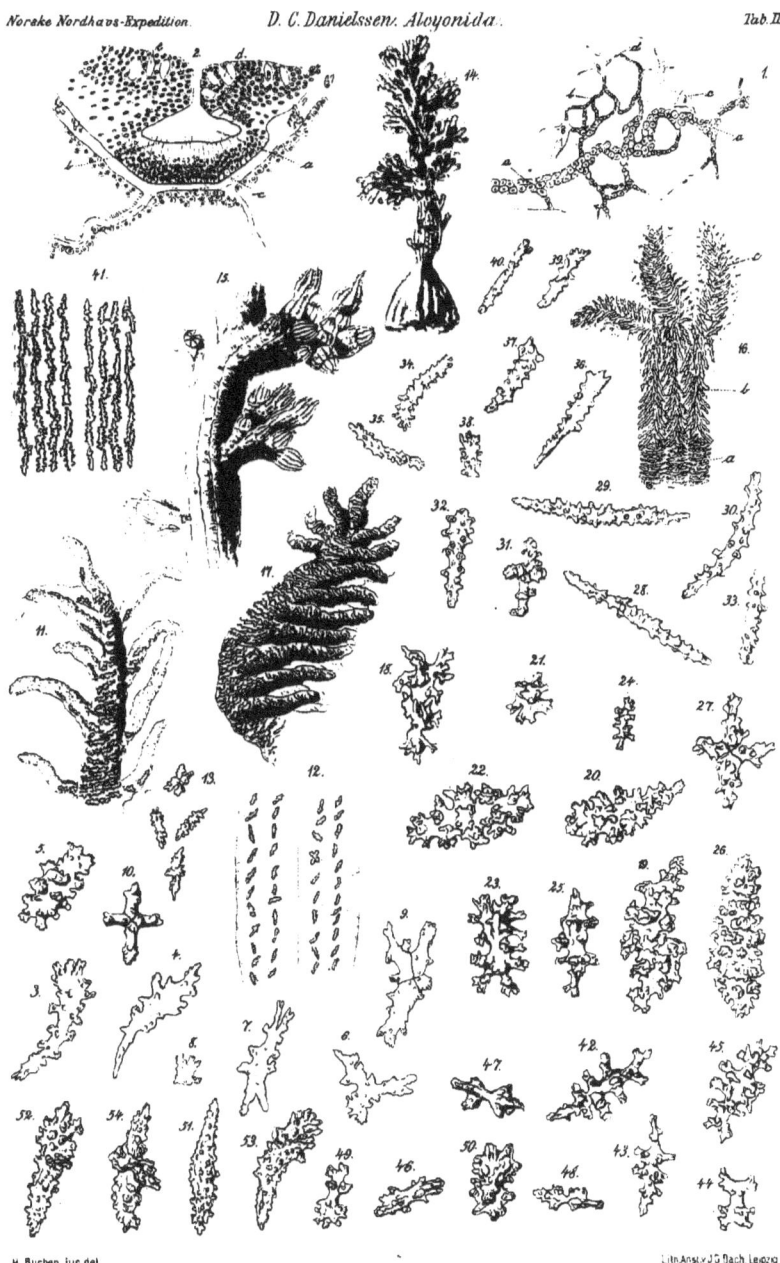

Vöringia mirab: n.g et sp. 1-2. Vöring: fruticosa, nob. 3-13. Vöring: abyssicola, n. sp. 14-41.
Duva arborescens, n. sp. 42-54.

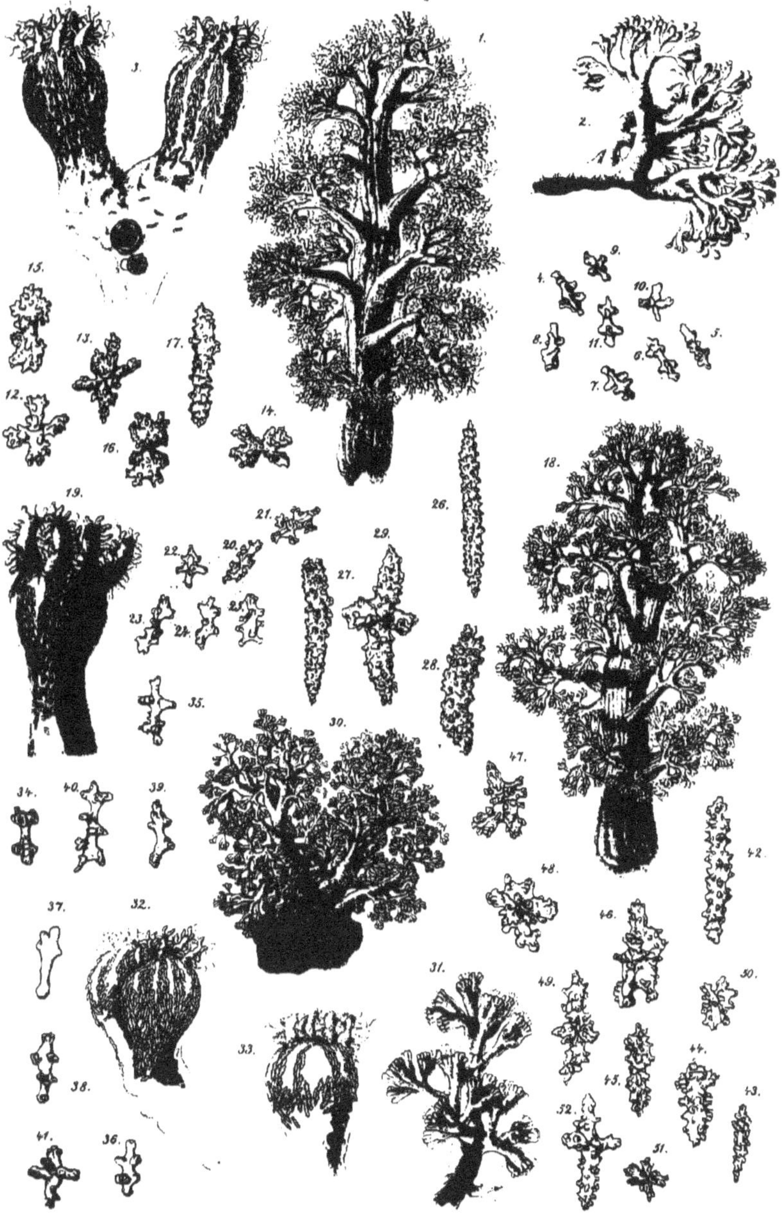

H. Bucher jun del.

Lith Anst v. J. G. Bach Leipzig

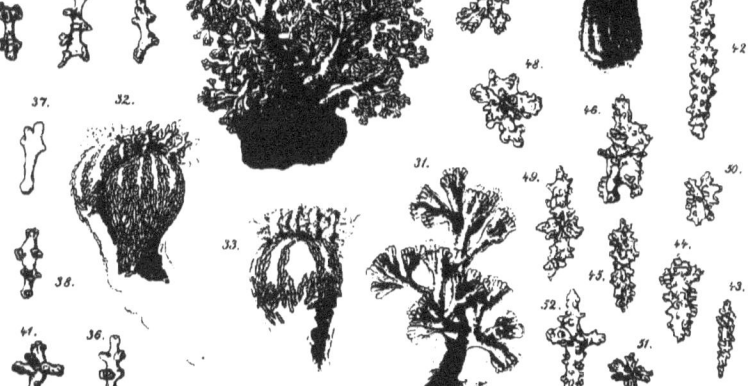

Duva arborescens, n. sp. 1-17. Duva spitsbergensis, n. sp., 18-29. Duva violacea n. sp. 30-52.

Norske Nordhavs-Expedition. *D. C. Danielssen: Alcyonida.* Tab. IV.

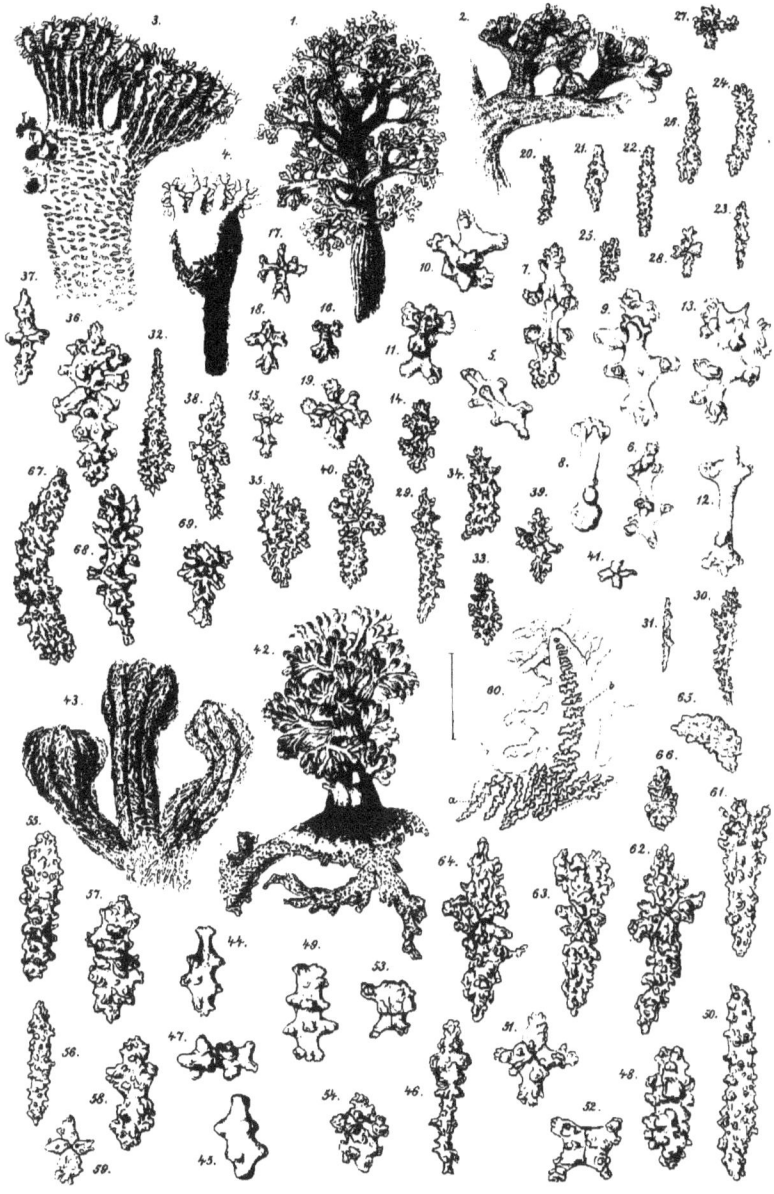

H.Bucher jun.del. Lith Anst v J.G Bach, Leipzig

Duva aurantiaca n sp 1-41. *Duva frigida* n.sp. 42-69.

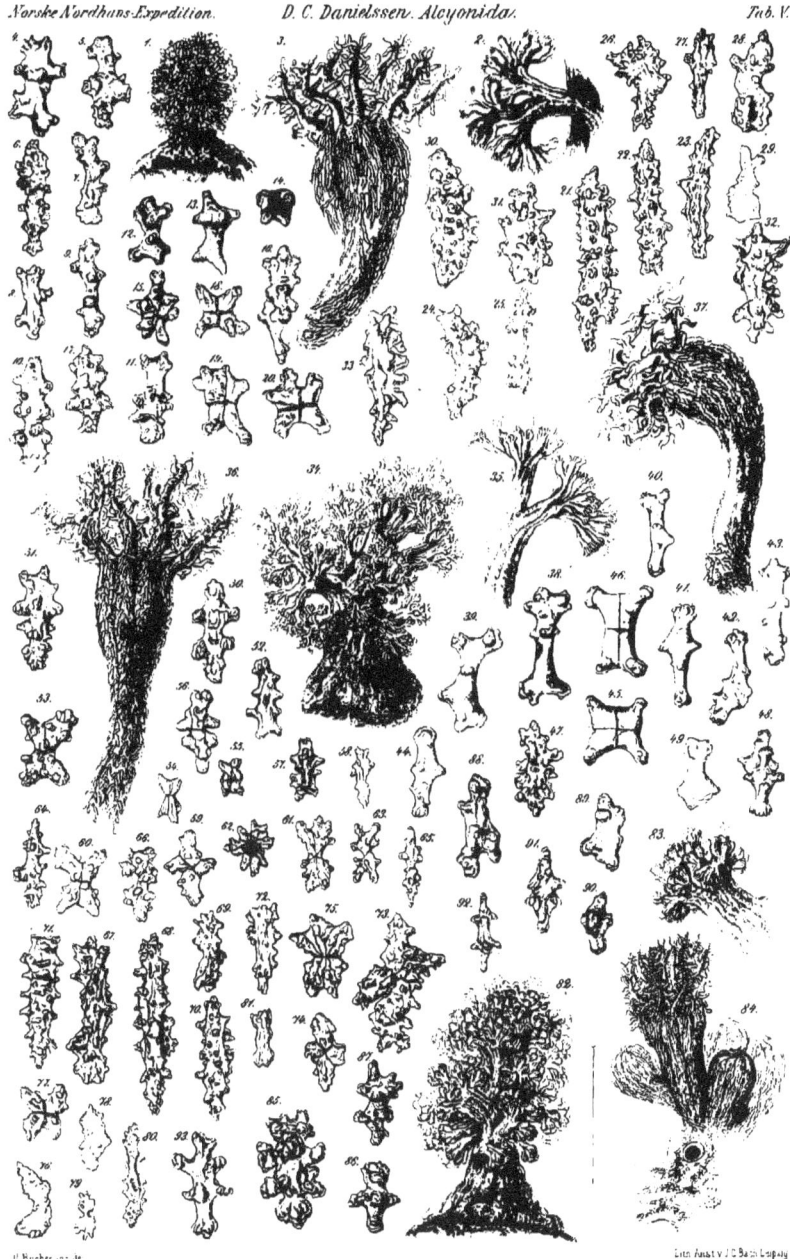

Duva flava, n.sp. 1-33. Duva glacialis, n.sp. 34-81. Duva cinerea, n.sp. 82-93.

Norske Nordhavs Expedition. D. C. Danielssen: Alcyonida. Tab.VI.

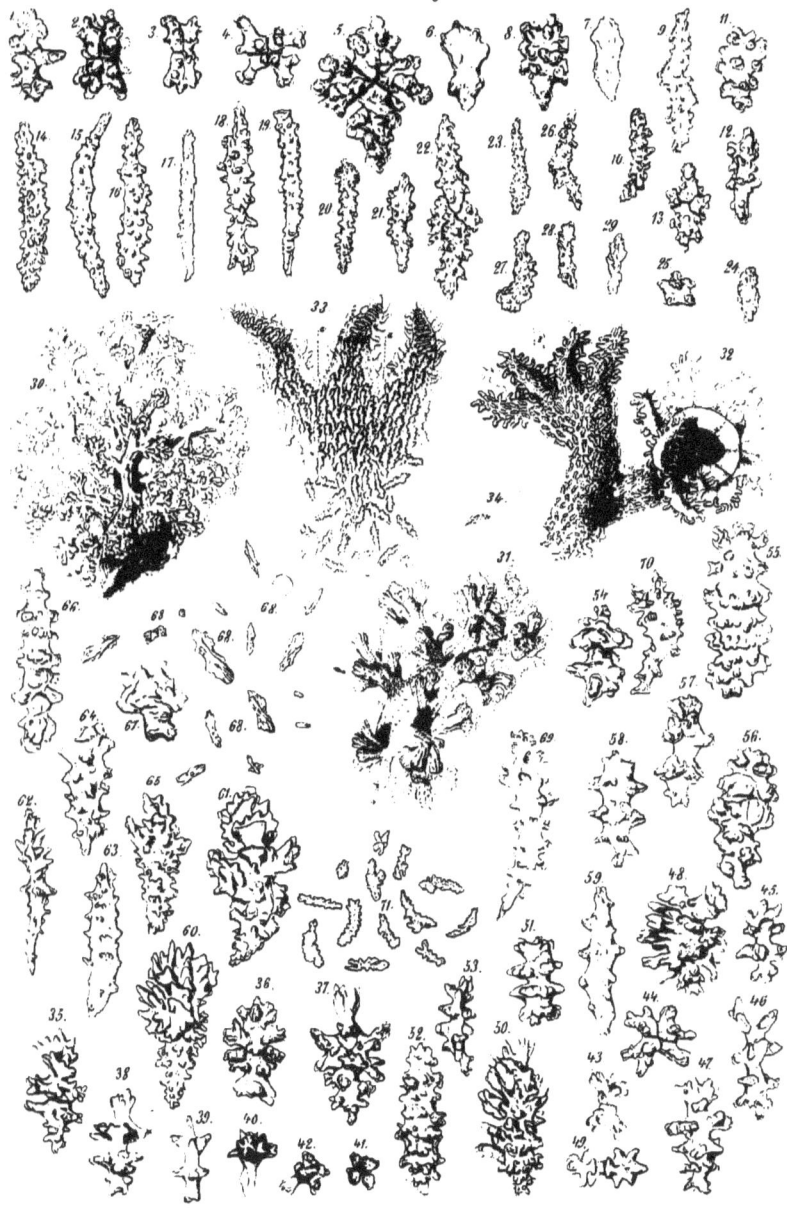

Duva cinerea n. sp. Fig 1-29. Drifa islandica n. sp. Fig. 30-71.

Norske Nordhavs-Expedition. D. C. Danielssen: Alcyonida. Tab. VII.

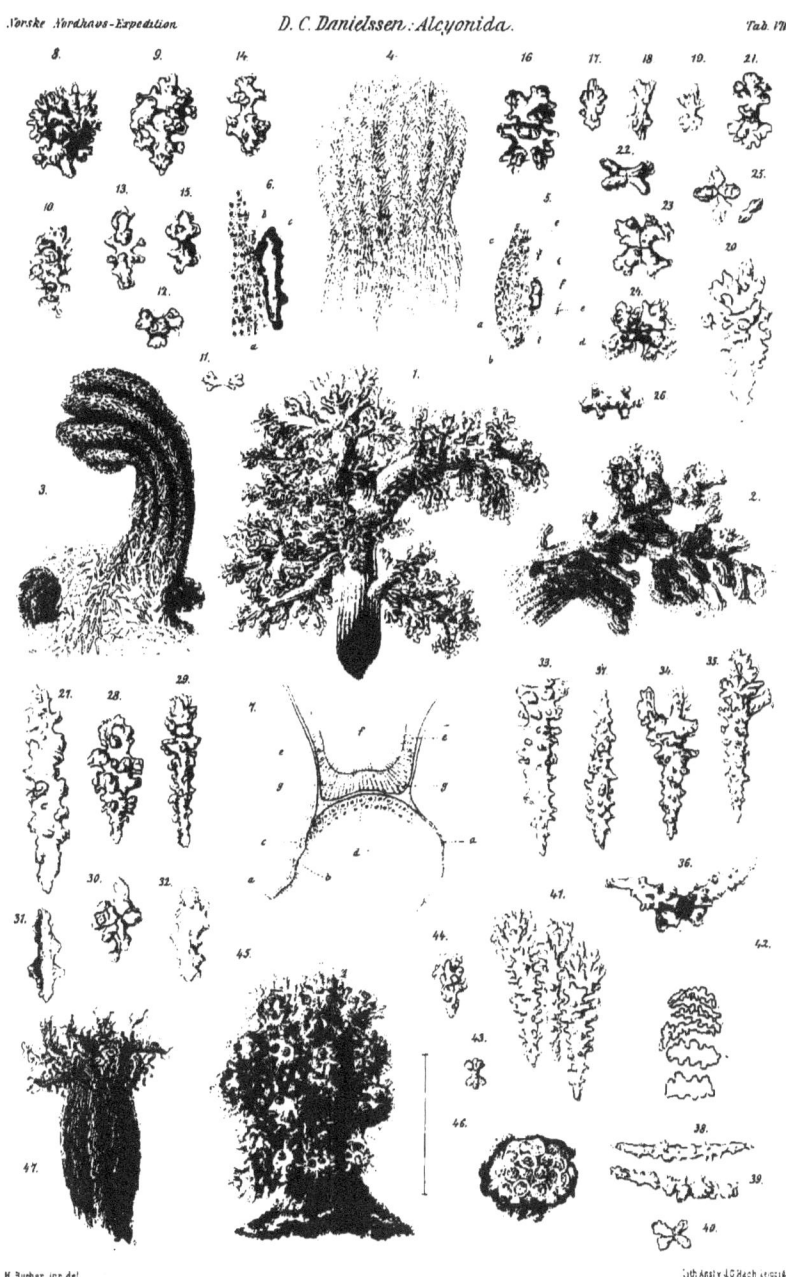

Drifa hyalina n.g. et. sp. 1-44. Nannodendron elegans n.g. et. sp. 45-47.

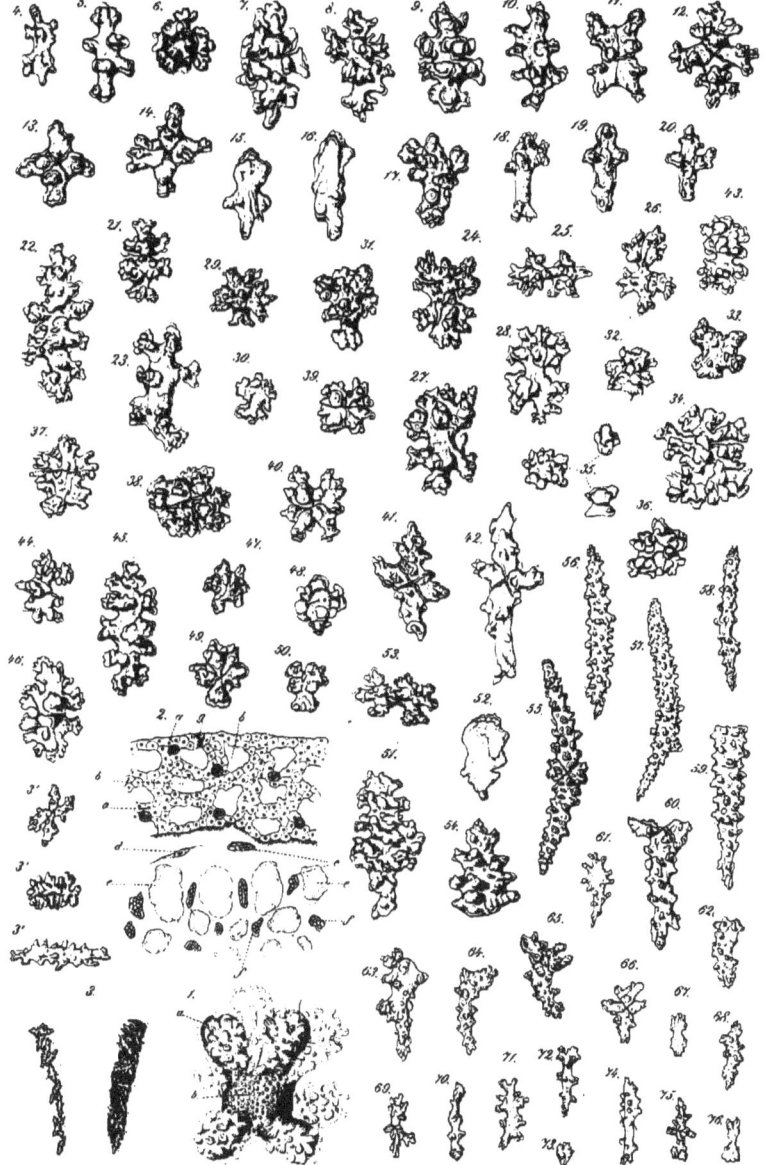

Nannodendron elegans n. g. et. sp.

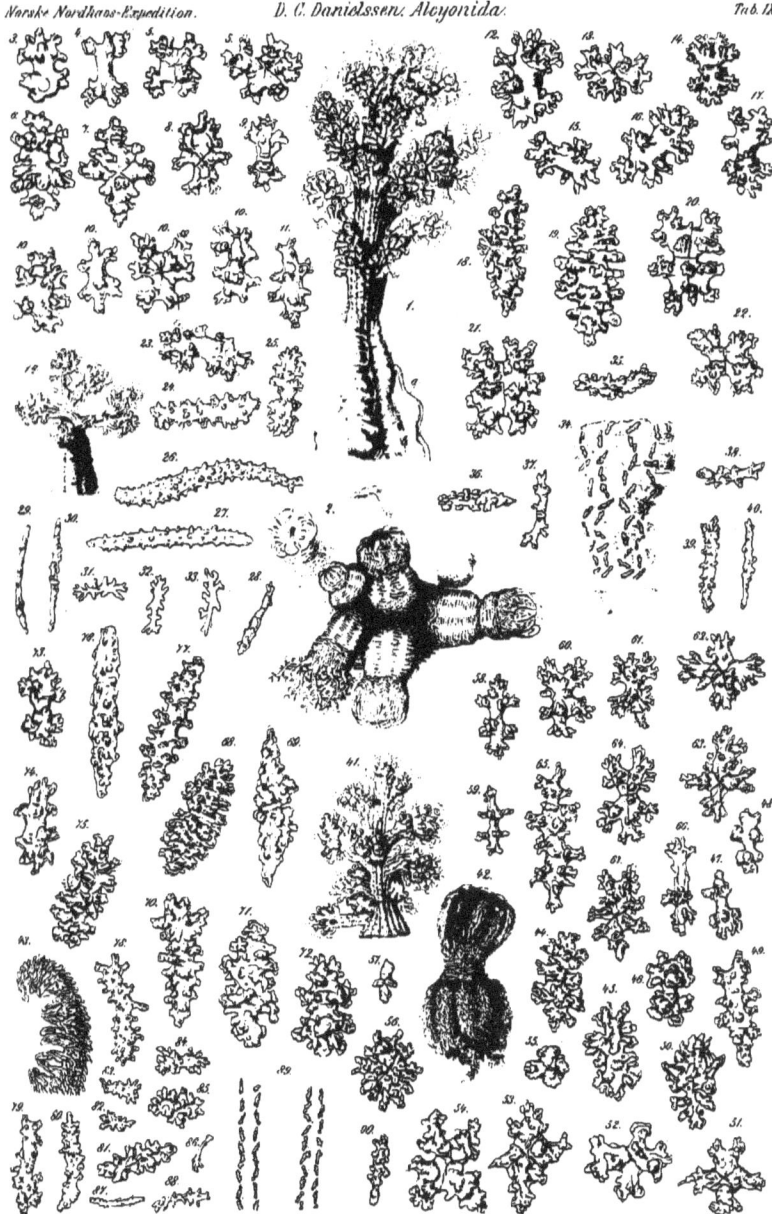

Vöringia polaris, n. sp. 1-40. Vöringia pygmæa, n. sp. 41-90.

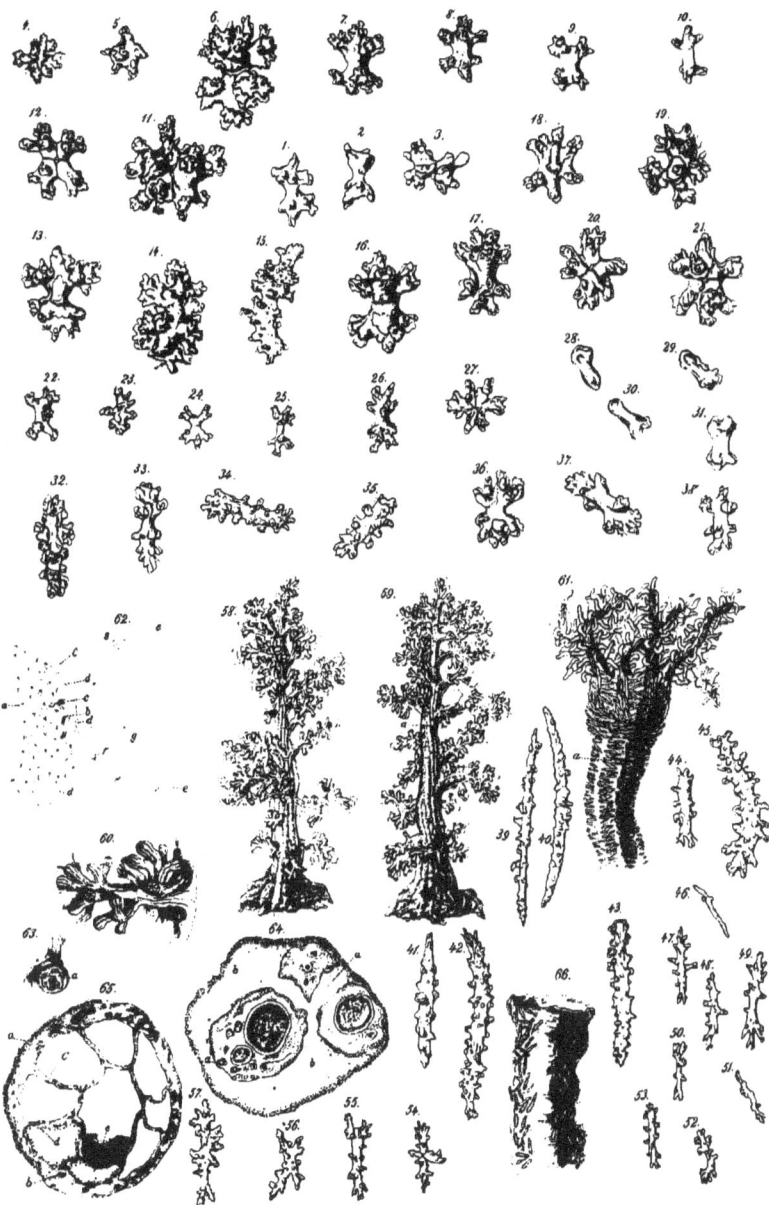

Fulla Schiertzi n. g. et. sp.

Norske Nordhavs-Expedition. D. C. Danielssen: Alcyonida. Tab. XI.

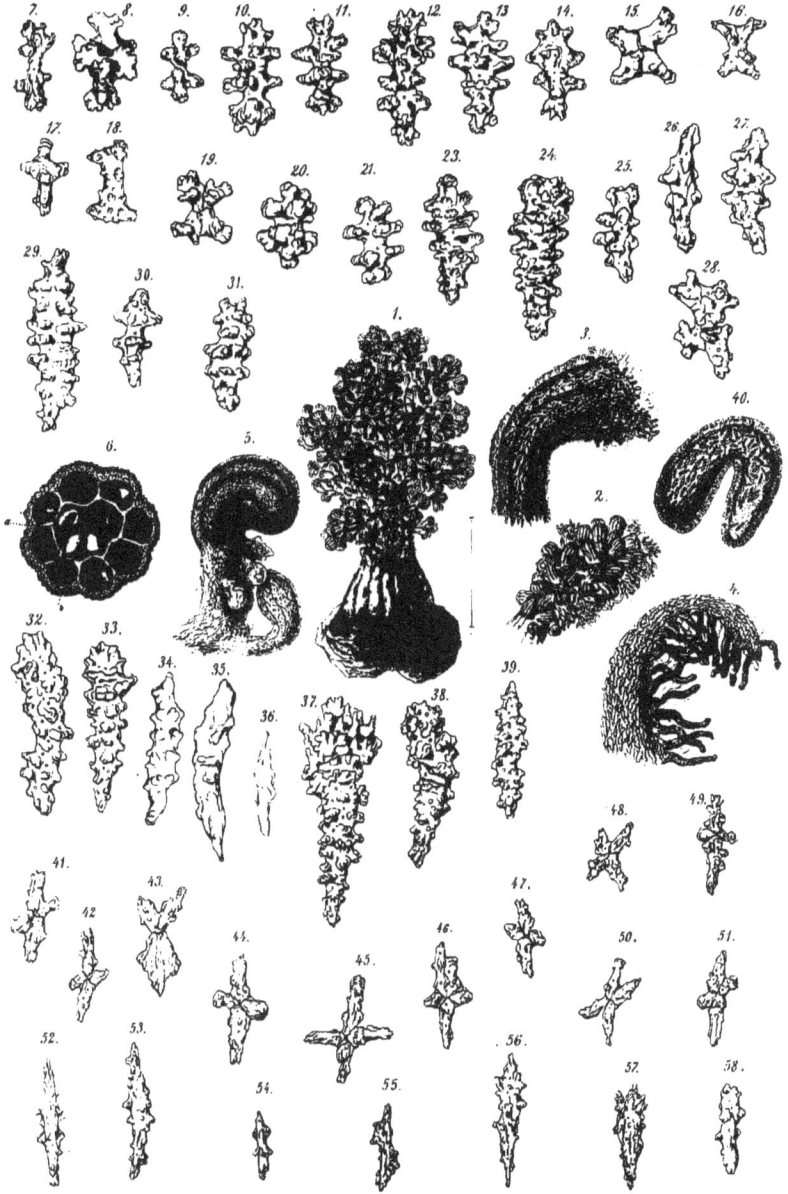

Nephthya flavescens, n. sp.

Nørske Nordhavs Expedition. D. C. Danielssen, Alcyonida. Tab. XII

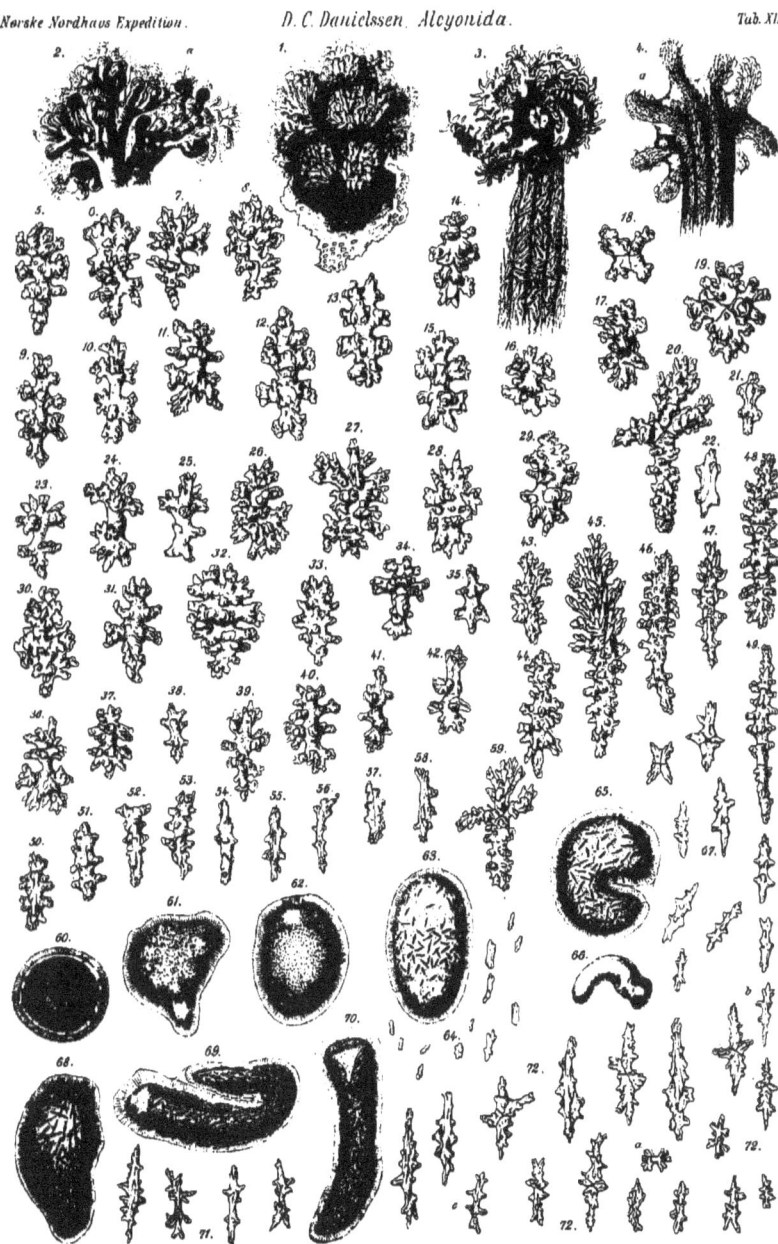

Nephthya rosea, n. sp.

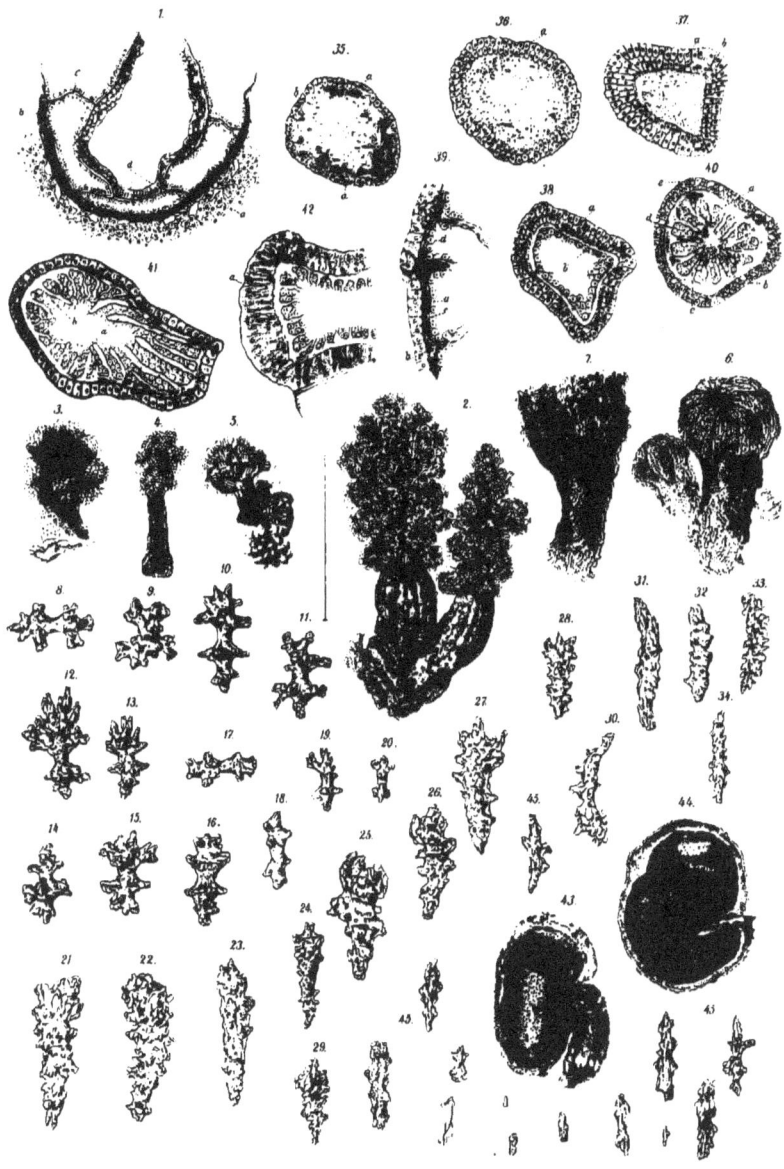

Nephthya rosea n.sp 1. *Nephthya polaris* n.sp. 2-45.

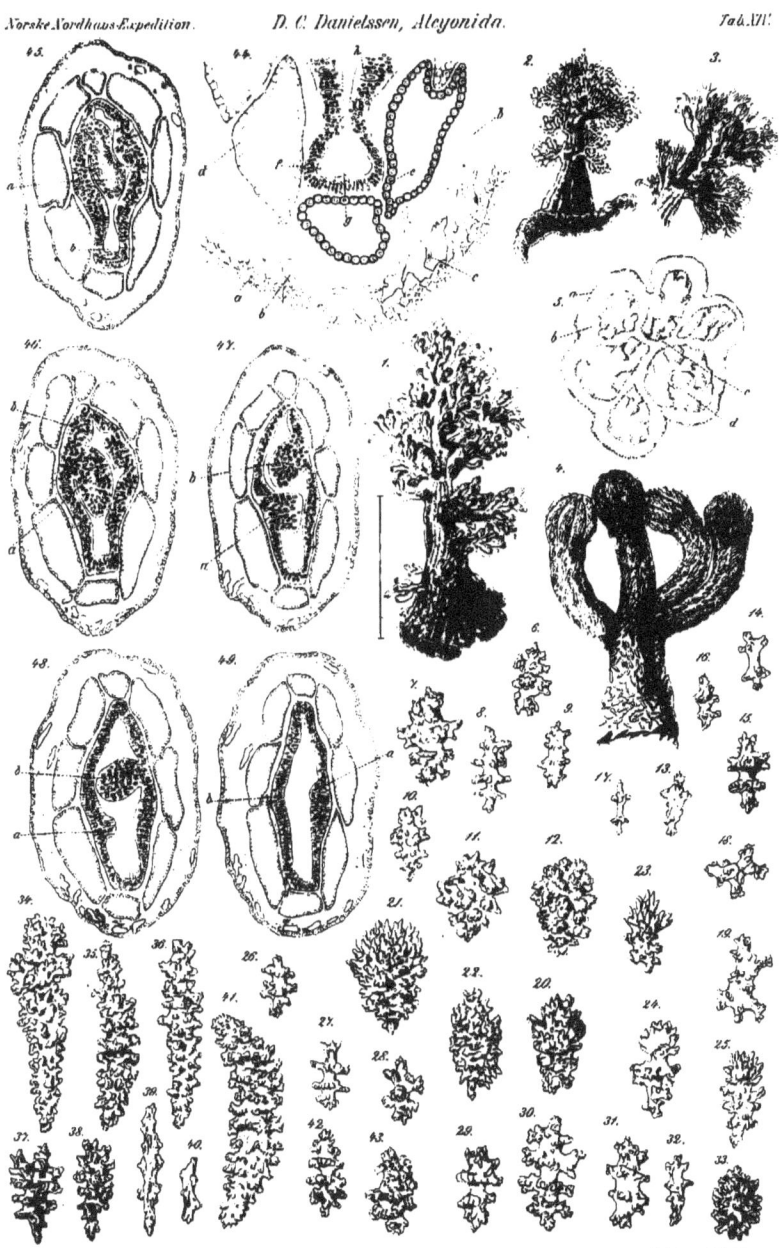

Gersemiopsis arctica n. g. et sp.

Gersemiopsis arctica n.g. et sp. 1-13. *Barathrobius digitatus* n.g. et sp. 14-70.

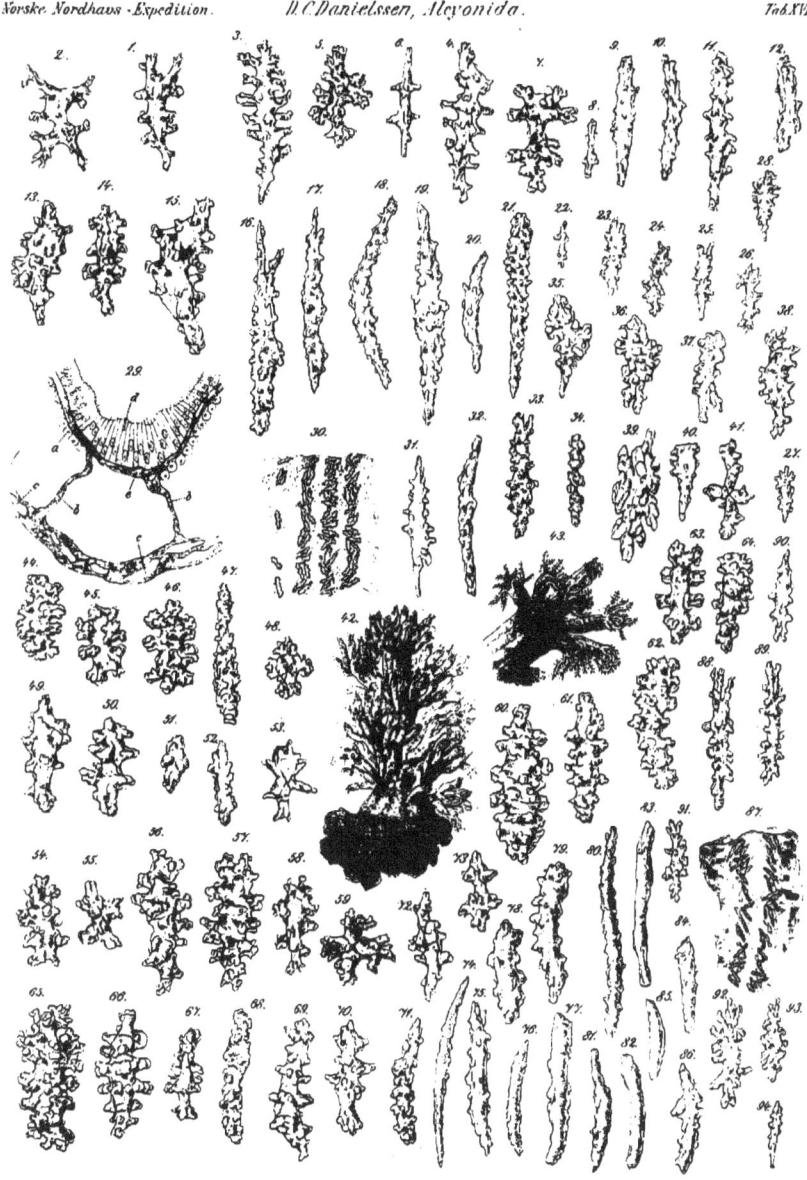

Barathrobius digitatus n.g. et sp. 1-41. Barathrobius palmatus, n.sp. 42-94.

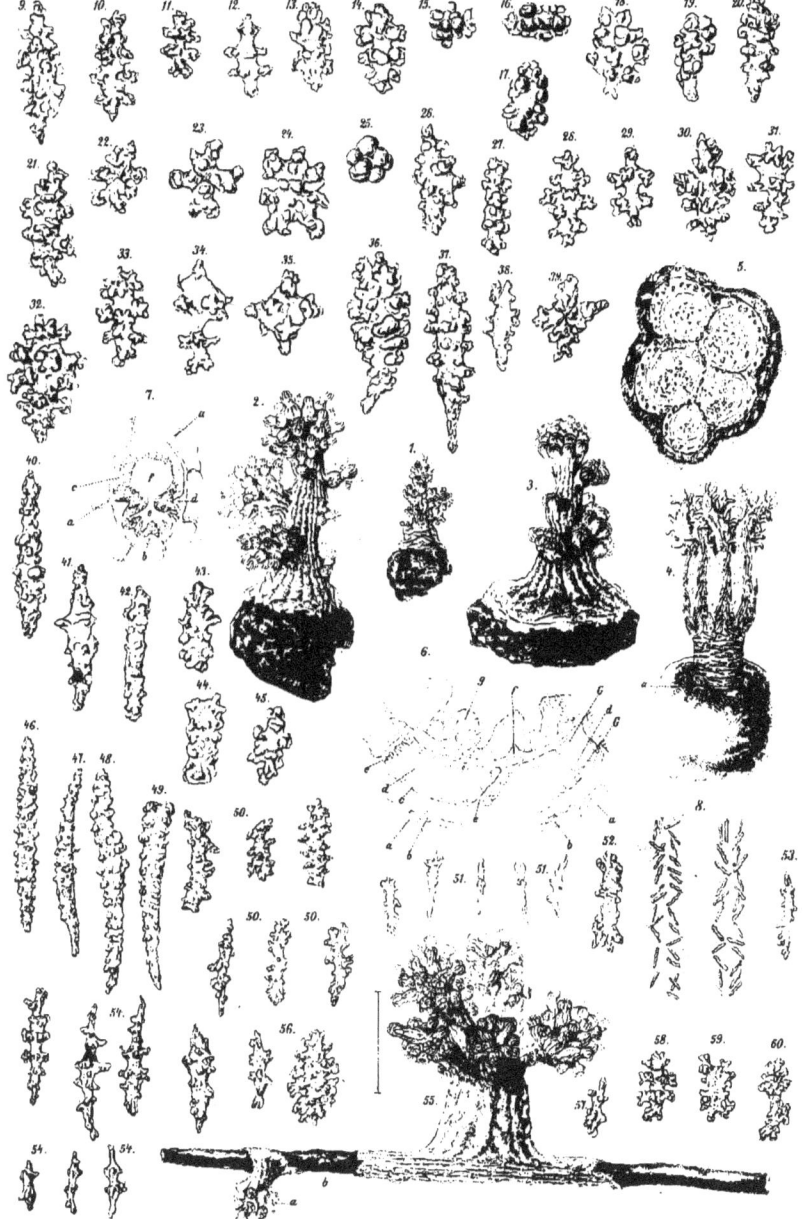

Sarakka crassa n.g.et.sp. Fig. 1-54. Võringia dryopsis. n.sp. Fig. 55-60.

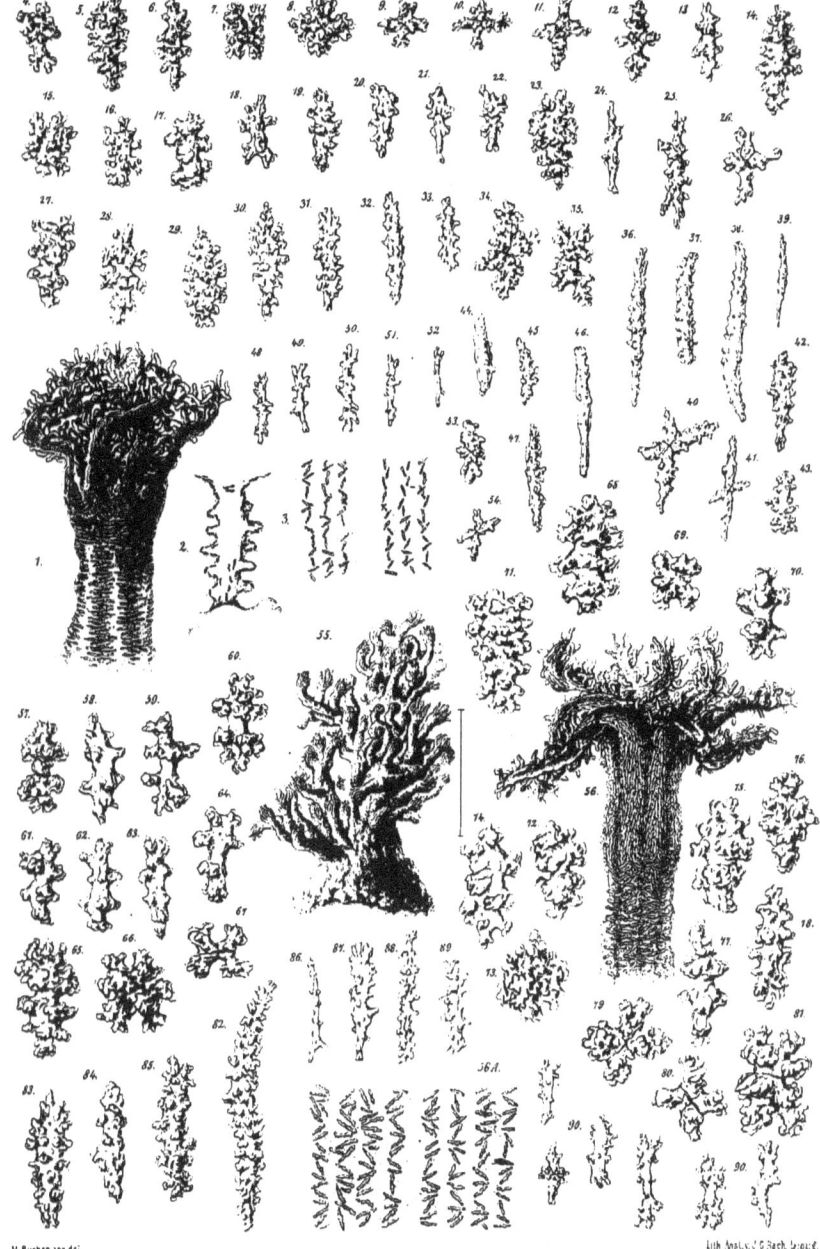

Vöringia dryopsis n. sp. Fig. 1-54. Vöringia Jan-Mayeni n. sp. Fig. 55-90.

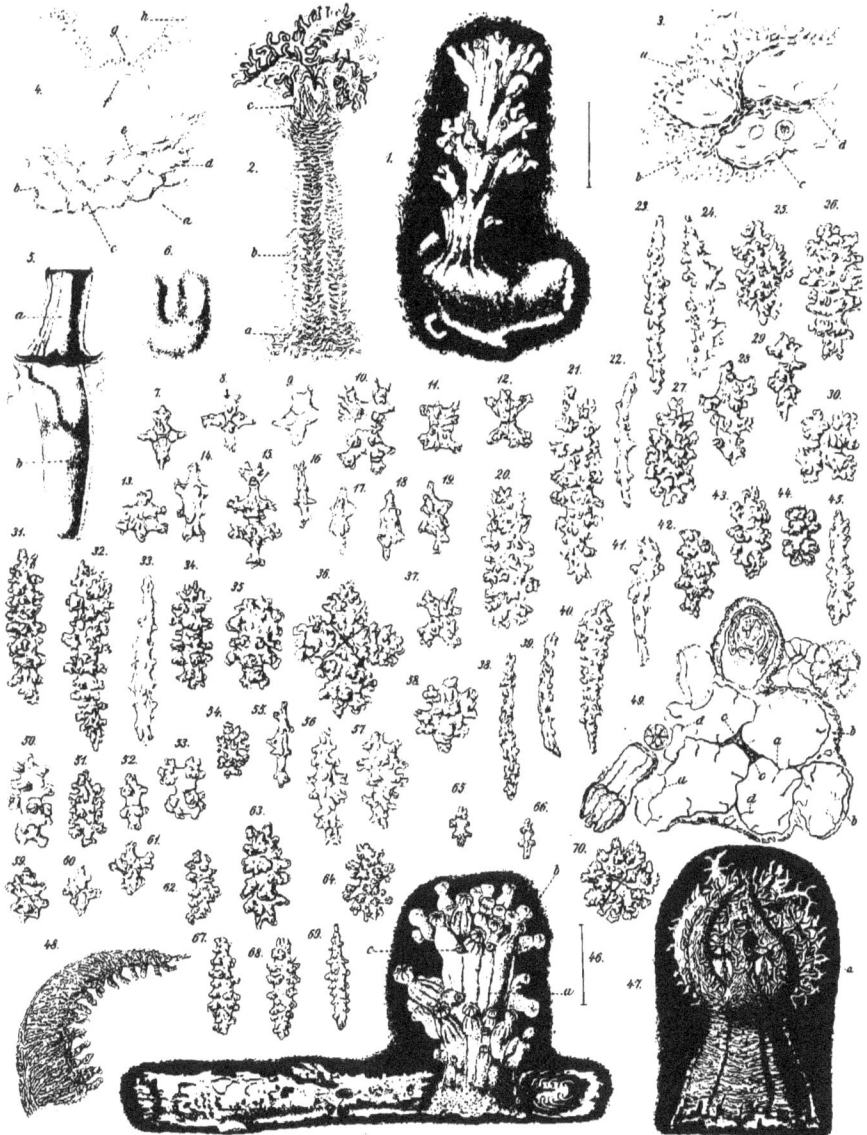

Chrysofanes polaris n. g. et. sp. Fig. 1–45.
Organidus Nordenskjöldi, n. g. et. sp. Fig. 46–70.

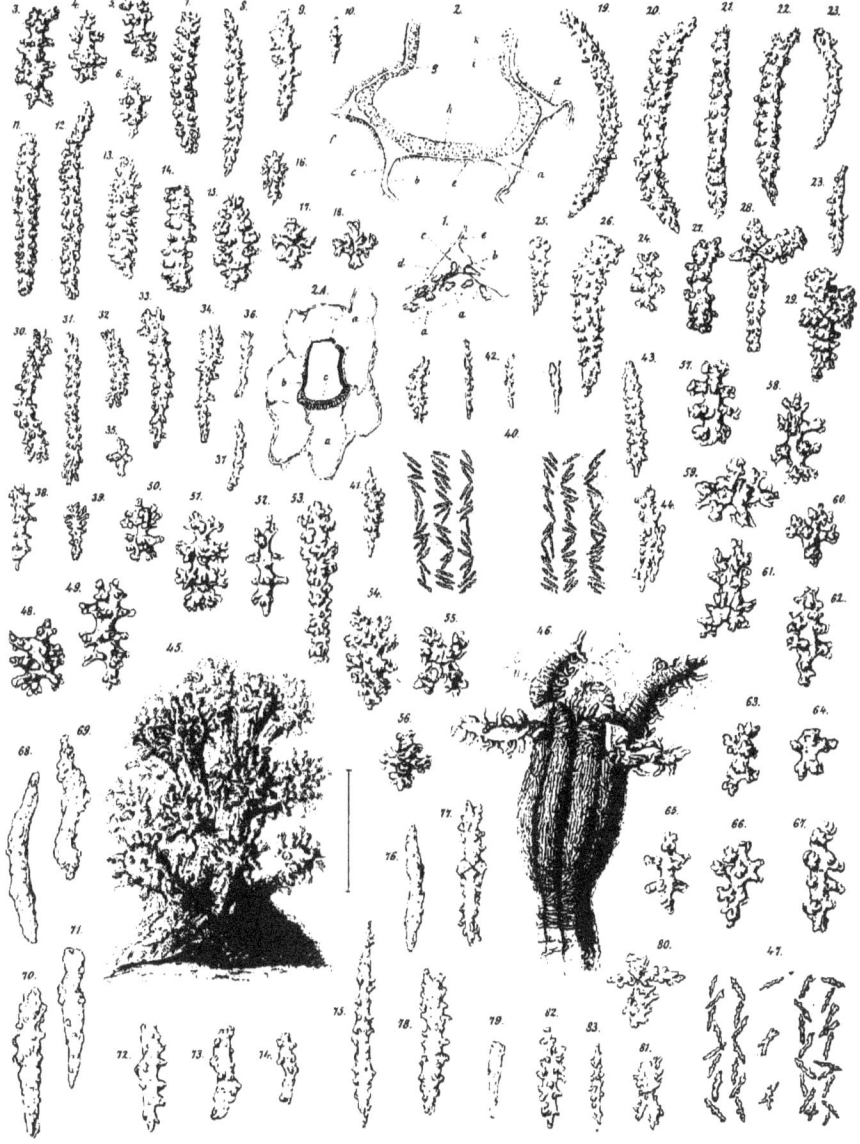

Organidus Nordenskjöldi n. g. et. sp. Fig. 1-44.
Vöring: clavata n. sp. Fig. 45-83.

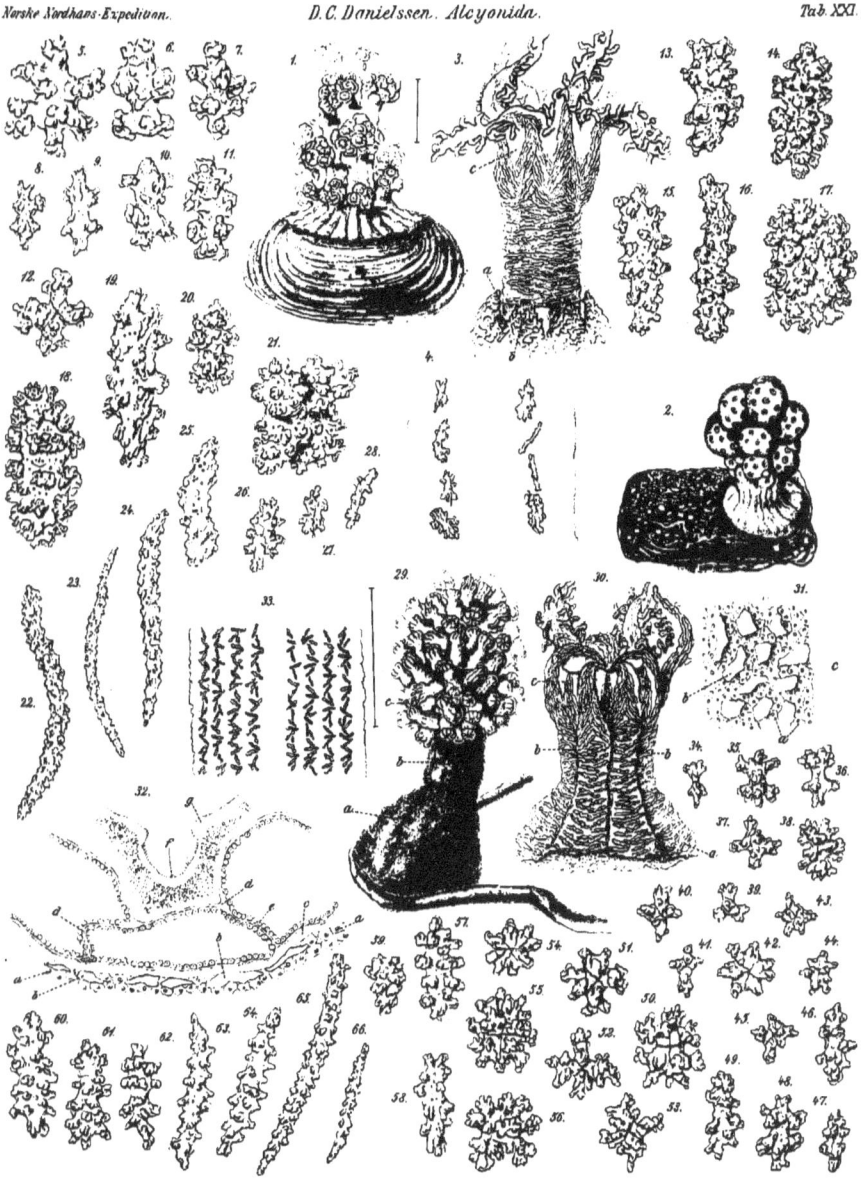

Vöring: capitata n. sp. Fig. 1-28.
Nidalia arctica n. sp. Fig. 29-66.

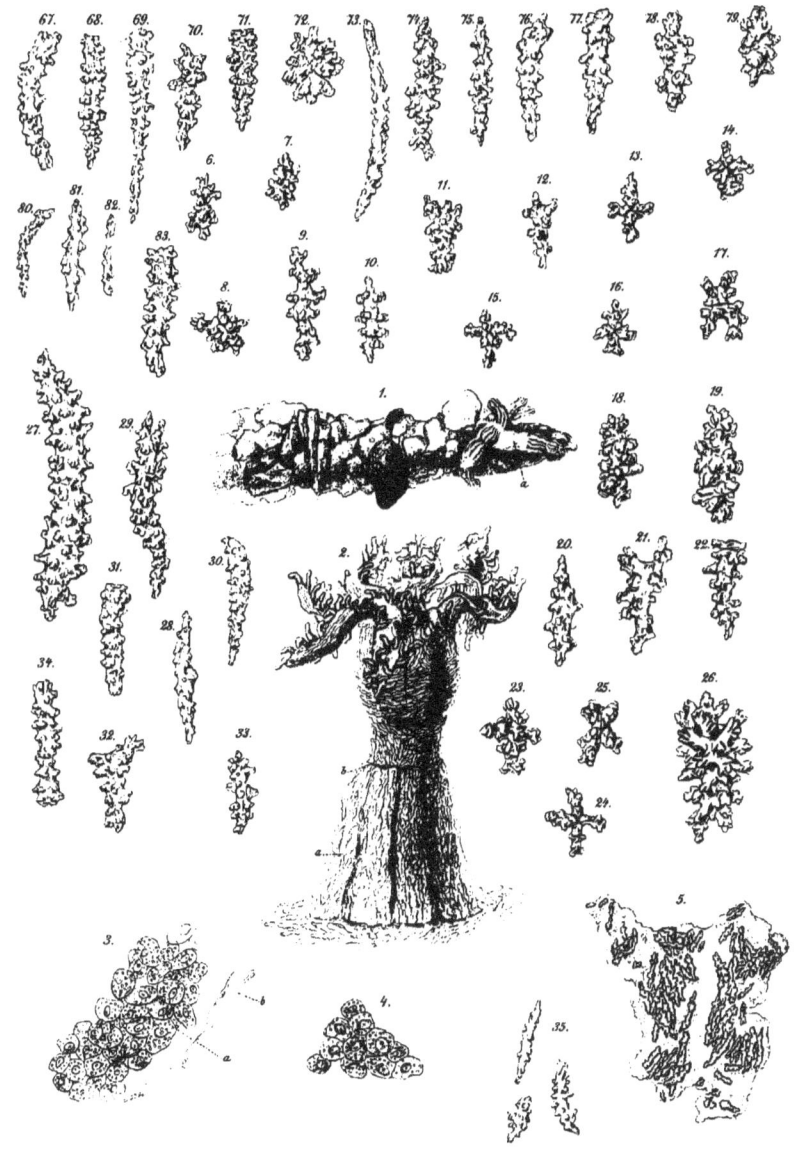

Nidalia arctica n. sp. Fig. 67.-83. *Clavularia frigida* n. sp. Fig. 1-35.

Norske Nordhavs-Expedition. D. C. Danielssen: Alcyonida. Tab XXIII.

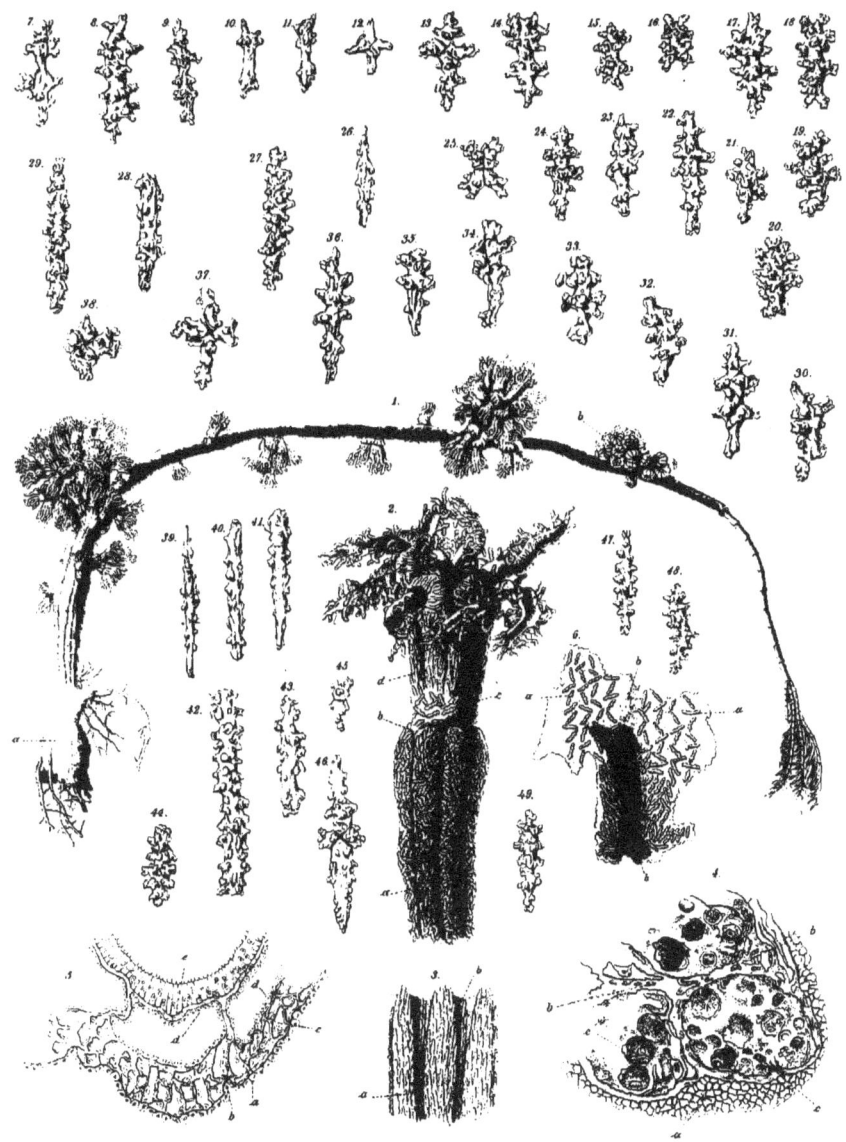

Sympodium abyssorum, n. sp.

www.ingramcontent.com/pod-product-compliance
Lightning Source LLC
Chambersburg PA
CBHW021822230426
43669CB00008B/836